Reise-Taschenbuch

Enno Wiese

Senkrechtstarter

Wie ein Brennglas bündelt die Kuppel des Reichstagsgebäudes das Erreichte wie auch Hoffnungen und Probleme, die mit einer Bundeshauptstadt Berlin verbunden sind. Modernste Technik, eingelassen in die alte Form der Kuppel. Und das auf dem Gebäude, dessen Kuppel während der NS-Zeit zerstört wurde. Dazukommt größtmögliche Transparenz. Oder kennen Sie ein anderes Parlamentsgebäude, in dem die Bürger den Parlamentariern aufs Dach steigen dürfen?

Überflieger

Wedding

Hart und herzlich

Rokoko-rausch

Kiez und Kirche, Milch und Bier

Vorsicht, zeitgenössische Kunst!

Hamburger Bahnhof

Alt-Moabit

Schloss Charlottenburg

Hier raus wird Berlin günstiger

Zeitreise in die 1950er-Jahre

Bundeskanzleramt

Wow

Hansaviertel

Tiergarten

Waldbaden, rudern oder Bier trinken?

Kantstraße

Mal in Chinatown essen gehen?

Kurfürstendamm

Schöner leben im Kudamm-Viertel

Schlendern, Schaufenster gucken, shoppen

KaDeWe

Im Kaufrausch des Westens

Bayerisches Viertel

Hier ist es so luftig und grün!

Pack die Badehose ein …

Wannsee

Berlin — mal eben drüberfliegen über viel Wasser und Grün, Berliner Kieze und Multikulti-Biotope, Regierungsgebäude und Flaniermeilen.

Edelsaniert mit Ökoanspruch

Kollwitzplatz

Nofretete besuchen?

Prenzlauer Berg

Das Revier der Latte-Macchiato-Gesellschaft

Hinauf in die Kuppel und den Abgeordneten auf die Köpfe schauen

Museumsinsel

Alexanderplatz

Zentrum Ost forever

Reichstagsgebäude

Humbold-Forum (Schloss)

Unter den Linden

Flanieren, stolzieren, demonstrieren

Wo die Hohenzollern residierten

Nikolaiviertel

Berlins Keimzelle als aufgehübschte Attrappenstadt

Friedrichshain

Von den Arbeiterpalästen der DDR zu den Partymeilen von heute

Potsdamer Platz

Wo auf einer Brachfläche die Zukunft gebaut wurde

Im Clubrausch!

Tresor

East Side Gallery

Kreuzberg SO 36

Deutsche Bratwurst trifft türkischen Döner

Mauerkunst!

Kreuzberg, wie es leibt und lebt

Neuköllner Mischung unter Milieuschutz

Bergmannkiez

Sonnenallee

Hier ist Berlin arabisch

Ein Flugplatz wird zum Freizeitpark

Tempelhof

Kreuz und quer

Fundstücke — in der einzigen Metropole Deutschlands. Berlin ist die Hauptstadt voller Geschichte. Berlin ist aber auch grüne Stadt an Spree und Havel.

Auferstanden aus Ruinen

Nur etwas anders, als Johannes R. Becker, der Dichter dieser Zeile, sich das 1949 vorstellte. Sein Staat, die DDR, musste untergehen, damit die Wunden des Zweiten Weltkriegs verheilen konnten. Das galt vor allem für den Bereich der Berliner Mauer zwischen West- und Ost-Berlin. Seitdem Berlin wiedervereinigt und gesamtdeutsche Hauptstadt ist, wird an allen Ecken gewerkelt. Nicht nur ein neues Parlamentsviertel ist entstanden.

Shoppen um Neue Schönhauser und Münzstraße

Während der Kurfürstendamm in Westberlin und die Friedrichstraße in Ostberlin heftig um die Gunst der Kunden konkurrierten, hat sich in der Spandauer Vorstadt der Bereich östlich der Rosenthaler Straße zum Shoppingbereich Nr. 1 entwickelt. Bekleidung, Schuhe, Handtaschen … alles zwischen szenig und edel.

Kunst als Qual der Wahl

In Berlin gibt es rund 170 Museen, 290 Galerien und jede Menge historischer Gebäude und Gedenkstätten. Für jeden ist etwas dabei!

Arm, aber sexy? Das war einmal. Berlins Wirtschaft boomt, die Wohnungspreise explodieren. Trotzdem ist Berlin nach wie vor eine der Party-Hauptstädte dieser Welt. Obwohl – die verrückten Locations werden langsam rar. Es wird schwer, noch Clubs wie den Tresor im ehemaligen Tresorraum eines Kaufhauses oder das Berghain in einem ehemaligen Fernheizwerk zu entwickeln.

Spurensuche DDR

Es gab einmal die Deutsche Demokratische Republik mit ihrer Hauptstadt Ost-Berlin. Ist diese DDR tatsächlich einfach sang- und klanglos verschwunden? Wer suchet, der findet – z. B. Arbeiterpaläste in der Karl-Marx-Allee oder das einst größte Plattenbauviertel Europas: Marzahn.

Entspanntes Leben

Wo lebt es sich entspannter? Im In-Bezirk Prenzlauer Berg? Im alten Westberliner In-Quartier um den Savignyplatz? Im herausgeputzten Kreuzberg? Neuerdings mit in der Auswahl: Nord-Neukölln. Oder doch im Grünen, z. B. in Pankow?

Säulenheiliger
Der Berliner Ernst Litfaß hat sich diesen Namen verdient. Er ließ in Berlin Säulen aufstellen, die gegen Geld plakatiert werden durften. Bis 1874 hatte er das Monopol darauf: die Geburt der Litfaßsäule.

Spree, Havel, Wannsee, Großer Müggelsee, ... Wasser prägt die deutsche Hauptstadt.

Hohenzollern-Idyll

Hohenzollern-Könige stellt man sich gemeinhin als Herrscher vor, die waffenstrotzende Paraden abnehmen. Dass Friedrich der Große sich traumhafte Räume im zarten Rokoko kreieren oder sein Nachfolger Friedrich Wilhelm II. sich und seiner Geliebten ein Fantasieschlösschen auf der verträumten Pfaueninsel hinstellen ließ, das ist fast vergessen.

Höhepunkt

Seit 2015 ist nicht mehr der Teufelsberg im Grunewald (120 m) die höchste Erhebung. Mit 122 m haben ihm die Arkenberge, ein Schuttberg in Pankow, den Rang abgelaufen.

UNIVERSAL

Inhalt

Vor Ort

Pariser Platz, Unter den Linden und Alt-Berlin 34

Die City (Ost) 58

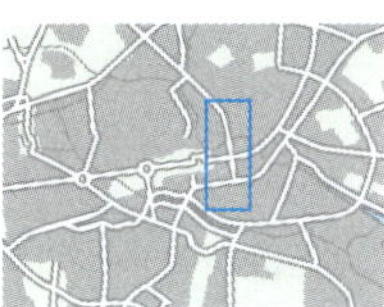

Im Berliner Osten 80

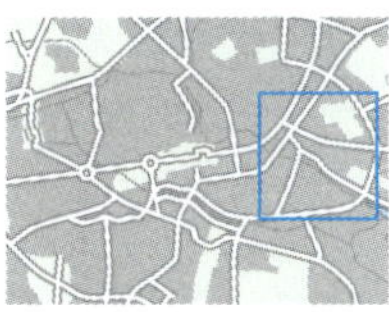

Vom Arena-Berlin-Gelände kann man den Blick auf Oberbaumbrücke und Fernsehturm genießen.

Tiergarten, Moabit und Schöneberg 102

City West und Alt-Charlottenburg 136

Spandauer Vorstadt 162

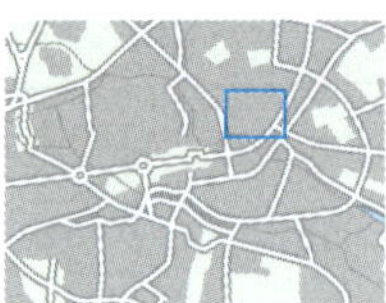

Prenzlauer Berg 180

Kreuzberg und Nord-Neukölln 198

Weiter draußen 224

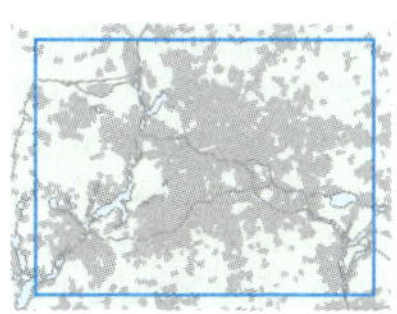

Das Kleingedruckte

Das Magazin

Stadtlandschaften

Stadt mit vielen Gesichtern — das ist Berlin. Nicht ein Zentrum, sondern zwei Citys und dazu das Eigenleben der Stadtteile, mit je eigenem Zentrum. Viel ist zu entdecken.

Berlin ist mit seinen 891,85 km² Fläche nur um rund 15 % größer als der Stadtstaat Hamburg, hat aber mit über 3,7 Mio. Bewohnern gut doppelt so viele Einwohner wie die Hansestadt. Nach der Neugliederung der Berliner Stadtbezirke gehört heute zu jedem Bezirk ein Stückchen innerhalb des S-Bahn-Rings (Ringbahn), der die Innenstadt umschließt.

Zwei Zentren

Berlin hat zwei Zentren: in Mitte um die Allee Unter den Linden und in Westberlin um Gedächtniskirche und Kurfürstendamm. Das Szeneleben tobt in den Kiezen rund um diese Zentren.

Die City

Als City Berlins wird heute die historische Innenstadt um die Prachtstraße **Unter den Linden,** die **Friedrichstraße** und den **Gendarmenmarkt** bezeichnet. Hier finden sich die Bauten der Hochkultur wie die **Staatsoper Unter den Linden,** die **Humboldt-Universität** oder das **Konzerthaus am Gendarmenmarkt.** Dazu kommen die Geschäftshäuser aus der Zeit um 1900. Ab 1870 hat sich diese moderne City entwickelt, für deren Ausbau große Teile der Berliner Altstadt weichen mussten. Was geblieben war, zerstörten dann der Zweite Weltkrieg und der Ausbau Ost-Berlins zur Hauptstadt der DDR. So sind heute nur noch einzelne mittelalterliche Bauten wie die **Nikolaikirche,** die **St.-Marien-Kirche** oder auch ein **Rest der Stadtmauer** aus dem 13. Jh. in der Stadtlandschaft auszumachen.

Als Ersatzaltstadt mit engeren Straßen, Geschäften, Kneipen und Restaurants dient die **Spandauer Vorstadt** um den Hackeschen Markt und die Münzstraße.

Der Mietshausgürtel

Umschlossen wird dieser Innenstadtbereich vom Berliner Mietshausgürtel, der ab 1860 nach den Vorgaben des Planers James Hobrecht angelegt wurde. Hier fanden die Arbeitskräfte, die auf der Suche nach Jobs in die Stadt kamen, eine Unterkunft. Ob **Prenzlauer Berg, Friedrichshain, Kreuzberg, Schöneberg, Wilmersdorf, Charlottenburg** oder auch der **Wedding** und **Gesundbrunnen,** in all diesen Bezirken finden sich entlang schnurgerader Straßen zumeist fünfgeschossige Mietshäuser. Zur Straße hin imponieren sie mit schmucken Fassaden und großen Wohnungen. Für die Arbeiterfamilien aber boten sie nur kleine Wohnungen um zwei, drei oder vier enge Hinterhöfe, auf denen meist auch noch Gewerbe untergebracht war. Ausgerechnet diese Stadtquartiere bieten heute nach der Entkernung sowie Zusammenlegung und Sanierung der Wohnungen die urbane Lebensqualität, die gerade Jüngere magisch anzieht. **Prenzlauer Berg** mit seinen Cafés, Restaurants und Kneipen an den Stadtplätzen hat so Karriere gemacht.

Kurfürstendamm, der Boulevard

Eine Ausnahme in diesem Mietshausgürtel um die historische Innenstadt bildet der **Kurfürstendamm** mit den umliegenden Straßen. Hier wurde von vornherein für betuchte Mieter ein vornehmer Boulevard nach dem Vorbild der Pariser Champs-Élysées angelegt: Wohnungen mit bis zu zwölf Zimmern, Marmor im Eingangsbereich und Fahrstuhl im Treppenhaus. Natürlich gab es hier auch kein Gewerbe in den Hinterhöfen.

Villenviertel

Mit der Entwicklung der Vorortbahnen boten sich für die Wohlhabenden auch die Villenviertel vor allem im Südwesten der Stadt als Wohnmöglichkeit an. **Grunewald, Dahlem, Lichterfelde** oder auch **Zehlendorf** – hier wohnte man im Grünen bei würzig-frischer Luft der Nadelwälder, ganz in der Nähe der **Havel** und des **Wannsees.**

Städte am Rand

Auf eine lange, eigenständige Geschichte blicken **Spandau** und **Köpenick** zurück. Beide sind aus slawischen Burgsiedlungen hervorgegangen. In Köpenick lag diese Burg auf einer Insel am Zusammenfluss von Dahme und Spree, in Spandau am Zusammenfluss von Spree und Havel. Lange waren sie eigenständige Landstädte. Erst 1920 wurden sie im Groß-Berlin-Gesetz zusammen mit fünf weiteren Städten und 59 Landgemeinden Berlin zugeschlagen. Die polyzentrische Stadt war entstanden.

Essen ist mehr

Längst is(s)t Berlin multikulti— Kurzgebratenes mit Tiefkühlpommes, Fleischstücke in mehligen Soßen, die über die zerkochten Kartoffeln schwappen, Schnitzel gemäß der Devise »Groß ist gut und Panade ist der Gipfel«, das ist Vergangenheit. Genauso wie die griechischen und jugoslawischen Restaurants, in denen es ein bisschen wie Urlaub schmeckte.

Mit viel Fingerspitzengefühl werden nicht zuletzt in Sternerestaurants die Teller angerichtet.

Neue Restaurantkultur mit Sternen

Berlin ist beileibe keine kulinarische Wüste mehr. In den vergangenen Jahren hat sich in Berlin eine Szene etabliert, in der Essen im Restaurant zum Lebensstil gehört. Diese (Neu-)Berliner sichern dem ständig breiter werdenden Angebot an guten Restaurants in vielen Bezirken der Stadt das Überleben. Demgegenüber sind die 23 Berliner Restaurants, die 2023 mit Michelin-Sternen ausgezeichnet wurden, eine nette Beigabe. Genauso wie die Restaurants, die die alte Berliner Küche anpreisen. Gepökeltes Eisbein mit Erbspüree oder ein Hackbraten, der an der Spree Falscher Hase genannt wird, das muss man schon mögen oder sich nach der Devise »Augen zu und durch« die Wiederentdeckung der heimischen Küche auf die Fahnen geschrieben haben. In den besseren Restaurants wird zumeist eine Edelvariante der heimischen Kost auf den Tisch gebracht. Andere spekulieren auf den Wunsch der Touristen, Berlin nicht nur zu sehen, sondern auch zu kosten. Aber das sind Ausnahmen! Berliner Küche geht heute anders.

Gastrotrends

Die Zeit, in der eine Großstadt wie Berlin schon dadurch beeindruckte, dass hier Restaurants ausländische Küche boten, ist endgültig vorbei. Heute beherrschen Gastrotrends die Medien. Es kommt auf das Gesamtkonzept des Restaurants an.

als satt werden

Die asiatischen Lokale – insbesondere vietnamesische, indische und chinesische, in denen man sich für kleineres Geld satt essen kann, ziehen jüngere Kundschaft magisch an. Gern stärkt sich hier, wer anschließend in den Kneipen und Clubs der Berliner Nacht verschwindet. Neu ist, dass asiatische Restaurants nicht mehr nur günstig sind, sondern die natürlichen Vorzüge ihrer Küche in den Vordergrund stellen: leicht, bekömmlich, vegetarisch bis vegan. Viele Restaurants werben damit, dass authentische Küche aus dem jeweiligen Land oder Landesteil geboten wird. Schon länger im Trend: japanische Restaurants.

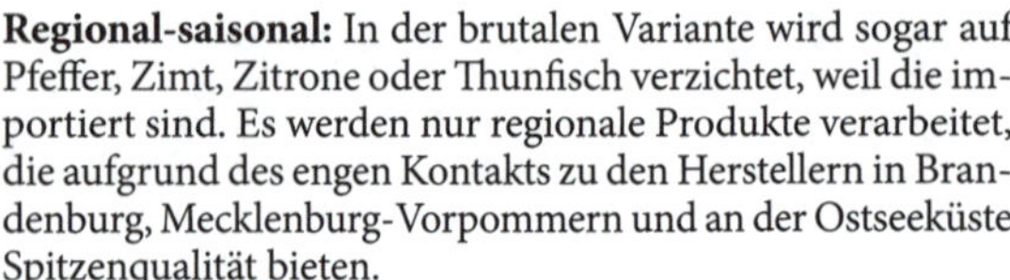

Regional-saisonal: In der brutalen Variante wird sogar auf Pfeffer, Zimt, Zitrone oder Thunfisch verzichtet, weil die importiert sind. Es werden nur regionale Produkte verarbeitet, die aufgrund des engen Kontakts zu den Herstellern in Brandenburg, Mecklenburg-Vorpommern und an der Ostseeküste Spitzenqualität bieten.

Frisch, saisonal und nachhaltig: Das ist in und gut für die Umwelt.

Vegetarisch/vegan: Die vegetarische Küche ist nach wie vor ein Thema. Mit Beifall wurde registriert, dass 2017 erstmals in Berlin mit dem Cookies Cream ein vegetarisches Restaurant mit einem Stern ausgezeichnet wurde. Trend aber ist die vegane Küche, die aus Überzeugung auf alle tierischen Produkte verzichtet.

Superfood: Aktuell ist auch das Thema Superfood. Gemeint sind damit natürliche Produkte mit sehr hohem Nährstoffgehalt. Dazu gehören Heidelbeeren, Gojibeeren, Chiasamen, Yacon und Moringapulver. Es gibt mittlerweile Restaurants, die in jedem Gericht zumindest ein Superfood verwenden.

Food-Pairing: Nicht Gesundheit oder optimale Aufnahme von Nährstoffen, sondern der Geschmack steht im Mittelpunkt des Food-Pairing. Durch die überraschende Kombination von Aromen soll das Geschmackserlebnis intensiviert werden.

Sharing & Snacking: Im Kommen ist auch die gesellige Art des Essens. Bestellt werden mehrere Gerichte, deren Portionen bewusst klein gehalten sind. So kann der Gast mehrere Gerichte probieren. In der Gruppe können alle von allem nehmen.

Currywurst und Döner

Currywurst: Wo sie nun erfunden wurde, bleibt umstritten: in Berlin? Im Ruhrpott? Zumindest reklamiert Berlin die Erfindung der Currywurst für sich. Eine gewisse Herta Heuwer will die Wurst mit der scharfen Soße im Sommer 1949 in ihrem Imbissstand in Charlottenburg Ecke Kantstraße / Kaiser-Friedrich-Straße erstmals serviert haben. Nach eigenen Aussagen hat sie die typische Currywurstsoße selbst entwickelt und dann zur Bratwurst serviert. Am Haus Kantstraße 110 ehrt eine Gedenktafel diese Berlinerin. Wie dem auch sei, das ist nicht die einzige Streitfrage. In Berlin geht's auch noch darum: mit oder ohne Darm – und welche Currywurstbude ist die beste der Stadt …

Kult, nicht nur in Berlin: die Currywurst

Döner Kebap: Auch den Döner Kebap soll es in Deutschland erstmals in Berlin gegeben haben. Kadir Nurman kam 1972 am Bahnhof Zoo auf die Idee, Fleisch vom Spieß im Fladenbrot anzubieten. Das ideale Essen für Eilige, die an seinem Imbissstand vorbeihasteten. Später wurde dieser Ur-Döner durch die Beigabe von Salat und Soße verfeinert. Diese Version der Geschichte, die allerdings nicht die einzige ist, bestätigt immerhin der Verein türkischer Döner-Hersteller.

Guten Appetit – aber wohin zum Essen?*

In der ganzen Stadt gibt es unzählige Restaurants. In Mitte und in den Szenevierteln haben sich dennoch einzelne Straßen herausgebildet, in denen sich das Angebot an Restaurants häuft.

Schiffbauerdamm L 7: Hier hat sich ein kleines Kneipen- und Restaurantviertel etabliert. Schon zu DDR-Zeiten florierte das Ganymed unmittelbar am Theater am Schiffbauerdamm. Davon ausgehend haben sich neben der Kneipe Ständige Vertretung eine Reihe von Lokalen etabliert.

Oranienburger Straße/Auguststraße M/N 6/7: Die Oranienburger ist ein touristischer Hotspot, der abends zur Ess- und Ausgehmeile wird. Restaurants finden sich auch in der Auguststraße.

Simon-Dach-Kiez S 9: Rund um die Simon-Dach-Straße herrscht die Jugendkultur vor. Der Abend beginnt mit einem Essen in einem der vielen asiatischen, oft indischen Restaurants oder in einem der neuen Burgerläden.

Rund um den Savignyplatz E/F 9: Hier geht es etwas gesetzter zu, aber immer noch lässig-locker, westberlinerisch. Etwas höhere Preise.

Bergmannstraße Q 9: Szene-Atmosphäre. Es gehört zum Lebensstil, sich hier abends zum Essen zu treffen.

Kantstraße C–F 9: Hier reihen sich chinesische Restaurants aneinander, die authentische Küche aus dem Reich der Mitte bieten.

Mauerpark N 4: Immer sonntags bieten ca. 30 Stände auf dem Streetfood-Markt im Mauerpark Speisen und Getränke aus aller Welt.

KulturBrauerei O 4: Jeden Sonntag von 12 bis 18 Uhr stehen hier in Prenzlauer Berg diverse Foodtrucks in einer ›mittelalterlichen Burganlage‹. Das passt, war dies doch früher der Sitz der Schultheiss-Brauerei (mit Bierausschank). Die Atmosphäre stimmt.

* Wo Sie in den verschiedenen Stadtgegenden gut essen können, steht an Ort und Stelle im Buch.

TYPISCH BERLIN

Die traditionelle Berliner Küche war eine relativ dürftige Angelegenheit, gaben doch die trockenen Böden des Berliner Umlands kaum etwas her. Erst die französischen Hugenotten, die um 1700 ins Land kamen, brachten Gemüse wie Spargel, grüne Erbsen, Bohnen, Gurken und Blattsalat in die Region. Reich gesegnet war Berlin einzig mit Fisch aus Spree, Havel und den Seen des Umlands. So gehörten **Aal grün** oder der **Havel-Zander** zwangsläufig zur heimischen Küche.
Ansonsten fand sich in Berliner Küchentöpfen, was die Zuwanderer aus dem brandenburgischen Umland, aus Schlesien, Pommern und Ostpreußen an Rezepten mitgebracht hatten. So gab es dann **Kalbsleber Berliner Art** mit Äpfeln und Zwiebeln, **Gänsebraten** mit Grünkohl und Kartoffelklößen, **Königsberger Klopse** oder **Blut- und Leberwurst** mit Stampfkartoffeln.

Ausgewählt

Currywurst und Döner

Seite 215
Curry 36: die Kreuzberger Currywurst vom Mehringdamm. **L 11**

Seite 193
Konnopke's Imbiß: 1930 begann es mit einem Wurstkessel als Bauchladen. **O 4**

Seite 158
Bier's Kudamm 195: die Charlottenburger Currywurst, vielleicht mit einem Pikkolo. **E 10**

Seite 215
Mustafa's Gemüse Kebap: Gemüsekebaps und mehr. Kult, nicht nur bei Berlinern. **L 11**

Neue Trends

Seite 191
PeterPaul: im Sharing-Trend. Hier werden klassische deutsche Gerichte in kleinen Portionen serviert, damit Sie viel probieren (und teilen) können. **N 6**

Seite 216
Tulus Lotrek: Intensive Aromen steigern den Genuss. Das honorierte der Guide Michelin 2023 erneut mit einem Stern. **O 12**

Seite 216
Tante Fichte Speiselokal: Regionale Produkte und Einflüsse der kroatischen Küche präsentiert von Dominik Matokanovic. **O 12**

Promifaktor

Seite 76
Borchardt: Man bezeichnet sich auch gerne als die Kantine der Berliner Republik. Karte 2, **M 8**

Seite 217
Restaurant Tim Raue: asiatisch inspirierte Küche eines Kreuzberg-Kid aus dem Wrangelkiez – mit zwei Michelin-Sternen dekoriert. Karte 2, **M 9**

Seite 76
Grill Royal: das Lokal der neuen Berliner Szene zwischen Galerie und Kommerz, fleischlastig, aber köstlich. Karte 2, **M 7**

Regional

Seite 216
Max & Moritz: Alt-Berliner Wirtshaus, das mehr ist als ein Touritreff. O 10

Seite 77
Lutter & Wegner Gendarmenmarkt: Berliner Tradition wiederbelebt, im Restaurant oder in der direkt benachbarten Weinstube. Karte 2, **M 8**

Gesund, vegetarisch, vegan

Seite 193
Superfoods & Organic Liquids: Bowls, Smoothies etc., immer bio, immer ein Superfood dabei. **N 6**

Seite 76
Cookies Cream: das erste vegetarische Restaurant in Deutschland mit einem Michelin-Stern. **Karte 2, L 8**

Seite 215
Good Morning Vietnam: vietnamesische Küche für Veganer – und die Möglichkeit, draußen zu sitzen. **M 12**

Seite 96
1990 Vegan Living: ein Familienbetrieb, der seine eigene vegane Variante der vietnamesischen Küche entwickelt hat. **S 9**

Asiatisch

Seite 217
Long March Canteen: modern interpretierte kantonesische Küche, Dumplings und Dim Sum, ideal zum Teilen. **P 10**

Seite 157
Good Friends: groß, laut, hektisch – ein typisch chinesisches Restaurant. Vor allem aber: original chinesische, schmackhafte Küche. Was auch Tim Raue zu schätzen weiß. **E 9**

Seite 96
Ramen x Ramen: klein, unspektakulär und lecker. Japanische Suppen mit Ramen-Nudeln. **S 9**

Seite 216
tangs kantine: die scharfe Sichuan-Variante der chinesischen Kochkunst. **O 11/12**

Süßes & Kaltes

Seite 218
Coda Dessert Dining: Desserts und passende Drinks für das ultimative Geschmackserlebnis. **P 12**

Seite 193
Café Anna Blume: hausgemachte Kuchen, legendär: die Frühstücksetagere. **O 4/5**

Seite 157
Café Wintergarten im Literaturhaus: gemütlich sitzen, drinnen oder draußen, Kaffee, Kuchen und mehr im Literaturhaus. **F 10**

Seite 193
Süsse Sünde: vegane Sorbets und Eis aus regionaler Biomilch. **N 5/6**

Seite 218
Barcomi's: Klassiker für üppige Torten à la USA. **M 12**

Flanieren

An Schaufenstern entlanglaufen — Märkte durchstöbern, das Besondere entdecken …

Schaufenstermeilen

Friedrichstraße: M 7–9
Abgesehen von den Galeries Lafayette und den Quartiers 205 (The Q) und 206 hat sich hier eine Vielzahl an Einzelhandelsgeschäften etabliert. S. 97

Wittenbergplatz/Tauentzienstraße/Kurfürstendamm: E–G 10
Am KaDeWe geht's los, vorbei an den ›Normal-Geschäften‹ am Tauentzien zu den Edelläden am Kudamm, Ecke Schlüterstraße. S. 139

Rund um die Münzstraße: N 6/7
Östlich der Rosenthaler Straße bzw. um die Münzstraße hat sich im hippen Stadtviertel ein Mode-Shoppingmekka entwickelt: von edel bis flippig. S. 172

Hippe Läden – auch für Kopfbedeckungen – finden sich östlich der Rosenthaler Straße.

M

MALLS, MALLS, MALLS

Malls leben in Berlin – von der LP 12 Mall of Berlin am Leipziger Platz und Bikini Berlin in der City West über die Malls an der Friedrichstraße bis zum Boulevard Berlin in der Steglitzer Schloßstraße. Nicht zu vergessen das kleine, designorientierte Stilwerk in der Kantstraße. Dazu kommen die annähernd 70 Einkaufscenter im Stadtgebiet und die typischen Einkaufsstraßen der einzelnen Stadtbezirke.

Flohmärkte

Flohmarkt am Mauerpark N 4
Hier gibt es alles, und das tatsächlich zu Flohmarktpreisen. Der frühe Vogel fängt den Wurm. Dazu: Streetfood und Musik. Lieblingsort S. 195

Berliner Trödelmarkt Straße des 17. Juni F/G 8
Vor dem Ernst-Reuter-Haus in Berlin-Charlottenburg gibt es alles, was zu einem echten Trödelmarkt gehört. Nicht gerade preisgünstig, aber viel Kaufenswertes. S. 159

Trödelmarkt Arkonaplatz N 5
Kleinerer Flohmarkt mit schöner Atmosphäre, obwohl hier vor allem professionelle Trödler vertreten sind. S. 196

Fundstücke

Seite 177
Muji Berlin: japanisches Design, ob Haushaltswaren oder Kleidung. Karte 2, **N 7**

Seite 158
Harry Lehmann: seit 90 Jahren selbst kreierte Parfüme, verkauft nach Gewicht. **D 9**

Seite 194
Fachfrau: Hier kann jede Frau ein Fach mieten, um selbst Gefertigtes anzubieten. **Q 5**

Seite 177
Eat Berlin: Feinkost und Exklusives aus Berliner Manufakturen, von Brotaufstrich bis Kaffee. **Karte 2, N 7**

Seite 220
Paul Knopf: das Fachgeschäft mit über 1,5 Mio. Knöpfen in allen Varianten. **M 11/12**

Seite 220
DIM – Die Imaginäre Manufaktur: Von behinderten und nicht behinderten Menschen Handgefertigtes wie Rasierpinsel. **O/P 10**

Seite 56, 177
Ampelmann: Hier gibt es ihn, den kleinen Kerl, auf allen denkbaren Gebrauchsartikeln.
N 7, Karte 2, M 8

Von Kopf bis Fuß

Seite 133
Mimi: Textiles für Fans der 1930er- und 1940er-Jahre. **H 12**

Seite 132
Salon Fiona Bennett: Hier dreht sich alles um den Hut – als schnöde Kopfbedeckung oder als Schmuck. **J 10**

Seite 98
bellanatur: feminine, nachhaltige Mode für jedes Alter. **S 8**

Seite 194
ARYS Store: Fusionware, Allroundklamotten für Sie und Ihn – flexibel zu tragen, fair produziert. **O 5**

Seite 220
dunkelblaufastschwarz: schöne Kleidung und Accessoires für Sie und Ihn von Berliner Designern und Manufakturen. **O 11**

Märkte

Seite 211
BIOriental: Auf dem Wochenmarkt am Maybachufer ist (fast) jeder Stand eine Versuchung und das Publikum bunt gemischt – Berlin multikulti. **P 11**

Seite 125
Winterfeldt-Markt: einer der meistbesuchten Berliner Wochenmärkte mit Bioware und Einsprengseln aus aller Welt. **H 11**

Diese Museen …

Rund 170 Museen gibt es in Berlin — aber welche lohnen sich wirklich? Hier ein paar Meinungen.

Pergamonmuseum

Das gibt es nur in Berlin – Großarchitekturen im Museum. Nur leider ist das Museum ab 23. Oktober 2023 bis voraussichtlich 2027 geschlossen. Mehr als ein Trostpflaster ist »Pergamonmuseum. Das Panorama« gleich gegenüber (Am Kupfergraben 2) mit bedeutenden Exponaten aus dem Museum. S. 47, 54, Karte 2, **M 7**

Brücke-Museum

Ein Ausflug an den Grunewald und ein Besuch in einer Villa der 1960er-Jahre – das Brücke-Museum ist eine Wohnung für Bilder, und zwar für die sehr farbintensiven Bildern der Künstlergruppe Brücke. S. 228, 234, Karte 3, **C 3**

AlliiertenMuseum

Es muss nicht immer die große Geschichte wie im Deutschen Historischen Museum sein. Berlins Geschichte war seit dem Ende des Zweiten Weltkriegs von der Teilung der Stadt und deren Überwindung geprägt. So ist der Besuch im AlliiertenMuseum in Dahlem, das die Geschichte der amerikanischen, britischen und französischen Besatzer, die zu Freunden wurden, erzählt, immer wieder spannend. S. 234, Karte 3, **C 4**

Museum Berggruen

Nirgendwo in Berlin sind Sie Picasso und damit der Malerei der klassischen Moderne näher als im Museum Berggruen. Bis 2025 gibt es wegen Sanierung nur eine Auswahl der Werke in der Sammlung Scharf-Gerstenberg gegenüber. S. 153, 156, **C 7**

M

MUSEUMSPASS

Der Museumspass Berlin 3 Tage gibt Zugang zu über 30 Museen, darunter alle Häuser der staatlichen Museen. Mit dabei sind die Museen der Museumsinsel, am Kulturforum und die Museen für die Moderne Kunst in Charlottenburg. Erhältlich auf www.visitberlin.de, 32/16 €.

Deutsches Technikmuseum

Ob 40 Schienenfahrzeuge im Lokschuppen, eine historische Brauerei, das Thema Luftfahrt, der erste Computer der Welt, … Technik ist nicht nur Physik und Mathematik, sondern auch Kulturgeschichte. Das wird nirgends so deutlich wie im Deutschen Technikmuseum mit seinem großen Museumspark. S. 215, **K/L 11**

Gemäldegalerie

Für mich ist es einfach Erholung pur: mich in den ruhigen, harmonischen Sälen dieses Museums in einem der Werke von Albrecht Dürer oder im Hell-Dunkel Rembrandt van Rijns zu verlieren. Die Rembrandt-Sammlung zählt mit 16 Arbeiten zu den größten der Welt. Darüber hinaus können Sie sich in der Berliner Gemäldegalerie einen guten Überblick über die europäische Malerei vom 13. bis 18. Jh. verschaffen. S. 129, **J 9**

Neues Museum

Das Museumsgebäude ist eine unvergleichliche Synthese aus alt, saniert und neu. Das Ganze schafft den glanzvollen Rahmen für den Besuch bei der Büste der schönen Nofretete. Hier tauchen Sie ein in die Welt der ägyptischen Pharaonen und der nubischen Kultur, erleben aber auch mit dem 3000 Jahre alten Berliner Goldhut ein Highlight im Museum für Ur- und Frühgeschichte. S. 46, 54, Karte 2, **M 7**

Museum Knoblauchhaus

Das ehemalige Wohnhaus der Familie Knoblauch: Hier sind Sie zu Besuch bei einer bedeutenden Berliner Bürgerfamilie und tauchen zugleich ein in die Zeit des Biedermeier von 1815 bis 1848. Eine sehr anschlauliche Präsentation …
S. 52, Karte 2, **N 8**

F

FREIER EINTRITT UND ERMÄSSIGUNGEN

In den Berliner Regionalmuseen, in vielen historischen Museen und Berliner Gedenkstätten ist der Eintritt frei. Jugendliche unter 18 Jahren haben in den Staatlichen Museen und in den Landesmuseen freien Eintritt. **Ermäßigungen:** Rentner, Schüler, oft auch Studierende, Jugendliche, meist auch Arbeitslose und Menschen mit Handicap zahlen einen geringeren Eintritt.

… lieben wir!

Nachtschw

Nichts wie raus – chillen auf dem Gelände Holzmarkt 25

Berlin ist nicht zu vergleichen mit Hamburg, wo Kneipen, Konzerthallen oder auch Theater um die Reeperbahn konzentriert sind. In Berlin sind die Adressen für Nachtschwärmer über die gesamte Innenstadt verteilt. Schon gar nicht zu vergleichen ist Berlin mit einer Metropole wie New York, die einfach niemals schläft. An den Wochenenden wird zwar auch in Berlin durchgefeiert, das aber nur in bestimmten Clubs. Ansonsten wird es in der Stadt wochentags so gegen ein Uhr, an Wochenenden gegen drei, vier Uhr ruhiger. Letzteres gilt auch für die Sommermonate, in denen deutlich mehr Leute unterwegs sind. Abends und auch nachts ist das Spreeufer zwischen Friedrichstraße und Berliner Dom ein Treffpunkt.

Der Besuch von Clubs ist vor 24 Uhr nicht zu empfehlen. Bis dahin herrscht, so der Club überhaupt schon geöffnet hat, öde Leere an der Bar und auf der Tanzfläche. Nach 24 Uhr bauen sich dann schnell Schlangen vor den angesagten Adressen auf.

Nach wie vor ist Berlin weltweit für seine Clubszene bekannt. In Läden wie Berghain, Tresor oder Watergate wird Techno, Minimal und Elektro zelebriert. Türsteher sorgen nach bisweilen unerfindlichen Kriterien für eine Auswahl der Gäste. Touristen, die in Gruppen zum Feiern kommen, haben kaum eine Chance.

* Wohin am Abend? Bei jedem Viertel sind ausgewählte Adressen und Tipps gelistet.

ärmereien

Da ist nachts was los …

Um den Hackeschen Markt N6/7
Der Hackesche Markt ist nicht nur das Eingangstor zur Spandauer Vorstadt mit ihren touristischen Angeboten, sondern auch die Drehscheibe des öffentlichen Nahverkehrs in der Nacht. Im Sommer geht es von hier aus an das nahe Spreeufer. S. 165

Simon-Dach-Straße S8/9
In Friedrichshain-Kreuzberg ist der Bereich von der Simon-Dach-Straße über die Warschauer Brücke bis zur Oranienstraße Partyzone. S. 92

Weserstraße T9
In Neukölln hat sich die Weserstraße zur Kneipen- und Barmeile entwickelt. S. 212

Savignyplatz E/F9
In Westberlin finden sich um den Savignyplatz und in der Kantstraße auch zu später Stunde noch geöffnete Kneipen und Cafés. S. 149

Cocktail & Co. – was trinken

Seite 134
Victoria Bar: »Die Schule der Trunkenheit« hat in dieser stilvollen Bar ihre Heimat. Klassische Drinks und Eigenkreationen, die Berlins Spitzen-Barkeeper Stefan Weber immer auf höchstem Niveau hält. **J10**

Seite 78
Newton Bar: Im Herzen der Berliner City in der Nähe des Gendarmenmarkts gelegen, ist sie *der* Treff zum Sehen und Gesehenwerden. Im Sommer schöne Plätze draußen. Karte 2, **M8**

Die Verlockungen sind groß in der Victoria Bar.

Musik hören

Seite 160
A-Trane: Gepflegter Jazzclub mit Theke und Tischen. Seit über 20 Jahren eine feste Adresse in Charlottenburg. **E9**

N

NACHTSCHWÄRMER UNTERWEGS

In der gesamten Innenstadt sind alle Ziele problemlos mit öffentlichen Verkehrsmitteln zu erreichen. An den Wochenenden fahren S- und U-Bahnen rund um die Uhr. Wochentags fahren die S-Bahnen bis 1.30 Uhr, die U-Bahnen bis 1 Uhr. Danach ist man auf das Nachtbus-System angewiesen. In Ostberlin fahren die Straßenbahnlinien (Metrotram) die ganze Nacht.

Seite 160
Quasimodo: Kellerclub mit viel Atmosphäre und nach dem Rauchverbot auch mit guter Luft. Bevorzugt wird hier Rock und Blues gespielt. **F 9**

Seite 221
Yorckschlösschen: Musik von Swing bis Blues in einer urigen Kneipe. Sonntags Brunch. **L 11**

Seite 178
b-flat: Club, in dem jeden Abend Livejazz gespielt wird. Eine verlässliche Adresse seit 1995. **N 7**

Tanzen / Clubs

Seite 100
Berghain: Einer der bekanntesten Clubs der Welt und Technotempel. Hier kontrollieren Türsteher den Einlass. **Q 9**

Seite 100
Matrix Club: Jeden Tag Party, bis zu fünf Floors. Dazu bis zu neun Bars und Loungebereiche für die Atempause. **R 10**

Seite 100
Weekend Club: Club mit Dachgarten für die Sonnenaufgänge über Berlin. Auf die Ohren gibt es Hip-Hop und R&B. **O 7**

Seite 222
Tresor: Techno der harten Sorte, seit 2007 im stillgelegten Heizkraftwerk. **O 9**

Seite 222
Watergate: Der Club mit der hochklassigen Elektromusik, mit House, Techno und Minimal. Dazu der Spreeblick auf dem Waterfloor. **R 10**

Seite 78
Tausend: Von Soul bis Pop – tanzbar. Gehobenes Publikum. Karte 2, **L 7**

Immer noch offen

Seite 160
Zwiebelfisch: Gemütliche Kneipe für alle, die noch nicht ins Bett wollen. **E 9**

Seite 160
Schwarzes Cafe: Rund um die Uhr geöffnetes Café. Nur Dienstagfrüh für einige Stunden zu, um sauber zu machen. **F 9**

Varieté & Co.

Seite 160
Bar jeder Vernunft: Von Chanson bis Comedy reicht das Spektrum in einem wunderschönen holländischen Tanzzelt aus den 1920er-Jahren. **F 10**

Seite 178
Chamäleon Theater: Zeitgenössischer Zirkus als Verbindung von Akrobatik, Tanz, Musik und Schauspiel. **N 7**

Kino

Seite 160
Astor Film Lounge: Der Kinobesuch wird zum Luxuserlebnis mit Ledersesseln, Fingerfood und Cocktail. **F 10**

Seite 178
Kino Babylon: Kino mit alter Kinoorgel und auch Orchester zu Stummfilmen. **O 6**

Theater, Konzert, Oper

Seite 78
Theater am Schiffbauerdamm: Spielstätte des Berliner Ensembles. Geboten wird nicht nur Brecht. Karte 2, **L 7**

Immer wieder überraschend, immer wieder neu: »Die Zauberflöte« in der Komischen Oper unter Intendant und Chefregisseur Barrie Kosky sahen bisher über 500 000 Menschen weltweit.

Seite 173, 178

Volksbühne am Rosa-Luxemburg-Platz: Spannend, da im Wandel unter dem neuen Intendanten René Pollesch. **O6**

Seite 115, 134

Berliner Philharmonie: Ob in der Philharmonie oder im Kammermusiksaal, ein Konzert der Philharmoniker ist immer ein Erlebnis. **K9**

Seite 78

Komische Oper: Unter Intendant Barrie Kosky immer opulent und garantiert in deutscher Sprache. Geboten wird Musiktheater von Händel bis heute. Karte 2, **L8**

AKTUELLE PROGRAMMINFOS

www.zitty.de: Website des Stadtmagazins Zitty, eher frech und jünger
www.tip-berlin.de: das erste Stadtmagazin in Berlin, Kulturtipps
https://berlin030.de: spricht ein jüngeres Publikum an, eher auf Musik und Party ausgerichtet
www.visitberlin.de: Hier sind alle Veranstaltungen in Berlin zu finden.
www.berlin.de: Portal der Stadt, Link »Kultur in Berlin« anklicken
Tickets online: unter www.koka36.de, www.berlin-buehnen.de, www.berlin.de
Konzertkasse KOKA 36: Oranienstr. 29, T 030 61 10 13 13, www.koka36.de, U 1, 3, 8 Kottbusser Tor, Mo–Fr 12–19, Sa 10–14 Uhr
Last-Minute-Tickets: Die Zeit der Konzertkassen geht zu Ende. Last-Minute-Tickets bekommt man im Internet, z. B. auf www.berlin.de, Menüpunkt »Kultur in Berlin«. Hier stellen Veranstalter Restkarten ein. Oder am Veranstaltungsort.

Wo du schläfst,

Und dafür bietet Berlin viele Optionen — ob typisch Berlin, stilvoll eingerichtet oder szenig-preiswert.

Berlin hat unter der Coronapandemie schwer gelitten. Aber schon 2022 hatten sich die Übernachtungszahlen gegenüber dem Coronajahr 2021 verdoppelt. Tendenz 2023 steigend. Während der großen Messen wie Internationale Funkausstellung, Grüne Woche oder auch Internationale Tourismus-Börse und an starken Reisewochenenden ist zumindest in der Innenstadt kaum ein Bett zu bekommen. An normalen Wochenenden außerhalb der Reisezeit dagegen kann man günstig buchen. Daher nennen die Hotels auch kaum noch Festpreise für die Zimmer. Vielmehr werden die Preise je nach Auslastung festgelegt und auf Nachfrage genannt bzw. fließen in das Online-Angebot der Hotels ein.

Wer die Nerven hat: Kurzfristig buchen kann sich lohnen. Geld spart auch, wer nicht gerade in Mitte eine Unterkunft sucht. Alles innerhalb des S-Bahn-Rings ist ohne Probleme mit öffentlichen Verkehrsmitteln zu erreichen. Wichtig: Das Hotel sollte in der Nähe einer S- oder U-Bahn-Station liegen. Mühsam wird es, wenn Sie nach der U-Bahn-Fahrt noch in einen Bus umsteigen müssen.

P

PREISANGABEN

In diesem Buch werden die Preise für Doppelzimmer (DZ) angegeben, DZ/ÜF steht für Übernachtung mit Frühstück. Einzelzimmer sind in der Regel etwa 15 % günstiger. Seit 2014 müssen Privatreisende in Berlin eine City Tax in Höhe von 5 % des Netto-Übernachtungspreises entrichten.

Berlin-Feeling

In der Markthalle

OYO Hotel Matzbach, M 12: Mitten im lebhaften Bergmannkiez. Warum nicht über der alten Markthalle mit Balkon zum Marheinekeplatz übernachten?

Marheinekeplatz 15, Kreuzberg, T 030 61 20 22 92, www.matzbach-berlin.com, U 7 Gneisenaustr., DZ ab 89 €

Kreuzkölln

Hotel Ludwig van Beethoven, P 12: Der Name Ludwig van Beethoven überrascht dann doch etwas, genauso wie die Sitzplätze mit Blick auf den grünen Dachgarten unmittelbar am Hermannplatz, auf der Grenze von Kreuzberg und Neukölln. Mitten im Getümmel von Kreuzkölln.

Hasenheide 14, Kreuzberg, T 030 695 70 00, www.hotel-ludwig-van-beethoven.de, U 7, 8 Hermannplatz, DZ/ÜF ab ca. 90 €

Kudammnähe

Henri Hotel, F10: Um 1900 als Wohnhaus erbaut, zeigt das Hotel noch viele Jugendstilelemente, ob nur aufgefrischte Wandbemalung, Stuck und Türklinken oder die Altberliner Keramik-Zapfsäule an der Bar.

Meinekestr. 9, Charlottenburg, T 030 88 44 30, www.henri-berlin.com, U 1 Uhlandstr., U 3, 9 Spichernstr., DZ ab 113–148 €, Frühstück 17,50 €/Pers. (bei Vorabbuchung günstiger)

Jugendstil

Hotel-Pension Savoy, F10: 18 Zimmer bietet Inhaberin Olga Perfetzki in ihrem sehr persönlich geführten Haus. Der Aufgang mit wunderbarem Fahrstuhl stimmt auf das Hotel im Jugendstil ein.

Meinekestr. 4, Charlottenburg, T 030 88 47 16 10, www.hotel-pension-savoy.de, U 1 Uhlandstr., U 1, 9 Kurfürstendamm, DZ/ÜF ab 89 €–100 €

Design

Ein Hotel als Kunstwerk

Arte Luise Kunsthotel, Karte 2, L7: Jedes der 50 Zimmer (s. rechts) wurde von einem Künstler gestaltet, ob nach Spitzwegs Bild »Der arme Poet« oder mit überdimensioniertem Bett. Die Zimmer sind weitgehend gegen den Lärm der nahen Bahnlinie isoliert.

Luisenstr. 19, Mitte, T 030 28 44 80, www.luise-berlin.com, U 6, S 1, 2, 3, 5, 7, 9, 25, 26, 75 Friedrichstr., DZ/Bad ab ca. 90–120 € (bis saisonal 300 €), mit Etagendusche günstiger, Frühstück 16 €/Pers.

Spanisches Design

H10 Berlin Ku'damm, F10: Als Kombination von historischem Alt- und Neubau ist das H10 etwas für Liebhaber des stilvollen Wohnens.

Joachimstaler Str. 31/32, Charlottenburg, T 030 322 92 23 00, www.hotelh10berlinkudamm.com, U 1, 9 Kurfürstendamm, DZ/ÜF ab ca. 135 €

Design vom Feinsten

Lux 11, O7: Designfreaks sind in diesem Hotel richtig. Die 72 modernen Appartements mit feinster Ausstattung sind alle mit Doppelbett, Bad, Küche und Waschmaschine plus Trockner eingerichtet.

Rosa-Luxemburg-Str. 9–13, Spandauer Vorstadt (Mitte), T 030 936 28 00, www.lux-eleven.com, U 2, 5, 8, S 3, 5, 7, 9, 75 Alexanderplatz, DZ um 120–180 €, Frühstück 18 €/Pers.

bist du zu Hause

S

DAS PASSENDE BETT SELBST SUCHEN

Direktbuchungen beim Hotel können günstiger sein als über Buchungsportale wie booking.com oder hrs.de. **Wichtig:** Überprüfen Sie, ob bei Angeboten außerhalb der Innenstadt U- oder S-Bahn-Stationen in der Nähe sind.

Gezielt Berlin
www.visitberlin.de: Unter dem Menüpunkt »Hotels & Reiseangebote« haben Sie mit Bestpreisgarantie die Wahl zwischen 350 Berliner Hotels, Pensionen, Hostels und Appartements.

Berlin und Umgebung
www.berlin-pensionen.de: Pensionen, Privatzimmer und Ferienwohnungen in Berlin und im Umland (u. a. Potsdam)

Hostels
www.german-hostels.de
www.hostelworld.com

Garten in der Innenstadt

Garden Boutique Hotel, L 6: Abgezogene Böden und Türen, versiegelter Stuck, dunkle Möbel, Bilder alter Meister und Spiegel in opulenten Rahmen – bei manchen kommt Kitschverdacht auf. Die meisten Gäste werden den wundervollen Garten genießen und sich wie auf einer kleinen Insel inmitten der Berliner Innenstadt fühlen.

Invalidenstr. 122, Mitte, T 030 28 44 55 77, www.gardenhotelberlin.de, U 6 Zinnowitzer Str., S 1, 2, 25 Nordbahnhof, DZ ca. 140–160 €, Frühstück 22,90 €/Pers.

Queer mit Stil

Axel Hotel Berlin, G 10: Erst Spanien, dann Berlin, Juliá Blanchs drittes Gay-Hotel der gehobenen Klasse. Gut gestylt, mit Wellnessbereich, Restaurant, Skybar – das heterofreundliche Hotel lässt keine Wünsche offen. Nur 300 m von KaDeWe und Wittenbergplatz entfernt.

Lietzenburger Str. 13–15, Schöneberg, T 030 21 00 28 93, www.axelhotels.com, U 1, 2, 4, 12, 15 Wittenbergplatz, DZ/ÜF 114–174 €

City-West-Überblick

25hours Hotel Bikini Berlin, G 9: Hotel im denkmalgeschützten Bikini-Hochhaus der 1950er-Jahre mit Blick wahlweise über den Beriner Zoo oder auf die Gedächtniskirche.

Budapester Str. 40, Charlottenburg, T 030 120 22 10, www.25hours-hotels.com, DZ 131–343 €, Frühstück 23 €

Minimalistisch

Lindemann's, J 11: Minimalistisch ist nur die Farbgestaltung, schwarz-weiß mit violetten Farbtupfern. Alle Zimmer zur Potsdamer Straße sind mit Schallschutzstufe 5 geschützt. Eine günstige, innenstadtnahe Adresse. Fahrrad 12 €/Tag.

Potsdamer Str. 171–173, Schöneberg, T 030 526 85 40, www.lindemanns-hotel.de, U 1, 2, 3 Bülowstr., DZ ab 86–112 €, Frühstück 16 €/Pers.

Dezent modern

Hotel Johann, N 11: Abgeschliffene Dielen oder Eichenparkett, freundliche Farben und eine dezent-moderne Einrichtung zeichnen das Hotel aus. Von der ruhigen Seitenstraße nahe dem Landwehrkanal haben Sie es nicht weit zur Bergmannstraße oder in den Kreuzberger Graefekiez und sind in einer Viertelstunde zu Fuß in der Berliner City. Nextbike-Fahrradstation 100 m entfernt.

Johanniterstr. 8, Kreuzberg, T 030 225 07 40, www.hotel-johann-berlin.de,

U 7 Gneisenaustr., DZ ab ca. 102 €, Frühstück 14,50 €/Pers.

Preiswert und gut

Einfach anders

Pension Peters – Das andere Hotel, F 9: Recht große, hohe, zur Kantstraße schallisolierte Zimmer in einer ehemaligen Nach-Zweiter-Weltkriegs-Pension.

Kantstr. 146, Charlottenburg, T 030 312 22 78, www.pension-peters-berlin.de, S 5, 7, 9 Savignyplatz, DZ um 90 €, Frühstück 13 €/Pers.

Für Kreuzberg-Fans

Die Fabrik, R 10/11: Weder Fernseher noch Minibar, Duschen und Toiletten auf der Etage – das finden Sie in der Fabrik, einem gut sanierten ehemaligen Fabrikgebäude mit Garten im Hof mitten im Kreuzberger Wrangelkiez.

Schlesische Str. 18, T 030 611 71 16, www.diefabrik.com, U 1 Schlesisches Tor, DZ mit Waschbecken um 69 €, auch Mehrbettzimmer, kein Frühstück

Mitten in Prenzelberg

City Guesthouse Pension Berlin, O 3: Nur wenige Meter von der U-Bahn-Station Schönhauser Allee wohnen Sie mitten im angesagten Prenzlauer Berg.

Gleimstr. 24, T 030 448 07 92, www.pension-guesthouse-berlin.eu, U 2, S 8, 41, 42 Schönhauser Allee, DZ ca. 70–90 €, auch Mehrbett- und Familienzimmer

Wohnen im Industriedenkmal

Pfefferbett Hostel Berlin, O 5: Moderne Einrichtung, die gut zum sanierten Fabrikbau passt. Südterrasse im Sommer, Kamin im Winter.

Haus 6, Hof 4, Am Pfefferberg, Christinenstr. 18/19, Prenzlauer Berg, T 030 93 93 58 58, www.pfefferbett.de, U 2 Senefelderplatz, DZ ab 75 €, 4-Bett-Zimmer mit Bad 38 €/Pers., 6-Bett-Zimmer mit Bad 37 €/Pers., Frühstück 8 €

Hütten in der Fabrik

Hüttenpalast, P 12: Individuell gestaltete Wohnwagen oder Hütten in einer alten Fabrik. Ein Hotel-Hostel, wie es nur in Berlin möglich ist.

Hobrechtstr. 66, Neukölln, T 030 37 30 58 06, www.huettenpalast.de, U 7, 8 Hermannplatz, Wohnwagen/Hütte/DZ 70–100 €, Frühstück 10,50 €

Mittendrin

a&o Hostel Berlin Mitte, P 9: In Laufweite zu den Clubs Tresor und Watergate, zum Kater Blau und zur Holzmarkt-Strandbar auf der anderen Seite der Spree. Was will man mehr?

Köpenicker Str. 127–129, T 030 809 47 52 00, www.aohostels.com, S 3, 5, 7, 9, U 8 Jannowitzbrücke, MZ ab 50 € p.P.

Für Ostalgiker

Inf, R 9: Im Zentrum des Feierbezirks, die angesagten Clubs in Laufweite. Und das Ganze in einer ehemaligen Fabrik, die voll auf die Bedürfnisse eines Hostels umgebaut wurde.

Warschauer Str. 43, T 030 74 07 82 90, www.ip-hostel.com, S 3, 5, 7, 75, 9, U 1, 3 Warschauer Str., Bett im Schlafsaal 19 €, Frauenschlafsaal 24 €, DZ 65 €

Vor

Stand-up-Paddling macht Spaß, ist aber auch anstrengend. Belohnung: traumhafte Blicke auf Berlin

Ort

Pariser Platz, Unter den Linden und Alt-Berlin

Berlins Mitte — ist »Unter den Linden« preußisch und war im mittelalterlichen Alt-Berlin bürgerlich.

Seite 37

Pariser Platz ✪

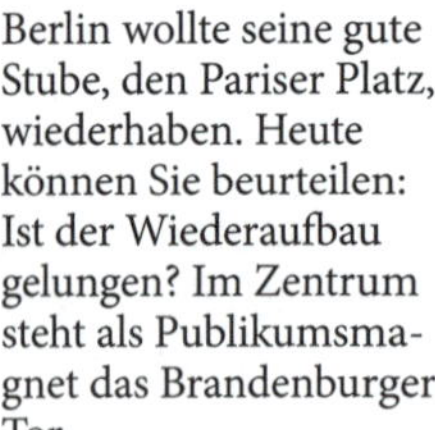

Berlin wollte seine gute Stube, den Pariser Platz, wiederhaben. Heute können Sie beurteilen: Ist der Wiederaufbau gelungen? Im Zentrum steht als Publikumsmagnet das Brandenburger Tor.

Seite 42

Bebelplatz

Friedrich der Große wollte hier ein neues Zentrum der Residenzstadt Berlin erschaffen. Zustande gebracht hat er ein Sammelsurium von unterschiedlichen Bauten, die trotzdem einen reizvollen Stadtplatz ergeben.

Das Akanthus-Blatt schmückt Bauwerk und Brunnen.

Eintauchen

Seite 44

Das Zeughaus

Eine Waffenkammer, die wie ein französisches Palais aussieht und an der die Masken der 22 sterbenden Krieger zum Nachdenken anregen. Heute befindet sich hier das Deutsche Historische Museum.

Seite 46

Museumsinsel ✪

Das Weltkulturerbe Museumsinsel mit seinen weltberühmten Sammlungen hat sich auf den Weg in die Zukunft gemacht. Dies nicht zuletzt dank der James-Simon-Galerie, die zu Nofretete & Co. führt.

Seite 49

Humboldt Forum

Hinter der Fassade des Hohenzollern-Stadtschlosses bildet das Forum das Pendant zur Museumsinsel. Es soll die globale Perspektive aufzeigen, Wissen vernetzen.

Seite 50

Alt-Cölln – Alt-Berlin

Kann man aus Autopiste und Parkplatz ein neues Quartier entwickeln, das an die mittelalterliche Stadt erinnert?

Seite 52

Nikolaiviertel

Die einen belächeln es kritisch, die anderen lieben das Nikolaiviertel, das Zentrum des mittelalterlichen Berlin. Ein Bummel vorbei an alten Fassaden vor neuen Gebäuden, zu Ephraim-Palais, Knoblauchhaus und Nikolaikirche lohnt sich.

Seite 57

Der vergessene Prometheus

Es kann wohl nur in Berlin passieren, dass eine tonnenschwere Skulptur über 50 Jahre schlicht vergessen wird. Heute steht Begas' gefesselter Prometheus an einem etwas merkwürdigen Ort: im Durchgang der Akademie der Künste zur Behrenstraße.

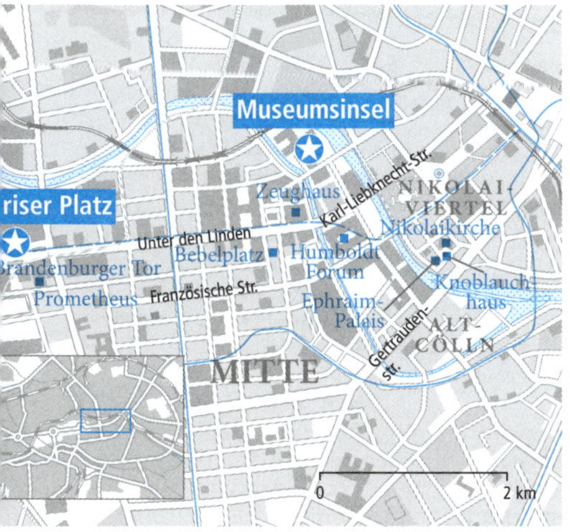

Die erste steinerne Kirche Alt-Berlins ist heute Museum: die Nikolaikirche.

»Blamier mich nicht, mein schönes Kind / Und grüß mich nicht unter den Linden, …« Heinrich Heine

erleben

Bürgerstadt und Königsresidenz

Berlin war Bürgerstadt, bevor es Residenzstadt der Hohenzollern wurde. Um das Humboldt Forum haben sich nur spärliche Reste dieser mittelalterlichen Handelsstadt Berlin wie die Nikolaikirche und die St.-Marien-Kirche erhalten. Alles andere ist massiv umgebaut (Ribbeck-Haus) oder später wieder aufgebaut worden (Nikolaiviertel).

Vollends verschwunden unter Autopisten sind die historischen Zentren von Alt-Berlin, der Molkenmarkt, und von Alt-Cölln, der Cöllner Fischmarkt mit der Petrikirche. Auch vom alten Franziskanerkloster findet sich nur noch die Ruine der Klosterkirche. Daher gilt: Prägend für das historische Berlin sind die Bauten der Hohenzollern-Kurfürsten und -Könige zwischen Pariser Platz und Humboldt Forum.

Im 17. Jh. ließ Kurfürst Friedrich Wilhelm eine Allee von sechs Reihen Nuss- und Lindenbäumen zwischen Stadtschloss (Humboldt Forum) und Großem Tiergarten anpflanzen. Hieraus entwickelten sich die Prachtstraße Unter den Linden und der Pariser Platz. Der nördliche Teil des Lustgartens am Stadtschloss bot Platz für den Bau der Museumsinsel.

ORIENTIERUNG

O

Ausgangspunkt: Am besten starten Sie die Besichtigung am **Pariser Platz mit dem Brandenburger Tor** (U 5, S 1, 2, 25, 26 Brandenburger Tor) und machen sich dort auf den Weg die Linden hinunter zum Humboldt Forum (1,5 km). Möchten Sie gezielt die **Museumsinsel** ansteuern, bieten sich U 6, S 1, 2, 3, 5, 7, 9, 25, 26 Friedrichstraße oder S 3, 5, 7, 9 Hackescher Markt an. Für den Bereich um den **Bebelplatz** sind die U 2 Hausvogteiplatz und U 6 Französische Straße günstig. **Humboldt Forum/Schloßplatz/Alt-Cölln und Alt-Berlin** über U 2 Hausvogteiplatz, U 6 Französische Str., **Nikolaiviertel** über U 2 Klosterstr.

Nach dem Zweiten Weltkrieg veranlasste die DDR-Regierung den Wiederaufbau der Gebäude beiderseits der Linden und von Teilen der Museumsinsel. Eine heute oftmals vergessene Leistung. Der Pariser Platz aber konnte erst nach der Wiedervereinigung 1990 neu entstehen, lag er doch wie auch das Brandenburger Tor im Todesstreifen der Grenze zwischen Ost- und West-Berlin.

Pariser Platz 

Karte 2, L8

Mächtig symbolträchtig

Vor dem Grün des Großen Tiergartens hebt sich der helle Sandstein des **Brandenburger Tores** ❶ deutlich ab. 1789–93 als fulminanter Abschluss des Boulevards Unter den Linden, der Prachtstraße durch die barocken Stadterweiterungen, erbaut, ist es heute das wohl bekannteste Bauwerk Berlins: Am 3. Oktober 1990 flimmerte das Bild des Tores mit seiner Quadriga inmitten des Freudenfeuerwerks zur deutsch-deutschen Wiedervereinigung über die TV-Bildschirme in aller Welt.

Zur Zeit seiner Erbauung hatte das Brandenburger Tor auch eine praktische Funktion: Es diente als Kontrollstation in der Berliner Zollmauer. Die beiden kleinen, offenen ›Tempelbauten‹ links und rechts waren schlicht die Wächterhäuschen, die Durchfahrten zwischen den strengen, dorischen Säulen des Tores ließen sich mit Gittern verschließen. Carl Gotthard Langhans hatte den Entwurf geschaffen, sich dabei an griechischen Vorbildern orientiert.

Die entführte Siegesgöttin

Hoch über allem fährt die Siegesgöttin Viktoria im Viergespann (Quadriga) in die Stadt ein, ein Werk Gottfried Schadows. In der rechten Hand präsentierte sie ursprünglich Lorbeerkranz und Adler. Napoleon fand wohl Gefallen an diesem Kunstwerk: 1806, nach seinem Sieg über die preußischen Truppen, ließ er die Göttin samt Streitwagen in Kisten verpacken und nach Paris schaffen. Doch nach der Niederlage Napoleons in den Befreiungs-

Brandenburger Tor und Pariser Platz sind heute fest in Fußgängerhand. Nur in der Früh und abends können Radfahrer ungehindert passieren.

B

KLEINE BEOBACHTUNGEN

Man liest immer wieder, dass die Quadriga auf dem Brandenburger Tor auf sechs hohen Säulen ruht. Das stimmt, aber nur halb. Die meisten übersehen, dass diese Säulen geschickt vor verputzte Ziegelmauern gestellt sind. Die erst sind in der Lage, den schweren Aufbau zu tragen. Und noch eine Frage: Wie sieht das Tor eigentlich Richtung Großer Tiergarten aus? Schauen Sie es sich an. Die Siegesgöttin wendet Ihnen schnöde den Rücken zu. Von Bauschmuck keine Spur.

kriegen 1814 kehrte sie zurück. Nun legte Karl-Friedrich Schinkel Hand an: statt Lorbeer- nun ein Eichenkranz mit Eisernem Kreuz, Orden der Befreiungskriege und preußischem statt römischem Adler. So machte er sie zum Symbol des Kampfes gegen die verhasste Fremdherrschaft.

Mondän

Der Pariser Platz ist heute wieder das, was er vor 1945 schon einmal war, ein vornehmer Stadtplatz mit Luxushotel und Botschaften. Das auf alt getrimmte **Hotel Adlon** ❷ (www.kempinski.com/de/berlin/hotel-adlon) von 1997 dominiert den Platz. Es verfügt bei gleicher Bauhöhe wie das alte Adlon von 1907 über ein Geschoss mehr und ist fast doppelt so breit. Mehr Zimmer mussten her, um das Hotel heute rentabel führen zu können. Das alte Adlon, dessen Bau Kaiser Wilhelm II. kräftig unterstützt hatte, brannte aus ungeklärter Ursache kurz nach der Kapitulation Berlins am 2. Mai 1945 ab.

Die Botschaften kehren zurück

Die Rückkehr der **US-Botschaft** ❸ an den Pariser Platz wäre beinahe gescheitert. Die USA wollten eine Sicherheitszone von 25 m vor dem Eingang der Botschaft, Berlin aber wollte einen frei zugänglichen Pariser Platz. Der Kompromiss: Die Botschaft bekam Richtung Pariser Platz einen nur symbolischen Eingang. Der Besucherverkehr wird über den Zugang an der Behrenstraße abgewickelt.

Bei der **Französischen Botschaft** ❹ gab es diese Probleme nicht. Die Sicherheitskontrollen werden am Eingang an der Wilhelmstraße abgewickelt. Die **Britische Botschaft** ❺ ist ebenfalls an ihren angestammten Standort in der Wilhelmstraße (Nr. 70/71) zurückgekehrt. Mancher Besucher fragt sich, was den Architekten der Botschaft, Michael Wilford, geritten hat, als er die recht strenge Steinfassade in der Mitte aufriss und hier zwei Baukörper in den Farben Grün und Violett einschob. Viele sehen darin einen ironischen Kommentar zur Gestaltungssatzung des Berliner Senats von 2004, die u. a. besagt: Gebaut werden muss eine Steinfassade, in die maximal 50 % Fensterfläche eingeschnitten sein dürfen …

Glasfassade vor Gericht

Entgegen der Berliner Gestaltungssatzung baute die **Akademie der Künste** ❻ ihr Gebäude mit einer Glasfassade. Sie musste diese Vorderfront vor Gericht durchsetzen, hatte aber gute Argumente: Im Vorgängerbau hatten Adolf Hitler und sein Architekt Albert Speer ihren größenwahnsinnigen Träumen einer Hauptstadt Germania nachgehangen, während Europa in Schutt und Asche fiel. Kehre die Akademie an diesen Ort zurück, sei größtmögliche Transparenz Pflicht, so die Akademie. Und die sollte schon in der Fassade zum Ausdruck kommen.

Ein Hauch von gestern

Nicht nur das Hotel Adlon erinnert an die große Zeit des Pariser Platzes. Die heutige Gestaltung des Platzes mit Rasenflächen und Springbrunnen, mit Schmuckpflaster und historischen Kandelabern wurde an die Platzgestaltung um 1880 angelehnt. Vor allem aber erinnern die beiden Gebäude links und rechts des Brandenburger Tores stark an die Bebauung aus der Mitte des 19. Jh. Das **Haus Sommer** und das **Haus Liebermann** ❼ errichtete bis 1998 der Architekt Josef Paul Kleihues. Respektvoll halten sie durch einen kleinen Spalt Abstand vom historischen Brandenburger Tor. Im Haus Liebermann lebte bis zu seinem Tod 1935 der Maler Max Liebermann. Seine Witwe Käthe wurde als Jüdin von den Nazis ausgeplündert und 1943 in den Freitod getrieben.

Unter den Linden

Karte 2, L–M 8

Anlaufschwierigkeiten

Die rund 1,5 km lange Prachtstraße gliedert sich heute in drei Bereiche: Bauten der Politik zwischen Pariser Platz und Glinkastraße, alte Geschäftshäuser aus der Zeit um 1900 zwischen Glinkastraße und dem Denkmal Friedrichs des Großen, dann bis zur Schloßbrücke die Bauten der preußischen Königsstadt.

Im ersten Teilstück warten vor allem Souvenirgeschäfte und Cafés auf Kundschaft. Daneben weckt die **Botschaft der Russischen Föderation** ❽ das Interesse. Was wie ein übergroßer Bau aus der Zeit des Berliner Klassizismus um 1840 aussieht, wurde erst bis 1953 im Nationalstil der Stalinzeit errichtet: ein riesiges Gebäude mit einem Ehrenhof und einem hohen Aufbau über dem geschmückten Portal – der Bau einer Siegermacht.

Über einen Abstecher in die Glinkastraße gelangen Sie zum **Forum Willy Brandt Berlin** ❾ (Behrenstr. 15, www.willy-brandt.de, Veranstaltungen/Ausstellungen s. Website), das an Berlins früheren Regierenden Bürgermeister erinnert, der als Bundeskanzler entscheidend zur Aussöhnung zwischen Deutschland und seinen östlichen Nachbarn beitrug.

Alte Geschäftshäuser

1925 wurden Unter den Linden gezählt: 17 Juwelierläden, 15 Modeateliers, 6 Kunsthandlungen, 18 Automobil- und 13 Zigarrengeschäfte. Lang ist's her. Aber zumindest hat sich zwischen der Glinkastraße und der Friedrichstraße ein Ensemble von Geschäftshäusern aus der Zeit um 1900 erhalten: Los geht's mit der Fassade des Geschäftshauses der **Internationalen Schlafwagengesellschaft Wagon-Lit** ❿ (Nr. 40) von 1908 und dem nur drei Jahre jüngeren **Zollernhof** ⓫, der sich aber deutlich moderner zeigt. Das **ZDF** hat den Gebäudekomplex sanieren lassen und hier sein Hauptstadtstudio eingerichtet. Sie können den Innenhof betreten und im **ZDF mo:ma-café** (tgl. 10–19 Uhr)

Das ZDF steht auch Besuchern offen, zumindest Foyer und Café.

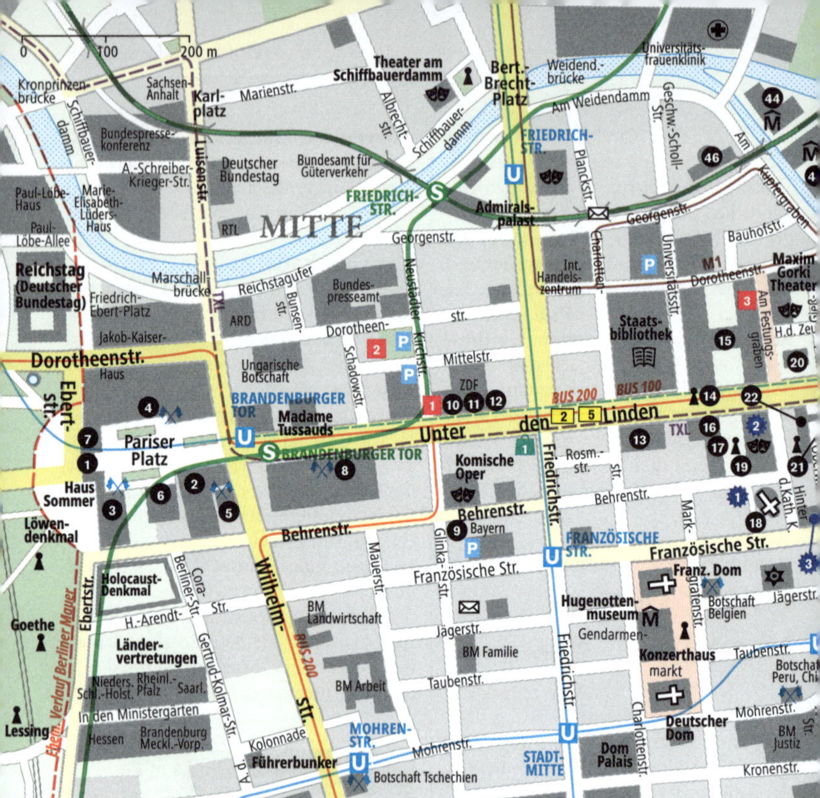

Pariser Platz, Unter den Linden und Alt-Berlin

Ansehen

1. Brandenburger Tor
2. Hotel Adlon
3. US-Botschaft
4. Französische Botschaft
5. Britische Botschaft
6. Akademie der Künste
7. Haus Liebermann
8. Botschaft der Russischen Föderation
9. Forum Willy Brandt Berlin
10. Internationale Schlafwagengesellschaft Wagon-Lit
11. Zollernhof (ZDF-Hauptstadtstudio / ZDF mo:ma-café)
12. Unter den Linden 28–30
13. Unter den Linden 13 und 15
14. Reiterstatue Friedrich der Große
15. Hauptgebäude der Humboldt-Universität
16. Altes Palais
17. Alte Bibliothek
18. St.-Hedwigs-Kathedrale
19. Denkmal Bücherverbrennung
20. Neue Wache
21. Kronprinzenpalais
22. Prinzessinnenpalais / PalaisPopulaire der Deutschen Bank
23. Kommandantenhaus
24. Schloßbrücke
25. Lustgarten
26. Berliner Dom
27. James-Simon-Galerie
28. Humboldt Forum (Stadtschloss)
29. Staatsratsgebäude
30. Neuer Marstall
31. Ribbeck-Haus

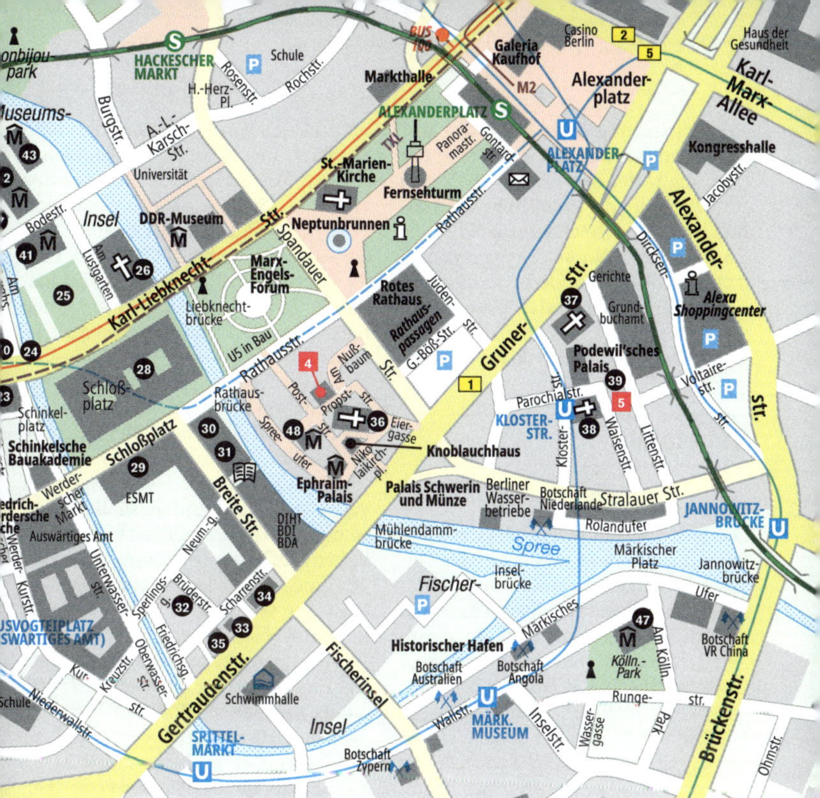

32 Nicolaihaus
33 House of One (im Bau)
34 Capri by Fraser
35 Archäologisches Besucherzentrum (in Bau) / Cöllnische Lateinschule
36 Nikolaikirche
37 Ruine der Franziskaner-Klosterkirche
38 Parochialkirche
39 Reste der Berliner Stadtmauer
40 Deutsches Historisches Museum / Zeughaus
41 Altes Museum
42 Neues Museum
43 Alte Nationalgalerie
44 Bode-Museum
45 Pergamonmuseum
46 Pergamonmuseum. Das Panorama
47 Märkisches Museum
48 Zille Museum

Essen

1 Einstein Unter den Linden
2 Beets&Roots
3 Cum Laude
4 Zur Gerichtslaube
5 Zur letzten Instanz

Einkaufen

1 Ampelmann

Ausgehen

1 The Rooftop Terrace (im Hotel de Rome)
2 Staatsoper Unter den Linden
3 Pierre-Boulez-Saal

eine Erfrischung nehmen. 1913 baute die **Daimler-Motoren-Gesellschaft** das Gebäude **Unter den Linden 28–30** ⓬, ein Jahr später die **Preußische Central-Bodencredit** das **Nachbarhaus Nr. 26,** die heute zu einem Komplex zusammengefasst sind. Auf der anderen Straßenseite wurden **Unter den Linden 13** und **15** ⓭ für die Disconto-Gesellschaft, einen Vorläufer der Deutschen Bank, errichtet.

Bebelplatz

Friedrichs Traum

Die **Reiterstatue Friedrichs des Großen** ⓮ auf dem Mittelstreifen der Linden markiert den Beginn des königlichen Berlin. Ausgehend vom Stadtschloss und der Schloßbrücke bauten die Hohenzollern-Herrscher hier das Zeughaus, preußisch bescheidene Palais und die Oper. Das Reiterdenkmal ist ein Werk des bedeutendsten Berliner Bildhauers im 19. Jh., Christian Daniel Rauch. Allein der Sockel zeigt vier lebensgroße Reiterstatuen an den Ecken, sechs Reiter im Relief und 21 lebensgroße Standbilder nach der Natur. Dargestellt sind Zeitgenossen Friedrichs, Militärs und Staatsbeamte, Gelehrte und Künstler. Der König ist in Uniform mit dem Dreispitz dargestellt. Der Krückstock kennzeichnet ihn als alternden Herrscher. Nach 1945 wurde das Denkmal nach Potsdam verbracht. Erst 1980 durfte es an seinen angestammten Platz Unter den Linden zurückkehren.

Wissenschaft in alten Palais

Friedrich hatte schon als Kronprinz einen Traum und für dessen Realisierung Georg Wenzeslaus von Knobelsdorff gewonnen: Er wollte einen Ort für Kunst und Wissenschaft im Zentrum des königlichen Berlin. Passenderweise hat der Alte Fritz zu seiner Linken das **Hauptgebäude der Humboldt-Universität** ⓯. Vermutlich nach Plänen von Knobelsdorff bis 1753 errichtet, war es zunächst der Wohnsitz von König Friedrichs Bruder Prinz Heinrich. 1809 zog die neu gegründete Friedrich-Wilhelm-Universität ein, aus der 1949 die Humboldt-Universität wurde. Einige der bedeutendsten Gelehrten dieser ersten Berliner Universität wurden mit Denkmälern vor und im Ehrenhof des Universitätsgebäudes geehrt: unmittelbar an den Linden der Sprachwissenschaftler **Wilhelm von Humboldt** mit dem Buch in der Hand und sein Bruder, **Alexander von Humboldt,** mit Weltkugel und exotischer Pflanze, die auf seine Forschungsreisen verweisen. Die **Empfangshalle** wurde während des Wiederaufbaus bis 1958 völlig neu gestaltet und mit einem Marx-Zitat geschmückt: »Die Philosophen haben die Welt nur verschieden interpretiert, es kommt aber darauf an, sie zu verändern.« Der geistige Vater von Karl Marx, Hegel, war Professor an der Berliner Universität, an der nach dessen Tod Karl Marx von 1836 bis 1842 studierte.

Gegenüber am Bebelplatz steht das **Alte Palais** ⓰, in dem der erste deutsche Kaiser, Wilhelm I., als Kronprinz, als König und Kaiser bis 1888 lebte. Damals gehörte es zum festen Besuchsprogramm in der Hauptstadt, einen Blick auf den alten Kaiser am Fenster seines Arbeitszimmers zu werfen. Die Gelegenheit bestand, wenn dieser mittags die Wachablösung vor der Neuen Wache beobachtete. Heute nutzt die Juristische Fakultät der Humboldt-Universität das Gebäude.

Ein Haus für Musik

Den Platz dominiert die **Staatsoper Unter den Linden** 2 (s. S. 56), mit deren Errichtung sofort nach der Thronbesteigung Friedrichs des Großen (1740) begonnen wurde. Vornehm und ohne viel Schnörkel, fast klassizistisch, plante der Architekt und künstlerische Berater des jungen Königs, Georg Wenzeslaus von Knobelsdorff, das Haus.

Wien in Berlin

Ganz anders dagegen die **Alte Bibliothek ⑰**. Der Gebäudekörper geschwungen, die Eckpartien gerundet, dazu Girlanden, Festons, Schlusssteine über den Fenstern und Statuen auf der Balustrade – man muss nur kurz auf das Opernhaus schauen, um zu wissen, dass dieser Bau im protestantisch nüchternen Berlin nichts zu suchen hat. Tatsächlich wählte Friedrich der Große für seine Bibliothek von 1775 einen gut 50 Jahre alten Entwurf des Architekten Fischer von Erlach für die Wiener Hofburg als Vorlage aus. Der Entwurf war seinerzeit in Wien noch nicht realisiert worden. Wollte Friedrich zeigen, dass er bauen konnte, was man in Wien noch nicht hatte bauen können?

Zeichen für die Katholiken

Der überkuppelte Rundbau der **St.-Hedwigs-Kathedrale ⑱** wurde in Anlehnung an das Pantheon in Rom ab 1747 errichtet. Der Bau war ein Zeichen Friedrichs des Großen an den überwiegend katholischen Adel Schlesiens, das er zuvor seinem Königreich einverleibt hatte. Nicht nur, dass er ein katholisches Gotteshaus an dem vornehmen Platz zuließ, die Kirche wurde auch der Schutzpatronin Schlesiens geweiht. Im Innern befindet sich eine **Gedenkstätte für Bernhard Lichtenberg.** Dompfarrer ab 1932, musste er sein mutiges Eintreten für die Verfolgten im NS-Regime mit seinem Leben bezahlen. Durch den Portikus mit großem Giebelfeld fügt sich St. Hedwig gut in das Bild des Bebelplatzes ein.

B

BÜCHERVERBRENNUNG

Der Schriftsteller Erich Kästner beschreibt, wie er am 10. Mai 1933 auf dem heutigen Bebelplatz miterlebte, wie seine Bücher verbrannt wurden. Bei der »Aktion wider den undeutschen Geist« wurden unter Führung des »Nationalsozialistischen Studentenbunds« rund 20 000 Bücher von 94 Autoren unter markigen Sprüchen den Flammen übergeben. Auf dem Bebelplatz können Sie heute in einen Raum mit weißen, leeren Regalen hinabblicken, in denen rund 20 000 Bücher Platz hätten. Zwei Bronzeplatten verweisen auf die Bücherverbrennung. Ein dezentes und trotzdem eindringliches **Denkmal ⑲** des Künstlers Micha Ullman.

Neue Wache bis Zeughaus

Eine Wache als Gedenkstätte

In der **Neuen Wache ⑳** wurde 1993 die **Zentrale Gedenkstätte der Bundesrepublik Deutschland für die Opfer von Krieg und Gewaltherrschaft** eingeweiht. In einem monumentalen, leeren Raum fällt durch eine Dachöffnung das Licht auf die Skulptur »Mutter mit totem Sohn«. Harald Haacke schuf diese gut 1,60 m hohe Skulptur nach einer Kollwitz-Plastik von nur 38 cm Höhe.

Die Neue Wache war 1816 nach Entwürfen Karl Friedrich Schinkels entstanden, der damit eines der Hauptwerke des deutschen Klassizismus schuf. Er gab dem Haus die Form eines römischen Kastells mit vier wuchtigen Gebäudeecken, sodass sich der relativ kleine Bau gegen seine mächtigen Nachbarn behaupten kann. Vor diesen blockhaften Gebäudekörper stellte Schinkel einen Portikus mit sechs Viktorien im Friesfeld und der Szene »Viktoria entscheidet den Kampf« im Giebelrelief.

Bis 1945 standen vor der früheren Wache die Skulpturen zweier Generäle der Befreiungskriege. Heute sind General Gerhard von Scharnhorst, der Begründer der allgemeinen Wehrpflicht, und Friedrich Wilhelm von Bülow, der Berlin vor einer

Sinnbild der Trauer und Mahnung gegen Krieg und Gewaltherrschaft: die Skulptur »Mutter mit totem Sohn« in der Neuen Wache

erneuten Besetzung durch napoleonische Truppen bewahrte, auf die gegenüberliegende Straßenseite verbannt. Die Erben von Käthe Kollwitz drohten, falls die Generäle wieder vor die Wache kämen, die Genehmigung zurückzuziehen, die Plastik »Mutter mit totem Sohn« in der Gedenkstätte in der Neuen Wache zu zeigen.

König Friedrich Wilhelm III., auf dessen Befehl hin die Neue Wache errichtet wurde, lebte übrigens auch als König weiterhin schräg gegenüber im **Kronprinzenpalais** ㉑, unverkennbar durch die vier Kolossalsäulen.

Cross-over

Seine Töchter wohnten im **Prinzessinnenpalais** ㉒, das durch einen Brückengang mit dem Kronprinzenpalais verbunden ist. Hinter seiner Rokokofassade verbergen sich heute moderne, pure Formen. In diesem **PalaisPopulaire** präsentiert die Deutsche Bank wechselnde Kunstausstellungen aus eigenem Bestand oder dem anderer Häuser. Veranstaltungen rund um die Themen Kunst, Kultur und Sport ergänzen das Programm.

Unter den Linden 5, www.db-palaispopulaire.de, Mi–Mo 10–19, Do 10–21 Uhr, 9/6 €, bis 18 Jahre, Mo für alle Eintritt frei

Sterbende Krieger

Vor der Schloßbrücke schließt das **Zeughaus** ㊵ (Deutsches Historisches Museum, s. S. 51) die Prachtstraße Unter den Linden ab. Ab 1695 ließ König Friedrich I. das Gebäude nach Plänen des französischen Stararchitekten François Blondel errichten. Friedrich wollte ein Waffenarsenal, das gleichzeitig seine Residenzstadt Berlin schmückte. Es entstand ein repräsentatives Gebäude, das, bei allem martialischen Bauschmuck im Obergeschoss, aussieht wie ein französisches Palais.

Weltberühmt sind die **22 Köpfe sterbender Krieger** von Andreas Schlüter im

Innenhof. Jedes Gesicht ist individuell gestaltet und fängt eindrucksvoll den Schmerz und das Leiden im Moment des Todes ein. Ein Höhepunkt barocker Plastik in Nordeuropa. Aber was sollen diese Darstellungen hier im Hof des Zeughauses? Zeigen sie die Schrecken des Krieges im Innern eines Gebäudes, das ansonsten Waffen und Krieg verherrlicht? Oder stellte Schlüter schlicht und einfach Trophäen dar – die abgeschlagenen Köpfe von Feinden, die auf Schilde gebunden sind? Den Innenhof des heutigen Museums können Sie kostenlos besuchen.

Nachbau

Gegenüber dem Zeughaus ließ die Bertelsmann AG 2003 für ihre Berlin-Repräsentanz Altes neu erstehen: Front- und Seitenfassaden sind eine detailgetreue Replik des **Kommandantenhauses** ㉓. Erst wer zur Rückseite des Gebäudes geht, sieht das alles ›nur Fassade ist‹, die einen Stahlbetonbau umgibt – mit einer rückseitigen Stahl-Glas-Fassade, die ein lichtdurchflutetes Foyer erschließt.

Schinkels Schachzug

Die dreibogige **Schloßbrücke** ㉔ (1824) führt hinüber zu Lustgarten und Humboldt Forum. Schinkel entwarf ihr aufwendiges Bildprogramm mit den geflügelten Göttinnen Nike und Pallas Athene. Erzählt wird der Werdegang eines Helden – vom Unterricht über die Bewährung im Kampf bis zur Apotheose »Iris trägt den gefallenen Helden zum Olymp empor«. Diese Schlussstatue ist leicht an dem vergoldeten Palmzweig zu erkennen. Städtebaulich gelang Schinkel damit ein genialer Coup: Indem er die Brücke auf die volle Breite der Allee Unter den Linden brachte, verlängerte er die Prachtstraße bis vor das Stadtschloss und verhalf Berlin damit zwischen Brandenburger Tor und Stadtschloss zu einer Via Triumphalis.

Lustgarten und Museumsinsel

Karte 2, M/N 7

Lustwandeln und demonstrieren

Zu einem Schloss gehörte ein Garten, in dem die Hofgesellschaft lustwandeln konnte. So auch in Berlin. Nur wirkt dieser **Lustgarten** ㉕ heute mit seinem Pflaster und den umliegenden Bauten wie ein Stadtplatz. Vergessen ist weitgehend, dass im Lustgarten große politische Kundgebungen stattfanden. So demonstrierten auf Initiative der SPD-nahen Eisernen Front am 7. Februar 1933 rund 200 000 Teilnehmer gegen die Ernennung Adolf Hitlers zum Reichskanzler.

Der Protzdom des Calvinisten

Dominiert wird der Lustgarten vom wuchtigen **Berliner Dom** ㉖ mit der 98 m hohen Kuppel, den Kaiser Wilhelm II. bis 1905 vom Architekten Julius Raschdorff errichten ließ. Von außen betrachtet schon ziemlich protzig, verwirrt das Gotteshaus die Besucher im Innern vollends. Gold glänzt im Altarraum, dazu Säulen aus Marmor, riesige Mosaike in hellen Farbtönen in der Kuppel, dazu eine geschickte Lichtinszenierung in der Kuppelspitze. Dies alles erwartet man in einer katholischen Kirche der Gegenreformation, nicht aber in einem protestantischen Gotteshaus. Und schon gar nicht in der Kirche eines streng calvinistisch erzogenen Herrschers wie Kaiser Wilhelm II. Doch der sah in der farbenfrohen, goldglänzenden Gestalt des Dominneren den Ausdruck eines positiven, freudigen Christentums.

Die Kirche teilt sich heute in die große **Predigtkirche** und die intimere **Tauf- und Traukirche.** Es fehlt die **Denkmalskirche,** die sich Richtung Museumsinsel an die Predigtkirche anschloss. Sie wurde beim

Wiederaufbau des Doms (ab 1975) gesprengt, obwohl sie kaum Kriegsschäden aufwies. Den SED-Oberen war eine Kirche, in der die Sarkophage der wichtigsten Hohenzollern-Könige präsentiert wurden, ein Dorn im Auge. So stehen heute neben anderen die barocken Prunksärge von König Friedrich I. und seiner Gattin Sophie Charlotte, die der Bildhauer Andreas Schlüter schuf, etwas improvisiert in der Predigtkirche herum. Beide sind expressiv gestaltet. Betrachten Sie nur die Figur des Todes am Prunksarg von Königin Sophie Charlotte. Die **Hohenzollern-Grablege** in der Gruft unter dem Dom mit 94 Särgen aus fünf Jahrhunderten wurde bis Ende 2023 saniert.

Museumsinsel

Karte 2, M/N 7

Kunst und Wissenschaft

Im Jahr 1999 wurde die Museumsinsel als UNESCO-Weltkulturerbe anerkannt. Wohlgemerkt, nicht die Kunstwerke in den Museen erhielten diese Auszeichnung, sondern das Ensemble der fünf Museumsbauten auf der Halbinsel zwischen Kupfergraben und Spree. Errichtet zwischen 1830 und 1930, beeindrucken allein schon die Gebäude mit je eigener Architektur. Und auch die Sammlungen der einzelnen Museen dürfen als eigenständige Highlights gelten. Bis auf die Alte Nationalgalerie, die auf ihrem Sockel ein Eigenleben führt, werden alle Museen über den zentralen Zugang **James-Simon-Galerie** zu erreichen sein. Jedes der Museen verfügt aber auch über einen eigenen Eingang.

Längst fällige Ehrung

Mit dem Namen **James-Simon-Galerie** 27 wird der wichtigste Mäzen der Museumsinsel geehrt. James Simon schenkte Berlin nicht nur die Nofretete und die bedeutenden Funde aus dem ägyptischen Tell el-Amara. Der 1852 in Berlin geborene Baumwollhändler jüdischen Glaubens hatte zuvor seine vorzügliche Sammlung von Kunstschätzen der italienischen Renaissance, dann seine Sammlung von deutschen und niederländischen Holzplastiken des Mittelalters dem Bode-Museum übergeben. Simon starb 1932. Die Hinweise auf seine Schenkungen wurden nach 1933 entfernt. Im Untergeschoss der Galerie befindet sich neben Serviceeinrichtungen der zentrale Zugang zu vier der fünf Museen der Museumsinsel. Eine Archäologische Promenade wird von hier aus auf der Ebene null zu den wichtigsten Artefakten der Sammlungen führen. Entworfen hat das Zugangsgebäude David Chipperfield.

Monumentale Bauten

Als erster eigenständiger Museumsbau in Berlin wurde 1830 das **Alte Museum** 41 (s. S. 54) eröffnet, entworfen hatte es Karl Friedrich Schinkel. Mit einer Reihe von 18 Kolossalsäulen in der Front weiß es sich gegen den wuchtigen Berliner Dom zu behaupten. Preußische Adler verlängern die Säulenachsen in die Dachzone hinein. Sie können – ohne Eintritt zu zahlen – die große Freitreppe vor dem Eingang zum Museumsgebäude hinaufgehen und sich das Panorama rund um den Lustgarten mit Dom, Stadtschloss und Zeughaus anschauen. Eintritt wird fällig, möchten Sie die Rotunde, den bedeutendsten Raum des Museums, besichtigen. Mit ihrer Kuppel erinnert sie an das Pantheon in Rom.

Das **Neue Museum** 42 (s. S. 54) war noch 1990 eine beräumte Ruine. Bis 2009 wurde es nach Plänen des englischen Architekten David Chipperfield in einer einzigartigen Kombination aus Neu und Alt wiederaufgebaut. Alle völlig neu aufgebauten Bereiche blieben unverputzt, an den wiederhergestellten Bereichen ließ Chipperfield Spuren der Kriegszerstörung sichtbar. Heftigste Auseinandersetzungen gab es um das Treppenhaus: Den einst

Endlich ein moderner und zentraler Zugang für fast alle Häuser der Museumsinsel: David Chipperfields James-Simon-Galerie

reich geschmückten Empfangsraum baute Chipperfield in eine Halle mit Treppenanlage von archaischer Strenge um.

Die **Alte Nationalgalerie** 43 (s. S. 54) wird umschlossen vom Kolonnadenhof. Eine doppelläufige Freitreppe führt hinauf zum Reiterstandbild Friedrich Wilhelms IV. und zur Front des tempelartig erhöhten Museumsbaus. Im Friesfeld wird die Widmung »Der deutschen Kunst« ergänzt durch die Datierung 1871. Tatsächlich aber wurde das Museum erst 1876 eröffnet. Man datierte einfach fünf Jahre zurück, um mit dem Datum 1871 das Jahr der Gründung des Deutschen Reiches zu nennen. So sollte der nationale Anspruch des Museums unterstrichen werden.

Das **Bode-Museum** 44 (s. S. 54) an der Nordspitze der Museumsinsel, errichtet bis 1904 von Ernst von Ihne, versucht, mit seiner 39,50 m hohen Kuppel auf sich aufmerksam zu machen. Unter der Kuppel findet sich ein frei zugänglicher Saal im schönsten wilhelminischen Neobarock: täuschend echter Stuckmarmor als Hintergrund vergoldeter Herrschermedaillons, dazu schmiedeeiserne, teilweise vergoldete Treppengeländer. Mit diesem Empfangssaal feierte Kaiser Wilhelm II. die Dynastie der Hohenzollern und ganz nebenbei sich selbst als Förderer der Kunst. Inmitten der Halle – passend zur neobarocken Gestaltung – findet sich eine Replik des Reiterstandbilds Friedrich Wilhelms, des Großen Kurfürsten, von Andreas Schlüter aus dem Jahr 1703.

Als fünftes und letztes Gebäude wurde das **Pergamonmuseum** 45 (s. S. 54) errichtet. Kaum zu glauben, aber es dauerte nach der Grundsteinlegung über zwanzig Jahre, bis das Museum 1930 eröffnet werden konnte. Weltweit einmalig, werden hier antike Großarchitekturen in einem Museum gezeigt. Aktuell wird es generalsaniert (voraussichtlich bis 2027).

Lieblingsort

Prachtvolle Ruhe im Museum

Sehr zum Leidwesen der Museumsmacher liegt das **Bode-Museum** 44 (s. S. 47, 54) ja etwas abseits der Touristenpfade. Mir aber kommt das gerade recht, brauche ich ein bisschen Ruhe oder möchte ich mich mit jemandem treffen. Plätze auf dem Innenbalkon der prachtvollen **Großen Kuppelhalle,** ohne dass man Eintritt für das Museum zahlen muss – was will man mehr? (**Café im Bode-Museum,** Am Kupfergraben 3, T 030 20 21 43 30, Di–So 10–18 Uhr).

Am Schloßplatz

Karte 2, N8

Humboldt Forum (Stadtschloss)

Nun steht es da also wieder zwischen Schlossplatz und Lustgarten – das alte Stadtschloss der Hohenzollern, gesprengt von der SED 1950, wiederaufgebaut als **Humboldt Forum** ㉘ (www.humboldtforum.org) bis 2022. Genauer: Drei Fassaden dieses Bauwerks und drei Seiten des Innenhofs I (Schlüterhof) entsprechen dem Barockschloss der Könige von Preußen aus der Zeit nach 1700. Portale und Fassadenschmuck von Andreas Schlüter, dem bedeutendsten Barockbildhauer nördlich der Alpen, wurden neu geschaffen. Rund 3000 Werkstücke mussten Bildhauer in einer eigens gegründeten Bauhütte fertigen, um diese Rekonstruktion zu ermöglichen. Nur auf der Ostseite, Richtung Spree, setzte der Architekt des Wiederaufbaus, Franco Stella, eine moderne Rasterfassade an. Kostenpunkt des gesamten Projekts: rund 600 Mio. €. Davon 80 Mio. für die historischen Fassaden und die Kuppel auf der Westseite des Schlosses, die August Stüler im 19. Jh. aufgesetzt hat.

Für und wider den Wiederaufbau

Es gab viele Diskussionen um diesen ›Neubau‹ des Stadtschlosses. Im Zweiten Weltkrieg wurde es stark beschädigt, sodass Walter Ulbricht 1950 den Abriss beschloss. Ab 1973 entstand dann auf einem Teil des Areals der Palast der Republik, der 2006–09 abgerissen wurde. Hätte man ihn erhalten sollen? Hätte man in der Mitte der Hauptstadt ein richtungsweisendes Bauwerk als Statement für ein zukunftsorientiertes Deutschland errichten sollen? Oder ist das Gegenargument richtig: Ohne den Leitbau Stadtschloss ist Berlins Mitte nicht zu verstehen?

Vernetzung des Wissens

Das Humboldt Forum ist Museumsbetrieb, Veranstaltungszentrum und wissenschaftliche Forschungsstelle in einem. Hier findet eine **Ausstellung zur (Welt-) Stadt Berlin** ebenso Platz wie **Ausstellungen der wissenschaftlichen Sammlungen der Humboldt-Universität.** Vor allem aber sind die bedeutendsten Exponate des **Museums für Asiatische Kunst** und der **Museen der außereuropäischen Künste und Kulturen** aus Berlin-Dahlem zu sehen. Der Anspruch, dem sich das Haus stellen muss, ist hoch. Vis-à-vis der Museumsinsel, in der die Kulturgeschichte Europas gezeigt wird, soll im Humboldt Forum die Vernetzung mit dem Wissen der Welt geleistet werden.

Royal und revolutionär

Das **Staatsratsgebäude** ㉙ (Schloßplatz 1), heute u. a. Sitz einer privaten Management-Hochschule, wurde als einziger Regierungsbau der DDR nach 1990 unter Denkmalschutz gestellt. Erbaut bis 1964, war er Vorbild für weitere Regierungs-

HUMBOLDT MAL ZWEI

Humboldt Forum ㉘, mit diesem Namen wird an die Gebrüder Humboldt erinnert: Wilhelm von Humboldt steht für die Wissenschaft, er widmete sich der vergleichenden Sprachwissenschaft, etwa den indigenen Sprachen Amerikas. Der zwei Jahre jüngere Alexander steht durch seine Forschungsreisen in Lateinamerika und Zentralasien für die Entdeckung der Welt. Beide wuchsen in Berlin auf, im Humboldt-Schlösschen auf Gut Tegel.

bauten im Stil der DDR-Moderne. Daher überrascht das barocke Sandsteinportal. Es handelt sich um das originale Portal IV des Berliner Stadtschlosses, vor dem Karl Liebknecht am 9. November 1918 die sozialistische Republik ausrief. Grund genug für die DDR-Regierung, das Portal vor der Sprengung des Schlosses zu sichern.

Auch am **Neuen Marstall** ❸⓿ (Hochschule für Musik Hanns Eisler, Schloßplatz 7) findet sich ein Bezug zur Revolution 1918/19. Am 9. November 1988 wurden hier Bronzereliefs zum Gedenken »an den heldenhaften Kampf der revolutionären Matrosen und Spartakuskämpfer 1918/19 gegen die Reaktion« (Berliner Zeitung) enthüllt: In den Dezembertagen 1918 war im Marstall eine Volksmarinedivision untergebracht. Das linke Relief zeigt Karl Marx, das rechte Arbeiter und Soldaten vor Karl Liebknecht.

Breite Straße und Brüderstraße

Ein Hofbeamter und ein Verleger

Die Breite Straße war bis zum Ausbau der Linden der zentrale Weg zu Schloßplatz und Herrschersitz. Daran erinnert das **Ribbeck-Haus** ❸❶ (Breite Str. 35), das sich der kurfürstliche Kammerrat Hans Georg von Ribbeck 1624 an dieser wichtigen Straße errichten ließ. Als es 1804 um ein Stockwerk erhöht wurde, befahl König Friedrich Wilhelm III., die vier Zwerchgiebel aus der Renaissancezeit wieder in der Dachzone zu verbauen.

Ein wichtiger Ort des bürgerlichen Berlin war das **Nicolaihaus** ❸❷ (Brüderstr. 13). Hier lebte 1787–1811 der Verleger und Vertreter der Berliner Aufklärung Friedrich Nicolai. Was Goethe in Weimar war, war Nicolai in Berlin: Wer in die Stadt kam, gab seine Visitenkarte ab und hoffte auf eine Einladung.

Alt-Cölln – Alt-Berlin

Karte 2, N/O 7/8

Spuren des Mittelalters

Mittelalter ist ›in‹ und das auch in einer Großstadt wie Berlin, die aus den beiden mittelalterlichen Städten Berlin und Cölln zusammengewachsen ist. Zumindest waren die Archäologen, die im Bereich um den Petriplatz, dem Zentrum des alten Cölln, gruben, überrascht von dem regen Publikumsinteresse an Besuchstagen.

Seit 2019 wird auch rund um den alten Molkenmarkt, das erste Zentrum Alt-Berlins, gegraben. Durch die Verlegung der früher viel befahrenen Grunerstraße wird darüber hinaus versucht, im Umfeld des Marktes ein Areal von 27 000 m² zu gewinnen, auf dem ein völlig neues Stadtquartier entstehen soll.

Alt-Cölln

Karte 2, N/O 8

Wir reparieren die Stadt

Mit drei Gebäuden versucht der Berliner Senat, auf dem Gebiet an der mehrspurigen Gertraudenstraße wieder einen Stadtraum zu entwickeln. Immerhin lag hier, bzw. am **Petriplatz** (www.ausgrabung-petriplatz.de), das Zentrum der mittelalterlichen Stadt **Cölln** mit der Petrikirche. Während des Zweiten Weltkriegs stark beschädigt, wurde sie zu DDR-Zeiten gänzlich abgetragen. An ihrem Platz ist aktuell ein weltweit einmaliges Projekt in Arbeit, das **House of One** ❸❸: Synagoge, Moschee und Kirche unter einem Dach als Forum für den interreligiösen Dialog.

Bis zu dessen Fertigstellung erinnert nur die Architektur des **Capri by Fraser** ❸❹ (Scharrenstr. 22) etwas an das Cöllnische Rathaus. In der Hotellobby sind Reste des mittelalterlichen Cölln zu sehen.

Abschließen wird diesen Stadtraum das **Archäologische Besucherzentrum,** in dem die Grundmauern der **Cöllnischen Lateinschule** ㉟ sichtbar bleiben werden. Es wird auch der Startpunkt archäologischer Pfade sein, die Besucher zu den Spuren der mittelalterlichen Schwesterstädte Cölln und Berlin leiten.

Alt-Berlin (Nikolaiviertel)

N/O 7/8

Kirchen und ein Zufallsfund

Die erste Kirche Alt-Berlins war die **Nikolaikirche** ㊱ (s. Tour S. 52), die heute im Zentrum des bis 1987 aufgebauten Nikolaiviertels steht.

Die **Ruine der Franziskaner-Klosterkirche** ㊲ (Klosterstr. 73a), erbaut um 1300, ist heute Mahnmal gegen den Krieg. Sie war Teil der Anlage des Grauen Klosters der Franziskanermönche, das im Zuge der Reformation aufgelöst wurde. Die **Parochialkirche** ㊳ (Klosterstr. 67) hingegen wird für unterschiedliche Veranstaltungen genutzt. Sie wurde ab 1695 als erste Kirche der Reformierten Gemeinde in Berlin errichtet. Ihr Inneres ist heute leer und – bis auf ein Eisenkreuz von Fritz Kühn – völlig schmucklos.

In unmittelbarer Nähe, an der Littenstraße, finden sich Reste der **Berliner Stadtmauer** ㊴ aus dem 13. Jh. Diese Reste haben die Zeit nur überdauert, weil sie als Rückwand von Häusern dienten.

Museen

Herkunft

㊵ Deutsches Historisches Museum: Im Zeughaus und im Anbau von Ieoh Ming Pei ist das zentrale Geschichtsmuseum der Bundesrepublik Deutschland unterge-

Eine Verbindung zwischen Vergangenheit und Gegenwart schuf Ieoh Ming Pei mit dem gläsernen Foyer seiner Ausstellungshalle.

TOUR
Disneyland an der Spree?

Spaziergang durchs Nikolaiviertel

Am **U-Bahnhof Klosterstraße** sollten Sie den Südausgang benutzen. Hier wurden beim Bau des U-Bahnhofs (bis 1913) Fliesen mit stilisierten Palmenmotiven verbaut, wie sie auch im Palast König Nebukadnezars II. (6. Jh. v. Chr.) zu finden sind. Ausgrabungen in Babylon hatten diese zutage gefördert.

Schmale Gassen, kleinteilig bebaut mit zwei-, drei- oder viergeschossigen Wohnhäusern, deren Fassaden in Pastelltönen leuchten. Rund um die Nikolaikirche findet sich ein Stadtquartier, das auf Altstadt macht, tatsächlich aber erst ab 1981 nach Plänen von Günter Stahn erbaut wurde. Zur 750-Jahr-Feier Berlins sollte Ostberlin sein Altstadtviertel haben. Also wurde es um wenige historische Leitbauten herum in Plattenbauweise errichtet. Schmuckelemente, teils vorgesetzt in alter Maurerart, teils aus Beton vorgefertigt, greifen die Formensprache der alten Bürgerstadt auf. Kritiker verspotten es als Disneyland, Touristen aber lieben es. Laut Eigenwerbung sind im Nikolaiviertel rund 30 Restaurants und Cafés sowie 40 Geschäfte zu finden. Und das Viertel ist nicht nur Kulisse, immerhin 2000 Berliner leben hier.

Denkmalgerecht rekonstruiert bzw. saniert wurden die ersten drei Stopps unseres Rundgangs, der am **Ephraim-Palais** startet. Der Rokokobau von 1766 mit der gerundeten Gebäudeecke hat eine im wörtlichen Sinn bewegte Geschichte. 1936 wurde er abgerissen, ca. 3000 Werkteile lagerte man ein – zum Leidwesen der späteren DDR im Westteil der Stadt. Nur durch einen Tauschhandel gelangten diese Teile des Ephraim-Palais' für den Aufbau des Nikolaiviertels wieder nach Ost-Berlin. Durch das schöne ovale Treppenhaus gelangen Sie heute in die Ausstellungsräume des **Museum Ephraim-Palais,** in dem das Stadtmuseum wechselnde Ausstellungen zu Themen der Stadtgeschichte zeigt.

An der Poststraße folgt das **Knoblauchhaus** mit dem nachträglich angesetzten

Infos

Start/Ziel:
Ephraim-Palais/Zur Gerichtslaube, Karte 2, N8, U 2 Klosterstr. (Karte 2, O8)

Dauer: ca. 45 Min. ohne Besichtigungen

Museum Ephraim-Palais:
Poststr. 16, www.stadtmuseum.de, Di–So 10–18 Uhr, 7/4 €, bis 18 Jahre Eintritt frei

Knoblauchhaus:
Poststr. 23, www.stadtmuseum.de, Di–So 10–18 Uhr, Eintritt frei

Nikolaikirche 36:
Nikolaikirchplatz, www.stadtmuseum.de, tgl. 10–18 Uhr, 5/3 €, bis 18 Jahre Eintritt frei

Zur Gerichtslaube 4:
s. S. 56

frühklassizistischen Fries in der Fassade. Es ist eines der letzten Berliner Bürgerhäuser aus dem 18. Jh., das tatsächlich noch an seinem angestammten Platz steht. Hier hat das Stadtmuseum eine Ausstellung zu Wohnkultur und Berliner Leben im Biedermeier in der originalgetreu rekonstruierten Wohnung der Familie Knoblauch eingerichtet.

Einige Schritte weiter steht die **Nikolaikirche** 36. Am Eingang des ehemaligen Gotteshauses stehen Sie vor der ältesten aufrecht stehenden Mauer Berlins. Sie wird auf die Zeit um 1230 datiert. Gut zu erkennen ist die sorgfältige Bearbeitung der Feldsteine, die für dieses frühe Baudatum spricht. Spätere Generationen haben sich dieser Mühe nicht mehr unterzogen. Das Langhaus aus Backstein stammt aus der Zeit ab 1380. Die Kirche wurde schon 1938 entwidmet und ist ebenfalls Ausstellungsort des Stadtmuseums Berlin. Sie können, ohne Eintritt zu zahlen, durch die Turmhalle in das Kirchenschiff gehen. Da es weitgehend freigeräumt ist, wird die eindrucksvolle Größe dieser gotischen Hallenkirche deutlich. Sehenswert ist das Grabmal des Hofschmieds Daniel Männlich aus dem Jahr 1700 von Andreas Schlüter. Die Nachbauten der **Bürgerhäuser** südlich der Nikolaikirche, deren Fassaden weitgehend der alten Bebauung nachempfunden wurden, sind nett anzuschauen.

Schwieriger wird es auf der anderen Seite der Nikolaikirche an der Propststraße/Ecke Am Nußbaum. Hier findet sich die Gaststätte **Zum Nußbaum**, der Nachbau eines giebelständigen Haus aus dem 16. Jh. Das Original, das 1943 abbrannte, stand in der Cöllner Fischerstraße 21. Genauso ein Remake ist die Gaststätte **Zur Gerichtslaube** 4. Die originale Gerichtslaube, ein Anbau des Berliner Rathauses aus der Zeit um 1280, wurde 1871 abgerissen. Nachgebildet wurde an der Fassade auch der Kaak, eine typisch mittelalterliche Spottfigur.

Die Größenverhältnisse von Straßen und Häusern stimmen. Fassadendetails wurden typischen Gestaltungen aus dem 18. Jh. nachempfunden. Die Fassade der Gaststätte Zum Nußbaum ist eine exakte Kopie. Und trotzdem ist das Nikolaiviertel ein Fake … oder doch nur eine liebevolle Erinnerung an eine längst vergangene Zeit?

MUSEUMSINSEL

Die **Tageskarte Museumsinsel alle Ausstellungen** (19/9,50 €) lohnt sich schon ab zwei Museen. Altes und Neues Museum, Alte Nationalgalerie, Bode-Museum und viele weitere Museen sind im **Museumspass Berlin** (s. S. 22) inkludiert.
Anfahrt: U 6, S 1, 2, 3, 5, 7, 9, 25, 26 Friedrichstr., S 3, 5, 7, 9 Hackescher Markt

bracht. 1500 Jahre deutsche Geschichte als Dauerausstellung, dazu Sonderausstellungen zu einzelnen Aspekten.

Unter den Linden 2, www.dhm.de, U 2 Hausvogteiplatz, U 6 Friedrichstr., Französische Str., S 1, 2, 3, 5, 7, 9, 25, 26 Friedrichstr., tgl. 10–18, Do bis 20 Uhr, 8/4 €, bis 18 Jahre Eintritt frei

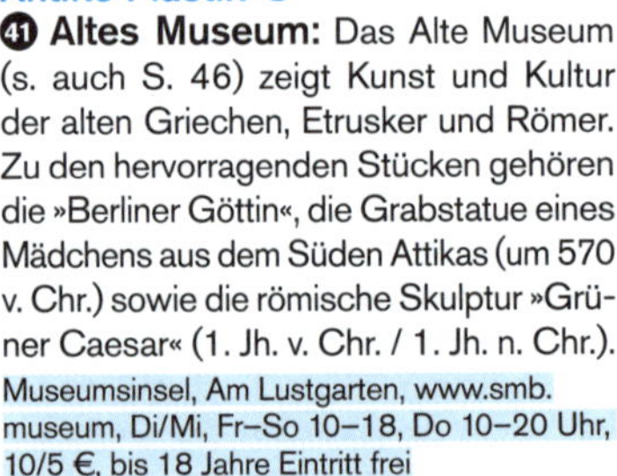

Antike Plastik

41 Altes Museum: Das Alte Museum (s. auch S. 46) zeigt Kunst und Kultur der alten Griechen, Etrusker und Römer. Zu den hervorragenden Stücken gehören die »Berliner Göttin«, die Grabstatue eines Mädchens aus dem Süden Attikas (um 570 v. Chr.) sowie die römische Skulptur »Grüner Caesar« (1. Jh. v. Chr. / 1. Jh. n. Chr.).

Museumsinsel, Am Lustgarten, www.smb.museum, Di/Mi, Fr–So 10–18, Do 10–20 Uhr, 10/5 €, bis 18 Jahre Eintritt frei

Nofretete und ein Goldhut 

42 Neues Museum: Im Neuen Museum (s. auch S. 46) sind die Sammlungen des Ägyptischen Museums und des Museums für Vor- und Frühgeschichte zu sehen. Star der Museumsinsel ist die Büste der Königin Nofretete. Gefertigt im 14. Jh. v. Chr., zieht sie Hunderttausende Besucher in ihren Bann. Genauso eindrucksvoll ist der weit weniger bekannte Berliner Goldhut aus der Bronzezeit (1000–800 v. Chr.).

Museumsinsel, Bodestr., www.smb.museum, Fr–Mi 10–18, Do 10–20 Uhr, 12/6 €, bis 18 Jahre Eintritt frei

Liebermann & Co.

43 Alte Nationalgalerie: Die Alte Nationalgalerie (s. auch S. 47) zeigt Plastiken und Gemälde aus dem 19. Jh. Hervorzuheben ist die »Prinzessinnengruppe« des Berliner Bildhauers Gottfried Schadow. Unter den Gemälden zieht Edouard Manets »Im Wintergarten« die Aufmerksamkeit auf sich. Dazu kommen die Arbeiten der Berliner Maler Adolf Menzel und Max Liebermann.

Museumsinsel, Bodestr., www.smb.museum, Di/Mi, Fr–So 10–18, Do 10–20 Uhr, 12/6 €, bis 18 Jahre Eintritt frei

Die Basilika im Museum 

44 Bode-Museum: Das Bode-Museum (s. auch S. 47) vereint unter seinem Dach die Skulpturensammlung mit Werken vom Mittelalter bis um 1800, das Museum für Byzantinische Kunst und das Münzkabinett. Highlight ist die Basilika im Stil der italienischen Renaissance, ein Ausstellungsraum nach einem Konzept Wilhelm von Bodes. Dort werden glasierte Terrakotten von Luca della Robbia und der Auferstehungsaltar aus Florenz gezeigt. Beeindruckend ist auch die Skulptur »Tänzerin mit Zimbeln« von Antonio Canova (1812) oder das byzantinische Apsismosaik, gestiftet 545, aus einer Kirche in Ravenna.

Museumsinsel, Am Kupfergraben, www.smb.museum, Di/Mi, Fr–So 10–18, Do 10–20 Uhr, 10/5 €, bis 18 Jahre Eintritt frei

Babylon, Milet (und Pergamon)

45 Pergamonmuseum: Schon seit 2013 – bis voraussichtlich 2027 – wird das Pergamonmuseum (s. auch S. 47) saniert. Lange waren die beeindruckenden Großarchitekturen wie die Prozessionsstraße von Babylon und das Markttor von Milet ebenso wie das Islamische Museum mit Mschatta-Fassade und Teppichsammlung weiterhin zugänglich. Seit 23. Oktober 2023 ist das Museum jedoch komplett geschlossen. Temporär werden bedeutende Objekte aus dem Pergamonmuseum im Gebäude »Pergamonmuseum. Das Panorama« (s. u.) gezeigt.

Pergamon-Rundumblick

46 **Pergamonmuseum. Das Panorama:** Die Ausstellung präsentiert das 360°-Panorama der Stadt Pergamon des Künstlers Yadegar Asisi, zahlreiche bedeutende Originale aus dem Bestand des Pergamonmuseums (darunter der größte Teil des Telephos-Frieses des Pergamonaltars) sowie digitale Animationen.

Am Kupfergraben 2, www.smb.museum, U 6, S 1, 2, 3, 5, 7, 9, 25, 26, 75 Friedrichstr., Fr–Mi 10–18, Do 10–20 Uhr, 12/6 €, wer das Museumsinselticket oder den Museumspass besitzt, zahlt für das Panorama 6/3 € extra

Stadtgeschichte

47 **Märkisches Museum:** Das Museum ist wegen Sanierung bis auf Weiteres geschlossen. Einen Ausgleich bietet das Ephraim-Palais (s. S. 52) mit seinen Sonderausstellungen zu Themen der Stadtgeschichte. Auch das nahe Knoblauchhaus (s. S. 52) zeigt eine Ausstellung zur Stadtgeschichte. Hier ist die Wohnkultur des Biedermeier Thema. Um die frühe Stadtgeschichte geht es in der Nicolaikirche (s. S. 53). Dazu kommt neuerdings die Ausstellung »Berlin Global« im Humboldt Forum (s. S. 49).

Am Köllnischen Park 5, Infos unter www.stadtmuseum.de

Pinsel-Heinrich

48 **Zille Museum:** Betrieben von der Heinrich Zille Gesellschaft, werden hier Originalzeichnungen, Lithografien und auch Fotografien von Zille gezeigt.

Propststr, 11, www.zillemuseum-berlin.de, U 2 Klosterstr., Di–So 11–18 Uhr, 7/5 €

Essen

Wienerisches

1 **Einstein Unter den Linden:** Als Kaffeehaus hat es nur tagsüber funktioniert. Jetzt, unter der Regie der Grill-Royal-Macher, ist es Kaffeehaus und Wiener Restaurant mit Gerichten von Schlutzkrapfen über Backhendl bis Tafelspitz.

Unter den Linden 42, T 030 204 36 32, www.einstein-udl.com, Mo–Fr 7–23, Sa/So 8–23 (Frühstück 7/8–12, Mittagessen 11.30–15, Abendessen ab 17) Uhr, warme Hauptgerichte 25–33 €

Schnell und günstig

2 **Beets&Roots:** 2016 in Berlin gegründet, steht Beets&Roots für frisch zubereitete, gesunde Mittagessen, ob Bowls, Salate, Wraps oder Suppen.

Dorotheenstr. 83, www.beetsandroots.de, U 6, S 1, 2, 3, 5, 7, 9, 25, 26, 75 Friedrichstr., tgl. 11–20, Sa/So ab 12 Uhr, Bowls 10–15 €

Warum eigentlich ist die österreichische Küche in Berlin so beliebt?

In der Säulenmensa

3 Cum Laude: In der ehemaligen Säulenmensa der Humboldt-Universität gibt es ein Restaurant, das mit Mensa-Essen nichts zu tun hat. Hier bekommen Sie modern interpretierte Gerichte von Rote-Bete-Quiche (9,50 €) bis zu in Soja geschmortem Schweinebauch (14,90 €) in 2023 sanierten Räumen. Gerichte von der Tageskarte 5,90 €.

Platz der Märzrevolution, T 030 208 28 83, www.cum-laude.info, U 6, S 1, 2, 3, 5, 7, 9, 25, 26 Friedrichstr., tgl. 12–24 (Küche bis 22) Uhr

Auf alt

4 Zur Gerichtslaube: Auf alt getrimmtes Restaurant mit Altberliner Küche wie Altberliner Schweinebraten aus der Würztunke, Apfelrotkohl und Lauch-Speck-Kloß (19,90 €).

Poststr. 28, Nikolaiviertel, T 030 241 56 97, www.gerichtslaube.de, U 2 Klosterstr., tgl. ab 12 Uhr

Seit 1621

5 Zur letzten Instanz: Obwohl das Gebäude in den 1960er-Jahren neu aufgebaut wurde, sind weite Teile des Interieurs original erhalten. Der Name geht auf das 1924 in der nahen Littenstraße eröffnete Gericht zurück. Kalbsleber Berliner Art mit Apfel und Frühlingslauch (27 €).

Waisenstr. 14–16, Nikolaiviertel, T 030 242 55 28, www.zurletzteninstanz.com, U 2 Klosterstr., Mo/Di, Do–Sa 12–15 und ab 17.30 Uhr

Prachtvolle Ruhe im Museum

44 Café im Bode-Museum: s. Lieblingsort S. 48.

Einkaufen

Putziger Kerl

1 Ampelmann: 1961 entsprang er der Fantasie des Verkehrspsychologen Karl Peglau. Designer Markus Heckhausen, ein ›Wessi‹, rettete diesen Ampelmann dann nach der Wende. Und das nicht nur auf den ostdeutschen Ampelanlagen. Als Geschäftsführer der Firma Ampelmann brachte er den Kerl auf alle möglichen Produkte wie Kindermode oder Taschen.

Unter den Linden 35, www.ampelmann.de, U 6, S 1, 2, 3, 5, 7, 9 Friedrichstr., Mo–Sa 9.30–21, So 13–18 Uhr

Ausgehen

Dachterrasse

1 The Rooftop Terrace: Bei schönem Wetter auf der Dachterrasse des Hotel de Rome mitten im historischen Zentrum Berlins den Tag ausklingen lassen. Kein billiges, aber ein Vergnügen. Hier sind nicht nur Hotelgäste willkommen.

Hotel de Rome, Behrenstr. 37, T 030 460 60 90, www.roccofortehotels.com, Mai–Sept. Mo–Fr 15–24, Sa/So 12–24 Uhr

Neues Hörerlebnis

2 Staatsoper Unter den Linden: Seit der 2017 abgeschlossenen Sanierung verfügt das Opernhaus (s. auch S. 42) über hervorragende akustische Qualitäten.

Unter den Linden 7, www.staatsoper-berlin.de, U 6, S 1, 2, 3, 5, 7, 9 Friedrichstr.

Konzertsaal

3 Pierre-Boulez-Saal: Im ehemaligen Kulissendepot der Staatsoper wurde 2017 der Pierre-Boulez-Saal, innen nach einem Entwurf Frank O. Gehrys gestaltet, eröffnet. Er ist Teil der Barenboim-Said Akademie (www.barenboimsaid.de), an der bis zu 100 Studierende aus dem Nahen Osten unterrichtet werden, wird aber auch als kommerzieller Konzertsaal genutzt. Die Qualität des von dem Akustiker Yasuhisa Toyota betreuten Saales wird allseits gelobt.

Französische Str. 33d, www.boulezsaal.de, U 6, S 1, 2, 3, 5, 7, 9 Friedrichstr.

Zugabe

Der vergessene Prometheus

Die Wiederentdeckung einer Begas-Plastik

Der vergessene Titan Prometheus von Reinhold Begas

Eine Geschichte, die nur in Berlin passieren kann. Reinhold Begas ist nicht irgendein Bildhauer, sondern war der wichtigste Berliner Bildhauer um 1900. In der Stadt begegnen Sie seinen Arbeiten auf Schritt und Tritt – der Neptunbrunnen vor dem Roten Rathaus, das Schillerdenkmal auf dem Gendarmenmarkt, Alexander von Humboldt vor der Humboldt-Universität oder auch Reichskanzler Otto von Bismarck am Großen Stern – in der Akademie der Künste, Durchgang zur Behrenstraße.

An diesem etwas merkwürdigen Ort steht eine Skulptur des gefesselten Prometheus. Göttervater Zeus hat diesen Rebellen an den Kaukasus schmieden lassen, weil er den Menschen das Feuer gebracht hatte. Trotzig, stumm blickt der Titan zum Adler hinauf, der ihm täglich Teile der Leber wegfrisst, die immer wieder nachwachsen. Qualen ohne Ende.

Um 1900 schuf Begas diese Skulptur, die als seine letzte große Arbeit gilt. Trotzdem ist das tonnenschwere Werk über 50 Jahre schlicht vergessen worden.

... über 50 Jahre schlicht vergessen worden.

1943 wurde der Prometheus zum Schutz vor Kriegsschäden in einem Raum der Akademie der Künste eingemauert. Hier fand man ihn dann auch – nach 1990 bei Abbrucharbeiten.

Etwas lädiert war unser Held vom Rostwasser, das ihm über Jahrzehnte auf Gesicht und Körper getropft war. Die Eisenbahnschwellen, auf denen er stand, waren längst vermodert. Der Prometheus war nach vorne gekippt, wurde nur noch von der 38 cm dicken Ziegelmauer gehalten. Keine einfache Bergung.

Ein Jahr lang reinigte der Bildhauer und Steinrestaurator Carlo Wloch aus Pankow die Skulptur feinsäuberlich mit Glasfaserstäbchen. Zur Eröffnung der Akademie der Künste 2003 war der Prometheus wieder in Schuss und steht nun gut sichtbar an der Außenwand der historischen Ausstellungshallen, die in den Neubau der Akademie der Künste integriert wurden. ■

Die City (Ost)

Zum Leben erweckt — Die Friedrichstraße ist die quirlige, moderne Hauptader der Geschäftsstadt Berlin. Historisches, trotz Citybildung Bewahrtes, gibt es zwischen Friedrichswerderscher Kirche und rund um den Gendarmenmarkt.

Seite 61

Friedrichstraße

Friedrichstadt-Palast, Admiralspalast und Tränenpalast – drei Paläste, die zwar nie einen Fürsten beherbergt haben, dafür aber ganz unterschiedliche Geschichten über Berlin und die Berliner erzählen.

Seite 61

Dorotheenstädtischer Friedhof

Ein Gang über diesen Friedhof ist wie ein Gang durch die deutsche Geistes- und Kulturgeschichte. Hier ruhen Philosophen, Bildhauer, Künstler und Autoren, auch Bertolt Brecht.

Geblieben aus der DDR-Zeit – der Ampelmann

Seite 63

Friedrichstraßen Glamour

Galeries Lafayette, Quartier 206 und Quartier 205 – das hat die Berliner City an Konsumpalästen zu bieten. Waren die Schnörkelhäuser aus der Zeit um 1900 doch schöner?

Seite 66

Checkpoint Charlie

Hier wäre beinahe der Kalte Krieg in den Dritten Weltkrieg übergegangen. Ein Ort mit Geschichte, die gerade wieder Gegenwart wird. Dabei sollte mit dem Abbau des Kontrollhäuschens doch Schluss sein mit dem Kalten Krieg.

Seite 68

Spuren der deutschen Teilung

Die Radtour auf dem Mauerweg führt vom Grenzübergang Bornholmer Straße via Potsdamer Platz bis zur East Side Gallery.

Seite 72

Mohrenstraße 37/38

Im internationalen Pressezentrum der DDR schrieb ein Missverständnis Weltgeschichte. Das Ende der deutschen Teilung begann.

Seite 73

Gendarmenmarkt ✪

Ein Platz mit Konzerthaus von Schinkel und zwei Dome, die gar keine sind. Es heißt immer wieder: der schönste Platz Berlins. Warum eigentlich? Die Umbauung stammt weitgehend aus der Zeit nach 1976.

Seite 79

Brecht & Co. im Feuerland

Irgendwie passt es ja: Der kommunistische Schriftsteller Brecht und seine Frau, die Schauspielerin Helene Weigel, bezogen Quartier im Feuerland. Dort, wo früher die ersten Eisengießereien und Maschinenbauanstalten Berlins standen.

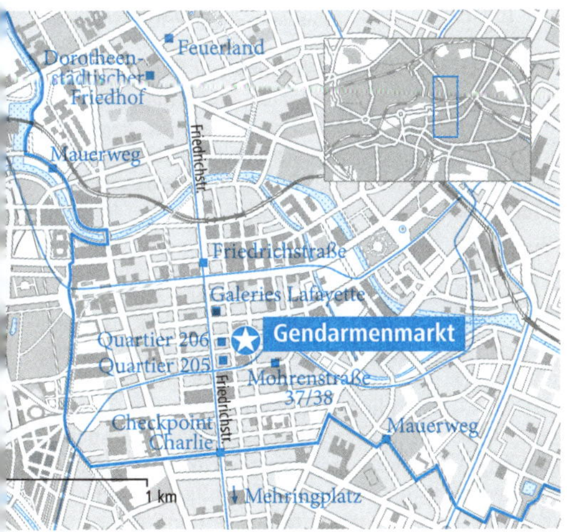

Am Mehringplatz blieb eine Friedenssäule als Rest eines einst bedeutenden Stadtplatzes.

»Jetzt sehen Sie mal rechts und links. Das ist die große Friedrichstraße. Wenn man diese betrachtet, kann man sich die Idee der Unendlichkeit veranschaulichen.« Heinrich Heine

Berlins historische Mitte

E

Einen Eindruck von der rührigen Geschäftsstadt Berlin gewinnen Sie am besten bei einem Spaziergang durch die Friedrichstraße. Über 3,3 km führt diese Nord-Süd-Achse der Berliner Innenstadt vom Oranienburger Tor im Norden zum Mehringplatz im Süden. Auf diesem Weg überquert die Friedrichstraße nicht nur mithilfe der Weidendammer Brücke die Spree, sondern passiert auch die Ecke Friedrichstraße / Unter den Linden. Hier wurden einstmals die höchsten Quadratmeterpreise in der gesamten Stadt bezahlt. Neben den Edelgeschäften lockten drei bekannte Cafés Kundschaft an: das Café Victoria für die Touristen, das Café Bauer für das gehobene Bürgertum und das Café Kranzler, das Walhalla des Gardeleutnants.

Erst jenseits der Prachtstraße Unter den Linden folgen die Konsumtempel, die nach 1990 gebaut wurden, um die Friedrichstraße wieder zur Hauptgeschäftsstraße der Berliner Innenstadt zu machen.

Historische Bauwerke rund um den Gendarmenmarkt sind demgegenüber Thema bei einem Spaziergang von der Friedrichswerderschen Kirche über den Hausvogteiplatz bis zum Gendarmenmarkt. Ab 1880 wurde die Königsresidenz Berlin in wenigen Jahren zur modernen Geschäftsstadt, zur City einer Millionenstadt umgebaut. Fünfgeschossige Geschäftshäuser wurden hochgezogen. Dazu kamen Hotels, Restaurants und sogar ein Vergnügungsviertel für die Kaufleute, die in die Stadt kamen, um hier ihren, wie sie hofften gewinnträchtigen, Angelegenheiten nachzugehen. Nur die wichtigsten historischen Bauwerke blieben damals vom Umbau der historischen Innenstadt zur City verschont.

O

ORIENTIERUNG

Verkehr: Für die Erkundung der **Friedrichstraße,** egal ob nördlich oder südlich der Spree, ist die **U 6** ideal. Sie fährt aus Norden kommend Chaussee- und Friedrichstraße hinunter bis zum Halleschen Tor. Mit dem Bahnhof Friedrichstraße ist das Gebiet auch an die **S-Bahn** (S 1, 2, 3, 5, 7, 9, 25, 26) angebunden. Den Bereich **Werderscher Markt/Hausvogteiplatz/Gendarmenmarkt** erschließen die U-Bahn-Stationen **Hausvogteiplatz** (U 2) sowie **Stadtmitte** und **Französische Straße** (U 2, 6).

Friedrichstraße

L/M 6–M 10

Straße der Gegensätze

Obdachlose sitzen unter dem Eisenbahnviadukt am Bahnhof Friedrichstraße und hoffen an diesem Nadelöhr auf eine milde Gabe der vorbeihetzenden Großstädter. Nur einige Hundert Meter weiter südlich schlendern die Damen und Herren stilvoll entspannt auf ihrer Shoppingtour von den Galeries Lafayette ins Edelrestaurant Borchardt. Die Friedrichstraße ist eine Straße der Gegensätze.

Nördlich der Spree L/M 6/7

Revuepalast

Gnädig überdeckt werden die Gegensätze in den Abendstunden von der Lichtinszenierung des **Friedrichstadt-Palasts** 8 (s. S. 78) nördlich der Spree. Am Tag Plattenbau vom Typ ›Kasachischer Bahnhof‹, abends Revuetheater im Stil der Wende zum 20. Jh. Historische Anklänge finden sich auch in der Ausstattung des Foyers des 1984 eröffneten Theaterbaus. Hier wurden die großen Shows des DDR-Fernsehens produziert.

Friedhof der Geistesgrößen

Ein Spaziergang über den **Dorotheenstädtischen Friedhof** 1 ist wie ein Gang durch die deutsche Geistes- und Kulturgeschichte: Hier liegen die Philosophen Georg Wilhelm Friedrich Hegel und Johann Gottlieb Fichte, die beide an der Humboldt-Universität lehrten und Karl Marx und damit auch Bertolt Brecht entscheidend beeinflussten. Ihre letzte Ruhe fanden auf dem Dorotheenstädtischen auch die Bildhauer Johann Gottfried Schadow und Christian Daniel Rauch, der Architekt Karl Friedrich Schinkel, die Schriftsteller Heinrich Mann und Wieland Herzfelde sowie dessen Bruder, der Künstler John Heartfield, die Schriftstellerinnen Anna Seghers und Christa Wolf, die Komponisten Hanns Eisler und Paul Dessau und, und, und. Nicht zu vergessen der Industrielle August Borsig sowie Bertolt Brecht und Helene Weigel (s. auch S. 79).

Chausseestr. 126, tgl. ab 8 Uhr bis Einbruch der Dunkelheit, Eintritt frei (kostenlose Führungen, Spende erbeten: www.dorotheenstädtischer-friedhof-führungen.de), weitere Infos: www.wo-sie-ruhen.de (s. Kasten S. 202)

Richtung Unter den Linden

L/M 7/8

SED-Gründung im Revuetheater

Letzter Zeuge des Vergnügungsviertels, das sich hier an der Friedrichstraße im

Immer ein Hingucker: das Ballett des Friedrichstadt-Palasts

Lieblingsort

Der schlafende Löwe

Auf dem **Invalidenfriedhof** ❷ können Sie eine der schönsten Grabstätten Berlins entdecken: das von Schinkel gestaltete und von Christian Daniel Rauch ausgeführte Grab des Generals von Scharnhorst. Das Grab schmückt ein schlafender Löwe über einem Marmorsarkophag auf einem hohen Sockel. Preußische Tradition, Mauergedenkstätte, ein Friedhof mit einem wunderschönen Grabmal und das Ganze mit Sicht auf einen ehemaligen Industriehafen – diese Mischung findet sich nur in Berlin (Scharnhorststr. 33, Mitte März–Sept. tgl. 7–21.30, Okt.–Mitte März tgl. 7–18.30 Uhr).

Zuge der Citybildung entwickelte, ist der 1911 erbaute **Admiralspalast** ❸. Mit den fünf mächtigen Halbsäulen, die über die gesamte Höhe der Vorderfront gezogen sind, macht der Palast im Großstadtbetrieb auf sich aufmerksam. Barock geschwungen wird es dann auf dem Hof, auf dem der Zugang zum Theater liegt. Sehr schön ist der in klaren, klassischen Formen 1940 neugestaltete Theatersaal. Seit 2010 wird das Theater von der »Mehr! Entertainment« für Theateraufführungen und Konzerte genutzt. Der Admiralspalast ist ein Haus mit Geschichte. Die berühmten Haller-Revuen in den 1920er-Jahren, »Die lustige Witwe« mit Johannes Heesters ab 1940 und der (Zwangs-)Vereinigungsparteitag von SPD und KPD zur SED 1946 – das Haus hat vieles gesehen.

Friedrichstr. 101, www.admiralspalast.theater, Programm s. Website

Ein Palast der Tränen

Das 42,6 m hohe Gebäude Spreedreieck erdrückt förmlich den **Tränenpalast** ㉘ (s. S. 74), einen besonderen Ort der Teilung der Stadt. Vor diesem eingeschossigen Pavillon, der 1962 als Grenzabfertigungsstelle gebaut wurde, sind tatsächlich jede Menge Tränen geflossen. Hier verabschiedeten sich Ost-West-Liebespaare voneinander, nahmen Familienmitglieder, von denen eines gen Westen ausreiste, für lange Jahre Abschied. Diese Szenen sollten sich nicht vor den Augen der Ost-Berliner Bevölkerung abspielen. Daher wurde der Tränenpalast neben den Bahnhof Friedrichstraße gesetzt. Nach der Grenzkontrolle betraten die Grenzgänger unmittelbar die S- und U-Bahnsteige, an denen die Züge des West-Berliner U-Bahn-Netzes am Bahnhof Friedrichstraße hielten.

Heute ist der **Bahnhof Friedrichstraße** ❹ als Haltepunkt der Regional-, S- und U-Bahn wieder ein bedeutender Knotenpunkt im Berliner Nah- und Regionalverkehr. 1882 wurde er als Fernbahnhof und Station der Berliner Vorortbahn eröffnet. Herbergen wie das Central-Hotel von 1881 mit dem berühmten Varieté Wintergarten wurden in Bahnhofsnähe errichtet. Eher zwielichtig waren dagegen die ›Nacht-Badeanstalten‹, in denen auch frisch gewaschene Gäste verschwanden.

Wo sind die DDR-Bauten?

Schlendert man weiter die Friedrichstraße hinunter, fällt auf, dass die 40 Jahre DDR scheinbar spurlos an der Geschäftsstraße vorübergegangen sind. Neubau reiht sich an Neubau. Nur wer genauer hinschaut, entdeckt noch Spuren der DDR-Zeit. So schotten zwei neuere, 35 m hohe Vorbauten das 93,5 m aufragende **Internationale Handelszentrum** ❺ (Friedrichstr. 95) von 1978 gegen die Friedrichstraße ab. Das Hotel Metropol von 1977 ist im **Maritim proArte Hotel Berlin** (Friedrichstr. 151, www.maritim.de) verschwunden. Erhalten ist jenseits der Prachtstraße Unter den Linden das **Westin Grand Hotel Berlin** ❻ (Friedrichstr. 158–164, www.westin-berlin.com). Es stand nach der Eröffnung 1987 nur Westgästen offen. Einzelzimmer 275 DM, Doppelzimmer 350 DM – unerschwinglich für DDR-Bürger. Die durften nach Voranmeldung und langer Wartezeit im Gastronomiebereich essen und dabei einen Blick auf den ersehnten Luxus werfen. In der Form eines Achtecks erinnert die Eingangshalle an die alte Kaisergalerie, die hier bis zur Kriegszerstörung stand. Die riesige Halle diente schon als Filmkulisse, z. B. in dem Thriller »Die Bourne Verschwörung«.

Südlich der Straße Unter den Linden

M8–10

Konsum und Schnörkel

Das große Imageprojekt der letzten DDR-Jahre war der Bau der **Friedrichstadtpassagen** zwischen der Fran-

City (Ost)

Ansehen

1. Dorotheenstädtischer Friedhof
2. Invalidenfriedhof
3. Admiralspalast
4. Bahnhof Friedrichstraße
5. Internationales Handelszentrum
6. Westin Grand Hotel Berlin
7. Quartier 206
8. Friedrichstraße 165, 166, 167/168
9. Ex-Kaufhaus Moritz Mädler
10. Haus Friedrichstadt
11. Checkpoint Charlie
12. BlackBox Kalter Krieg
13. Landesarbeitsamt
14. taz
15. Mehringplatz
16. Friedrichswerdersche Kirche
17. Schinkelsche Bauakademie
18. Auswärtiges Amt / Neubau
19. Auswärtiges Amt / Erweiterungsbau der Reichsbank
20. Townhouses Caroline-von-Humboldt-Weg
21. Hausvogteiplatz
22. Ex-Konfektionshaus Valentin Manheimer
23. Mohrenkolonnaden / »Verkündigung der Reisefreiheit«
24. Friedrich-Schiller-Denkmal / Gendarmenmarkt
25. Französische Friedrichstadtkirche
26. Neue oder Deutsche Kirche / Deutscher Dom
27. Konzerthaus Berlin
28. Tränenpalast
29. Mauermuseum – Haus am Checkpoint Charlie
30. Mendelssohn-Remise
31. Jüdisches Museum Berlin
32. Berlinische Galerie
33. Hugenottenmuseum / Französischer Dom
34. Sammlung Boros
35. Brecht-Weigel-Museum

Essen

1. Cookies Cream
2. Borchardt
3. Grill Royal
4. Lutter & Wegner Gendarmenmarkt
5. Gendarmerie
6. Brasserie am Gendarmenmarkt

Einkaufen

1. Rausch Schokoladenhaus
2. Galeries Lafayette
3. Quartier 205 Stadtmitte
4. LP 12 Mall of Berlin

Ausgehen

1. Böse Buben Bar
2. Ständige Vertretung
3. Newton Bar
4. Tausend
5. Windhorst Bar
6. Komische Oper
7. Theater am Schiffbauerdamm / Berliner Ensemble
8. Friedrichstadt-Palast

---

zösischen Straße und der Mohrenstraße. Der rund 300 m lange Komplex war 1989 im Rohbau fertig. Nach der Wiedervereinigung 1990 wurde er sang- und klanglos abgerissen, um hier Konsumtempel westlichen Standards zu errichten. Ein 300-m-Bau ohne Tiefgaragen, dafür aber mit großen Freiflächen – das versprach keinen Profit. Heute ist das Areal in die **Quartiere 207, 206** und **205** unterteilt, die unterirdisch miteinander verbunden sind.

Im Quartier 207 eröffneten schon 1996 die **Galeries Lafayette** 2 (s. S. 77) mit einer geschwungenen Glasfassade. Nach Plänen des französischen Architekten Jean Nouvel wurde in der Mitte des Kaufhauses ein riesiger Lichtkegel eingefügt. Eine fast expressionistische

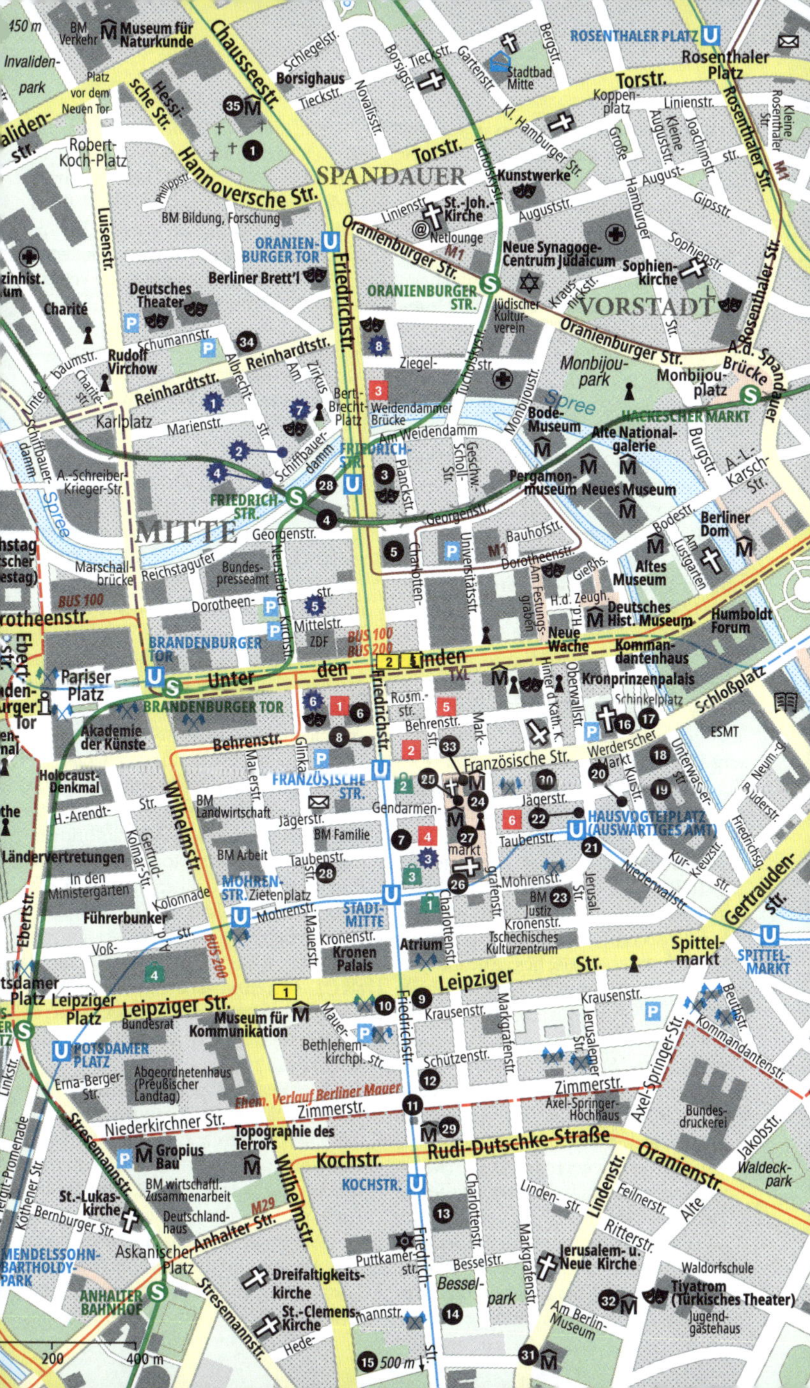

450 m
BM Verkehr
Museum für Naturkunde
Invalidenpark
Invalidenstr.
Platz vor dem Neuen Tor
Robert-Koch-Platz
Chausseestr.
Hessische Str.
Hannoversche Str.
Schlegelstr.
Borsighaus
Tieckstr.
Novalisstr.
Borsigstr.
Gartenstr.
Bergstr.
Stadtbad Mitte
ROSENTHALER PLATZ
Rosenthaler Platz
Torstr.
Koppenplatz
Linienstr.
Kleine Rosenthaler Str.
Kl. Hamburger Str.
Große Hamburger Str.
Kleine Auguststr.
Joachimstr.
Tucholskystr.
SPANDAUER
VORSTADT
Kunstwerke
August-str.
Gipsstr.
Auguststr.
Sophienstr.
Sophienkirche
Rosenthaler Str.
M1
Philippstr.
BM Bildung, Forschung
Linienstr.
St.-Joh.-Kirche
Netlounge
Neue Synagoge-Centrum Judaicum
ORANIENBURGER TOR
Oranienburger Str.
Friedrichstr.
Luisenstr.
Berliner Brett'l
ORANIENBURGER STR.
Jüdischer Kulturverein
Krausnickstr.
Medizinhist. Museum
Charité
Deutsches Theater
Schumannstr.
Rudolf Virchow
Reinhardtstr.
Albrechtstr.
Am Zirkus
Ziegelstr.
Monbijoupark
Monbijouplatz
A.d. Spandauer Brücke
Spree
HACKESCHER MARKT
Unterbaumstr.
Charitéstr.
Schiffbauerdamm
Karlplatz
Marienstr.
Bertolt-Brecht-Platz
Weidendammer Brücke
Am Weidendamm
FRIEDRICHSTR.
Schiffbauerdamm
Planckstr.
Geschw.-Scholl-Str.
Monbijoustr.
Bode-Museum
Alte Nationalgalerie
Burgstr.
A.-L.-Karsch-Str.
A.-Schreiber-Krieger-Str.
Pergamonmuseum
Neues Museum
MITTE
Georgenstr.
Bauhofstr.
Bodestr.
Am Lustgarten
Berliner Dom
Marschallbrücke
Reichstagufer
Bundespresseamt
Neustädtische Kirchstr.
Charlottenstr.
Universitätsstr.
Dorotheenstr.
Am Festungsgraben
Gießhs.
Altes Museum
Reichstag (Deutscher Bundestag)
BUS 100
Dorotheenstr.
Mittelstr.
ZDF
H.d. Zeugh.
Deutsches Hist. Museum
Humboldt Forum
Neue Wache
Kommandantenhaus
BRANDENBURGER TOR
BUS 100
BUS 200
Unter den Linden
TXL
Ebertstr.
Pariser Platz
Brandenburger Tor
BRANDENBURGER TOR
Kronprinzenpalais
Schinkelplatz
Schloßplatz
Rosmarinstr.
Behrenstr.
Markgrafenstr.
Hinter d. Kath. K.
Oberwallstr.
Werderscher Markt
ESMT
Akademie der Künste
Behrenstr.
Glinkastr.
Französische Str.
Kurstr.
Unterwasserstr.
Neumannsgasse
Holocaust-Denkmal
FRANZÖSISCHE STR.
Jägerstr.
Gendarmenmarkt
H.-Arendt-Str.
BM Landwirtschaft
Mauerstr.
Jägerstr.
HAUSVOGTEIPLATZ (AUSWÄRTIGES AMT)
Friedrichsgr.
Kreuzstr.
Gertrud-Kolmar-Str.
BM Familie
Taubenstr.
Taubenstr.
Kurstr.
Niederwallstr.
Ländervertretungen
In den Ministergärten
BM Arbeit
MOHRENSTR.
Zietenplatz
Mohrenstr.
BM Justiz
Jerusalemer Str.
Gertraudenstr.
Kolonnade
Wilhelmstr.
Führerbunker
Mohrenstr.
STADTMITTE
Kronenstr.
Charlottenstr.
Tschechisches Kulturzentrum
Kronenstr.
An der Ministergärten
Voßstr.
BUS 200
Kronen Palais
Atrium
Leipziger Str.
Spittelmarkt
SPITTELMARKT
Potsdamer Platz
Leipziger Platz
Leipziger Str.
Bundesrat
Museum für Kommunikation
Mauerstr.
Krausenstr.
Krausenstr.
Beuthstr.
Kommandantenstr.
POTSDAMER PLATZ
Bethlehemkirchpl.
Schützenstr.
Axel-Springer-Str.
Linkstr.
Erna-Berger-Str.
Abgeordnetenhaus (Preußischer Landtag)
Ehem. Verlauf Berliner Mauer
Zimmerstr.
Zimmerstr.
Axel-Springer-Hochhaus
Bundesdruckerei
Niederkirchner Str.
Topographie des Terrors
Rudi-Dutschke-Straße
Oranienstr.
Jakobstr.
Gropius Bau
Kochstr.
Lindenstr.
Waldeckpark
Köthener Str.
BM wirtschaftl. Zusammenarbeit
KOCHSTR.
Feilnerstr.
Alte Jakobstr.
St.-Lukas-kirche
Deutschlandhaus
M29
Lindenstr.
Ritterstr.
Bernburger Str.
Anhalter Str.
Stresemannstr.
Askanischer Platz
Puttkamerstr.
Besselstr.
Jerusalem- u. Neue Kirche
Waldorfschule
MENDELSSOHN-BARTHOLDY-PARK
Dreifaltigkeitskirche
Besselpark
Tiyatrom (Türkisches Theater)
ANHALTER BAHNHOF
Jugendgästehaus
St.-Clemens-Kirche
Am Berlin Museum
Hedemannstr.
500 m
200
400 m

Zackenlandschaft zeigt das **Quartier 206** ❼ des amerikanischen Architekten Henry Cobb. Erst in den Abendstunden bringt die Beleuchtung diese Fassade voll zu Geltung. Im Innern signalisieren schwarz-weiße Mosaikböden und die Innenausstattung mit Art-déco-Anklängen ein gehobenes Preisniveau. Das **Quartier 205 Stadtmitte** 3 gegenüber setzt in der Fassade auf eine streng rationale Gliederung durch Würfelform. Hier entspricht das Gebäudedesign wie auch das Angebot an Schuhen, Klamotten, Kosmetika und Food eher dem Geldbeutel von Otto Normalverbraucher.

Einen wohltuenden Kontrast zu den Rasterfassaden der umliegenden Geschäftshäuser bieten die drei historischen Gebäude **Friedrichstraße 165, 166, 167/168** ❽: Das Haus **Friedrichstraße 165** (Ecke Behrenstr.) ließ die Pschorr-Brauerei 1889 als Ausschank errichten. Da musste die Fassade schon was hermachen, um gut betuchte Kundschaft anzulocken. Daneben steht das neogotische Haus **Friedrichstraße 166** von 1899. Ein relativ schmales Gebäude, dass sich aber mit seiner roten Sandsteinfassade gegen seine Nachbarn behauptet. Das **Geschäftshaus Automat** (Friedrichstr. 167/168) wurde 1905 errichtet. Wo heute der Edelitaliener **Bocca Di Bacco** (www.boccadibacco.de) Gäste bewirtet, wurde 1905 ein hochmodernes Automatenrestaurant eröffnet. Die Geschäftsleute stellten sich ohne Wartezeiten in einem mit Marmor verkleideten Gastraum aus Getränke- und Speiseautomaten ein Essen zusammen. Das war modern, schnell und daher schick. Trotz der historisierenden Fassade wurde das Gebäude in der seinerzeit modernen Pfeilerarchitektur errichtet. So auch das Kaufhaus **Moritz Mädler** ❾ (Friedrichstr. 56, Ecke Leipziger Str.) von 1909. Deutlich erkennt man die Stahlbeton-Pfeiler, die es ermöglichten, große Wandflächen als Schaufenster und Lichtquelle für die Verkaufsräume zu öffnen.

Wie modern Architektur der frühen NS-Zeit sein konnte, zeigt das Gebäude gegenüber. Es wurde als **Haus Friedrichstadt** ❿ (Friedrichstr. 194–199) 1935 errichtet und zeigt die schon in der Weimarer Zeit moderne horizontale Gliederung der Fassade. Entsprechend der Vorgabe der Nazis wurde der Keller als Luftschutzraum ausgebaut – 1935 wohlgemerkt.

Quartier 206: Friedrichstr. 71 / Ecke Taubenstr., www.quartier206berlin.de, Mo–Sa 10–22, So 11–19, Shops Mo–Sa 10.30–19.30, Bar 10.30–21 Uhr

Beginnt jetzt der Dritte Weltkrieg?

Der **Checkpoint Charlie** ⓫ war einer der Brennpunkte der Auseinandersetzung zwischen Ost und West. Am 7. Oktober 1961 wäre hier beinahe der Kalte Krieg in den Dritten Weltkrieg übergegangen. US-Panzer und Panzer der Roten Armee standen sich stundenlang kampfbereit gegenüber. Glücklicher weise behielten beide Seiten in Berlin die Nerven, während Washington und Moskau hektisch nach einer Lösung suchten. Was war geschehen? Der Checkpoint Charlie war im August 1961 vom US-Militär eingerichtet worden, um hier zu erfassen, welche Militärs und Diplomaten in den Ostsektor der Stadt fuhren und wann sie zurückkehrten. Das Recht, jederzeit Kontrollfahrten in ganz Berlin zu unternehmen, stand den vier alliierten Mächten zu. Zum offenen Konflikt kam es, als DDR-Grenzer versuchten, Angehörige der US-Armee in Zivil zu kontrollieren. Dieser Fall war nicht geregelt und führte zur Krise.

Der Berliner Senat hat nach 1989 die Attraktivität des Checkpoints für Touristen völlig unterschätzt. Man konnte die Grenzanlagen nicht schnell genug loswerden. So wurde am 22. Juni 1990 in Anwesenheit der Außenminister der vier Siegermächte die Kontrollbaracke am Checkpoint Charlie per Kran auf einen Lastwagen gehievt und Richtung AlliiertenMuseum in Berlin-Dahlem abtrans-

Das Foto des jungen russischen Soldaten in einem Leuchtkasten erinnert in der Installation von Frank Thiel an die Konfrontationen zwischen den USA und der UdSSR hier am Checkpoint Charlie.

portiert. Der Kalte Krieg und damit die Nachkriegszeit sollten mit dieser Aktion endgültig der Vergangenheit angehören. Heute steht am Kontrollpunkt die Nachbildung des ersten alliierten Kontrollhäuschens von 1961. Im Jahr 2000 wurde es, finanziert durch Spenden, vom **Mauermuseum – Haus am Checkpoint Charlie** ㉙ (s. S. 74) aufgestellt.

Informationen zu den Geschehnissen zwischen Ost und West ab 1945 gibt die Ausstellung **BlackBox Kalter Krieg** ⓬ im Umfeld des Checkpoints.

BlackBox: Friedrichstr. 47, www.blackbox-kalter-krieg.de, tgl. 10–18 Uhr, 5/3,50 €

Der letzte Rest

Jenseits des Rummels am Checkpoint Charlie wird es Richtung Mehringplatz mit jedem Schritt etwas ruhiger. Hier war zu Mauerzeiten das Ende West-Berlins. So hat sich ein wildes Gemisch aus alten Berliner Geschäftshäusern, Nazi-Architektur wie dem **Landesarbeitsamt** ⓭ (Friedrichstr. 34) und Mietshäusern des sozialen Wohnungsbaus entwickelt. Seit Ende der 1980er-Jahre wird versucht, diesem Stadtquartier eine neue Struktur zu geben. Ende 2018 wurde der Neubau der alternativen Tageszeitung **taz** ⓮ (Friedrichstr. 21) fertiggestellt.

Ecke Franz-Klühs-Straße geht die Friedrichstraße in eine **Fußgängerzone** über, die zwischen zwei Hochhäusern auf den **Mehringplatz** ⓯ führt. Bis 1975 baute Werner Düttmann für die Neue Heimat die beiden Mietshausringe, die die historische Rundform des Platzes aufnehmen. Dazu kamen die umliegenden 10- bis 17-geschossigen Hochhäuser. Für diese Baumaßnahmen wurden die Wilhelm- und die Lindenstraße

TOUR
Auf Spuren der deutschen Teilung

Per Rad auf dem Mauerweg durch die Innenstadt

Infos

Start/Ziel: S Bornholmer Str., Bösebrücke, M 2 / U Schlesisches Tor, Q 10

Dauer: 15 km, ca. 2 Std.

www.berlin.de/mauer/mauerweg: GPS-Dateien/Karten zum Mauerweg herunterladbar. Dies sollten Sie trotz der Ausschilderung »Berliner Mauerweg«. unbedingt tun. Unsere Tour orientiert sich am Abschnitt »Von der Wolkanstraße zum Nordbahnhof«.

Gedenkstätte Berliner Mauer: Bernauer Str. 111, www.berliner-mauer-gedenkstaette.de, Besucherzentrum Di–So 10–18, Ausstellung tgl. 8–22 Uhr, Eintritt frei

Fahrräder: Verleih s. S. 263, Fahrradmitnahme in U-/S-Bahn: s. S. 262

Es ist nicht jedermanns Sache, in der Berliner Innenstadt Fahrrad zu fahren. Man muss sich schon sicher fühlen auf seinem Drahtesel. Der Mauerweg ist insgesamt ca. 160 km lang. 30 km davon führen durch die Stadt.

Unser Startpunkt ist der **S-Bahnhof Bornholmer Straße,** dessen Ausgänge auf die **Bösebrücke** führen. Am östlichen Ende der Brücke war jener Grenzübergang zwischen Ost- und West-Berlin, der am 9. November 1989 um 23.30 Uhr von Oberstleutnant Harald Jäger als Folge der Äußerung Günter Schabowskis (s. Kasten S. 74) geöffnet wurde: der **Grenzübergang Bornholmer Straße.** Ein **Gedenkstein** erinnert an dieses erste Schlupfloch in der Mauer. Kurz darauf wurden auch die übrigen sechs Berliner Übergänge geöffnet. Der Fall der Mauer, die Wiedervereinigung der beiden Deutschlands war eingeläutet.

Von der Brücke hinunter geht es auf die Norwegerstraße und entlang der S-Bahntrasse bis auf die Behmstraßenbrücke. Von hier führen Schwedter Steg und Schwedter Straße in den **Mauerpark.** Der wurde ab 1992 im ehemaligen Mauerstreifen angelegt.

Rechts ab geht es in die **Bernauer Straße,** an der sich im August 1961 schreckliche Szenen abspielten. Die Häuser gehörten zu Ost-Berlin, der Fußweg schon zum Westen. Darüber informiert u. a. die **Gedenkstätte Berliner Mauer.** Hier demonstriert ein kurzes Stück kompletter Grenzanlage, das als Denkmal gestaltet ist, die ganze Brutalität der deutsch-deutschen Grenze.

Über Gartenstraße, Liesenstraße, Chausseestraße und Boyenstraße geht es an das Ufer des Berlin-Spandauer Schifffahrtskanals. Erster Haltepunkt hier ist die **Gedenkstätte Günter Litfin** (Kieler Str. 2) in einem ehema-

ligen Wachturm. Litfin war der erste DDR-Bürger, den DDR-Grenzposten nach dem Mauerbau durch Schüsse töteten. Zweiter Stopp: der **Invalidenfriedhof** ❷ (s. Lieblingsort S. 62). Ein Ort deutscher Geschichte, der von den DDR-Grenztruppen teilweise zerstört wurde, um ein freies Schussfeld zu haben. Er lag direkt an der Grenze, ein Teil gehörte zum Todesstreifen. Erhalten blieb insbesondere das **Grabfeld C** als Friedhof der preußischen Nobilitäten. Der Grund: **General Gerhard von Scharnhorst**, dessen Grabstätte hier zu finden ist, gehörte zum ›Traditionsbestand‹ der Nationalen Volksarmee.

Wir kreuzen die Invalidenstraße und kommen über das Alexanderufer und das Kapelle-Ufer zum **Marie-Elisabeth-Lüders-Haus** (s. S. 105) mit **Mauer-Mahnmal**. Der **Gedenkpark Weiße Kreuze** am gegenüberliegenden Spreeufer erinnert an Flüchtlinge, die beim Versuch, über die Spree zu fliehen, getötet wurden. Über die Marschallbrücke geht es zu diesen Gedenkkreuzen.

»An der Brücke Bornholmer Straße öffnete sich in der Nacht vom 9. zum 10. November 1989 erstmals seit dem August 1961 die Mauer. Die Berliner kamen wieder zusammen. Willy Brandt: »Berlin wird leben und die Mauer wird fallen.« Text auf dem Gedenkstein nordöstlich der Bösebrücke

Zwischen **Reichstagsgebäude** (s. S. 106) und **Reichspräsidentenpalais** (s. S. 106) verlief die Berliner Mauer weiter Richtung **Brandenburger Tor** (s. S. 37), das zu Mauerzeiten einsam im Todesstreifen stand. Über die Ebertstraße geht es weiter zum **Potsdamer Platz** (s. S. 111). Hier wurden auf dem alten Verlauf der Mauer einige Mauersegmente mit Infotafeln aufgestellt.

Ganz in der Nähe können Sie den **Wachturm Erna-Berger-Straße** besichtigen. Die Mauer lief am Südwestrand der Stresemannstraße und weiter durch die **Niederkirchnerstraße.** Hier ist in Höhe des Ausstellungszentrums **Topographie des Terrors** (s. Tour S. 113) ein Stück Mauer am originalen Standort erhalten.

Weiter geht es vorbei am **Checkpoint Charlie** (s. S. 66) durch die **Zimmerstraße** vorbei am **Denkmal für Peter Fechter.** Auch Fechter fiel den Schüssen von DDR-Grenzsoldaten zum Opfer. Ecke Axel-Springer-Straße erinnert Stephan Balkenhols **Skulptur »Balanceakt«** an die Teilung. Elf Original-Mauerteile umgeben den balancierenden Mann auf der Mauer. Nun radeln Sie durch die Kommandantenstraße und die Alte Jakobstraße und weiter durch die Stallschreiberstraße und die Alexandrinenstraße in die Sebastianstraße. Hier informiert die **Schautafel »Der verratene Fluchttunnel«** über die dramatischen Ereignisse am 28. Juni 1962, die mit dem Tod bzw. mit langen Haftstrafen für Fluchthelfer und Fluchtwillige endeten.

Die Oberbaumbrücke, erbaut 1894–96, war während der Teilung Berlins für Fußgänger im kleinen Grenzverkehr geöffnet. Daran erinnert ihr Mittelstück, das im Kontrast zur historischen Klinkerbauweise als 22 m lange Stahlkonstruktion ausgeführt wurde.

Über Luckauer Straße, Waldemarstraße und Leuschnerdamm geht es zum **Engelbecken** und zur **St.-Michael-Kirche** (s. S. 210). Der Bethaniendamm führt vorbei am **Baumhaus an der Mauer** (s. S. 280), das Osman Kalin ab 1983 aus Sperrmüll baute. Die Fläche, die er in einen Garten verwandelte, gehörte zu Ost-Berlin, lag aber im Westteil der Stadt.

Über die Schillingbrücke, den Stralauer Platz und die Mühlenstraße geht es zur **East Side Gallery** (s. S. 95). Auf über 1300 m finden sich hier die weltberühmten Graffiti wie den Trabi, der die Mauer durchbricht. Über die **Oberbaumbrücke,** die zum Denkmal der deutsch-deutschen Teilung wurde, geht es zum **U-Bahnhof Schlesisches Tor,** dem Ende der Tour.

abgeschwenkt. Aus dem einst belebten Belle-Alliance-Platz wurde eine leere Fläche, aus der sich die über 18 m hohe **Friedenssäule** von 1843 mit einer Friedensgöttin von Christian Daniel Rauch emporreckt. So endet heute die Friedrichstraße, die wichtigste Nord-Süd-Verbindung der Berliner Innenstadt, in einem städtebaulichen Nirgendwo.

Rund um den Gendarmenmarkt

Karte 2, M/N8

Gerade geplant

Die Berliner Innenstadt hat sich im Wesentlichen aus der barocken Neustadt, der Friedrichstadt, entwickelt. König Friedrich I. ließ sie ab 1688 planvoll anlegen. Schnurgerade Straßen bilden ein Schachbrettmuster und fassen die Karrees ein, auf denen heute um Lichthöfe die Geschäftshäuser stehen. Schon vorher hatten sich die kleinen Neustädte Friedrichswerder westlich des Stadtschlosses und Dorotheenstadt nördlich der Allee Unter den Linden entwickelt. Zentrum dieser Berliner Innenstadt ist der **Gendarmenmarkt** mit dem berühmten Konzerthaus. Entlang der Behrenstraße entwickelte sich das Bankenviertel, um den Hausvogteiplatz das Konfektionsviertel, an der Kochstraße das Presseviertel.

Werderscher Markt

Karte 2, M/N8

Opfer der Neubauwut?

Vom Zentrum der Neustadt Friedrichswerder sind nur die **Friedrichswerdersche Kirche** 16 (www.smb.museum,

Noch ist sie nur eine Plastikplane: die Schinkelsche Bauakademie.

Di–So 10–18 Uhr, Eintritt frei; Dauerausstellung zur Skulptur des 19. Jh. aus den Beständen der Nationalgalerie) und der Straßenname Werderscher Markt geblieben. Karl Friedrich Schinkel baute das Gotteshaus im neogotischen Stil bis 1831. In die Front des Gebäudes setzte er die Figur des Erzengels Michael. Nach einer Sanierung ab 2012 ist die Kirche endlich wieder geöffnet.

Neben der Kirche schmerzt eine Leerstelle im Stadtbild. Hier fehlt die **Schinkelsche Bauakademie** 17 (Schinkelplatz). 1961 wurde sie abgerissen, um Platz für das DDR-Außenministerium zu schaffen, das wiederum gleich nach der Wende der Abrissbirne zum Opfer fiel. Immerhin hat die Bundesrepublik Deutschland 62 Mio. € zur Verfügung gestellt, um dieses wichtige Bauwerk von 1836 wieder aufzubauen und 2019 wurde eine Bundesstiftung gegründet.

M

BERLINER MODE

Paris kann Haute Couture. Berlin war führend in der preisgünstigen Mode von der Stange, der Konfektion. Am Hausvogteiplatz wurden die Entwürfe der Kleidung entwickelt und die Ware en gros verkauft. Gefertigt aber wurden die Mäntel und Kleider in Heimarbeit in den Arbeitervierteln im Norden und Osten der Stadt. Rund 100 000 Frauen nähten im Berlin der 1920er-Jahre für die Konfektionäre. Mit der Machtübernahme der Nazi war schnell Schluss mit der Berliner Modeindustrie. Die jüdischen Firmen wurden arisiert und gingen bald darauf ein. Es fehlten die Geschäftsbeziehungen ins Ausland.

Statt alter Wohnhäuser prägt heute der Neubau des **Auswärtigen Amtes** ⓲ (Werderscher Markt 1) den Stadtraum um den Werderschen Markt. Das Ministerium gibt sich durch tiefe Einschnitte in die Fassade betont offen. Jenseits des Ehrenhofs aber nutzt es den trutzig wehrhaften **Erweiterungsbau der Reichsbank** ⓳ (Haus am Werderschen Markt) von 1940 entlang der Kurstraße – typische NS-Architektur für Verwaltungsbauten und in der DDR-Zeit Sitz des Zentralkomitees der SED.

Nur im unmittelbaren Umfeld der Friedrichswerderschen Kirche wurden die alten Straßenverläufe mit der sehr engen Umbauung des Gotteshauses rekonstruiert. Weiter südlich gab die Senatsverwaltung den alten Stadtgrundriss auf, um entlang des Caroline-von-Humboldt-Wegs den Bau von **Townhouses** ⓴ zu ermöglichen. Privatleute konnten hier schmale Parzellen erwerben, die sie mit viergeschossigen Gebäuden bebauen durften. Nur eine teilgewerbliche Nutzung war gestattet, um sicherzustellen, dass hier gewohnt wird. Eine Maßnahme, die für Leben in der Berliner City auch nach Geschäfts- und Ladenschluss sorgen soll.

Hausvogteiplatz und Mohrenstraße

Karte 2, M8

Kleider machen Leute

Der **Hausvogteiplatz** ㉑ war bis 1933 das Zentrum der Berliner Konfektionsindustrie. Daran erinnert das **Denkzeichen Modezentrum Hausvogteiplatz.** Drei geneigte Flächen aus poliertem Edelstahl, die an Spiegel erinnern, bilden ein Dreieck. Als zweiter Teil des Denkzeichens sind an den Stufen der Treppe des U-Bahnhofs Hausvogteiplatz die Namen und Daten ehemaliger jüdischer Modefirmen im Viertel verzeichnet. Ein Überbleibsel dieses Modeviertels ist das ehemalige Gebäude des **Konfektionshauses Valentin Manheimer** ㉒ (Oberwallstr. 6) von 1896. Auch heute noch zeigt es, mit welcher Pracht hier die Kunden empfangen wurden. 1839 kam angeblich der Kaufmann Valentin Manheimer auf die Idee, einen Damenmantel gleich fünfmal anfertigen zu lassen. Der Mantel von der Stange war geboren und Manheimer der erste Konfektionär in Berlin. Vor 1933 saßen in vielen Gebäuden rund um den Hausvogteiplatz in sämtlichen Etagen Konfektionsfirmen.

Kolonnaden und Reisefreiheit

In der Mohrenstraße haben sich vor den Häusern 37 und 40/41 die **Mohrenkolonnaden** ㉓ erhalten. 1787 wurden sie nach Plänen von Carl Gotthard Langhans, dem Architekten des Brandenburger Tores, hier zur Verschönerung einer Brücke über den Festungsgraben errichtet. Der Graben ist schon lange zugeschüttet, die Kolonnaden stehen immer noch.

Durch ein Fenster sieht man im Haus **Mohrenstraße 37/38,** das zum Justizministerium gehört, die Installation »**Verkündung der Reisefreiheit**« von Ulrich Schröder. Hier, im ehemaligen internationalen Pressezentrum der DDR, fand am Spätnachmittag des 9. November 1989 die Pressekonferenz statt, auf der Günter Schabowski eher beiläufig ein neues Reisegesetz ansprach, das im Zentralkomitee der SED besprochen worden sei (s. Kasten S. 74). Er trat damit die Ereignisse los, die noch am selben Abend zur Öffnung der Grenzübergänge in Berlin führten.

Gendarmenmarkt

Karte 2, M8

Platz des bürgerlichen Berlin

Der Gendarmenmarkt war bis in die 1850er-Jahre das Zentrum der Bürgerstadt Berlin. Nicht ohne Grund wurden hier am 22. März 1848 die 183 Opfer des bürgerlichen Revolutionsversuchs aufgebahrt. Von hier aus setzte sich der Trauerzug in Bewegung, der die Getöteten zum Begräbnisplatz im Volkspark Friedrichshain geleitete. So passt es auch, dass hier auf dem Gendarmenmarkt 1871 Reinhold Begas' **Friedrich-Schiller-Denkmal** 24 eingeweiht wurde. Schiller galt im Gegensatz zu Goethe als radikaler Vertreter bürgerlicher Emanzipation.

Noch heute sieht man im Pflaster, dass der Gendarmenmarkt aus drei Karrees gebildet wird, die bei der planvollen Anlage der Friedrichstadt frei gelassen wurden. Im nördlichen Karree wurde bis 1705 die **Französische Friedrichstadtkirche** 25 errichtet. Rund 20 000 verfolgte französische Calvinisten (Hugenotten) waren nach der Zusicherung freier Religionsausübung und weitreichender Privilegien

Erst in den 1980er-Jahren wurden das Schinkelsche Schauspielhaus als Konzerthaus Berlin und der Französische Dom wiederaufgebaut.

nach Brandenburg und hier vor allem nach Berlin gekommen. Sie lebten vornehmlich in der Friedrichstadt, hatten ihre eigene Gemeindeverwaltung, ihre eigene Rechtsprechung und ab 1705 auch ihre eigene Kirche. Namen wie »Fontane« und »de Maizière« verweisen auf diese Geschichte.

Vor dem Gotteshaus steht der **Französische Dom** (www.franzoesischer-dom.de) mit dem **Hugenottenmuseum** ㉝ (s. S. 75), ›Dom‹ nach dem französischen *dôme* für Kuppel und nicht etwa als Bezeichnung für eine Bischofskirche. Friedrich der Große ließ 1785 von Carl von Gontard die baugleichen Kuppeltürme vor die Französische Friedrichstadtkirche und die Deutsche Kirche setzten, um die Residenzstadt Berlin auszuschmücken.

Während die Französische Friedrichstadtkirche noch heute als Gotteshaus genutzt wird, wurde die **Neue** oder **Deutsche Kirche** ㉖ 1984 dem Staat übergeben. Dort und im **Deutschen Dom** ist die Ausstellung »Wege – Irrwege – Umwege« des Deutschen Bundestags untergebracht. Nachgezeichnet wird der Weg Deutschlands zur parlamentarischen Demokratie.

Zentrum des Gendarmenmarkts ist das **Konzerthaus Berlin** ㉗, das bis 1821 von Karl Friedrich Schinkel als Theater errichtet wurde. Erst mit diesem Bau gab Schinkel dem Gendarmenmarkt Ausrichtung und Proportion. Die große Freitreppe, die sechs Kolossalsäulen und die beiden übereinanderliegenden Giebeldreiecke lassen keinen Zweifel, wo hier vorne ist und von wo der Gendarmenmarkt betrachtet werden soll.

Französische Friedrichstadtkirche: http://franzoesische-friedrichstadtkirche.de, Di–So 12–17 Uhr, Eintritt frei; **Deutscher Dom:** Di–So 10–18, Mai–Sept. bis 19 Uhr, Eintritt frei; **Konzerthaus Berlin:** www.konzerthaus.de; Rundgänge/Führungen s. Website

> **R**
>
> **REISEFREIHEIT**
>
> »Das tritt … nach meiner Kenntnis … ist das sofort, unverzüglich!« Diese Antwort gab ein sichtlich verunsicherter Günter Schabowski, der seit gerade mal drei Tagen Sekretär für Informationswesen im Zentralkomitee der SED war, auf die Frage eines Journalisten. Der hatte wissen wollen, ab wann denn die Anträge auf Ausreisen aus der DDR ohne Voraussetzungen möglich seien. Schabowski war nicht ganz richtig informiert, aber sein »Sofort« auf der Pressekonferenz war in der Welt. Die DDR-Bürger nahmen es wörtlich und strömten an die Grenzübergänge. Das war das Ende der deutsch-deutschen Grenze und damit der DDR.

Museen

Geschichte am Ort

㉘ **Tränenpalast:** In der ehemaligen Abfertigungshalle (s. S. 63) aus den frühen 1960er-Jahren zeigt das Haus der Geschichte der Bundesrepublik Deutschland, wie die Zoll- und Passkontrollen am Grenzübergang Friedrichstraße funktionierten. Zeitzeugen berichten in Text und Bild, wie die Menschen mit der Grenze umgingen, wie sie versuchten, Kontakt mit ihren Verwandten im anderen Teil Deutschlands zu halten, zu fliehen oder gegen das Reiseverbot zu protestieren.

Reichstagufer 17, www.hdg.de, U 6, S 1, 2, 3, 5, 7, 9, 25, 26 Friedrichstr., Di–Fr 9–19, Sa/So 10–18 Uhr, Eintritt frei

Mauerzeiten

㉙ **Mauermuseum – Haus am Checkpoint Charlie:** Bereits 1963 eröffnet und seitdem ständig erweitert. Im Mittelpunkt steht die Ausstellung zu Fluchtversuchen, zum gewaltfreien Widerstand der DDR-Opposition und der Befreiungsbewegungen in Mittel- und Osteuropa.

Friedrichstr. 43–45, www.mauermuseum.de, U 6 Kochstr., tgl. 9–22 Uhr, 17,50/11,50 €

Familie des Philosophen

30 Mendelssohn-Remise: In der ehemaligen Kassenhalle der vornehmen Privatbank Mendelssohn, die von Joseph und Abraham Mendelssohn 1795 gegründet wurde, zeigt die Mendelssohn-Gesellschaft die Ausstellung »Die Mendelssohns in der Jägerstraße«. Präsentiert wird die Geschichte der Familie, die auf den Philosophen Moses Mendelssohn zurückgeht, der 1743 als Talmudschüler nach Berlin kam. Innerhalb weniger Generationen brachte die Familie erfolgreiche Bankiers sowie bedeutende Musiker und Maler hervor.

Jägerstr. 51, www.jaegerstrasse.de, U 2 Hausvogteiplatz, tgl. 12–18 Uhr, Eintritt frei

Erinnern

31 Jüdisches Museum Berlin: Der Eingang befindet sich im alten Kollegienhaus, einem barocken Palais von 1735, das als erstes Verwaltungsgebäude Berlins als Sitz des berühmten Kammergerichts gebaut wurde. Heute finden die Besucher hier neben Kasse, Garderobe und Museumscafé die **Sonderausstellungen** des Jüdischen Museums. Unterirdisch geht es dann in den Anbau von Daniel Libeskind, in dem die **Dauerausstellung** des Jüdischen Museums gezeigt wird. Sogenannte **Voids** markieren als Leerräume den Verlust durch Vernichtung jüdischen Lebens in Deutschland. Beklemmend ist der **Holocaust-Turm,** in den die **Achse des Holocaust** mündet.

Lindenstr. 9–14, www.jmberlin.de, U 1, 3, 6 Hallesches Tor, tgl. 10–20 Uhr, Eintritt in die Dauerausssstellung frei

Berliner Kunst

32 Berlinische Galerie: In einem Glaslager, das zu einem sehr schönen Museum umgebaut wurde, präsentiert die Berlinische Galerie in Berlin entstandene Werke ab 1870 aus den Bereichen Gemälde und Skulptur, Fotografie, Grafik und Architektur. Mehrmals im Jahr finden Sonderausstellungen zu einzelnen Künstlern oder zu Themen zwischen Klassischer Moderne und Gegenwartskunst statt.

Alte Jakobstr. 124–128, www.berlinische galerie.de, U 6 Kochstr., Mi–Mo 10–18 Uhr, ca. 12/8 €

Daniel Libeskind entwarf mit dem Anbau des Jüdischen Museums einen prägnanten Ort der Erinnerung.

Glaubensflüchtlinge

33 Hugenottenmuseum: Passend zum Ort wird im Französischen Dom (s. S. 74) eine Ausstellung zur Geschichte der Friedrichstadt, zum Edikt von Potsdam und zum Gemeindeleben der Hugenotten in Berlin gezeigt.

Französischer Dom, Gendarmenmarkt, www.hugenottenmuseum-berlin.de, U 2 Hausvogteiplatz, Di–So 11.30–16.30 Uhr, 6/4 €

Modernes im Bunker

㉞ **Sammlung Boros:** Sie müssen schon über die Website eine Führung buchen, um die moderne Kunst in einem umgebauten Bunker der NS-Zeit zu besichtigen. 3000 m^2 Ausstellungsfläche mit Arbeiten der zeitgenössischen Kunst, liebevoll zusammengetragen vom Kunstsammler Christian Boros. Der Aufwand lohnt sich.

Reinhardtstr. 20, www.sammlung-boros.de, Führung (nur buchbar über Website) 18/10 €

Literatur und Schauspiel

㉟ **Brecht-Weigel-Museum:** Gezeigt werden die original eingerichteten Wohnräume von Bertolt Brecht und Helene Weigel. Beeindruckend sind das Arbeitszimmer Brechts mit den vielen Arbeitstischen und die Küche der leidenschaftlichen Köchin Helene Weigel.

Ob französische Küche oder Wiener Schnitzel – im Borchardt, der »Kantine der Republik«, speist man edel.

Chausseestr. 125, T 030 200 57 18 44, www.adk.de/de/archiv/museen, nur mit Führung, s. Website, 5/2,50 €

Essen

Vegetarisches mit Stern

1 **Cookies Cream:** Vegetarische Küche, die moderne Kochmethoden mit dem alten Wissen um die rechten Zutaten kombiniert. Grundprinzip dieses ersten vegetarischen Sterne-Restaurant: sorgfältig ausgewählte, regionale Produkte, respektvoll zubereitet. Nur als Menü (90/100/110 €).

Behrenstr. 55, T 030 27 49 29 40, www.cookiescream.com, Di–Sa 18–23 Uhr

Sehen und gesehen werden

2 **Borchardt:** 1853 gegründet und schnell *die* Adresse in Berlin für feine, internationale Küche, war es nach der Wiedervereinigung 1990 ganz schnell wieder da, wo es hingehört: in der Französischen Straße und als Treffpunkt in den Köpfen der Promis. Nur allzu gern wirbt das Borchardt auf seiner Website mit dem Spruch des Journalisten Franz-Josef Wagner: »Die Kantine der Republik«. Berühmt ist das Wiener Schnitzel.

Französische Str. 47, T 030 81 88 62 62, www.borchardt-restaurant.de, U 6 Französische Str., tgl. 11.30–24 Uhr

Königlicher Geschmack

3 **Grill Royal:** Hier geht es um Fleisch, z. B. um ein Rinderfilet aus Norddeutschland, 200 g (39 €), oder auch um das Entrecôte vom Black Angus, Creekstone, 300 g (59 €). Beilagen wie hausgemachte Pommes (7,50 €) gesondert. Nicht billig, dafür angesagt und köstlich.

Friedrichstr. 105b, T 030 28 87 92 88, www.grillroyal.com, U 6, S 1, 2, 3, 5, 7, 9, 25, 26 Friedrichstr., tgl. ab 18, Küche bis 23 Uhr

Tradition

4 Lutter & Wegner Gendarmenmarkt: Im Restaurant und in der benachbarten Weinstube kommen Klassiker der Berliner Küche wie Kalbsleber mit Zwiebeljus, gebratenen Äpfel, Röstzwiebeln und Kartoffelpüree (28,50 €) sowie österreichisch inspirierte Gerichte auf den Tisch.

Charlottenstr. 56, T 030 20 29 54 15, www.l-w-berlin.de, U 2 Stadtmitte, Restaurant tgl. 11–1 Uhr, Weinstube ab 18 Uhr

Thema Berlin oder Thema Fisch

5 Gendarmerie: Das Thema Hauptstadt Berlin hat dieses Lokal gewählt, um sowohl mit seinem Interieur als auch mit den Speisen der Stadt gerecht zu werden. So gucken einem Hotte Buchholz und Hildegard Knef beim Essen zu, während man auf das größte Holzrelief der Welt, »Bacchanale« von Jean-Yves Klein, schaut. Es gibt einen Mittagstisch und abends wird berlinerisch, aber modern interpretiert gekocht. So können Sie beispielsweise Königsberger Klopse in Champagnerrahm probieren (20,50 €). Im selben Haus bietet das Partnerrestaurant **Austernbank** überwiegend Fisch und Meeresfrüchte, natürlich auch Austern (ab 3,50 €/Stück).

Behrenstr. 42, U 6 Französische Str., **Gendarmerie:** T 030 767 75 27, www.gendarmerie-berlin.de, tgl. ab 11, warme Küche bis 24 Uhr, Mittagstisch Mo–Fr 12–15 Uhr, 1–3 Gänge 11–17 €; **Austernbank:** T 030 767 75 27 24, www.austernbank-berlin.de, tgl. ab 16 Uhr, Hauptgerichte 28,50–65 €

Frankreich lässt grüßen

6 Brasserie am Gendarmenmarkt: In einem französischen Restaurant mit Bistroatmosphäre ganz in der Nähe des Französischen Doms essen – ob Flammkuchen von der Mittagskarte (ab 11,90 €) oder Kalbsleber »Brasserie« auf Kartoffelpüree (25,90 €). Danach eine Mousse au Chocolat an Erdbeerconfit, salzigem Karamell und Vanillepopcorn (12,90 €).

Taubenstr. 30, T 030 20 45 35 01, www.brasserieamgendarmenmarkt.de, U 2 Hausvogteiplatz, Di–Fr 12–22, Sa 16–22 Uhr

Einkaufen

Schokoladenrausch

1 Rausch Schokoladenhaus: 1998 hat sich die Firma Rausch auf den Weg gemacht. Sie ist Partnerschaften mit vielen Bauern entlang des Äquators eingegangen, die die Edelkakaos anpflanzen, aus denen Rausch die Plantagen-Schokoladen entwickelt hat. Dazu kommt beim Berliner Traditionsunternehmen eine Vielzahl von weiteren hochwertigen Schokoladen und Pralinen. Zu probieren im **Schokoladen-Café,** zu kaufen im Geschäft.

Charlottenstr. 60, T 030 75 78 80, www.rausch.de, U 2 Stadtmitte, Mo–Sa 10–20, Café 11–20, So 11–20 Uhr

Paris in Berlin

2 Galeries Lafayette: Deutsche Dependance der berühmten Pariser Galeries Lafayette mit bekannter Feinschmeckerabteilung. In Sachen Käse ein Muss; s. auch S. 64.

Friedrichstr. 76–78, www.galerieslafayette.de, U 6 Französische Str., Mo–Sa 10–20 Uhr

Supermarkt, Mode und mehr

3 Quartier 205 Stadtmitte: Deutlich weniger edel kauft man hier (s. auch S. 66) ein. Supermarkt, Kleidung, Schuhe, Shop von Occitane en Provence etc.

Friedrichstr. 67–70 / Charlottenstr. 57–59, www.quartier-205.com, U 2, 6 Stadtmitte, Shops Mo–Sa 8/10–20, Passage Mo–Sa 8–22, So 10–22 Uhr

300 Läden von edel bis jung

4 LP 12 Mall of Berlin: 76 000 m^2, rund 300 Geschäfte auf vier Etagen, vom edlen Modelabel bis zu junger Mode für alle Gelegenheiten. Dazu ein großer Food-Bereich.

Leipziger Platz 12, www.mallofberlin.de, U 2 Mohrenstr., U 2, S 1, 2 Potsdamer Platz (Ausgang: Leipziger Platz), Mo–Sa 10–21 Uhr

Ausgehen

Kneipe

1 Böse Buben Bar: Wer auf cool und edel keinen Wert legt, ist hier richtig. Café und Kneipe für die Leute von nebenan und wer sonst noch so vorbeikommt.

Marienstr. 18, T 030 27 59 69 09, www.boesebubenbar.de, U 6 Oranienburger Tor, Mo–Do 16–2, Fr 10–2, Sa/So 10–24 Uhr

Auf ein Kölsch mit der Politik

2 Ständige Vertretung: Mit den Abgeordneten des Bundestags und den Ministerien kam 1997 auch die Ständige Vertretung von Bonn nach Berlin – ein Stück rheinische Gastrokultur mit Kölsch, Himmel un Äd (14,90 €), Rheinischem Sauerbraten (18,90 €) sowie natürlich Currywurst (9,90 €).

Schiffbauerdamm 8, T 030 282 39 65, www.staev.de, U 6, S 1, 2, 3, 5, 7, 9, 25, 26 Friedrichstr., tgl. 10.30–1 Uhr

Schick

3 Newton Bar: Die Big Nudes von Starfotograf Helmut Newton an der Wand, Sessel und gute Drinks. Eine Bar, die sich nicht nur so nennt – und ihre Preise hat.

Charlottenstr. 57, T 030 20 29 54 21, www.newton-bar.de, U 2 Stadtmitte, So–Mi 11–3, Do–Sa bis 4 Uhr

Tanz-Bar

4 Tausend: Bar- und Restaurantbereich wie auch Tanzclub mit Band oder DJs, Soul bis Electro. Gedämpft, stylisch in den Gewölberäumen. Gehobenes Publikum.

Schiffbauerdamm 11, T 030 27 58 20 70, www.tausendberlin.com, U 6, S 1, 2, 3, 5, 7, 9, 25, 26 Friedrichstr., Di–Sa ab 19.30 Uhr

Klassisch

5 Windhorst Bar: Exzellente Drinks in einer klassisch eingerichteten Bar. Dazu Tapas. Publikum, der Preislage angepasst, eher mittleren Alters.

Dorotheenstr. 65, T 030 20 45 00 70, www.windhorst-bar.de, U 6, S 1, 2, 3, 5, 7, 9, 25, 26 Friedrichstr., Mo–Fr ab 18, Sa ab 21 Uhr

Vergnügen pur

6 Komische Oper: Bis ca. 2029 wird das Opernhaus in Mitte generalsaniert. Bis dahin spielt die Komische Oper im Schillertheater und an diversen anderen Orten der Stadt wie im Flughafen Tempelhof, im Kindl-Areal in Neukölln oder im Sommer im Zelt am Roten Rathaus.

Nähere Infos und Spielplan unter www.komische-oper-berlin.de

Brecht, Brecht … und andere

7 Theater am Schiffbauerdamm / Berliner Ensemble: Die Dreigroschenoper oder andere Brecht-Stücke hier im Theater am Schiffbauerdamm zu sehen, ist schon etwas Besonderes. Helene Weigel und Bertolt Brecht bauten es nach dem Zweiten Weltkrieg auf. Heute spielen unter Intendant Oliver Reese Gegenwartsautoren eine immer wichtiger werdende Rolle.

Bertolt-Brecht-Platz, www.berliner-ensemble.de, U 6, S 1, 2, 3, 5, 7, 9, 25, 26 Friedrichstr.

Revuepalast

8 Friedrichstadt-Palast: Der berühmte DDR-Showpalast hat seine Startschwierigkeiten nach der Wende lange überwunden. Im Jahr 2017 lockte das Revuetheater immerhin über 500 000 Besucher an. Liebevoll gepflegtes Kennzeichen des Hauses ist die Girlreihe (Kickline), die aus 32 Tänzerinnen besteht.

Friedrichstr. 107, www.palast.berlin, U 6, S 1, 2, 3, 5, 7, 9, 25, 26 Friedrichstr., U 6 Oranienburger Tor, Programm s. Website

Zugabe
Brecht & Co. im Feuerland

Der kommunistische Schriftsteller, das alte Industriegebiet und ein alter Friedhof

Zwar aus Gips, aber keine Totenmaske: Noch zu Lebzeiten ließ Bertolt Brecht diese Gipsmaske von sich anfertigen.

Irgendwie passt es ja! Bertolt Brecht, der weltbekannte Dramatiker, und seine Frau, die Schauspielerin Helene Weigel, bezogen im Oktober 1953 eine Wohnung in der Chausseestraße 125, in der heute das Brecht-Weigel-Museum (s. S. 76) eingerichtet ist.

Feuerland wurde diese Gegend genannt, weil sich hier ab 1804 die ersten Eisengießereien und Maschinenbauanstalten Berlins niedergelassen hatten. Das Borsighaus (Chausseestr. 13) mit der Statue des Schmiedes und dem Schriftzug A. Borsig in der Front erinnert noch heute daran. 1899 wurde es auf dem Areal der ehemaligen Lokomotivenfabrik Borsig als Verwaltungsgebäude der mittlerweile international operierenden Firma errichtet. Die Eisengießer und Maschinenbauer waren da schon lange in den Berliner Norden und Südosten an den Stadtrand gezogen.

… ein Gang durch die Berliner Geistes- und Kulturgeschichte.

Brechts Blick aber richtete sich wohl mehr auf den Dorotheenstädtischen Friedhof (s. S. 61). Zumindest schrieb er seinem Verleger Peter Suhrkamp, dass ihn, neben der Nähe zum Theater des Berliner Ensembles, die historischen Friedhöfe bewogen hätten, hier einzuziehen. Auf diesem Friedhof wurde er dann auch 1956 begraben.

Dort ruht er nun im Kreis seiner geistigen Väter, Georg Wilhelm Friedrich Hegel und Johann Gottlieb Fichte, und seiner Familie. Nicht nur Brechts zweite Frau Helene Weigel wurde hier beigesetzt, sondern auch ihre gemeinsame Tochter Barbara Brecht-Schall und deren Ehemann Ekkehard Schall sowie Brechts Tochter aus erster Ehe, Hanne Hiob. Weggenossen wie die Komponisten Hanns Eisler oder Paul Dessau, der u. a. die Musik für »Mutter Courage« schrieb, sowie die Regisseurin und Fotografin Ruth Berlau sind ebenfalls auf dem Dorotheenstädtischen Friedhof bestattet. Ruth Berlau hatte Brecht auf der ersten Station seines Exils in Dänemark kennegelernt und war ihm zeitlebens gefolgt. ■

Im Berliner Osten

Volle Dosis Ost-Berlin und Szenekiez — aber zwischen Karl-Marx-Allee und dem Viertel um den Boxi liegen Welten: Arbeiterpaläste versus Szenekiez. Neu dazugekommen ist der Osthafen als Medien- und Modestandort.

Eintauchen

Seite 83

Marx-Engels-Forum

Was wird aus der zentralen Denkmalsanlage der DDR? Kehren Marx und Engels an ihren alten Platz zurück?

Seite 83

St.-Marien-Kirche

Die gotische Bürgerkirche mit Totentanz am Rande des Nichts vor dem Roten Rathaus.

Seite 84

Alexanderplatz

Das Zentrum Ostberlins, das wieder ein Platz mit menschlichen Dimensionen werden soll.

Narva-Glühlampen made in Friedrichshain.

Seite 85

Karl-Marx-Allee

Ost-Berlins Prachtstraße, mit Arbeiterpalästen, Eierkisten und einem Sputnik.

Seite 90

Aus Hafen- mach Stadtquartier

Radtour entlang der Spree und vorbei an der East Side Gallery bis in den Osthafen.

Seite 92

Volkspark Friedrichshain

Mont Klamott – ein Park mit Trümmerberg, Friedhof der Revolutionäre und zwei Denkmälern der besonderen Art.

Seite 93

Rund um den Boxhagener Platz

Restaurants, Kneipen, Bars – eine reine Feierzone, wären nicht die Modegeschäfte in der Wühlischstraße.

Seite 94

RAW-Gelände

Am Tag Familienflohmarkt, nachts Revierkämpfe der Dealer. Und zwischendrin: ein Kletterberg, jede Menge Kneipen und Bars.

Seite 95

East Side Gallery ✪

Pilgerort für viele Berlin-Besucher sind sie immer noch, die Wandgemälde an einem Teilstück der DDR-Grenzbefestigung. Weltbekannt ist der Trabi, der die Mauer durchbricht – von Ost nach West.

Seite 99

Badeschiff

Relaxen oder feiern lautet die Frage. Das Badeschiff am Arena-Gelände lockt im Sommer mit einem Bad auf dem Fluss. Auch in der großen Halle und dem Freigelände des früheren Omnibusbetriebshofs ist fast immer was los.

Vorzeigestraße Stalinallee (heute: Karl-Marx-Allee), 1959 auch auf einer Briefmarke

»Friede in unserem Lande / Friede in unserer Stadt / dass sie den gut behause / der sie gebauet hat.« Bertolt Brecht, Widmung am Hochhaus an der Weberwiese

erleben

Plattenbauten, Arbeiterpaläste und Szeneviertel

O

Ob Marx-Engels-Forum oder Platz zwischen Rotem Rathaus und St.-Marien-Kirche – es herrscht gähnende Leere in der Mitte Berlins. Darüber können auch die diversen Baustellen und der Neptunbrunnen mit der 1969 deutlich vergrößerten Brunnenschale nicht hinwegtäuschen.

Der Alexanderplatz aber, nur ein paar Schritte weiter, ist für die Ostberliner nach wie vor das Zentrum ihrer Stadt. Kein Wunder, mehr als 360 000 Menschen nutzen Tag für Tag den Alex. Der dient nicht nur als Treffpunkt und und bietet Einkaufsmöglichkeiten, sondern ist mit dem Bahnhof Alexanderplatz auch Drehscheibe zwischen der Berliner Innenstadt und den Wohnvierteln im Osten. Zu DDR-Zeiten wurde der Alexanderplatz zum Zentrumsplatz der Hauptstadt der DDR ausgebaut. Er ist Ausgangspunkt der Vorzeigestraße Karl-Marx-Allee, die heute unter Denkmalschutz steht.

Über diese mehrspurige Magistrale geht es nach Friedrichshain, in das alte Arbeiterviertel, das sich in den vergangenen Jahren zum Szeneviertel gewandelt hat. Dort sind der Boxhagener Platz und das RAW-Gelände Feierareale. Völlig neue Stadtviertel wie die Oberbaum City sind gegenüber der East Side Gallery und im alten Osthafen entstanden.

Berlin wäre nicht Berlin, wäre dieser Stadtausbau entlang der Spree und am Osthafen nicht heftig umstritten gewesen. »Mediaspree versenken!«, unter diesem Slogan machte eine Bürgerinitiative mobil. Eines ihrer Hauptziele: das Ufer der Spree für alle nutzbar zu halten. 2008 konnte sie den Bürgerentscheid »Spree für alle!« für sich entscheiden.

O

ORIENTIERUNG

Ostberlin entdecken: Ausgangspunkt ist das **Marx-Engels-Forum** unmittelbar an der Spree, gegenüber dem Humboldt Forum. Über den **Alexanderplatz** geht es die **Karl-Marx-Allee** hinunter nach **Friedrichshain.**
Verkehr: Am **S+U-Bahnhof Alexanderplatz** halten die Linien U 2, 5, 8, S 3, 5, 7, 9. Die **U 5** fährt vom Alexanderplatz die gesamte **Karl-Marx-Allee** und die Frankfurter Allee hinunter, sodass Sie mit ihr auch **Friedrichshain** (U 5 Frankfurter Tor, Samariterstr.) erreichen. Das Szeneviertel können Sie auch von der **Warschauer Straße** (U 1, 3, S 3, 5, 7, 9, 75) erkunden.

Zwischen Spree und Alex

📍N/O7/8

Sacco und Jacketti

Was wird denn nun aus Karl Marx und Friedrich Engels oder besser aus »Sacco und Jacketti«, wie der DDR-Spott die Plastik der beiden Säulenheiligen des Marxismus getauft hat? Seit 2022 – nach Ende der U-Bahn-Bauarbeiten – sind sie wieder auf ihren alten Platz zurückgekehrt, in der Grünflächenplanung tauchen sie aber nicht auf. Kaum einer kommt auf die Idee, dass die Plastik neben weiteren Reliefdarstellungen Hauptstück des **Marx-Engels-Forums** ❶, der zentralen Denkmalsanlage der DDR, war. 1986 wurde diese Gedenkstätte eingeweiht. Ganze vier Jahre später war der »erste sozialistische Staat auf deutschem Boden« am Ende. So kann's gehen.

Namenlos und Totentanz

An die Relikte des Marx-Engels-Forums schließt sich jenseits der Spandauer Straße bis zum Fernsehturm eine riesige Freifläche an, die bezeichnenderweise nicht einmal einen Namen hat – Berlins leere Mitte.

Bis 1945 stand hier um die **St.-Marien-Kirche** ❷ das eng bebaute Marienviertel mit dem Neuen Markt. Heute fristet diese zweite mittelalterliche Kirche der Bürgerstadt Berlin aus der Zeit um 1300 ein einsames Dasein am nördlichen Rand der Freifläche. Spitzbogige Fenster, Strebepfeiler, die in Türmchen auslaufen, und Pfeilergiebel kennzeichnen sie als Bauwerk der Gotik. 1418 wurde der Westturm über der Vorhalle errichtet. Hier fin-

Polierte Hände, Hosen und Schuhe: der sitzende Karl Marx zeigt deutliche Spuren seiner Beliebtheit bei Selfie-Touristen. Auch ein Argument, Marx und Engels im Zentrum der Stadt zu belassen.

det sich das bekannteste Kunstwerk der Kirche: der Berliner **Totentanz.** 2 m hoch, 22 m lang, zeigt das Freskenband den Tod, der verschiedene Vertreter der weltlichen und der geistlichen Stände zum Tanz bittet. Ein Dokument der Todesgewissheit, entstanden vermutlich Ende des 15. Jh. als Reflex auf die Pestzüge, die Europa fast ein Drittel seiner Bevölkerung kosteten. Heute ist der 1861 unter Tünche entdeckte Totentanz unter Glas, um ihn vor weiterem Verblassen zu schützen.

Sehenswert ist auch die **Alabasterkanzel** im Mittelschiff, die der Bildhauer Andreas Schlüter fertigte. 90 Kunstwerke, darunter 40 Gemälde, umfasst die Kunstsammlung der Marienkirche. Bedeutend: Epitaphe von Hans Schenk, gen. Scheußlich aus dem 16. Jh.

Karl-Liebknecht-Str. 8, www.marienkirche-berlin.de, außerhalb der Gottesdienste 6. Jan.–Palmsonntag tgl. 10–16, sonst bis 18 Uhr

Turm der Signale

Auf der gegenüberliegenden Platzseite begrenzt das **Rote Rathaus** ❸ (Rathausstr.) von 1869 die leere Mitte. Bis in die Höhe von 100 m ragt der Turm als demonstrativer Ausdruck des Bürgerstolzes in den Himmel. Heute residieren im Roten Rathaus der Regierende Bürgermeister von Berlin und der Berliner Senat, die Regierung des Landes Berlin.

In größtmöglichem Kontrast zur mittelalterlichen St.-Marien-Kirche steht der **Fernsehturm** ❹, den der Ost-Berliner Chefarchitekt Hermann Henselmann den SED-Oberen als »Turm der Signale« schmackhaft machte. Seit seiner Fertigstellung 1969 ist er mit seinem Restaurant mit Aussichtspunkt in 203 m Höhe Besuchermagnet. Wer mit Berlinüberblick frühstücken, mittag- oder abendessen möchte, sollte reservieren.

Fernsehturm: www.tv-turm.de, tgl. März–Okt. 9–24, Nov.–Feb. 10–24, letzte Auffahrt 23.30 Uhr, Aussichtsticket 22,50/12,50 €, Fast View Ticket Flex 26/16 €; Restaurant tgl. 10–24 (Küche bis 22.30) Uhr

Alexanderplatz

Treffpunkt Weltzeituhr

Um es deutlich zu sagen: Der Fernsehturm steht nicht auf, sondern am **Alexanderplatz**. Der fängt erst jenseits des **Bahnhofs Alexanderplatz** ❺ an. Wenn Sie der Rathausstraße folgen, gehen Sie durch ein Tor, das von zwei Häusern gebildet wird: dem **Berolinahaus** ❻ auf der Nord- und dem **Alexanderhaus** ❼ auf der Südseite. Beide wurden 1929 nach Plänen von Peter Behrens errichtet und sind heute in der Berliner Innenstadt seltene Zeugnisse der Architektur der späten 1920er-Jahre. Wer die TV-Serie »Babylon Berlin« gesehen hat, wird die beiden Geschäftshäuser wiedererkennen.

Auf dem Alex erinnern die **Weltzeituhr** und der **Brunnen der Völkerfreundschaft** an die DDR-Zeit. Beide wurden 1970 bei der Umgestaltung des Platzes aufgestellt und sind auch heute beliebte Orte, um sich zu verabreden. Im Hotel **Park Inn** ❽ (Hausnr. 7), einem der größten Hotels Deutschlands, verbirgt sich das alte **Interhotel Stadt Berlin,** eröffnet 1970. In der **Galeria Karstadt Kaufhof** ❾ (Hausnr. 9) versteckt sich das alte Centrum Warenhaus, das im gesamten Ostblock als gute Einkaufsadresse galt.

Seit 1990 wird versucht, dem Alexanderplatz, der bei der Neugestaltung 1970 von 18 000 m² auf 80 000 m² ausgeweitet wurde, wieder menschliche Dimensionen zu geben. So wurde beim Umbau des Centrum Warenhauses der Gebäudekörper um 25 m Richtung Platzmitte vergrößert. Die Straßenbahnhaltestelle wurde wieder zurück auf den Platz verlegt. Bis 2009 wurde das Geschäftshaus **die mitte** ❿ (Hausnr. 3) im südlichen Bereich des Alex errichtet.

Jenseits der Grunerstraße bilden das **Haus der Statistik** ⓫ (Otto-Braun-Str. 70–72) von 1970 und das **Haus des**

Mit der Weltzeituhr von 1969 demonstrierte die DDR auf dem Alexanderplatz Weltoffenheit, und das nur knapp über 1 km von der Berliner Mauer entfernt.

Lehrers ⓬ ein Tor zur Karl-Marx-Allee. Das Haus des Lehrers baute Hermann Henselmann 1964 im Stil der internationalen Moderne. Bekannt ist es durch seine Bauchbinde, das 125 m lange Wandmosaik »Unser Leben« von Walter Womacka.

Karl-Marx-Allee

O7–S8

Zeitreise in die DDR

Die Karl-Marx-Allee zieht sich vom Alexanderplatz bis zum Frankfurter Tor. Eine über 3 km lange, mehrspurige, viel befahrene Autopiste. Klingt stressig und trotzdem lohnt sich der Besuch. Nirgendwo in der Stadt ist die Dosis DDR höher als in dieser ehemaligen Vorzeigestraße des Arbeiter- und Bauernstaats. Von 1949 bis 1961 hieß sie Stalinallee. Damit ist klar, dass hier in Sachen Architektur, Ausstattung der Häuser und Versorgung mit gesellschaftlichen Bauten nicht gekleckert, sondern geklotzt wurde. 1961 wurde die Stalinallee dann sang- und klanglos in Karl-Marx-Allee umbenannt.

Zwischen Alexanderplatz und Strausberger Platz

O/P7

DDR-Luxus

Bis 1964 wurde zwischen Alexanderplatz und Strausberger Platz beiderseits der Karl-Marx-Allee ein Wohngebiet für ca. 16 000 Menschen errichtet. Eine Vorzeigesiedlung in industrieller Bau-

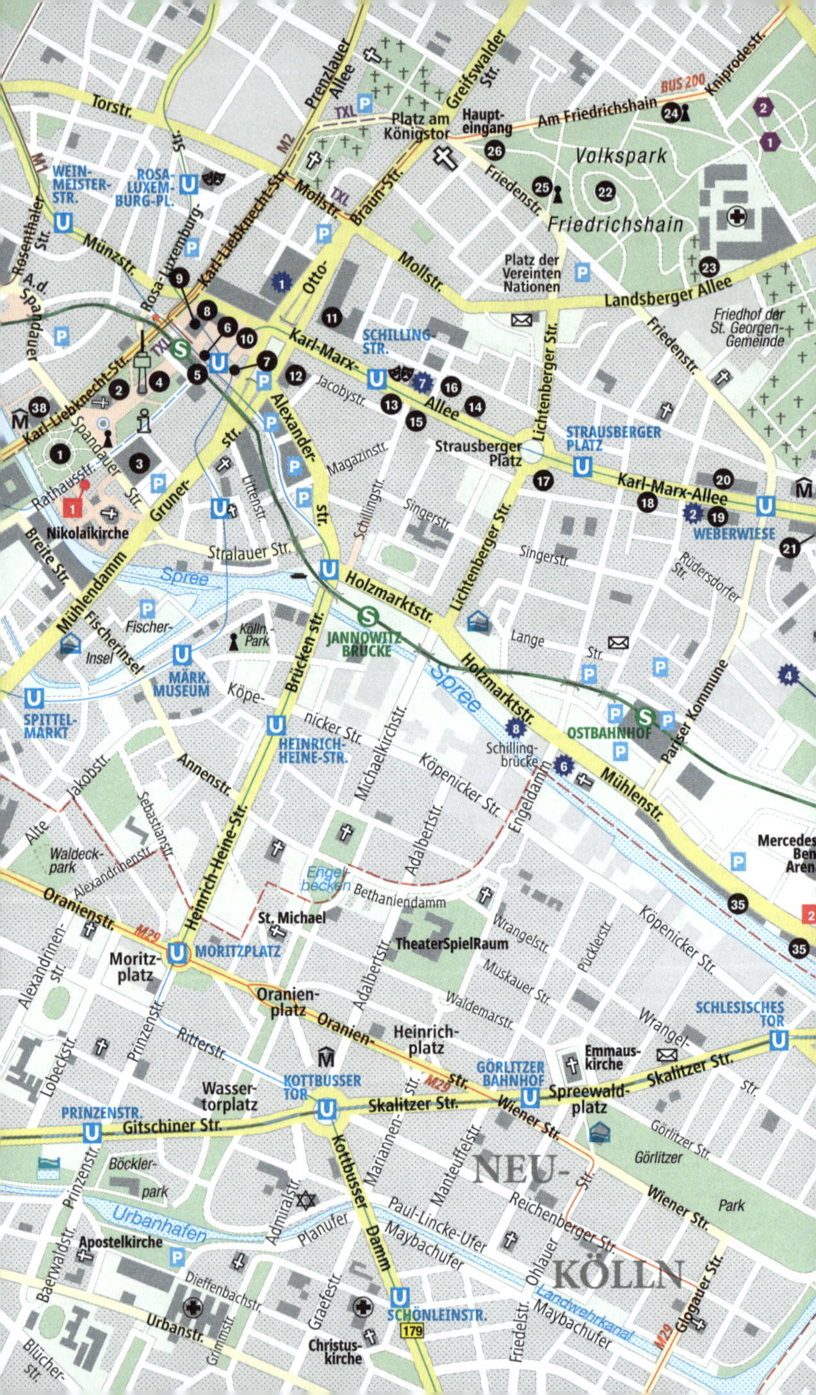

Torstr.
Prenzlauer Allee
Greifswalder Str.
Kniprodestr.
BUS 200
Am Friedrichshain
Platz am Königstor
Haupt-eingang
Volkspark Friedrichshain
Friedenstr.
WEIN-MEISTER-STR.
ROSA-LUXEM-BURG-PL.
Rosenthaler Str.
Münzstr.
Mollstr.
Braun-Str.
Karl-Liebknecht-Str.
Rosa-Luxemburg-Str.
Otto-Braun-Str.
Platz der Vereinten Nationen
Landsberger Allee
Friedhof der St. Georgen-Gemeinde
A.d. Spandauer
SCHILLING-STR.
Karl-Marx-Allee
Jacobystr.
Alexanderstr.
Strausberger Platz
STRAUSBERGER PLATZ
Lichtenberger Str.
Spandauer Str.
Rathausstr.
Gruner-str.
Littenstr.
Magazinstr.
Singerstr.
Schillingstr.
WEBERWIESE
Nikolaikirche
Breite Str.
Stralauer Str.
Rüdersdorfer Str.
Mühlendamm
Spree
Holzmarktstr.
Fischerinsel
Köln. Park
JANNOWITZ-BRÜCKE
Lange Str.
MÄRK. MUSEUM
Brückenstr.
Köpenicker Str.
SPITTEL-MARKT
HEINRICH-HEINE-STR.
Michaelkirchstr.
Schillingbrücke
OSTBAHNHOF
Pariser Kommune
Annenstr.
Jakobstr.
Sebastianstr.
Alte Jakobstr.
Waldeckpark
Alexandrinenstr.
Heinrich-Heine-Str.
Engeldamm
Adalbertstr.
Mercedes Benz Arena
Engelbecken
Bethaniendamm
Oranienstr.
M29
St. Michael
TheaterSpielRaum
Wrangelstr.
Pücklerstr.
Moritzplatz
MORITZPLATZ
Muskauer Str.
Oranienplatz
Waldemarstr.
SCHLESISCHES TOR
Prinzenstr.
Ritterstr.
Heinrichplatz
Emmaus-kirche
Lobeckstr.
Wassertorplatz
KOTTBUSSER TOR
GÖRLITZER BAHNHOF
Spreewaldplatz
Skalitzer Str.
PRINZENSTR.
Gitschiner Str.
Wiener Str.
Görlitzer Str.
Görlitzer Park
Böckler-park
Mariannenstr.
Manteuffelstr.
Kottbusser Damm
NEU-KÖLLN
Urbanhafen
Admiralstr.
Planufer
Paul-Lincke-Ufer
Maybachufer
Reichenberger Str.
Apostelkirche
Baerwaldstr.
Dieffenbachstr.
Graefestr.
Ohlauer Str.
Landwehrkanal
Glogauer Str.
Urbanstr.
Grimmstr.
SCHÖNLEINSTR.
179
Christus-kirche
Friedelstr.
Blücherstr.
TXL
M1
M2

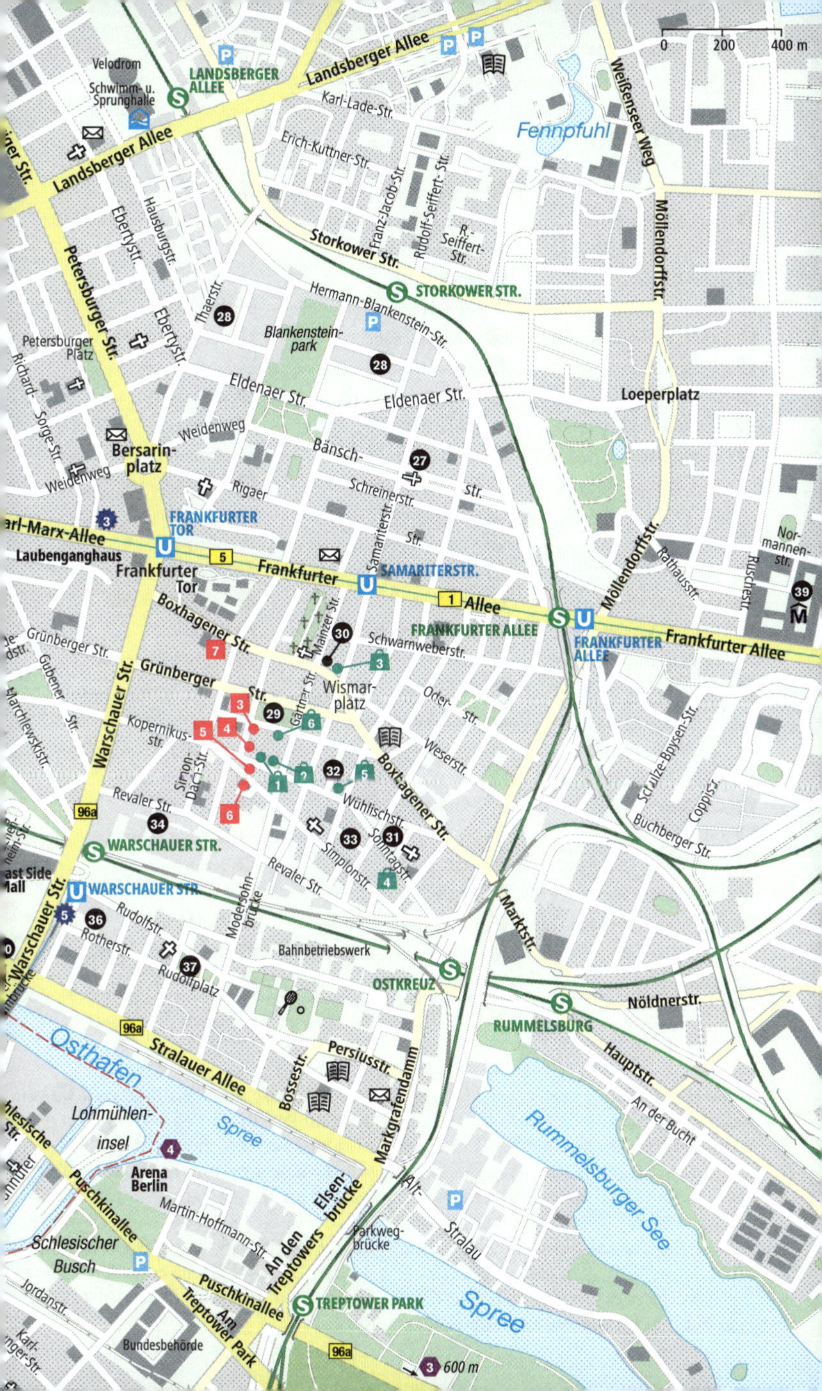

Landsberger Allee
LANDSBERGER ALLEE
Velodrom
Schwimm- u. Sprunghalle
Karl-Lade-Str.
Erich-Kuttner-Str.
Fennpfuhl
Weißenseer Weg
Möllendorffstr.
Storkower Str.
STORKOWER STR.
Hermann-Blankenstein-Str.
Blankenstein-park
Eldenaer Str.
Loeperplatz
Petersburger Str.
Petersburger Platz
Bersarin-platz
Weidenweg
Rigaer
Bänsch-
Schreinerstr.
FRANKFURTER TOR
Karl-Marx-Allee
Laubenganghaus
Frankfurter Tor
Frankfurter Allee
SAMARITERSTR.
FRANKFURTER ALLEE
Boxhagener Str.
Grünberger Str.
Wismar-platz
Warschauer Str.
WARSCHAUER STR.
Revaler Str.
Wühlischstr.
Simplonstr.
Sonntagstr.
Rudolfstr.
Rotherstr.
Rudolfplatz
Bahnbetriebswerk
OSTKREUZ
RUMMELSBURG
Nöldnerstr.
Hauptstr.
Markgrafendamm
Stralauer Allee
Osthafen
Spree
Lohmühlen-insel
Arena Berlin
Elsenbrücke
Puschkinallee
Schlesischer Busch
An den Treptowers
TREPTOWER PARK
Rummelsburger See
Alt-Stralau
Parkweg-brücke
Bundesbehörde
Am Treptower Park
600 m
0 200 400 m

Berliner Osten

Ansehen
1 Marx-Engels-Forum
2 St.-Marien-Kirche
3 Rotes Rathaus
4 Fernsehturm
5 Bahnhof Alexanderplatz
6 Berolinahaus
7 Alexanderhaus
8 Park Inn (Ex-Interhotel)
9 Galeria Karstadt Kaufhof (Ex-Centrum-Warenhaus)
10 die mitte
11 Haus der Statistik
12 Haus des Lehrers
13 U-Bahn-Ausgang Schillingstraße/Pavillon
14 Galerie Capitain Petzel/ Pavillon
15 Cafe Moskau
16 Ex-Mokka-Milch-Eisbar
17 Karl-Marx-Büste
18 Karl-Marx-Allee 70
19 Karl-Marx-Allee 81/82
20 Karl-Marx-Allee 77–79
21 Karl-Marx-Allee 102–104
22 Mont Klamott
23 Friedhof der Märzgefallenen
24 Denkmal des polnischen Soldaten und deutschen Antifaschisten
25 Skulptur »Spanienkämpfer«
26 Märchenbrunnen
27 Samariterkirche
28 ehem. Zentralvieh- und Schlachthof
29 Boxhagener Platz
30 Freiraum in der Box
31 Alte Turnhalle
32 Knorrpromenade
33 Helenenhof
34 RAW
35 East Side Gallery
36 Narva-Turm
37 Rudolfplatz
38 DDR Museum
39 Stasimuseum
40 The Wall Museum / Mühlenspeicher

Essen
1 Mutter Hoppe
2 Chupenga
3 1990 Vegan Living / IRO Izakaya
4 Ramen x Ramen
5 Datscha
6 Restaurant Schneeweiß
7 KuchenRausch

Einkaufen
1 Prachtmädchen
2 Zartbitter
3 bellanatur
4 Loveco
5 Givn
6 Vinyl-a-GoGo

Bewegen
1 Kletterfelsen
2 Beachvolleyball
3 Kanuliebe
4 Badeschiff Arena / Arena Berlin

Ausgehen
1 Weekend Club
2 Café Sibylle
3 Berliner Schnauze
4 Berghain
5 Matrix Club
6 YAAM
7 Kino International
8 Radialsystem

---

weise (Plattenbau), in der viel Platz für Grünanlagen zwischen den einzelnen Wohnblöcken gelassen wurde. Die Fassaden wurden mit Fliesen veredelt. Sogar Geschäfte und Kultureinrichtungen entstanden, die in Neubaugebieten wie Hohenschönhausen oftmals geplant, aber selten tatsächlich auch gebaut wurden.

Zentrum des Gebiets ist der Bereich Ecke Schillingstraße/Berolinastraße. Der **U-Bahn-Ausgang Schillingstraße** 13 ist in einen **Pavillon** integriert, in dem das Blumenhaus Interflor und der Modesalon Madelaine untergebracht waren. »Kunst im Heim« gab es in dem **Pavillon,** der heute Sitz der **Galerie Capitain Petzel** 14 (Nr. 45, www.capitainpetzel.de) ist. Dass solche Luxusläden in der DDR nicht alltäglich waren, liegt auf der Hand.

Der Westen war geschockt

Zur Eventlocation wurde nach der Wiedervereinigung das **Cafe Moskau** ⓯ (Nr. 34, www.cafemoskau.com) von 1964. Zu DDR-Zeiten war es eines der sieben Berliner Nationalitätenrestaurants, mit denen DDR-Bürgern die Kultur ihrer ›Bruderländer‹ nähergebracht werden sollte. Achten Sie auf die kleine Kugel mit vier Antennen über dem Eingang, ein Geschenk des sowjetischen Botschafters zur Eröffnung 1964. Sie ist ein Nachbau in Originalgröße jener Kugel, die 1957 die westliche Welt in Angst und Schrecken versetzte: Am 4. Oktober schoss die Sowjetunion erstmals einen Satelliten in eine Erdumlaufbahn, den Sputnik.

Sehnsuchtsorte

Noch immer als Lichtspielhaus dient das **Kino International** 7 (s. S. 100). Mit seinem 9 m vorkragenden Obergeschoss belegte es 1963 eindrucksvoll, dass Architektur und Bauwirtschaft der DDR internationalen Ansprüchen genügen konnten. Wer sich heute Kinokarten kauft, kann in der achten Reihe sitzen und bei optimalen Sichtverhältnissen die Beine von sich strecken. Hier saß zu DDR-Zeiten die Partei- und Staatsführung, nachdem sie sich im Repräsentationsraum getroffen hatte. Heute heißt der Honecker-Lounge und ist auch Normalsterblichen zugänglich.

Gleich neben dem Kino war bis zur Wendezeit die **Mokka-Milch-Eisbar** ⓰ (Nr. 35), ein DDR-Sehnsuchtsort, der sogar Eingang in Schlagertexte fand.

Zwischen Strausberger Platz und Frankfurter Tor

P7–S8

Arbeiterpaläste statt Eierkisten

Am **Strausberger Platz** steht ziemlich versteckt eine relativ kleine **Karl-Marx-Büste** ⓱ von Will Lammert. 1983 wurde sie hier aufgestellt. Die Joseph-Stalin-Statue, die 1951 vor dem Haus **Karl-Marx-Allee 70** ⓲ aufgestellt worden war, hatte es immerhin auf die imposante Höhe von 4,50 m gebracht. 1961 verschwand Stalin dann sang- und klanglos. Anstelle der großflächigen Denkmalsanlage wurde ein Plattenbau in die Häuserzeile eingefügt.

1951–58 wurden die **Arbeiterpaläste** östlich des Strausberger Platzes im Nationalstil errichtet. Im April/Mai 1950 war eigens eine hochrangige Delegation von Architekten und Stadtplanern in die Sowjetunion gereist, um sich vor Ort über den Städtebau in der UdSSR zu informieren. Das Ergebnis: Man wollte keine »amerikanischen Eierkisten« und schon gar nicht den »hitlerschen Kasernenstil« (Walter Ulbricht). Stattdessen sollten die fortschrittlichen Elemente der nationalen Bautradition aufgenommen werden. Im Klartext: Es wurden mehrgeschossige Wohnbauten hochgemauert, verputzt und dann mit klassizistischen Schmuckelementen à la Schinkel verziert.

Gute Beispiele für diesen Nationalstil sind die einander gegenüberliegenden Häuser **Karl-Marx-Allee 81/82** ⓳ und **77–79** ⓴. Sie zeigen Säulen in den Eingängen, Friese, Medaillons und Palmetten als Abschluss der Pfeiler in der Dachzone, Die Fassaden sind mit Kacheln aus dem VEB Plattenwerk Max Dietel (Meißen) aufgewertet. Die Wohnungen in diesen Blöcken sind großzügig und sehr zweckrational geschnitten. Im Gebäude **Karl-Marx-Allee 81/82** erinnern zwei Namen an ehemalige Institutionen in dieser Straße. Das **Café Sibylle** 2 (s. S. 100) wurde 1953 noch unter der Bezeichnung Milchtrinkhalle eröffnet. Erst 1962 erhielt es den wohlklingenden Namen Sibylle nach der populären DDR-Modezeitschrift. Die **Karl-Marx-Buchhandlung,** an die heute nur noch der Schriftzug an der Fassade erinnert, war Wallfahrtsort auch der West-Berliner Linken. Die Buchhand-

TOUR
Aus Hafen- mach Stadtquartier

Radtour an der Spree zwischen Michael- und Elsenbrücke

Was ist nur los am Holzmarkt – Kater Blau, Blauer Indianer? Kater Blau ist ein Technoclub, der wohl das Sprichwort »Nachts sind alle Katzen grau« frei uminterpretiert hat. Und der Blaue Indianer ist ein Wandbild des brasilianischen Künstlers Cranio, sein Markenzeichen und Symbol für die indigene Bevölkerung seiner Heimat.

Das Ufer der Spree zwischen Michael- und Elsenbrücke ist eines der spannendsten Areale der Stadt. Am besten erkunden Sie das bis 1990 als Hafen- und Gewerbegebiet genutzte Stadtquartier per Fahrrad.

An der **Michaelbrücke** hat sich in den vergangenen Jahren Spannendes entwickelt: das Kreativdorf **Holzmarkt 25** (www2.holzmarkt.com). Eine Genossenschaft, die Leben und Arbeiten zusammenbringen möchte. Gerüchte, dass der Holzmarkt vor dem Aus stehe, bewahrheiteten sich 2019 nicht. Vielmehr erwies sich das Projekt sogar unter Coronabedingungen als widerstandsfähig.

Ein fester Bestandteil der Berliner Kulturszene ist seit Jahren das **Radialsystem** 8 (Holzmarktstr. 33, https://radialsystem.de). 2006 wurde die Maschinenhalle des ehemaligen Pumpwerks, ursprünglich Teil des Berliner Abwassersystems, umgebaut und um einen modernen Gebäudeteil ergänzt. Seitdem überzeugt das Kultur- und Veranstaltungszentrum, das sich als »Space for arts and ideas« definiert, immer wieder mit international beachteten Produktionen im Bereich Tanz und Musik.

Infos

Start/Ziel: Michaelbrücke, P8, U 8, S 3, 5, 7, 47 Jannowitzbrücke / Elsenbrücke, S/T 11

Dauer: 1–2 Std. je nach Abstechern

Restaurant fabrics: nhow Berlin Hotel, www.nhow-berlin.com, U/S Warschauer Str. (s. o.), Mo–Sa 18–22.30 Uhr, Hauptgerichte um 22 €

Jenseits der Schillingbrücke zieht das **YAAM** 6 (s. S. 100) seit vielen Jahren Besucher in Club, Strandbar und Restaurant oder auf die Kunstmärkte. Da das Grundstück dem Senat gehört, dürfte die Zukunft des Young African Arts Market einigermaßen gesichert sein.

Der Stralauer Platz geht in die Mühlenstraße über, wo sich rund um die Mercedes-Benz-Arena ein neues Stadtviertel entwickelt hat. Vor allem aber erstrecken sich an ihrer Südseite entlang der Spree die **East Side Gallery** 35 (s. S. 95) und der East-Side-Park. Ein paar Meter weiter steht der **Mühlenspeicher** 40 (Mühlenstr. 78–80), ›bekrönt‹ von einem Wachturm, untrügliches Zeichen dafür, dass er unmittelbar an der Grenze zwischen Ost- und West-Berlin lag. Im Mühlenspeicher eröffnete 2016 **The Wall Museum** (s. S. 96).

Jenseits der **Oberbaumbrücke** (s. auch Tour S. 70), die mit ihren Zinnen und Türmen wie ein Teil einer mittelalterlichen Stadtbefestigung wirkt, beginnt der **Osthafen**. In den **Eierspeicher** (Stralauer Allee 1) mit dem Rautenmuster in der markanten Klinkerfassade ist die Deutschlandzentrale der Universal Music eingezogen. Der Startschuss für weitere Sanierungen im Bereich Osthafen. Aus dem ehemaligen **Getreidespeicher** an der Stralauer Allee 2 ist eine Eventlocation, der **Spreespeicher** (www.spreespeicher-events.de), geworden. Nebenan wurde 2010 das **nhow Berlin Hotel** (Stralauer Allee 3) errichtet. Wer ein paar Euro mehr ausgibt, kann in dessen Restaurant **fabrics** abends mit Blick auf die Spree essen.

Was die Musikbranche im Eierspeicher kann, kann die Filmbranche auch: In der Stralauer Allee 7 hat sich mit der **Fernsehwerft** ein unabhängiger TV-Dienstleister angesiedelt und mit mehreren Studios Produktionsmöglichkeiten geschaffen.

Vorbei an Gebäuden mit **Showrooms** (Mode, Design) ist dann auch schon die viel befahrene **Elsenbrücke** erreicht. Sie ist marode und wird behelfsmäßig saniert. Schließlich soll sie, sobald ihr Neubau fertiggestellt ist (geplant für 2028) komplett abgerissen werden.

lung über zwei Geschosse wurde 1953 eröffnet. Versuche, sie nach der Wende weiterzuführen scheiterten.

Eierkisten hinter Bäumen

Zwei **Laubenganghäuser,** die Anlass für die Diskussion um das Wie im Städtebau der jungen DDR waren, finden sich in der **Karl-Marx-Allee 102–104** ㉑ und 400 m weiter unter der Hausnummer **126–128.** Hans Scharoun und Ludmilla Herzenstein hatten diese kostengünstigen Mietshäuser entworfen. Doch genau solche »amerikanischen Eierkisten« wollte Walter Ulbricht auf keinen Fall. Die Wohnbauten blieben, allerdings versteckt hinter Bäumen.

Friedrichshain

P–T 6–10

Ballermann und Szeneviertel

Wer von Friedrichshain spricht, der meint vor allem den Kiez um den Boxhagener Platz, der nach 1990 Karriere gemacht hat. Kaum ein Reiseführer, in dem der Boxi und die Simon-Dach-Straße nicht als die Partymeile abgefeiert werden. Aber Friedrichshain ist mehr. Vom innenstadtnahen Volkspark Friedrichshain über das ehemalige Arbeiterviertel bis zum Osthafen mit den alten Hafen- und Fabrikanlagen, in die Nachnutzer eingezogen sind.

Volkspark Friedrichshain

P–R 6

Mont Klamott

Tamara Danz besang mit der Band Silly 1983 den Volkspark Friedrichshain in ihrem Lied »Mont Klamott« mit der Zeile: »Die Mütter dieser Stadt haben den Berg zusamm'gekarrt.« Das stimmt: Nach 1945 wurden die beiden Flaktürme im Parkgelände gesprengt und die Reste mit den Kriegstrümmern der umliegenden Wohnviertel bedeckt. So schufen die Trümmerfrauen den Kleinen und den Großen Bunkerberg, in Ostberlin **Mont Klamott** ㉒ genannt. Auch heute prägt er das Gesicht der Parkanlage.

Die Geschichte des Volksparks aber reicht weiter zurück. Schon 1840 beschloss die Stadtverordnetenversammlung von Berlin die Anlage des Parks. Er schien später der richtige Ort zu sein, um außerhalb der Stadt die 254 zivilen Opfer der März-Revolution 1848 zu beerdigen. Der **Friedhof der Märzgefallenen** ㉓ ist heute Gedenkstätte. Eine Ausstellung verdeutlicht die Geschehnisse des Jahres 1848.

Die SED-Führung baute den Volkspark Friedrichshain weiter als Gedenkstätte aus. An der Nordseite wurde 1972 das **Denkmal des polnischen Soldaten und deutschen Antifaschisten** ㉔ eingeweiht. Vier Jahre zuvor war Fritz Cremers expressive **Skulptur »Spanienkämpfer«** ㉕ am Westrand des Parks aufgestellt worden. Sie erinnert an die Freiwilligen, die im spanischen Bürgerkrieg gegen General Franco kämpften. Eröffnet aber wird der Park hinter dem **Haupteingang** ganz harmlos vom bekannten **Märchenbrunnen** ㉖**,** der mit einer Vielzahl von Statuen Motive aus Grimms Märchen aufnimmt.

Haupteingang: Am Friedrichshain 1, Ecke Friedensstr., Tram M 4 Am Friedrichshain, um obiger Wegführung zu folgen: M 4, 5, 6, 8 Platz der Vereinten Nationen, frei zugänglich

Samariterkiez

S/T 7/8

Hausbesetzer und Gentrifizierung

Nördlich der Frankfurter Allee findet sich um den **Samariterplatz** der Samariterkiez. In der **Samariterkirche** ㉗ aus den 1890er-Jahren fanden 1979–86 die Bluesmessen statt, ein Sammelpunkt der

Der Märchenbrunnen dient seit 1913 als festlicher und zugleich kindgerechter Haupteingang zum Volkspark Friedrichshain. Im hinteren Teil des Volksparks wird es dann poltisch.

alternativen DDR-Jugendkultur. Rainer Eppelmann, DDR-Oppositioneller und seinerzeit Pfarrer an der Samariterkirche, öffnete die Kirche den Jugendlichen.

Nach der Umwandlung vieler Wohnungen in Eigentum lebt im Kiez eine junge, urbane Mittelschicht. Profitiert hat das Viertel von der Schließung des **Zentralvieh- und Schlachthofs** 28 1991. Auf dem Gelände wurde zwischen historischen Fassaden ein Wohngebiet entwickelt. Die belebte **Samariterstraße** bildet die Hauptverbindung zur Frankfurter Allee.

Rund um den Boxhagener Platz S8/9

Der Boxi

Südlich der Frankfurter Allee beginnt der Kiez um den Boxhagener Platz. In der Mainzer Straße gab es 1990 heftige Auseinandersetzungen zwischen Hausbesetzern und der Polizei. Dadurch bekannt geworden, entwickelt sich hier nach und nach ein Szeneviertel.

Auf dem **Boxhagener Platz** 29 lässt sich im Sommer kaum ein Sitzplatz ergattern. Die Anwohner genießen auf der großen Wiese die letzten Sonnenstrahlen des Tages, während die Kinder auf dem Spielplatz mit Planschbecken toben. Das **Café Pavillon** (Mi–Mo 12–19 Uhr), betrieben von einem Hilfsverein für Kinder und Jugendliche, bietet Getränke an. Einige Penner drücken sich am Rand des Platzes herum, junge Obdachlose sitzen mit ihren Hunden in der Sonne. Samstag und Sonntag sind die Tage für **Wochen- und Trödelmarkt** (s. Einkaufen). Ansonsten laden Geschäfte wie **Vinyl-a-GoGo** 6 zum Stöbern oder Lokale wie das **IRO Izakaya** 3 zum Verweilen ein.

Kunst im Hinterhof

Die Architektin Carolina Mojto hat seit 2009 in einem Hinterhofgebäude einen Ort für Kunst entwickelt, den **Freiraum in der Box** ㉚. Erbaut 1893, diente die Remise im Erdgeschoss als Kutschstall. Im ersten Geschoss war der Pferdestall und darüber der Futterboden. Heute geht es hier um Kunstausstellungen, aber auch um Projekte, die Innovationen mit dem Fokus auf Biodiversität, Zirkularität und regenerative Systeme vorantreiben.

Boxhagener Str. 96 (im Hof), www.freiraum-berlin.org, Mi–Sa 14–18 Uhr

Schlendern in den Seitenstraßen

In den kleineren Nebenstraßen wie **Grünberger Straße, Krossener Straße** oder **Gärtnerstraße** lässt es sich im Gegensatz zur Boxhagener Straße gut schlendern. Immer wieder stößt man auf witzige Geschäfte, Restaurants oder Bars. Die **Wühlischstraße** hat sich zur Straße der Modeläden (s. Einkaufen) entwickelt. Ob Vintagekleidung oder ökologische Mode, das Einzelstück vom Berliner Designer oder einfach nur eine witzige Secondhandklamotte – in der Wühlischstraße und ihrer Verlängerung, der **Kopernikusstraße,** werden Sie fündig.

Rasten lässt es sich ganz gut in der kleinen, für Berliner Verhältnisse aber bestens gepflegten Grünanlage **Wühlischplatz.** Oder Sie statten dem **Biergarten** (s. S. 97) der **Alten Turnhalle** ㉛ nebenan einen Besuch ab. Die Alte Turnhalle gehörte zur Max-Kreutziger-Schule, die heute als Wohnanlage **Max-Kreutziger-Haus** vermarktet wird. Erbaut wurde das Gebäude bis 1953 im Nationalstil der Stalinzeit und passt daher bestens zu den Arbeiterpalästen der Karl-Marx-Allee. Mit edlen Materialien wie Travertin und Kunststein ausgebaut, sollte die Schule die hohe Bedeutung demonstrieren, die die SED der Bildung zubilligte.

Alternative Wohnkultur à la 1906

Zwei Wohnanlagen, die sich aus dem steinernen Meer der Wohnbauten mit Hinterhof hervorheben: Die 1913 erbaute **Knorrpromenade** ㉜ zeigt neben Straßenbäumen auch Vorgärten. Auffällig ist das jüngst sanierte Schmucktor am Zugang von der Wühlischstraße. Gemeinsam mit dem kriegszerstörten Tor an der Krossener Straße setzte es ein deutliches Zeichen sozialer Abgrenzung in dem Arbeiterbezirk.

Schon 1906 wurde der **Helenenhof** ㉝ errichtet. Beiderseits einer Privatstraße, die als Grünzug gestaltet ist, finden sich Wohnhauskomplexe mit offenen, parkähnlichen Höfen. Ein frühes Beispiel des Reformwohnungsbaus.

RAW-Gelände

R/S9

Ein quicklebendiger Widerspruch

Schuppen mit Ziegelwänden, die mit grellen Graffiti besprüht sind. Dazwischen Bretterbuden und Hinweisschilder auf einen Biergarten oder eine Galerie. Wie falsch abgestellt steht da ein mobiler Geldautomat, der so gar nicht passen will zu dem alternativ-heruntergekommenen Flair des Geländes. **RAW** ㉞**,** dieses Kürzel stand früher für Reichsbahnausbesserungswerk. Bis 1995 wurden auf dem riesigen Gelände entlang der Revaler Straße Schienenfahrzeuge der Bahn gewartet und repariert. Heute versucht der Verein RAW/cc, in dem die Macher der einzelnen Angebote auf dem Gelände organisiert sind, das kunterbunte Beieinander von Ateliers, Clubs, Restaurants und Freizeitangeboten wie Klettern am Leben zu erhalten. Solange das klappt, bleibt das RAW alternatives Kulturprojekt genauso wie Treffpunkt saufwütiger Jungtouristen und Umschlagsplatz von Drogen. Ein quicklebendiger Widerspruch. Wie lange das so bleibt? Keiner weiß es.

Aktuell liegt ein Masterplan auf dem Tisch, der neben den denkmalgeschützten Bauten ein 100-Meter-Hochhaus an der Warschauer Straße vorsieht.

Revaler Str. 99, www.raw-gelaende.de

East Side Gallery  Q9/10

Mauerkunst

Im Frühjahr 1990 bemalten 118 Künstler aus 21 Ländern ein Stück der Hinterlandmauer der DDR-Grenzbefestigung. Im November 1991 wurde das jetzt **East Side Gallery** ㉟ genannte Mauerstück unter Denkmalschutz gestellt. Einige der Motive dieser 1,3 km langen Freilichtgalerie sind weltbekannt, etwa der Trabi, der durch die Mauer bricht (Birgit Kinder).

http://eastsidegallery-berlin.com

Oberbaum City R/S10

Neues Leben in der Lampenstadt

Über die Warschauer Brücke oder über die Modersohnbrücke, auf der Sie wunderbare Sonnenuntergänge erleben können, gelangen Sie in die Oberbaum City, die ab 1999 entwickelt wurde. Bekannt ist dieses Stadtquartier in Berlin auch unter der Bezeichnung Lampenstadt.

Ab den 1910er-Jahren wurden hier Glühbirnen produziert. Die Namen Osram und zu DDR-Zeiten Narva kannte jedes Kind. Heute finden sich hinter sanierten gründerzeitlichen Ziegelfassaden moderne Büros. Wahrzeichen ist der ehemalige **Narva-Turm** ㊱. Die fünf oberen Stahl-Glas-Geschosse setzte die Firma BASF auf, die hier seit 2005 ein Servicezentrum unterhält.

Ziemlich kunterbunt sind nicht nur die Außenwände auf dem RAW-Gelände. Hier können Sie in der Kletterhalle klettern, essen gehen, eine Kneipe besuchen, clubben oder auf dem Familien-Flohmarkt stöbern.

Da das Gebiet um den **Rudolfplatz** 37 von Bahntrassen und dem Osthafen eingeschlossen war, blieb es lange Zeit eine Insel in Friedrichshain. Erst langsam greift die Entwicklung vom Osthafen aus auch auf die alte Lampenstadt über.

Museen

Zum Anfassen

38 **DDR Museum:** Geschichte zum Anfassen mit einer Vielzahl von Alltagsobjekten, aber auch mit einer Trabifahrt-Simulation und einer authentisch eingerichteten Fünf-Zimmer-Plattenbauwohnung.

Karl-Liebknecht-Str. 1, www.ddr-museum.de, U 2, 5, 8, S 3, 5, 7, 9 Alexanderplatz, tgl. 10–21 Uhr, 12,50/7 €

Mit Sicherheit

39 **Stasimuseum:** Im Haus 1 des Ministeriums für Staatssicherheit wird eine Ausstellung zur Entwicklung und Arbeit der Stasi gezeigt. Das Büro von von Stasichef Erich Mielke und weitere Diensträume können besichtigt werden.

Ruschestr. 103, www.stasimuseum.de, U 5 Magdalenenstr., Mo–Fr 10–18, Sa/So 11–18 Uhr, 10/7,50 €

Mauerbau und Mauerfall

40 **The Wall Museum:** Das Museum im alten Mühlenspeicher, zu DDR-Zeiten zugleich Wachturm im Todesstreifen, präsentiert in 13 Themenräumen die Geschichte der Mauer – vom Bau bis zu ihrem Fall. Viele Inhalte werden audiovisuell präsentiert.

Mühlenspeicher, Mühlenstr. 78–80, www.thewallmuseum.com, U 1, 3, S 3, 5, 7 Warschauer Str., tgl. 10–19 Uhr, 12,50/6,50 €

Essen

Traditionelle Berliner Küche

1 **Mutter Hoppe:** Wer sich im Bereich Rotes Rathaus und Alex stärken möchte, kann ins **Nikolaiviertel** gehen (s. Essen S. 56). Schon in der Rathausstraße bietet Mutter Hoppe traditionelle Gerichte.

Rathausstr. 21, T 030 24 72 06 03, www.mutterhoppe.de, U 2 Klosterstr., tgl. ab 11.30 Uhr, Hauptgerichte ab 12,50 €

Gesund

2 **Chupenga:** Gesundes Essen als Burrito, Salat, Bowl oder Tacos. Huhn (10,90 €), geschmortes Rindfleisch (11,50 €), Soja-Hackfleisch (8,90 €) oder Gemüse (9,90 €) stehen zu Auswahl. 2016 am Gendarmenmarkt von einem Ehepaar gegründet, bieten die mittlerweile vier Restaurants in Berlin frisches mexikanisch-kalifornisches Essen.

Mühlenstr. 13, T 030 27 58 73 10, www.cupenga.de, U1, S 3, 5 7, 9 Warschauer Str., Mo–Fr 11.30–20 Uhr

Vietnam vegan oder à la Japan

3 **1990 Vegan Living / IRO Izakaya:** Ein Gebäude, zwei Optionen. Seit seinen Anfängen 1990 hat der Familienbetrieb **1990 Vegan Living** seine vegane vietnamesische Küche perfektioniert. Im Angebot sind Bowls und Tapas. Nebenan bekommen Sie im **IRO Izakaya** neben Getränken auch kleine japanische Speisen (um 5 €). Eine Tapas-Bar à la Japan, denn wie in Spanien wird auch in Japan zu alkoholischen Getränken immer etwas gegessen. *Izakaya* bedeutet sinngemäß ›Sake-Laden zum Sitzen‹.

Krossener Str. 19, U 5 Samariterstr.; **1990 Vegan Living:** T 030 85 61 47 61, www.restaurant-1990.de, Mo–So 12–23 Uhr, kleine Bowl 4,90 €, als Hauptgericht 9,90 €; **IRO Izakaya:** T 030 81 82 82 50, www.facebook.com/iroberlin, tgl. 12–23.30 Uhr

Japanische Suppenküche

4 **Ramen x Ramen:** Ramen steht für spezielle japanische Nudeln, bezeichnet aber auch die Suppe mit diesen Nudeln und diversen Beigaben. Ramen x Ramen hat das klassische Angebot dieser in Ja-

pan weit verbreiteten Lokale um vegane und vegetarische Gerichte erweitert.
Gabriel-Max-Str. 2, U 1, 3, S 3, 5, 7, 9 Warschauer Str., T 030 26 10 80 88, www.facebook.com/ramenxramen, tgl. 12–24 Uhr, um 9,50 €

Russisch

5 **Datscha:** Von morgens bis 16 Uhr frühstücken – wie wär's mit dem Frühstück am Strand mit Lachs, Rührei, Avocado und, und, und (14 €). Oder Sie probieren abends russische Speisen wie Blini (um 9 €), Pelmeni (um 16 €) oder Tschachochbili (geschmortes Hähnchen, 17 €). Lecker auch Tante Sima's Bulette, eine Rind-Geflügel-Bulette mit Spiegelei und gebratenen Kartoffeln. Auch Bowls und Vegetarisches.
Gabriel-Max-Str. 1, T 030 70 08 67 35, www.datscha.de, U 1, 3, S 3, 5, 7, 9 Warschauer Str., tgl. 10–1 Uhr

Alpenländisch

6 **Restaurant Schneeweiß:** Ganz in Weiß ist das Restaurant gehalten. Dazu steht alpenländische Küche zwischen Käsespätzle mit Tiroler Bergkäse (17 €) oder auch Saftgulasch vom Tafelspitz (22 €) auf der Tageskarte. Abends wird z. B. Wiener Schnitzel mit lauwarmem Kartoffelsalat (27 €) angeboten.
Simplonstr. 16, T 030 29 04 97 04, www.schneeweiss-berlin.de, U 1, 3, S 3, 5, 7, 9 Warschauer Str., Mo–Fr 18–1, Sa/So 10–1 Uhr

Kuchen und mehr

7 **KuchenRausch:** An den Tischen zur Simon-Dach-Straße hin können Sie relativ ruhig sitzen und Strudel, Kuchen und Torten – alles aus Eigenfertigung – genießen. Wer's lieber herzhaft mag: Frühstück (bis 16 Uhr) wie das große gemischte Frühstück (ca. 11 €) und Speisen wie Berliner Bratwurst mit Sauerkraut und Kartoffelpüree (9,40 €) werden auch geboten.

Kristalllüster, Jugendstilofen: Im KuchenRausch werden nicht nur Tortenträume wahr.

Simon-Dach-Str. 1, T 030 55 95 30 55, www.kuchenrausch.de, U 5 Samariterstr., tgl. ab 9 Uhr

Brunch und Biergarten

31 **Alte Turnhalle:** Die Turnhalle wird nur noch für Events vermietet und ist lediglich zum Wochenendbrunch geöffnet. Bei gutem Wetter ist im Sommer dann der Biergarten auf, deutsche Küche (um 14 €).
Holteistr. 6–9, T 030 29 36 48 16, www.dieturnhalle.de, S 3, 5, 7, 8, 9, 41, 75, 85 Ostkreuz, Brunch: Sa/So, Fei 10–15 Uhr, 22,90 €, Kinder 10,90 €, Biergarten: Mai–Sept. tgl. 15–22 Uhr

Einkaufen

Trendig

1 **Prachtmädchen:** Kollektionen diverser Marken. Dazu die hauseigene Pracht-

stück-Kollektion, die aus T-Shirts und einer Menge Accessoires wie Stulpen, Haarschmuck oder Broschen besteht.

Wühlischstr. 28, http://prachtmaedchen.de, U 1, 3, S 3, 5, 7, 9 Warschauer Str., Mo–Fr 12–19, Sa 11–18 Uhr

Streetware bis casual

2 **Zartbitter:** Geschäft mit Vintage-Interieur und aktuellen Kollektionen angesagter Label – für Sie und Ihn.

Wühlischstr. 27, www.zartbitter-berlin.de, U 1, 3, S 3, 5, 7, 9 Warschauer Str., Mo–Fr 11.30–20, Sa 11–18.30 Uhr

Feminin nachhaltig

3 **bellanatur:** Seit 2004 arbeitet Marina Bell an femininer und nachhaltiger Mode für Frauen jeden Alters. Sie verwendet vornehmlich Baumwoll-, Bambus-, Leinen-, Walk- & Filzstoffe.

Boxhagener Str. 93, www.bellanature.com, U 5 Samariterstr., Mo–Fr 11–19, Sa 11–16 Uhr

Eco-faire Mode

4 **Loveco:** Egal ob Männer- oder Frauenkollektion – Hauptsache fair, ökologisch und vegan. Das ist seit 2014 das Prinzip von Loveco.

Sonntagstr. 29, www.loveco-shop.de, S 3, 41, 42, 5, 7, 75, 8, 85 Ostkreuz, Mo, Mi–Fr 12–19, Sa 11–19 Uhr

Nachhaltige Mode

5 **Givn:** »Es liegt an uns, Veränderung zu verwirklichen.« Unter diesem Motto tritt das Berliner Label an. Nachhaltige Mode für Sie und Ihn, fair produziert.

Wühlischstr. 15, T 030 24 64 79 49, www.givnberlin.com, S 3, 41, 42, 5, 7, 75, 8, 85 Ostkreuz, Mo–Fr 12–19, Sa 11–18 Uhr

Für Vinylfans

6 **Vinyl-a-GoGo:** Auf der Suche nach LPs, Maxis, Singles aus der guten alten Vinylzeit? Hier können Sie stöbern.

Krossener Str. 24, https://vinyl-a-gogo.de, U 5 Samariterstr., Mo–Sa 13–19 Uhr

Markttreiben auf dem Boxi

29 **Wochenmarkt, Trödelmarkt:** Der Wochenmarkt (Sa 9–15.30, http://boxhagenerplatz.org) ist nicht nur für den Lebensmitteleinkauf da (auch Bioware), hier finden Sie auch eine bunte Mischung von Klamotten bis Schmuck. Für die Stärkung zwischendurch sorgen Essens- und Getränkestände. Sonntags (10–18 Uhr) gehört der Boxi den Trödlern. Vor allem professionelle Händler bieten ihre Waren an.

Boxhagener Platz, U 5 Samariterstr., Frankfurter Tor

Bewegen

Klettern und Beachvolleyball

Volkspark Friedrichshain: Kletterfelsen 1 und **Beachvolleyball** 2 im Volkspark. Direkt neben dem Volkspark finden sich zwischen Kniprode- und Margarete-Sommer-Straße sechs Beachvolleyballfelder. Pfosten, Netze etc. müssen selbst mitgebracht werden.

Kletterfelsen/Beachvolleyball: M 10 Paul-Heyse-Str.; **Beachvolleyballfelder:** M 4, 10 Kniprodestr./Danziger Str.

Klettern auf dem RAW-Gelände

34 **Der Kegel:** Drinnen und draußen können Sie klettern – mit oder ohne Seil. Auch Kurse werden angeboten.

RAW-Gelände, Revaler Str. 99, https://derkegel.de, U 1, 3, S 3, 5, 7, 9 Warschauer Str., tgl. 9–23 Uhr, 9 €, Bouldern/Seilklettern Mo–Fr 9–15 Uhr 6 €, 10er-Karte 81 €

Bootfahren

3 **Kanuliebe:** Tretboote (14 €/Std.), Dreier-Canadier (12,50 €/Std.), 16 SUP-Boards (ab 10 €/Std.) werden vorgehalten. Ab einer Mietdauer von 4 Std. kann im Voraus auf der Website gebucht werden.

Insel der Jugend, Alt-Treptow 6, www.kanuliebe.com, S 8, 9, 41, 46, 85 Treptower Park, dann ca. 2 km zu Fuß oder per Rad, April–Okt., Mo–Sa ab 12, So ab 11 Uhr

Lieblingsort

Relaxen oder feiern

Hier ist in der warmen Jahreszeit eigentlich immer was los. **Arena Berlin** wurde auf einem Omnibusbetriebshof aus dem Jahr 1927 eingerichtet. Tagsüber können Sie das **Badeschiff** 4 besuchen und ein Bad auf der Spree nehmen. Oder Sie schauen, am besten vorab im Web, was auf dem Arena-Areal so los ist: Beach Festival, Messe oder eine andere Veranstaltung in der denkmalgeschützten Halle oder auf dem Gelände? (**Badeschiff:** Eichenstr. 4, T 0162 545 13 74, www.arena.berlin, U 1, 3 Schlesisches Tor, Mai–Sept. tgl. ab 12 Uhr, 8 € inkl. Sonnenliege).

Ausgehen

Mit Dachgarten

1 Weekend Club: Minimalistisch eingerichteter Club mit einem Dachgarten-Floor für die Sonnenaufgänge über Berlin.

Alexanderstr. 7, www.weekendclub.berlin, U 2, 5, 8, S 3, 5, 7, 9 Alexanderplatz, Fr–So 23–6 Uhr

Tradition

2 Café Sibylle: Traditionstreff mit Ausstellung zur Geschichte der Karl-Marx-Allee.

Karl-Marx-Allee 72, www.cafe-sibylle.org, U 5 Weberwiese, tgl. 10–19 Uhr

Mundart

3 Berliner Schnauze: Ohne viel Aufhebens hat Johannes Hallervorden, Sohn von Dieter Hallervorden, 2022 das Theater übernommen.

Karl-Marx-Allee 133, www.berliner-schnauze-theater.com, U 5 Frankfurter Tor, Mi–So, Einlass ab 18, Vorstellung Di–Sa 20, So 19 Uhr, 28 €

Frühstück, Mittagessen, Kaffeetrinken und Kultur: So lautet das Programm.

Türsteher

4 Berghain: Einer der bekanntesten Techno-Clubs der Welt. Reinkommen ist wegen der Türsteher Glückssache. Auch in der vorgelagerten **Kantine am Berghain** gibt es was auf die Ohren.

Am Wriezener Bahnhof, www.berghain.de, S 3, 5, 7, 9 Ostbahnhof, Do 22–5, Fr 23.59–9, Sa ab 23.59, So 24 Std.

tanzbar

5 Matrix Club: Sieben Areas, neun Bars und diverse Lounges verbergen sich im Gewölbe unter der Berliner Hochbahn. DJs oder Liveacts bieten Hip-Hop, Electro, House und R 'n' B. Party bis in den Morgen.

Warschauer Platz 18, www.matrix-berlin.de, U 1, 3, S 3, 5, 7, 9 Warschauer Str., tgl. 22–7 Uhr, ab 10 €

Angekommen

6 YAAM: Gegründet im Jahr 1994, hat sich der YAAM (Young African Art Market) nach einigen Ortswechseln an dieser Adresse nun zu einem festen Bestandteil der Berliner Clubszene entwickelt. Der Name legt's nahe: Hier liegt der Akzent auf afrokaribischer Musik. Dazu YAAM Sport, YAAM Gallery, YAAM Food Market und im Sommer ein Beachclub.

An der Schillingbrücke 3, www.yaam.de, S 3, 5, 7, 9, 75 Ostbahnhof, Di–So, Beginn der Veranstaltungen/Eintrittspreise s. Website

DDR-Stil up to date

7 Kino International: Das Premierenkino in Ostberlin, bekannt für seine gute Akustik. Außer Filmen auch Lesungen und Konzerte; s. auch S. 89.

Karl-Marx-Allee 33, www.yorck.de, U 5 Schillingstr.

Space for arts and ideas

8 Radialsystem: s. Tour S. 90.

Zugabe
Hochhaus an der Weberwiese

Vorbild für die DDR-Baukunst

Das Hochhaus an der Weberwiese: das Vorbild für die Wohnbauten im Nationalstil an der Karl-Marx-Allee

Wie soll die neue Hauptstadt der DDR aussehen? Darauf suchte man nach der Staatsgründung 1949 dringend eine Antwort. Die Laubenganghäuser, die Stadtbaurat Hans Scharoun 1949 geplant hatte, wirkten zu amerikanisch. Auch die viergeschossigen Wohnbauten, die Scharoun in moderner, durchgegrünter Zeilenbauweise an der Hildegard-Jadamowitz-Straße errichten ließ, fanden keine Gnade. Ulbricht wollte Bauten wie das Hochhaus an der Weberwiese, das heute unter Denkmalschutz steht.

Der spätere Ost-Berliner Chefarchitekt Hermann Henselmann hatte für den Standort Weberwiese Pläne für einen Hochhausbau im Stil der Moderne vorgelegt. Die SED aber lehnte ab und forderte gemäß den Empfehlungen aus Moskau ein Hochhaus im Nationalstil. Binnen einer Woche arbeitete Henselmann seinen Entwurf für das neunstöckige Gebäude um.

So wirkt denn auch die an Schinkel erinnernde Ausschmückung im klassizistischen Stil wie angeklebt. Man betrachte nur die Konsolen unter dem Hauptgesims oder die Palmetten auf der Dachlinie. Klassizistisch angehaucht ist auch das Dekor der schmiedeeisernen Elemente. Gewollt wirkt selbst der schwarze Eingang mit den Säulen. Dennoch: Das Hochhaus wurde zu einem Schlüsselbauwerk der DDR-Architektur. Es war das Vorbild für die Bauten der Karl-Marx-Allee und vieler früher Bauten in DDR-Städten, die zeigen sollten, was die DDR-Führung für den Wohnungsbau plant.

Ein unerreichbarer Luxus ...

Mit dem Hochhaus gab die DDR-Führung ein Versprechen für den Wohnungsbau der Zukunft ab, das sie keinesfalls einlösen konnte. Das Gebäude war mit Fahrstuhl, Zentralheizung und Wechselsprechanlage ausgestattet. Die Wohnungen verfügten über Elektroherd und Telefon. Ein unerreichbarer Luxus für die Arbeiter so kurz nach dem Krieg. Eine 96 m^2 große Wohnung an der Weberwiese kostete rund das Neunfache des Betrags, der später für eine Arbeiterwohnung im Wiederaufbauprogramm der DDR zur Verfügung stand. ■

Tiergarten, Moabit und Schöneberg

Rund um den Großen Tiergarten — trifft hohe Politik auf große Kultur, moderne Architektur und lebendige Kieze.

Seite 106

Reichstagsgebäude

Der Sitz des Deutschen Bundestags bildet das Zentrum des Berliner Parlamentsviertel. Hier schlägt das politische Herz der Bundesrepublik Deutschland.

Seite 107

Gedenkstätten rund um den Tiergarten

Rassenwahn und Hass auf Minderheiten kennzeichneten die NS-Zeit. An die, die diesem Wahn zum Opfer fielen – Sinti und Roma, Juden, Homosexuelle und ›Euthanasie‹-Opfer – wird hier erinnert.

Rosa Winkel, das Kennzeichen Homosexueller in Nazi-KZs.

Seite 111

Potsdamer Platz

Als Stadt der Zukunft wurde das neue Stadtquartier am Potsdamer Platz angekündigt. Blickfang und Mittelpunkt ist das futuristische Sony Center.

Seite 112

NS-Hauptstadt Berlin

In die gar nicht so lange zurückliegende Vergangenheit führt der Weg von der Alten Reichskanzlei zur Topographie des Terrors. Ein Gang auf den baulichen Spuren der NS-Zeit, der nachdenklich machen kann.

Seite 115

Kulturforum

Berliner Philharmonie und Neue Nationalgalerie sind Ikonen moderner Architektur. Doch auch, was in ihrem Inneren zu hören oder zu sehen ist, lohnt sich.

Seite 116

Botschaftsviertel

NS-Bauten wie die Italienische Botschaft treffen hier auf ein Zeichen des Gemeinsinns, das Felleshus der Nordischen Botschaften.

Seite 122

Straße des 17. Juni

Vom Brandenburger Tor aus sehen Sie sie schon, die Siegessäule. Spazieren Sie auf einer Chaussee, die in der NS-Zeit zur Paradestrecke mitten durch den Großen Tiergarten ausgebaut wurde und heute als Eventmeile weltbekannt ist.

Seite 135

Regenbogenkiez

Schöneberg hat viele Facetten, eine davon: Schon in den 1920er-Jahren hatte sich rund um die Motzstraße ein Lesben- und Schwulenviertel etabliert. Am Wochenende vor Berlins Christopher Street Day zieht hier ein Fest Besucher aus ganz Berlin an.

Westlich der Siegessäule stehen sie noch, die ›Speer‹-Leuchten von 1938.

»Ich bin ein Fremder hier zu Lande,
Wo Krongewalt herrscht allerwärts,
Mich binden nicht die starren Bande,
Doch dieser Hain erfreut mein Herz!«
Gottfried Keller (1819–90, »Im Tiergarten«, erschienen 1854)

Parlament, Zukunftsstadt und Regenbogenkiez

Als Tiergartenviertel wird der Stadtteil zwischen Spree und der Kurfürstenstraße im Süden bezeichnet. Ganz unterschiedliche Stadtquartiere haben sich hier um den Park Großer Tiergarten entwickelt: das Parlamentsviertel um das Reichstagsgebäude samt einer Gedenklandschaft, der Potsdamer Platz als Stadt der Zukunft, das Kulturforum mit seinen Museen und das alte neue Botschaftsviertel. Nördlich schließt sich das Hansaviertel an, ein Freilichtmuseum für die Baukultur der 1950er-Jahre.

Mit altehrwürdigen Bauten kann der Bezirk Schöneberg, der sich von der Kurfürstenstraße bis in den Ortsteil Friedenau im Süden erstreckt, kaum aufwarten. Dafür ist der Bezirk einfach zu jung. Erst 1870 wurden die Straßenzüge um das alte Dorf Schöneberg, das an der Chaussee nach Potsdam lag, angelegt und bebaut. Daher geht es bei einer Tour durch Schöneberg hauptsächlich um aktuelles Stadtleben.

Jenseits der Spree, nördlich des Parlamentsviertels, beginnt Moabit, der Stadtteil, in dem alles untergebracht worden ist, was in der Stadt keinen Platz mehr fand – ob (Haupt-)Bahnhof, Brauerei, Molkerei oder Gefängnis.

ORIENTIERUNG

O

Parlamentsviertel: Für die Erkundung des Parlamentsviertels starten Sie am besten am Hauptbahnhof (U 5, S 3, 5, 7, 9) oder am Brandenburger Tor (U 5, S 2, 25, 26 Brandenburger Tor. Die U 5 hält auch am Bundestag.

Potsdamer Platz/Kulturforum/ Botschaftsviertel: Start ist der Potsdamer Platz (U 2, S 1, 2, 25, 26), dann geht es zu Fuß oder per Bus weiter.

Großer Tiergarten: Ostende am besten ab Brandenburger Tor oder Potsdamer Platz, Westende S 3, 5, 7, 9 Tiergarten

Hansaviertel: U 9 Hansaplatz

Moabit: Moabit können Sie ab dem Hauptbahnhof erkunden. Wenn Sie sich ein Wegstück sparen möchten: U 9 Turmstr., Birkenstr., S 3, 5, 7, 9 Bellevue.

Schöneberg: Wenn Sie die Potsdamer Straße von Tiergarten aus erkunden möchten, beginnen Sie am besten am Potsdamer Platz. Für alles andere ist der Nollendorfplatz (U 1, 2, 3, 4) ein guter Startpunkt, mit der U 4 erreichen Sie direkt auch Rathaus und Viktoria-Luise-Platz, mit der U 7 den Heinrich-von-Kleist-Park.

Tiergarten

Parlamentsviertel

Karte 2, K/L 7

Rund um das alte Reichstagsgebäude bildet das Parlamentsviertel das Herz des politischen Berlin. Wohlgemerkt, ein Parlamentsviertel und kein Regierungsviertel! Die Bundesministerien sind in aufwendig sanierten und ergänzten Altbauten in der gesamten Innenstadt untergekommen. Für die rund 600 Abgeordneten aber wurden neue Parlamentsbauten hochgezogen, um ihnen bestmögliche Arbeitsbedingungen zu garantieren. Die Botschaft, die mit diesen Neubauten verbunden ist, ist klar: Die gewählten Abgeordneten sind als Gesetzgeber Herz und Zentrum unseres demokratischen Gemeinwesens.

Beeindruckend ist die mediterran anmutende Architektur des neuen Viertels. Bei einsetzender Dunkelheit entwickeln die hell erleuchteten Parlamentsbauten aufgrund der großen Fensterflächen eine Lichtarchitektur, die auf ganz eigene Art ›Transparenz‹ als Leitwert unserer Demokratie versinnbildlicht.

Für die Abgeordneten das Beste

Die Parlamentsbauten wurden bis 2003 im Spreebogen nach einer städtebaulichen Idee der Berliner Architekten Axel Schultes und Charlotte Frank als »Band des Bundes« errichtet. Drei Neubauten in einer Reihe: östlich der Spree das Marie-Elisabeth-Lüders-Haus, auf der Westseite das Paul-Löbe-Haus und als Abschluss das Bundeskanzleramt.

Im **Marie-Elisabeth-Lüders-Haus** ❶ zwischen Luisenstraße und Spreeufer sind der Große Anhörungssaal, die Parlamentsbibliothek sowie der Wissenschaftliche Dienst des Bundestags untergebracht. Der Zugang zum ins Haus integrierten **Mauer-Mahnmal** (Di–So 11–17 Uhr) erfolgt über die Spree-Uferpromenade).

Zwei **Fußgängerbrücken** führen zum Paul-Löbe-Haus und überwinden dabei nicht nur die Spree, sondern auch die ehemalige Grenze zwischen Ost- und West-Berlin. Kleines, aber feines Detail: Die weit vorkragenden Dächer der beiden Gebäude würden sich zu einem Ganzen zusammenschieben lassen. Im **Paul-Löbe-Haus** ❷ haben 275 Abgeordnete ihre Büros und finden sich 21 Sitzungssäle für die Ausschüsse des Bundestags.

Das **Bundeskanzleramt** ❸ besteht aus dem 36 m hohen Würfel, in dem auf neun Ebenen das Arbeitszimmer des Bundeskanzlers, Kabinettssäle und Konferenzräume untergebracht sind. Auf beiden Seiten fassen von Wintergärten unterbrochene Bürotrakte, die rund 300 Büros beherbergen, den Würfel ein.

Toller Bau mit weniger tollen Spitznamen: »Kohllosseum« oder »Elefantenklo« wird das Bundeskanzleramt von manchen genannt.

Offizielle (Staats-)Gäste werden in dem kleinen **Ehrenhof** mit Zeltdach vor dem Kanzlerwürfel empfangen. Die Skulptur »Berlin« von Eduardo Chillida erinnert an die Trennung und an die noch nicht vollendete Einheit des Landes. Von der Öffentlichkeit weitgehend unbemerkt führt hinter dem Kanzleramt ein Steg erneut über die Spree zum **Kanzlergarten** mit Hubschrauberlandeplatz. Dort soll ein Erweiterungsbau entstehen, denn das Bundeskanzleramt platzt aus allen Nähten.

Versteckt in den Baublöcken

Zumeist unbemerkt bleibt das größte Parlamentsgebäude Berlins, das **Jakob-Kaiser-Haus** ❹, da es sich geschickt der Blockstruktur der Berliner Innenstadt anpasst. Acht sechsgeschossige Bauten beiderseits der Dorotheenstraße beherbergen 1740 Büros, darunter 341 Abgeordnetenbüros. Vom Reichstagufer aus können Sie zwei Höfe des Hauses einsehen. In einem wird die **Installation »Grundgesetz 49«** von Dani Karavan gezeigt: die 19 Grundrechtsartikel, eingraviert auf 3 m hohen Glasscheiben. Immer wieder bleiben Passanten stehen und lesen einige der Artikel, die auch ihre Freiheit garantieren.

Falls Sie sich wundern, dass Sie im Parlamentsviertel kaum Politiker und deren Mitarbeiter sehen: Die Parlamentsbauten sind durch unterirdische Gänge bzw. Straßen miteinander verbunden.

R

WER HAT DEN REICHSTAG ANGEZÜNDET?

Immer wieder ist zu lesen, dass SA-Angehörige am 27. Februar 1933 vom Palais des Reichstagspräsidenten durch einen unterirdischen Gang in den Reichstag eingedrungen seien und ihn in Brand gesteckt hätten. Bewiesen werden konnte die Beteiligung der Nationalsozialisten am Reichstagsbrand nie. Verurteilt wurde der im brennenden Reichstag aufgegriffene Linksradikale Marinus van der Lubbe, der die Brandstiftung gestand. Den Nazis passte dieser Anschlag bestens ins Konzept. Sie erklärten den Anschlag zum Beginn des lang erwarteten kommunistischen Aufstands. Hitler ließ sich von Reichspräsident Hindenburg die Verordnung zum Schutz von Volk und Staat abzeichnen. Damit waren die bürgerlichen Grundrechte ausgesetzt. Der NS-Terror gegen Andersdenkende begann. Ein entscheidender Schritt in die Diktatur.

Reichstagsgebäude / Dt. Bundestag ✪ Karte 2, K7

Abgeordneten aufs Dach steigen!

Die Abgeordneten des Bundestags kommen im alten **Reichstagsgebäude** ❺ zusammen. Bis 1999 baute der englische Architekt Sir Norman Foster den Mittelteil mit dem Plenarsaal und der 24 m hohen, begehbaren Kuppel neu auf. Falls Sie den Abgeordneten aufs Dach steigen wollen: Besuche der Kuppel müssen vorab angemeldet werden! Gleiches gilt für Führungen im Deutschen Bundestag oder den Besuch einer Plenarsitzung.

Der Nord- und der Südflügel des Reichstagsgebäudes wurden lediglich saniert. Kriegsspuren wie zum Beispiel die Inschriften von Soldaten der Roten Armee nach der Eroberung des Reichstags (1. Mai 1945) wurden konserviert.

Bei Sanierungsarbeiten wurde ein Gang mit Heizungsleitungen entdeckt. Er verband früher das Reichstagsgebäude mit dem **Reichspräsidentenpalais** ❻, heute Sitz der Deutschen Parlamentarischen Gesellschaft. Ein Teil dieses Ganges wurde herausgesägt und steht heute als Erinnerung im Reichstagsgebäude.

Völlig losgelöst von den Diskussionen und Abstimmungen im Deutschen Bundestag nutzen Einheimische wie Gäste den Platz der Republik vor dem Reichstagsgebäude gern für Sport und Spiel.

Reichstagsgebäude – Kuppel, Dachterrasse: Besucherzentrum Platz der Republik, www.bundestag.de, tgl. 8–24, letzter Einlass 21.45 Uhr, Eintritt frei, aber Online-, Fax- oder briefliche Voranmeldung ratsam (s. u.), Formular/Infos s. Website; Ausweispapiere! Vor-Ort-Anmeldungen (Serviceaußenstelle neben dem Berlin-Pavillon an der Südseite der Scheidemannstr., April–Okt. tgl. 8–20, sonst bis 18 Uhr) mit bis zu. 2 Std. Wartezeit

Gedenkstätten rund um den Tiergarten

Karte 2, K8

Gedenken statt Hass

In unmittelbarer Nachbarschaft zum politischen Zentrum im Reichstagsgebäude wurde eine Gedenklandschaft aufgebaut. Die vier Gedenkstätten sollen die Abgeordneten an die Verbrechen Nazi-Deutschlands und damit an ihre Verantwortung erinnern.

Nach jahrelangen Diskussionen wurde 2012 in unmittelbarer Nähe zum Reichstagsgebäude das **Denkmal für die im Nationalsozialismus ermordeten Sinti und Roma Europas** 7 (Simsonweg, im Großen Tiergarten) nach einem Entwurf von Dani Karavan eingeweiht. Inmitten einer kreisrunden Wasserfläche auf »endlosem« schwarzem Grund liegt auf einer dreieckigen Stele eine Blume. Die Wände, die das Denkmal umschließen, geben Informationen zur Verfolgung der Roma und Sinti.

Zentrale Anlage ist das **Denkmal für die ermordeten Juden Europas** 8. Der amerikanische Architekt Peter Eisenman konzipierte es für das Karree zwischen

MOABIT
0
200
400 m
96
Birkenstr.
Stephanstr.
Havelberger Str.
Kruppstr.
Kindertagesst.
Haus d. Jug.
Kindertagesst.
Kindertagesst.
Seniorenheim
Bremer Str.
Bredowstr.
Wilhelmshavener Str.
Stromstr.
Heil. Geist. Kirche
Perleberger Str.
Birkenstr.
Rathenower Str.
Kurt-Tucholsky-Grundschule
Kinderzentrum
Amtsgericht
Strafanstalt
Poststadion
Lehrter Str.
DAV-Kletterzentrum
Fritz-Schloss-Park
Vabali Spa
Bugenhagen-str.
Städt. Krankenhaus Moabit
Lübecker Str.
Bandelstr.
Wilsnacker Str.
Dreysestr.
Pritzwalker Str.
St.-Laurentius-Kirche
Rathaus
Turmstr.
Mathilde-Jacob-Pl.
Gesundheitsamt LAGESO
Turmstr.
Kriminalgericht
Amtsgericht
U-Haft-Anstalt
Seydlitzstr.
Lesser-Ury-Weg
Claire-Waldoff-Prom.
Heilandskirche
Kleiner Tiergarten
Alt Moabit
Alt Moabit
Invalidenstr.
Vermessungsamt Mitte
Schering-Ober- u. Berufssch.
Amtsgericht Tiergarten
Kirchstr.
Thomasiusstr.
Calvinstr.
Spenerstr.
Carl-von-Ossietzky-Park
Paulstr.
Moabiter Grundschule
Alt-Moab
Bundesministeriu des Inneren
Holsteiner Ufer
Claudiusstr.
Hansa-Grundschule
Helgoländer Ufer
Melanchthonstr.
Lüneburger Str.
Kanzlerpark
Flensburger Str.
Altonaerbrücke
Hansa-
Lessingstr.
Bellevue
Lüneburger Str.
Joachim-Karnatz-Allee
Konsistorium
Grips Theater
Akademie der Künste
Schlosspark Bellevue
Paulstr.
Moabiter Werder
Anne-Frank-Grundschule
Spree
Carillo
Bachstr.
Hansaplatz
von-Bredow
Lutherbrücke
Allee
St.-Ansgar-Kirche
Bundespräsidialamt
John-Foster-Dulles-
Klopstockstr.
Händelallee
Altonaer Str.
Otto-von-Bismarck
von-Moltke
Spreeweg
Großer
Händelallee
Kaiser-Friedrich-Gedächtniskirche
Albrecht-von-Roon
Großer Stern
Tiergarten
Faule See
Straße des 17. Juni
Straße des 17. Juni
Gartenbauamt
Flora
Eberjagd
Büffeljagd
Lortzing
Herkules mit der Ly
Karl Liebknecht
Fuchsjagd
Hofjägerallee
Tiergarten
Friedrich-Wilhelm III.
Wisent
Denkmal für Baumspende
Volkslied
Wagner
Wilhelm I.
Eisbären
Fontane
Botschaft Spanien
BUS 200
Nilpferdhaus
Tiergartenstr.
Landesvertr. B.-W.
Rauchstr.
BUS 200
Rosa Luxemburg
Landesvertr. NRW
Hiroshimastr.
Hildebrandstr.
IFAG
Stauffenbergstr.
Zoologischer Garten
Stülerstr.
Klingelhöferstr.
Köbisstr.
Sigmu str.
Parteizentrale CDU
F.-Ebert-Stiftung
Bundesministerium der Verteidigung
Corneliusbrücke
Von-der-Heydt-Str.
M29
Budapester Str.
Landwehrkanal
Lützowufer
Reichpietschufer
Olof-Palme-Platz
Franziskus Krankenhaus
Herkulesbrücke

Tiergarten und Moabit

Ansehen

1. Marie-Elisabeth-Lüders-Haus
2. Paul-Löbe-Haus
3. Bundeskanzleramt
4. Jakob-Kaiser-Haus
5. Reichstagsgebäude
6. Reichspräsidentenpalais
7. Denkmal für die im Nationalsozialismus ermordeten Sinti und Roma Europas
8. Denkmal für die ermordeten Juden Europas
9. Denkmal für die im Nationalsozialismus verfolgten Homosexuellen
10. Gedenk- und Informationsort für die Opfer der nationalsozialistischen ›Euthanasie‹-Morde
11. Sony Center
12. Kollhoff-Tower
13. Bahn-Tower
14. Hochhaus von Renzo Piano
15. Weinhaus Huth
16. Marlene-Dietrich-Platz
17. Berliner Philharmonie
18. Kammermusiksaal
19. Staatsbibliothek
20. St.-Matthäus-Kirche
21. Villa Parey
22. Villa von der Heydt
23. Gedenkstätte Deutscher Widerstand
24. Italienische Botschaft
25. Japanische Botschaft

Tiergarten und Moabit Fortsetzung von Seite 109

26 Botschaft der Vereinigten Arabischen Emirate
27 Ägyptische Botschaft
28 Nordische Botschaften / Felleshus
29 Goldfischteich
30 Luiseninsel
31 Neuer See
32 Englischer Garten
33 Schloss Bellevue
34 Haus der Kulturen der Welt
35 Sowjetisches Ehrenmal
36 Siegessäule
37 Hansaviertel
38 Hauptbahnhof
39 Europacity
40 St.-Johannis-Kirche
41 Bolle-Meierei
42 Spree-Bogen
43 Schultheiss Quartier
44 Arminiusmarkthalle
45 Stephanplatz
46 – 62 s. Cityplan S. 126
63 Hamburger Bahnhof – Nationalgalerie der Gegenwart
64 Neue Nationalgalerie
65 Gemäldegalerie
66 Gropius Bau
67 Bauhaus-Archiv – Museum für Gestaltung
68 Kunstgewerbemuseum
69 Kupferstichkabinett
70 Deutsche Kinemathek – Museum für Film und Fernsehen
71 Musikinstrumenten-Museum
72 – 73 s. Cityplan S. 126

Essen

1 Weilands Wellfood
2 Paulaner Wirtshaus Berlin Potsdamer Platz
3 Café am Neuen See
4 – 8 s. Cityplan S. 126

Einkaufen

1 LP 12 Mall of Berlin
2 – 7 s. Cityplan S. 126

Ausgehen

1 – 7 s. Cityplan S. 126

Ebert-, Behren-, Cora-Berliner- und Hannah-Arendt-Straße. Ein verstörendes Erlebnis: 2711 unterschiedlich hohe, unterschiedlich geneigte Betonstelen bilden ein Feld auf einer 19 000 m² großen, gewellten Fläche. Keine schriftlichen Erläuterungen, keine versteckten Botschaften. Eisenman ging davon aus, dass der NS-Völkermord an 6 Mio. Menschen sich herkömmlichen Formen des Gedenkens entzieht. Informationen zum Völkermord gibt der annähernd 1000 m² große **Ort der Information,** der unter dem Holocaust-Mahnmal ausgebaut wurde.

Jenseits der Ebertstraße zeichnet sich zwischen den Bäumen des Tiergartens ein 3,60 m hoher Betonquader ab. Er wurde als **Denkmal für die im Nationalsozialismus verfolgten Homosexuellen** 9 von dem dänisch-norwegischen Künstlerduo Elmgreen und Dragset entworfen. Durch ein Sichtfenster betrachtet der Besucher eine kurze Filmsequenz, z. B. einander küssende Männer.

Ein viertes Denkmal findet sich in der Tiergartenstraße 4. Hier war in einer nicht erhaltenen Villa die Planungs- und Verwaltungsbehörde angesiedelt, die den Mord an psychisch Kranken, geistig und körperlich behinderten Menschen organisierte. Der **Gedenk- und Informationsort für die Opfer der nationalsozialistischen ›Euthanasie‹-Morde** 10 erinnert an die ca. 200 000 Opfer dieser menschenverachtenden Politik.

www.stiftung-denkmal.de, alle vier Gedenkstätten sind 24 Std. kostenlos zugänglich, außer: **Ort der Information,** April–Sept. Di–So 10–20, sonst bis 19 Uhr, letzter Einlass 45 Min. vor Schließung, Eintritt frei

Potsdamer Platz

Karte 2, K9

1990 war der Potsdamer Platz eine Brache im Grenzstreifen zwischen Ost- und West-Berlin. Hier fanden problemlos 300 000 Menschen Platz, als Roger Waters im Juli 1990 die Rockshow »The Wall« unmittelbar an der Mauer aufführte. Nur etwas über zehn Jahre später pilgerten Touristen aus aller Welt zum Sony Center und dem Quartier Potsdamer Platz, um hier die Stadt der Zukunft zu besichtigen.

Wer den **Potsdamer Bahnhof** sucht, der einst den Potsdamer Platz zu einem der belebtesten Plätze Berlins machte, muss mit der Grünanlage vorliebnehmen, die als **Tilla-Durieux-Park** den Potsdamer Platz nach Süden hin mit dem Landwehrkanal verbindet. Hier stand bis 1945 der Potsdamer Bahnhof. Heute gibt es nur einen unterirdischen Bahnhof für S- und U-Bahn sowie für die Regionalbahn.

Fujisan in Berlin

Von Weitem erinnert das aufgefächerte Zeltdach des **Sony Centers** ⓫, das mit Eintreten der Dunkelheit in wechselnden Farben angestrahlt wird, in Form und Neigung an den Fujisan, den heiligen Berg der Japaner. Ein dezenter Hinweis darauf, dass der Sony-Konzern hier bis 1999 sein Europa-Hauptquartier errichten ließ. Mittlerweile hat das Sony Center mehrfach den Besitzer gewechselt.

Auf dem Forum, dem ovalen Platz in der Mitte der Gebäuderiegel, stehen Sie inmitten einer futuristisch anmutenden Landschaft aus Glas und Stahl. Darüber die 67 m hohe Dachkonstruktion aus teflonbeschichteten Stoffbahnen unter einem riesigen Glasdach. Stararchitekt Helmut Jahn hat diese »Stadt der Zukunft« geplant. Um das Center bauen zu können, musste der denkmalgeschützte **Kaisersaal** des Hotels Esplanade um 75 m verschoben und in den Neubau integriert werden. Kostenpunkt des Esplanade-Erhalts laut Spiegel: 50 Mio. €. Heute sind Teile dieses Kaisersaals vom Forum aus unter Glas zu bewundern. Hat sich der Aufwand gelohnt?

Das Forum bietet Cafés und Restaurants, gibt aber auch den Zugang zu Entertainmentangeboten, auch wenn das Kino Cinestar 2019 geschlossen wurde. In das **Filmhaus** (Potsdamer Str. 2) ist die **Deutsche Kinemathek – Museum für Film und Fernsehen** ➐⓪ (s. S. 130) eingezogen.

Mediterranes Flair

Ganz anders als im futuristischen Sony Center ist der Eindruck im **Quartier Potsdamer Platz.** Beiderseits der **Alten Potsdamer Straße,** die vom Potsdamer Platz zum Marlene-Dietrich-Platz führt, finden sich unter Bäumen Sitzgelegen-

Der Blick nach oben lässt sich im Sony Center kaum vermeiden, zu spektakulär ist das Zeltdach.

TOUR
NS-Hauptstadt Berlin

Zu Fuß von der Neuen Reichskanzlei zur Topographie des Terrors

Infos

Start: Potsdamer Platz, K 9, U 2, S 1, 2, 25, 26

Dauer: ca. 45 Min. plus Zeit für Topographie des Terrors

Infos: www.topographie.de

Berlin war die Hauptstadt des NS-Reichs. Unbestritten. Aber die Stadt der Bewegung war München, die Stadt der Parteitage Nürnberg. Berlin war für Adolf Hitler ein eher ungeliebter Aufenthaltsort, den er bei jeder sich bietenden Gelegenheit Richtung Berghof am Obersalzberg verließ. Berlin war rot, eine Arbeiterstadt, bevor es unter der Regie des Gauleiters Joseph Goebbels ab 1926 braun wurde.

Doch Berlin war die Hauptstadt des Regimes, das großen Platzbedarf hatte. Daher ließ sich Hitler von Albert Speer entlang der gesamten Nordseite der **Voßstraße** die riesige **Neue Reichskanzlei** errichten. Sie schloss direkt an das Herrschaftszentrum des NS-Reichs, die **Alte Reichskanzlei (Wilhelmstr. 77)** an.

Von diesen Gebäuden ist kein Stein geblieben. Kriegsbeschädigt bis zerstört, wurden sie während der DDR-Zeit vollständig abgeräumt. Vergangenheitsbewältigung per Spitzhacke und Schaufel. Erst Ende der 1980er-Jahre wurde auf dem Areal unmittelbar an der Mauer eine Wohnsiedlung in Plattenbauweise errichtet. So erfahren Sie heute nur noch mithilfe von Schautafeln an den früheren Standorten der Gebäude etwas über die Straße der Macht, die **Wilhelmstraße.**

Weitere NS-Bauten: der **Flughafen Tempelhof** (s. S. 214), das **Olympiastadion** (Olympischer Platz, www.olympiastadion.berlin). Im **Glockenturm** (Glockenturmstr. 1, www.glockenturm.de) thematisiert eine Ausstellung u. a. die Gleichschaltung des Sports in der Diktatur.

Die Schautafel **»Mythos und Geschichtszeichen ›Führerbunker‹«** (Gertrud-Kolmar-Str., Ecke In den Ministergärten) liefert Informationen zu Hitlers letztem Unterschlupf. Man steht im Rückraum eines Plattenbaus, schaut auf einen Parkplatz und weiß: Darunter also war der Bunker, in dem Hitler sich verkrochen hatte. Hier also beging Hitler Selbstmord. Ein merkwürdiges Erlebnis.

Ein kleiner Rest NS-Architektur findet sich nicht weit entfernt mit der **Fassade des Propagandaministe-**

riums in der Mauerstraße. 1938 ließ Joseph Goebbels sein Ministerium, dessen Hauptgebäude zum Wilhelmsplatz ging, bis zur Mauerstraße erweitern. Typisch die endlosen Reihen der Fenster mit den kantigen Rahmen und die schmucklos in den Gebäudekörper eingeschnittenen Zugänge. Auf dem vorstehenden Pfeiler hockte zu NS-Zeiten ein Adler. Heute hat hier das Bundesministerium für Arbeit und Soziales (BMAS) seinen Sitz.

Jenseits der Leipziger Straße lag das Reich Hermann Görings. Bis 1936 ließ er dort von dem Architekten Ernst Sagebiel das **Reichsluftfahrtministerium** (Wilhelmstr. 97), heute das Bundesministerium für Finanzen (BMF), errichten. Wieder endlose Reihen schmuckloser Fenster, die nur über den Zugängen gerahmt sind. Reichsadler hockten als Herrschaftszeichen auf den Pfeilern des Zaunes, der den **Ehrenhof** gegen die Wilhelmstraße abschloss.

Görings Reich war aber noch ein ganzes Stück größer. Das heutige Gebäude des **Bundesrats** (Leipziger Str. 3–4) und das heutige **Berliner Abgeordnetenhaus** (Niederkirchnerstr. 5) erklärte er zum **Haus des Fliegers.**

Auf der Südseite der **Niederkirchnerstraße,** damals Prinz-Albrecht-Straße, installierte Heinrich Himmler das Zentrum des NS-Terrors, den **Sitz von Gestapo, Reichsführung SS** und **Sicherheitsdienst der SS.** Diese Instrumente des Grauens zogen sukzessive in die Prinz-Albrecht-Straße 7a–8 ein, bis dahin Nebengebäude des Kunstgewerbemuseums bzw. das Hotel Prinz Albrecht. Das Kunstgewerbemuseum selbst heißt heute **Gropius Bau** 66 (s. S. 129), die missgenutzten Bauten stehen nicht mehr, einzig Kellerfundamente sind noch Teil des Open-Air-Dokumentationszentrums **Topographie des Terrors.** Dessen Ausstellung zum Terrorapparat der Nazis ist sehenswert. Ein Rundgang in 15 Stationen führt in die Geschichte des Geländes ein und verdeutlicht, was aus den Zentren der NS-Macht kroch.

heiten der Cafés und Restaurants. 19 Gebäude, zehn Straßen und zwei Plätze umfasst dieses Viertel nach einem Entwurf des Italieners Renzo Piano. Durch die Terrakottaverkleidung vieler Bauten vermittelt das Quartier mediterranes Flair. Wundern Sie sich nicht, wenn sie keine Graffiti, Penner oder Bettler sehen, der Straßenraum ist größtenteils Privatbesitz und wird von Sicherheitsdiensten kontrolliert. Die Ver- und Entsorgung der einzelnen Geschäfte und Restaurants geschieht unterirdisch.

Hoch hinauf

Drei Hochhäuser am östlichen Rand des Quartiers bilden eine Torsituation gegenüber der Berliner Innenstadt aus. 101 m ragt der **Kollhoff-Tower** ⓬ mit seiner Fassade aus rotem Klinker in den Berliner Himmel. Genau 20 Sekunden braucht der Fahrstuhl im Kollhoff-Tower, um Sie auf die **Aussichtsplattform** in der 24. Etage zu bringen. Ein **Panoramacafé** und eine kleine **Ausstellung zur Geschichte des Potsdamer Platzes** erwarten Sie.

Den Kollhoff-Tower rahmen der voll verglaste, 103 m hohe **Bahn-Tower** ⓭ und das 70 m **Hochhaus von Renzo Piano** ⓮. Wie die Nadel eines Kompasses läuft es Richtung Potsdamer Platz spitz zu.

Künstler und Filmstars

Das einzige historische Gebäude im Quartier Potsdamer Platz ist das **Weinhaus Huth** ⓯. Es wurde 1912 in Stahlskelettbauweise errichtet, weil das Weinhaus ein Flaschenlager in den oberen Geschossen einrichten wollte. Daher überstand es den Zweiten Weltkrieg und wurde bis 1989 und lange darüber hinaus als Wohnhaus inmitten der Einöde der Grenze zwischen Ost- und Westberlin genutzt.

Der **Marlene-Dietrich-Platz** ⓰ steht jeweils im Februar für zehn Tage

Vom alten Potsdamer Bahnhof ist nichts mehr zu sehen, dafür erinnern Mauersegmente auf dem Potsdamer Platz an die deutsche Teilung.

im Fokus der Filmwelt. Dann ist er Zentrum der **Internationalen Filmfestspiele Berlin.** Hier schreiten die Filmstars über den roten Teppich und finden die Pressekonferenzen nach den Vorführungen der Wettbewerbsfilme statt.

Panoramapunkt im Kollhoff-Tower: Potsdamer Platz 1, www.panoramapunkt.de, 9/7 €; Plattform tgl. Sommer 10–20, Winter 10–18 Uhr; Panoramacafé tgl. Sommer 11–19, Winter 11–17 Uhr

Kulturforum J/K9

Zwei Meister an einem Ort

Vom Potsdamer Platz aus sehen Sie schon die golden schimmernde **Berliner Philharmonie** 17 (s. S. 134), erbaut bis 1963 nach einem Entwurf Hans Scharouns. Das Gebäude, das an der Herbert-von-Karajan-Straße in zwei Schwüngen den höchsten Punkt des Daches erreicht, gilt als Hauptwerk der organischen Architektur. Daneben steht der **Kammermusiksaal** 18, den Edgar Wisniewski, der wichtigste Schüler Scharouns, bis 1987 baute. Seinem Entwurf legte er eine Skizze seines Lehrers zugrunde und passte sich der Philharmonie weitgehend an. So zeigen beide Gebäude einen Vorbau, der durch weiße Geländer und bullaugenartige Öffnungen an einen Schiffsaufbau erinnert.

Eine goldschimmernde Außenhaut entdecken Sie auch an der **Staatsbibliothek** 19 (Potsdamer Str. 33, https://staatsbibliothek-berlin.de) auf der gegenüberliegenden Seite der Potsdamer Straße. Bis 1978 wurde sie nach Plänen von Hans Scharoun erbaut. Stellte Scharoun in der Philharmonie das Orchester in den Mittelpunkt seiner Planung, entwickelte er die Staatsbibliothek ›organisch‹ aus den zentralen Lesesälen.

Eine Ikone der Architektur der Klassischen Moderne schließt das Kulturforum im Süden ab. 1968 baute Mies van der Rohe die **Neue Nationalgalerie** 64, die jüngst saniert wurde. Ein über 1200 t schweres Dach liegt auf nur zwei Pfeilern pro Seite auf und bedeckt eine Halle, deren Glaswände das Gebäude transparent erscheinen lassen. Das Ganze auf einer Erhöhung, sodass man wie zu einem Tempel emporsteigen muss.

Kultur ja, aber wo ist das Forum?

Vier Museen mit einem zentralen Zugangsgebäude an einer Piazetta bilden das Herzstück des **Kulturforums:** die **Gemäldegalerie** 65, das **Kunstgewerbemuseum** 68, das **Kupferstichkabinett** 69 (ab S. 129) und die **Kunstbibliothek.** Angesichts dieser Sammlungen von internationalem Rang muss man feststellen: Kultur gibt es hier jede Menge! Aber wo bitte ist das Forum? Auch nach dem x-ten Versuch, dem Quartier durch Umgestaltung auf die Beine zu helfen, ist hier kein Ort entstanden, an dem man sich gerne aufhält. Alle Hoffnungen ruhen jetzt auf dem Museum der Moderne, das aktuell auf der unwirtlichen Freifläche direkt an der Potsdamer Straße entsteht.

Relikte des 19. Jh.

Ein bisschen einsam steht sie da, die alte **St.-Matthäus-Kirche** 20, inmitten der relativ jungen Museumsbauten am Kulturforum. Rundbogenfenster, die gelben Backsteinwände durch Bänder roter Ziegelsteine aufgelockert– ein typischer Bau der Schinkelschule um 1850, entworfen von August Stüler. Die Kirche wurde nach 1945 wiederaufgebaut. Nur 200 m weiter steht eine der wenigen erhaltenen alten Villen des Tiergartenviertels, die **Villa Parey** 21 (Sigismundstr. 5) von 1896, die in den Komplex der Gemäldegalerie integriert ist.

St.-Matthäus-Kirche: Matthäikirchplatz, www.stiftung-stmatthaeus.de, Di–So 11–18 Uhr, Eintritt frei

Altes Tiergartenviertel

H–K9

Opfer des Größenwahns

Das alte Tiergartenviertel, das erste **Villenviertel** Berlins, ist bis auf kleine Reste verschwunden. Etliche Villen wurden von den Nazis für den größenwahnsinnigen Plan einer neuen Hauptstadt Germania abgerissen. Dazu kamen die Bomben des Zweiten Weltkriegs. Übrig blieb, abgesehen von der Villa Parey (s. o.), noch die Villa Friedmann (Stauffenbergstr. 41) von 1908 im Botschaftsviertel.

Doch von der ersten Bebauung des Villenviertels ist einzig die 1862 fertiggestellte **Villa von der Heydt** ㉒ (Von-der-Heydt-Str. 16–18) erhalten. Vornehm hebt sich das Weiß des klassizistischen Gebäudes von dem Grün des umgebenden Gartens ab. Die Villa ist Sitz der Hauptverwaltung der Stiftung Preußischer Kulturbesitz.

Gestaltung der Moderne

Gleich daneben überrascht die eigenwillige Form des **Bauhaus-Archivs – Museum für Gestaltung** 67 (s. S. 129) nach einem Entwurf des Bauhaus-Gründers Walter Gropius. Bis 2025 wird an einem Erweiterungsbau gearbeitet.

Mit gebundenen Händen

Die **Gedenkstätte Deutscher Widerstand** ㉓ ist an einem historisch bedeutsamen Ort untergebracht. Im sogenannten **Bendlerblock** diente Oberst Claus Schenk Graf von Stauffenberg als Chef des Stabes beim Ersatzheer. Am 20. Juli 1944 versuchte er hier, den Aufstand gegen das NS-Regime voranzutreiben. Und das, obwohl er wusste, dass sein Bombenattentat auf Hitler in der Mittagsstunde desselben Tages in der Wolfsschanze in Ostpreußen fehlgeschlagen war. Nach dem Zusammenbruch des Aufstands wurden in der Nacht zum 21. Juli im Hof des Bendlerblocks Oberst Stauffenberg, General Olbricht, Oberleutnant Werner von Haeften und Oberst Albrecht Ritter Mertz von Quirnheim standrechtlich erschossen. Generaloberst Ludwig Beck hatte zuvor schon Selbstmord begangen. Die Statue »**Junger Mann mit gebundenen Händen**« von Richard Scheibe sowie eine **Gedenktafel** erinnern an diesen Aufstandsversuch. In der **Gedenkstätte** wird mit einer Ausstellung an die vielfältigen Formen des Widerstands gegen das NS-Regime erinnert.

In der Fensterfront des nördlichen Abschlusses des Ehrenhofs, der während der NS-Zeit gebaut wurde, entdeckt man die Daten von vier »siegreichen« Kriegen der preußisch-deutschen Armee. Erstaunlich: Auch der Erste Weltkrieg (1914–18) findet sich hier, ganz im Sinne des berühmt-berüchtigten »Im Felde unbesiegt«.

In der Nachbarschaft befindet sich die **Ägyptische Botschaft** ㉗ (s. S. 118).

Stauffenbergstr. 13–14, Eingang über den Ehrenhof, www.gdw-berlin.de, Mo–Mi, Fr 9–18, Do 9–20, Sa/So 10–18 Uhr, Eintritt frei

Botschaftsviertel

H/J9

Ende des Dornröschenschlafs

Schon vor 1900 zogen erste Botschaften in Villen des Tiergartenviertels ein: ein repräsentatives Stadtquartier, am Großen Tiergarten gelegen und ganz in der Nähe der Wilhelmstraße, bis 1945 die Straße der Politik – ein Standort wie gemacht für Diplomaten. Offiziell zum Diplomatenviertel erhoben wurde das Tiergartenviertel erst in der NS-Zeit, als die Stadt für den Bau der Hauptstadt Germania neu geplant wurde. Nach 1945 fiel das Viertel in einen Dornröschenschlaf, der erst mit der Wahl Berlins zum Regierungssitz des wiedervereinigten Deutschlands endete.

Die Gedenkstätte Deutscher Widerstand erinnert an den Widerstand gegen die NS-Diktatur, der aus allen Gruppen der Gesellschaft kam: vom kommunistischen Arbeiter bis zum adligen Offizier, von christlichen Gruppen bis zu Jugendlichen.

Paläste der NS-Zeit

Den Auftakt des Diplomatenviertels bilden die Botschaften Italiens und Japans. Beide Mächte waren mit Hitler-Deutschland verbündet und bekamen zur NS-Zeit formidable Botschaftsgebäude spendiert. Die **Italienische Botschaft** ㉔ (Hiroshimastr. 1–7) erinnert an einen römischen Palast des 15. Jh., strahlt Macht und Monumentalität aus. Betrachten Sie nur den Vorbau mit der Reihe von sechs mächtigen Säulen oder die kräftigen Konsolen unter dem Hauptgesims. Außen mit Travertin und Putz in Sienarot verkleidet, wurden im Inneren edelste Materialien sowie kostbare Portale und Kamine aus dem 16. bis 18. Jh. verbaut. Wiederaufgebaut wurde die Botschaft bis 2003.

Die **Japanische Botschaft** ㉕ (Hiroshimastr. 6) zeigt zur Tiergartenstraße hin ebenfalls eine imposante Fassade. Sechs Pfeiler laufen fast über die gesamte Vorderfront in die Höhe und betonen so den früheren Haupteingang des Botschaftsgebäudes. Darüber schimmert golden die Chrysantheme, das Symbol des japanischen Kaiserhauses. Die Botschaft wurde in den 1980er-Jahren als Kopie des Baus aus der NS-Zeit neu aufgebaut, um hier ein deutsch-japanisches Kulturzentrum einzurichten. Nach 1990 wurde der Haupteingang Richtung Hiroshimastraße verlegt und das Gebäude durch diverse Anbauten ergänzt.

Ein bisschen Orient im Okzident

Es ist mittlerweile gepflegte Tradition, dass die neu errichteten Botschaften zwar in Baumaterial und einzelnen Baudetails auf ihre Heimatländer verweisen, sich aber ansonsten der Berliner Architektur anpassen. So zeigt die **Botschaft der Vereinigten Arabischen Emirate** 26 (Hiroshimastr. 18) eine zurückhaltende Adaption arabischer Architektur in der Form der Fenster und Türen. Die **Ägyptische Botschaft** 27 (Stauffenbergstr. 6–7) zeigt in der Vorderfront aus poliertem roten Granit Reliefdarstellungen. Die Wellenlinien stellen den Nil, die Lotuspflanzen Oberägypten und das Papyrusgras Unterägypten dar. In Schalen auf Säulen wird der Falke als Symbol des Gottes Horus gezeigt. Das Ganze bekrönen Hieroglyphen, die den Himmel darstellen.

Gemeinschaftssinn

Dänemark, Finnland, Island, Norwegen und Schweden, die im Nordischen Rat und im Nordischen Ministerrat zusammenarbeiten, haben sich für den Bau der **Nordischen Botschaften** 28 zusammengetan. Ein 230 m langes, grünes Kupferband verbindet das Gemeinschaftshaus (Felleshus) und die fünf Botschaften, die in der Architektur des jeweiligen Landes gehalten sind. Das **Felleshus** steht jedem Besucher offen und zeigt wechselnde Ausstellungen aus den Ländern. Diese Verbindung von fünf Staaten in einem Botschaftskomplex ist weltweit einzigartig.

Felleshus: Rauchstr. 1, www.nordische botschaften.org, Busse bis Nordische Botschaften/Adenauer-Stiftung, Mo–Fr 10–19, Sa/So 11–16 Uhr

Großer Tiergarten

G8/9–K7/8

Grüne Insel

Den Großen Tiergarten verdanken die Berliner König Friedrich dem Großen. Der gab 1742 den Befehl, dieses Jagdgebiet des Hofes in einen Lustpark für die Bevölkerung umzuwandeln. Seitdem wurde der Tiergarten entsprechend den jeweiligen Moden der Zeit ausgebaut: von den Anfängen als Barockgarten über einen frühen Landschaftspark samt geschwungenem Wasserlauf (um 1800) bis zum Park im Stil eines englischen Landschaftsgartens.

So geht der **Goldfischteich** 29 auf das Venusbassin, eine Anlage aus der Zeit Friedrich des Großen, zurück. Beliebt ist die **Luiseninsel** 30 (s. Lieblingsort S. 119), die zur Ende des 18. Jh. angelegten **Neuen Partie** gehört. Hinter der Luiseninsel führt rechts der Große Weg über die Hofjägerallee und vorbei am **Neuen See** 31 durch die Bereiche, die Peter Joseph Lenné im Stil des englischen Landschaftsgartens anlegte. Im gesamten Park finden sich Werke von Bildhauern der berühmten Berliner Bildhauerschule.

Residenz des Bundespräsidenten

Neu entstand ab 1951 nördlich des Großen Sterns der **Englische Garten** 32 mit Teich, Lesegarten und Teehaus. Das Areal wurde vom Park des **Schlosses Bellevue** 33, heute Dienstsitz des Bundespräsidenten, abgetrennt. Das Schloss Bellevue, eine Drei-Flügel-Anlage aus dem Ende des 18. Jh., lässt sich nur vom Spreeweg aus betrachten. Ist geflaggt, ist der Bundespräsident zu Hause.

Völkerverständigung

Weiter Richtung Osten wurde 1957 das **Haus der Kulturen der Welt** 34 als Kongresszentrum errichtet. Hugh Stubbins baute diesen Beitrag der USA zur Bauausstellung Interbau 1957. Eine viel beachtete Ingenieursleistung, setzt das Dach doch nur auf zwei Punkten auf. 1980 brach das Dach zusammen. Trotz kontroverser Diskussionen wurde das Gebäude wiederaufgebaut, da es beispielhaft für die Architektur der 1950er-Jahre steht. Das Haus der Kul-

Lieblingsort

Romantische Pause bei Luise

Man muss schon die Gitter der Zäune auf den drei Brücken, die die **Luiseninsel** 30 mit dem restlichen Tiergarten verbinden, wieder schließen, sonst bliebe nichts von der Blumenpracht. Die Kaninchen! So aber steht die Königin Luise, das erste Idol der Popkultur in Berlin, auf ihrem Sockel, umrahmt von Blüten. Sie schaut hinüber zu ihrem Ehemann König Friedrich Wilhelm III., von dem sie durch den Wasserlauf getrennt ist, so wie ihr früher Tod das Paar trennte. Von dem Straßenlärm Berlins ist hier nichts zu hören. Eine kleine romantische Insel in der Großstadt, gemacht für Pausen (Großer Tiergarten).

1950er-Jahre-Architektur par excellence: das Haus der Kulturen der Welt

turen der Welt versucht, mit Ausstellungen, Konzerten und Diskussionen Denkprozesse in einer globalisierten Welt zu initiieren.

Haus der Kulturen der Welt: John-Foster-Dulles-Allee 10, www.hkw.de, zu Veranstaltungen, sonst tgl. 10–19, Ausstellungen Mi–Mo 11–19 Uhr, Mo Ausstellungen Eintritt frei

Schneise durch den Park

Quer durch den Tiergarten zieht sich als breite Trasse die **Straße des 17. Juni.** Sie verbindet das **Brandenburger Tor** (s. S. 37) auf dem Pariser Platz mit der **Siegessäule** 36 auf dem Großen Stern und passiert dabei das **Sowjetische Ehrenmal** 35 (s. Tour S. 122). Die Straße verläuft weiter über den Landwehrkanal hinweg vorbei an der Technischen Universität Berlin bis zum Ernst-Reuter-Platz.

Abstecher ins Hansaviertel

G/H7/8

Wer Design und Architektur der 1950er-Jahre liebt, kommt im **Hansaviertel** 37 nördlich des Großen Tiergartens auf seine Kosten. Zur Internationalen Bauausstellung Interbau 1957 wurde hier ein komplettes Stadtviertel neu errichtet. Vom zweigeschossigen Reihenhaus bis zum 17-geschossigen Hochhaus – die Interbau präsentierte dem staunenden Publikum Wohnen im Stil der 1950er-Jahre. 53 namhafte Architekten aus aller Welt waren eingeladen, entlang völlig neu angelegter Straßen ihre Vorstellungen vom Wohnungsbau zu verwirklichen. Das Hansaviertel demonstrierte das Konzept der durchgrünten Stadtlandschaft als Antwort auf die dunklen Hinterhöfe des Mietshausgürtels. Für die Berliner eine Offenbarung. Allerdings lag der Herstellungspreis für die einzelnen Wohnungen deutlich über dem Satz, der im sozialen Wohnungsbau zur Verfügung stand. Doch man musste ja den Arbeiterpalästen an der Karl-Marx-Allee (s. S. 85) etwas entgegensetzen. Bis in die 1970er-Jahre bestimmte dieser Ansatz den Städtebau nicht nur in West-Berlin. Zumindest hier im Hansaviertel, in dem die Wohnhäuser als Denkmale gut saniert sind und die Grünanlagen gepflegt werden, beeindruckt die städtebauliche Idee.

Zentrum ist der **Hansaplatz** mit der gleichnamigen **U-Bahn-Station** (U 9). Im Viertel finden sich **Bauten des Bauhausgründers Walter Gropius** (Händelallee 3–9, gemeinsam mit Wils Ebert), von **Alvar Aalto** (Klopstockstr. 30–32), von **Wassili Luckhardt und Hubert Hoffmann** (Klopstockstr. 19–23) oder **Max Taut** (Hanseatenweg 1–3). Die **Akademie der Künste** (Hanseatenweg 10) war nicht Teil der Interbau 1957, ist aber dennoch ein Gebäude der Zeit, errichtet nach Plänen von Werner Düttmann.

Moabit

E–K5/7

Verkehrsknotenpunkt

Nördlich der Spree liegt am Rand von Moabit der 2006 eingeweihte Berliner **Hauptbahnhof** 38. Mit rund 300 000 Reisenden und Besuchern täglich ist er der Verkehrsknotenpunkt der Stadt, um den sich Hotels und große Firmen angesiedelt haben und noch weiterhin ansiedeln. So entsteht um den Hauptbahnhof mit der **Europacity** 39 (www.quartier-heidestrasse.com) um die Heidestraße ein komplett neuer Stadtteil. Rund 3000 Wohnungen und 400 000 m² für Büros, Einzelhandel, Gastronomie und Kultur werden hier gebaut. Übrig blieb von der alten Nutzung für den Bahnverkehr in diesem Bereich nur der **Hamburger Bahnhof,** ein Bau der frühen Eisenbahnzeit in Berlin, eröffnet 1846. Heute ist hier die **Nationalgalerie der Gegenwart** 63 (s. S. 129) der Nationalgalerie untergekommen. Wer den Berlin-Spandauer-Schifffahrtskanal überquert, erreicht nach Norden hin in 10 Min. den **Invalidenfriedhof** (s. Lieblingsort S. 62).

Zu Kirche und Kühen

Die Straße Alt-Moabit führt hinüber ins Zentrum Moabits. Von der ersten Bebauung des Gebiets unmittelbar an der Spree erzählt die **St.-Johannis-Kirche** 40 (Alt-Moabit 25), die schon 1835 nach Plänen Karl Friedrich Schinkels erbaut wurde. In den 1850er-Jahren wurden der frei stehende Kirchturm sowie die Vorhalle mit dem Arkadengang ergänzt.

Zu den alten Betrieben in Moabit gehört die **Bolle-Meierei** 41 (Alt-Moabit 98, www.bolle-meierei.com), die ab den 1890er-Jahren Milchprodukte verarbeitete. Aus einem Umkreis von 200 km wurde hierher Milch geliefert. Bolle ließ sie nach einer Qualitätskontrolle filtern und sorgte mit den stadtbekannten Bolle-Verkaufswagen dafür, dass die Milch möglichst frisch in die Berliner Haushalte kam. Bis 1969 wurde hier produziert. Heute sind in die dreigeschossigen Backsteinbauten Öko-Lebensmittelhandel und Kneipe eingezogen. Die alten **Bolle-Festsäle** werden als Eventlocation genutzt.

Zur Spree hin wurde das Ameron Hotel **Abion Spreebogen** und der u-förmige **Spree-Bogen** 42 (www.spree-bogen.de), ein Geschäftshaus mit bis zu 13 Geschossen, entwickelt.

U 9 Turmstr., S 3, 5, 7, 9 Bellevue

Ein Zeichen des Wandels …

… in Moabit ist zweifellos das **Schultheiss Quartier** 43. Auf einem ehemaligen Brauereigelände warten hinter historischen Fassaden mehr als 50 Geschäfte auf 30 000 m² auf Kunden. Der Nahversorgung der Anwohner dient die **Arminiusmarkthalle** 44 von 1891, die bekannt ist für ihre Gastro-Angebote aus aller Welt.

Wer Kiezatmosphäre in Moabit sucht, der ist im Bereich um den **Stephanplatz** 45 richtig.

Schultheiss Quartier: Turmstr. 25, Ecke Stromstr., www.schultheissquartier.de, Kernzeiten Mo–Sa 10–20 Uhr; **Arminiusmarkthalle:** Arminiusstr. 2–4, www.arminiusmarkthalle.com, Mo–Sa 8–22, Lebensmittel Mo–Fr 8/10–20, Sa 10–18 Uhr

Schöneberg

G–K 10–außerhalb E–H 14

Die ›olle Potse‹

Wer von der Potsdamer Brücke auf der Potsdamer Straße nach Süden spaziert, merkt es vermutlich kaum. Die ›olle Potse‹ ist jenseits des Landwehrkanals noch

TOUR

Von der Chaussee über die Ost-West-Achse zur Eventmeile

Auf der Straße des 17. Juni zwischen Brandenburger Tor und Landwehrkanal

Schon wieder kein Durchkommen? Berlin-Marathon, Silvesterparty, Feier der Deutschen Einheit, Fußball-EM und, und, und. Immer wieder ist die Straße gesperrt. Seit 1953 heißt die frühere Charlottenburger Chaussee zwischen Brandenburger Tor und Ernst-Reuter-Platz **Straße des 17. Juni** – in Erinnerung an die Niederschlagung des Aufstands gegen die Politik der DDR-Führung und heute im Gedenken an die Opfer und die deutsche Teilung.

Die Siegesgöttin auf der Säule ist unverwüstlich. Sie überstand nicht nur den Krieg, sondern 1991 auch einen Sprengstoffanschlag.

Der Blick vom **Brandenburger Tor** (s. S. 37) hinunter zur 2 km entfernten **Siegessäule** beeindruckt. 85 m breit zieht sich die Straße mitten durch den Tiergarten. Albert Speer hatte die alte Charlottenburger Chaussee als Teil der Ost-West-Achse der geplanten NS-Hauptstadt Germania zur Trasse erweitern lassen.

Information, Meinungsfreiheit und Frieden statt Fake News, Unterdrückung und Krieg, das versinnbildlichen seit 1989 Gerhard Marcks' Bronze **Der Rufer** und das **Petrarca-Zitat** »Ich gehe durch die Welt und rufe ›Friede, Friede, Friede‹« auf dem Mittelstreifen der Straße. Sinnigerweise auf halber Strecke zum **Sowjetischen Ehrenmal** ㉟. Das feiert nicht nur den Sieg der Roten Armee über Hitler-Deutschland, sondern erinnert auch an die ca. 80 000 sowjetischen Soldaten, die in der Schlacht um Berlin ihr Leben ließen. 2000 von

Infos

Start/Ziel: Brandenburger Tor, L 8, S 1, 2, 25, 26, U 5 / Berliner Trödelmarkt, F/G 8, S 3, 5, 7, 9 Tiergarten

Länge: Brandenburger Tor–Siegessäule 2 km, bis Berliner Trödelmarkt gut 3 km

Siegessäule 36: April–Okt. Mo–Fr 9.30–18.30, Sa/So bis 19, Nov.–März tgl. 9.30–17.30 Uhr, 4/3 €

Berliner Trödelmarkt: Sa/So 10–17 Uhr, s. S. 159

ihnen sind im hinteren Teil der Anlage bestattet. Der Standort des Denkmals wurde mit Bedacht gewählt: Er lag an der Strecke der Siegesparade der Alliierten in Berlin und sperrte zugleich symbolisch die Nord-Süd-Achse der neuen Hauptstadt Germania, die die Nazis hier hatten anlegen wollen.

Vorbei am unscheinbaren **Mauerdenkmal** (auf dem Mittelstreifen) geht es nun stracks weiter auf die **Siegessäule** 36 zu. Einst stand sie vor dem Reichstagsgebäude, doch Albert Speer ließ sie auf den Großen Stern versetzen und auf 60 m erhöhen. Stolz präsentiert die vergoldete Siegesgöttin **Viktoria** das Eiserne Kreuz im Feldzeichen. In der anderen Hand hält sie einen Siegerkranz. Die Säule erinnert so an die preußisch-deutschen Siege in den Einigungskriegen gegen Dänemark 1864, Österreich 1868 und Frankreich 1871. **Reliefplatten** zeigen Szenen ebendieser Kriege. 285 Stufen führen hinauf auf die **Aussichtsplattform** in knapp 50 m Höhe. 1946 hätte die französische Militärverwaltung die Siegessäule liebend gerne gesprengt. Die Amerikaner und die Briten waren aber dagegen, weil das Denkmal vor dem 1. August 1914 geschaffen worden war. Es fiel daher nicht unter die Alliiertendirektive, alle jüngeren militärischen Denkmale in Deutschland zu zerstören. Der französischen Militärverwaltung blieb nur, für Jahre über der Viktoria die französische Nationalfahne aufzupflanzen.

Wer nun zurückgehen, aber ein wenig durch Grün laufen möchte, folgt im Großen Tiergarten dem parallel zur Straße des 17. Juni verlaufenden **Bremer Weg.** Er trägt seinen Namen als Dank dafür, dass Bremen als erstes Bundesland Berlin bei der Wiederaufforstung des Großen Tiergartens unterstützte. Vom Bremer Weg aus können Sie natürlich auch nach Lust, Laune und Zeit Abstecher tiefer hinein in den **Großen Tiergarten** (s. S. 118) unternehmen.

Sonst, insbesondere wenn Sie samstags oder sonntags unterwegs sind, bietet es sich an, noch einen guten Kilometer weiter der Straße zu folgen. Kurz vor dem Landwehrkanal können Sie, auch wenn keine Großveranstaltung stattfindet, ein wenig Eventluft schnuppern. Der **Berliner Trödelmarkt Straße des 17. Juni** (s. S. 159) hat die nämlich durchaus zu bieten.

immer ein Dorf. Der Name ›Potse‹ geht auf die Hausbesetzerszene zurück, die darum kämpfte, nicht alles dem Modernisierungswahn der 1970er-, 1980er-Jahre zum Opfer fallen zu lassen. Bis zur Kurfürstenstraße gehört die Straße offiziell noch zum Bezirk Tiergarten, dahinter dann zu Schöneberg.

Zugegeben, zwischen Brücke und Lützowstraße dominieren uninspirierte Bauten der 1970er- und 1980er-Jahre, hier steht aber auch gleich zu Beginn Ecke Schöneberger Ufer mit der sogenannten **Loeser-Burg ㊻,** dem früheren Verwaltungssitz der Zigarrenfabrik Loeser & Wolff, ein herausragendes Beispiel der Neuen Sachlichkeit. Das Haus wurde 1929 erbaut, mit charakteristisch horizontal verlaufenden Fensterlinien. Die 2004 aufgesetzten zwei Glasgeschosse tun dem keinen Abbruch, im Gegenteil, und aus dem obersten Stock können Gäste des Restaurants **Golvet** einen berauschenden Blick über den Potsdamer Platz genießen. Die Potse strebt nach oben.

Kunst, Kultur und Mode

Um die Ecke am Schöneberger Ufer hält die **Galerie des Vereins Berliner Künstler ㊼** (Schöneberger Ufer 57, www.vbk-art.de, U 1, 3 Kurfürstenstr., Di–Fr 15–19, Sa/So 14–18 Uhr, Eintritt frei) die Tradition des alten Galerieviertels für moderne Kunst aufrecht, was heute bedeutet: Ausstellungen zeitgenössischer Kunst. Der Verein ist in einem der ältesten Häuser (1859) südlich des Landwehrkanals untergekommen.

Angesichts der ansonsten eher tristen Bebauung überraschen die **Mercator Höfe ㊽** (Potsdamer Str. 77–87) hinter dem ehemaligen **Haus des Berliner Tagesspiegels.** Hier hat sich eine Gruppe von alten Stadtvillen aus den 1870er- und 1880er-Jahren erhalten. Im **Haus Nr. 81a** lebte der Maler Anton von Werner, der durch seine Historienmalerei Chronist der Reichsgründung 1871 wurde. In das Gebäude ist das Würzburger Modelabel Odeeh (www.odeeh.com) eingezogen. Eine gute Gelegenheit, sich die Räumlichkeiten anzuschauen. Auch in die ehemaligen Räume des Tagesspiegels und in seine Druckhallen sind Modeläden eingezogen.

Nollendorfplatz H 10

Kleiner Bruder

Der **Nollendorfplatz** ist der kleine Bruder des Wittenbergplatzes, ohne KaDeWe. Knapp 1,5 km entfernt von Gedächtniskirche und Kudamm kommt hier die U-Bahn von Osten her noch auf einem Viadukt angefahren und verschwindet erst hinter der Station Nollendorfplatz (1902 eröffnet) gen Westen unter der Erde. Das einzige Gebäude, das außer der **U-Bahn-Station am Nollendorfplatz** etwas hermacht, ist das **Metropol ㊾,** nicht zu übersehen durch den Schriftzug im Giebeldreieck. 2006 war der Speise- und Tanzclub Goya, der zuvor für einige Millionen Euro hergerichtet worden war, innerhalb weniger Monate pleite. Seitdem wird das Gebäude nur sporadisch genutzt. Die Reliefs mit Tanzenden über dem Haupteingang erinnern an die Bestimmung des 1906 erbauten Gebäudes. Als Neues Schauspielhaus wurde es mit Theater- und Konzertsaal eröffnet. 1927–29 schrieb es als Theaterbühne Geschichte. Der Regisseur Erwin Piscator stellte hier mit Simultanbühne und Filmprojektion als Teil der Theaterinszenierung neuartige Ausdrucksformen vor.

Winterfeldtplatz H 11

Begegnungszone

Die **Maaßenstraße ㊿** wurde Ende 2015 zur ersten Berliner Begegnungs-

Nie allein – und das aus gutem Grund – sind Sie auf dem Winterfeldt-Markt. Hier können Sie nicht nur einkaufen, um selbst zu kochen, sondern auch gleich vor Ort genießen.

zone umgestaltet. Die Fahrbahn wurde verengt und verschwenkt, Sitzgelegenheiten wurden im ehemaligen Straßenraum aufgestellt. Die Reihe der Restaurants und Cafés in der Maaßenstraße setzt sich in der **Winterfeldtstraße** fort. Vereinzelt finden sich hier auch Antiquariate.

Treffpunkt Wochenmarkt

Mittwochs und samstags von 8 bis 16 Uhr verwandelt sich der **Winterfeldtplatz** in den **Winterfeldt-Markt** 4 (http://winterfeldtplatz.winterfeldt-markt.de), einen der größten und meistbesuchten Wochenmärkte in Berlin. Hier gibt es Obst und Gemüse aus ökologischem Anbau, dazu Essen von Berliner Currywurst über russische Pelmeni oder französische Crêpes bis zu orientalischen Fleischspießen.

Goltz- und Akazienstraße

H 11/12

Promenier- und Shoppingmeile

Jenseits der Pallasstraße beginnt mit der **Goltzstraße** die Schlendermeile, die weiter durch die Akazienstraße bis zum Kaiser-Wilhelm-Platz führt. Gleich an der Ecke steht das reich geschmückte **Kachelhaus** 51. Glasierter Klinker im Wechsel mit rotem Ziegelstein geben den Hintergrund für Dekorelemente wie Maurenköpfe und Frauengesichter aus Terrakotta, dazu gesellen sich an dem Gebäude von 1895 eine Reihe von Freimaurersymbolen.

Die denkmalgeschützte Einrichtung einer **Apotheke von 1892** ist im Geschäft **Winterfeldt Schokoladen** 5 (s. S. 133) zu bewundern. Dazu gibt es feinste Scho-

Schöneberg

Ansehen

1 – 45 s. Cityplan S. 109
46 Loeser-Burg / Golvet
47 Galerie des Vereins Berliner Künstler
48 Mercator Höfe / Ex-Tagesspiegel-Haus
49 Metropol
50 Maaßenstraße
51 Kachelhaus
52 Apostel-Paulus-Kirche
53 Akazienhof
54 Viktoria-Luise-Platz
55 Viktoria-Luise-Platz 6
56 Ausstellung im Cafe Haberland
57 Rathaus Schöneberg
58 Denkmal für die Zerstörte Synagoge
59 Hochbunker
60 Kammergericht
61 Königskolonnaden
62 Friedhof Stubenrauchstr.
63 – 71 s. Cityplan S. 109
72 Urban Nation
73 Schwules Museum

Essen

1 – 3 s. Cityplan S. 109
4 Die Löffelei
5 Joseph Roth Diele
6 Munchs Hus
7 Alte Pumpe
8 Impala Coffee

Einkaufen

1 s. Cityplan S. 109
2 Ave Maria Devotionalien
3 Bis es mir vom Leibe fällt
4 Winterfeld-Markt
5 Winterfeldt Schokoladen
6 UVR Connected
7 Mimi

Ausgehen

1 Kumpelnest
2 Victoria Bar
3 Café M
4 Salut! Classic Bar
5 Gasthaus Gottlob
6 Möve im Felsenkeller
7 Wintergarten Berlin

---

koladen. Es folgen Café, persisches Restaurant und dann eine Goldschmiede – es geht gut los am Kopf der Goltzstraße. Ein Klassiker ist das **Café M** 3 (s. S. 134), in den 1990er-Jahren Treff der New-Wave-Szene.

Die Goltz- und vor allem die Akazienstraße haben sich zu **Modestraßen** entwickelt. Mehr als ein Dutzend Geschäfte für Herren- und Damenmode, aber auch Secondhandläden prägen das Bild. Eine Besonderheit ist **Mimi** 7 (s. S. 133), das Geschäft für textile Antiquitäten.

Immer donnerstags findet unmittelbar an der mächtigen **Apostel-Paulus-Kirche** 52 ein **Ökomarkt** statt. Die neogotische Kirche wurde bis 1894 nach Plänen von Franz Schwechten errichtet.

Esoterisch

Ziemlich esoterisch wird es auf dem letzten Stück der Akazienstraße vor der Einmündung in die Hauptstraße bzw. den Kaiser-Wilhelm-Platz. Entsprechende Geschäfte und vor allem der **Akazienhof** 53 (Akazienstr. 27/28) mit Yogaschule und Floating sind hier zu finden.

Viktoria-Luise- und Bayerischer Platz G 11–13

Gründerzeitlicher Charme

Vom Nollendorfplatz führt die Motzstraße zum **Viktoria-Luise-Platz** 54, der noch den Charme einer gründerzeitlichen Platzanlage zeigt. Bäume schützen vor dem Verkehrslärm. Der **Springbrunnen** mit seiner bis zu 8 m hohen Fontäne setzt einen Höhepunkt. Besonders schön ist das Gebäude **Viktoria-Luise-Platz 6** 55, das Alfred Messel 1902 für den Lette-Verein errichtet hat. Messel überrascht mit einem wuchtigen vorgesetzten Barockportal an

einem ansonsten für die Zeit relativ modern gestalteten Gebäude. Durch den Hofzugang erreicht man den zentralen Innenhof. Der Lette-Verein wurde 1866 mit dem Ziel gegründet, Frauen eine anerkannte Berufsausbildung zu ermöglichen.

Durch die Münchner Straße und die Heilbronner Straße geht es zum **Bayerischen Platz,** dem Zentrum des **Bayerischen Viertels,** das im Zweiten Weltkrieg stark zerstört wurde. Über der U-Bahn-Station Bayerischer Platz erinnert eine **Ausstellung im Cafe Haberland** 56 (www.cafe-haberland.de, tgl. 11.30–23, Mo bis 18 Uhr) an Salomon Haberland, der ab 1900 das Bayerische Viertel mit der Berlinischen Boden-Gesellschaft (BBG) entwickelte.

Bin ich ein Berliner?

Am John-F.-Kennedy-Platz steht das **Rathaus Schöneberg** 57. Hier hielt

John F. Kennedy am 26. Juni 1963 seine berühmte Rede, die er mit den Worten enden ließ: »Alle freien Menschen, wo immer sie leben mögen, sind Bürger dieser Stadt Berlin, und deshalb bin ich als freier Mann stolz darauf, sagen zu können: Ich bin ein Berliner.«

Im Rathaus erinnert die **Ausstellungsinstallation** »Wir waren Nachbarn« an die jüdischen Mitbürgerinnen und Mitbürger im Bayerischen Viertel.

John-F.-Kennedy-Platz 1, Mo–Do, Sa/So 10–18 Uhr, U 4 Rathaus Schöneberg, Eintritt frei

Wider das Vergessen

Das Bayerische Viertel war ein bevorzugter Wohnort jüdischer Berliner. Neben der Ausstellung im Rathaus erinnert das **Denkmal für die Zerstörte Synagoge** 58 in der Münchner Straße an die früheren jüdischen Nachbarn. Dazu kommen **80 Infotafeln an Straßenbeleuchtungsmasten,** verteilt im ganzen Viertel, die die Verordnungen aufführen, mit denen jüdische Mitbürger nach 1933 immer weiter ausgegrenzt wurden.

Rund um den Heinrich-von-Kleist-Park J 11/12

Totaler Krieg und Schauprozesse

Schöneberg hat seine ganz eigene Geschichte – während der NS-Zeit und unter der alliierten Besatzung. Nur ein **Hochbunker** 59 ist vom **Berliner Sportpalast** übriggeblieben. Den Bunker überspannt die Wohnanlage Pallasseum, die am Standort des 1973 abgerissenen Sportpalasts errichtet wurde. Im Sportpalast fanden nicht nur die berühmten Sechs-Tage-(Fahrrad-)Rennen statt, sondern hielt auch Joseph Goebbels 1943 seine berüchtigte Sportpalastrede, mit der er zum Totalen Krieg aufrief.

Im nahen **Kammergericht** 60 tagte vom August 1944 bis Januar 1945 der **Volksgerichtshof.** Hier verurteilte Roland Freisler in Schauprozessen die Männer zum Tode, die versucht hatten, durch das Attentat auf Hitler am 20. Juli 1944 Deutschland zu retten. Nach Ende des Zweiten Weltkriegs zog 1945 der Alliierte Kontrollrat ins Gebäude ein. In diesem obersten Kontrollgremium der Alliierten im besetzten Deutschland besprachen die USA, Großbritannien, Frankreich und bis März 1948 auch die UdSSR alle Deutschland insgesamt betreffenden Angelegenheiten. Am 11. Dezember 1989 trafen sich politische Vertreter der vier Siegermächte erneut am Kleistpark, um über die Entwicklung in Deutschland nach dem Fall der Mauer zu sprechen. Ein Treffen, das in Bonn überaus misstrauisch beobachtet wurde. Heute tagt hier das höchste Berliner Gericht, das Berliner Kammergericht.

Versetzte Kolonnaden

Durch den Kleistpark gelangen Sie zu den **Königskolonnaden** 61, die den Weg Richtung Potsdamer Straße flankieren. Ab 1780 schmückten diese Zierbauten den Zugang zur Stadt Berlin an einer Brücke im Bereich des Alexanderplatzes. 1910 wurden sie an den Kleistpark versetzt.

Ortsteil Friedenau E–G 14

Marlenes Grab

Etwas abseits, fast ganz hinten an der Urnenhalle des **Friedhofs Stubenrauchstraße** 62 haben sie ihre letzte Ruhe gefunden: die Schauspielerin **Marlene Dietrich** und der Starfotograf **Helmut Newton.** Schon am Eingang empfängt den Besucher eine Statue von Richard Kolbe auf dem Grab des Komponisten **Ferruccio Busoni** – Sie sind auf einem Künstlerfriedhof, hier im Schöneberger Ortsteil Friedenau. Was kaum jemand weiß: Ganz in der Nähe von Marlene Dietrich liegt ihre Mutter

Josephine von Losch, geb. Felsing. In erster Ehe war Josephine Felsing mit dem Polizeileutnant Louis Erich Otto Dietrich verheiratet, daher Marlenes Name.

Stubenrauchstr. 43–45, U 9, S 42, 46 Bundesplatz, tgl. 8–18 Uhr

Museen

Alter Bahnhof für neue Kunst

63 Hamburger Bahnhof – Nationalgalerie der Gegenwart: Von Andy Warhol über Cy Twombly bis zu Robert Rauschenberg und Joseph Beuys, spannend präsentiert in den weitläufigen Räumlichkeiten eines früheren Bahnhofs (s. S. 121).

Invalidenstr. 50–51, www.smb.museum, U 55, S 3, 5, 7, 9 Hauptbahnhof, Di–So, 11–18, Do 11–20 Uhr, 12/6 €

Klassische Moderne

64 Neue Nationalgalerie: Nach sechs Jahren Generalsanierung war es im August 2021 so weit: Die Neue Nationalgalerie wurde wiedereröffnet. Im Untergeschoss und im Skulpturengarten des Mies-van-der-Rohe-Baus ist die Dauerausstellung mit den Werken der klassischen Moderne zu sehen. Die weithin sichtbare Glashalle dient als Ort für Wechselausstellungen.

Potsdamer Str. 50, www.smb.museen, U 2, S 1, 2, 25, 26 Potsdamer Platz, Di–So 10–18, Do bis 20 Uhr, Dauer- und Wechselaustellung 14/10 €

Rembrandt und viel mehr

65 Gemäldegalerie: Gezeigt werden Werke europäischer Kunst des 13.–18. Jh. Neben deutscher und italienischer Malerei aus dem 13.–16. Jh. (Dürer, Cranach, Holbein, Giovanni Bellini, Tizian) ist ein Schwerpunkt die Rembrandt-Sammlung mit 16 Gemälden des Künstlers.

Matthäikirchplatz, www.smb.museum, U 2, S 1, 2, 25, 26 Potsdamer Platz, Di–So 10–18, Do bis 20 Uhr, 10/5 €

Im Hamburger Bahnhof treffen auch schon mal Jeff Koons (»Two Ball 50/50 Tank«, 1985) und Andy Warhol (»Mao«, 1973) aufeinander.

Hochkarätige Ausstellungen

66 Gropius Bau: Das Gebäude von 1881 im Stil der italienischen Renaissance dient heute als Ausstellungshaus der Berliner Festspiele, dem Kulturprogramm des Bundes in Berlin. So sind hochkarätige Ausstellungen aus Kunst und Kultur garantiert.

Niederkirchnerstr. 7, www.gropiusbau.de, S 1, 2, 25, 26 Anhalter Bahnhof, Potsdamer Platz, U 2 Potsdamer Platz, U 6 Kochstr., Mi–Mo 10–19 Uhr, 7/5 € €, bis 16 Jahre Eintritt frei

Gestaltung der Moderne

67 Bauhaus-Archiv – Museum für Gestaltung: Voraussichtlich bis 2025 wird das Museums- und Archivgebäude saniert und durch einen Neubau ergänzt. In dieser Zeit erläutert in der Knesebeckstraße (s. S. 156) eine kleine Ausstellung die Geschichte und Wirkung des Bauhauses und informiert über das Neubauvorhaben.

Kunsthandwerk und Mode

68 **Kunstgewerbemuseum:** Neben einer Vielzahl von wertvollen kunsthandwerklichen Arbeiten vom frühen Mittelalter bis zu Klassikern des modernen Industriedesigns legt die Sammlung einen Schwerpunkt auf Mode vom 18. bis ins 20. Jh.

Matthäikirchplatz, www.smb.museum, U 2, S 1, 2, 25, 26 Potsdamer Platz, Di–So 10–18 Uhr, 8/4 €

660 000 x Kunst auf Papier

69 **Kupferstichkabinett:** Ob Aquarelle, Zeichnungen, Skizzen, Künstlergrafiken oder illuminierte mittelalterliche Handschriften: Das Kabinett präsentiert in wechselnden Ausstellungen immer wieder neue Schätze aus seiner großartigen Sammlung.

Matthäikirchplatz, www.smb.museum, U 2, S 1, 2, 25, 26 Potsdamer Platz, Di–So 11–18 Uhr, 6/3 €

Rund ums Visuelle

70 **Deutsche Kinemathek – Museum für Film und Fernsehen:** Gezeigt werden Ausstellungen zur Geschichte von Film und Fernsehen.

Potsdamer Str. 2, www.deutsche-kinemathek.de, U 2, S 1, 2, 25, 26 Potsdamer Platz, Mi–Mo 10–18 Uhr, 9/3 €

Musik, Musik

71 **Musikinstrumenten-Museum:** Rund 800 Musikinstrumente vom 16. bis 21. Jh., darunter eine Mighty-Wurlitzer-Theaterorgel oder auch ein Bach-Cembalo.

Ben-Gurion-Str., www.sim.spk-berlin.de, U 2, S 1, 2, 25, 26 Potsdamer Platz, Di/Mi, Fr 9–17, Do 9–20, Sa/So 10–17 Uhr, 6/3 €

Street-Art im Museum?

72 **Urban Nation:** Das Urban Nation Museum for Urban Contemporary Art zeigt Graffiti und Street-Art. Bis zu viermal im

Andrang bei der Eröffnung des ersten Berliner Museums für Street-Art – wem der Besuch der jeweils aktuellen Ausstellung nicht reicht: Urban Nation lässt auch im Stadtraum Flächen künstlerisch gestalten.

Jahr wechselnde Ausstellungen, finanziert von der Stiftung Berliner Leben, außerdem ein Artist-in-Residence-Programm und Flächen, auf denen Street-Art-Künstler sich im Stadtraum verwirklichen können.

Bülowstr. 7, www.urban-nation.com, Schöneberg, U 1, 2, 3, 4 Nollendorfplatz, Di–So 10–18 Uhr, Eintritt frei

Diversität sexueller Identitäten

73 **Schwules Museum:** 1985 als Verein gegründet, verfügt das Schwule Museum in der Lützowstraße über vier Ausstellungsräume und ein Café im Erdgeschoss. Dafür lohnt sich der etwas längere Fußweg vom Nollendorfplatz. Dazu kommt eine Präsenzbibliothek mit Rechercheplätzen. Zunehmend öffnet sich das Museum dem Thema Diversität von sexuellen Identitäten und Geschlechterkonzepten.

Lützowstr. 73, www.schwulesmuseum.de, Tiergarten, U 1, 2, 3, 4 Nollendorfplatz, Ausstellungsbereich/Café Mo, Mi, Fr 12–18, Do 12–20, Sa 14–19, So 14–18 Uhr, 9/3 €

Essen

Kaffee im Weinhaus

15 **The Barn:** Im alten Weinhaus Huth gibt es jetzt neben Naturweinen vor allem Kaffee in allen Variationen, sogar als Cocktail. Die hauseigene Backstube der ›Scheune‹ produziert Kuchen und Brot.

Alte Potsdamer Str. 5, www.thebarn.de, T 030 25 29 43 50, U 2, S 1, 2, 25, 26 Potsdamer Platz, Mo–Fr 7.30–19, Sa/So 9–19 Uhr

Gesundes lecker …

1 **Weilands Wellfood:** … oder neue israelische Küche mit allem Guten der Levante. Diverse Salate mit und ohne Fleisch (um 12 €) sowie diverse Bowls mit Huhn, Pulled Pork oder auch Tofu (um 12,50 €).

Eichhornstr. 3, T 030 25 89 97 17, www.weilands-wellfood.de, U 2, S 1, 2, 25, 26 Potsdamer Platz, Mo 11.30–15, Di–Fr 11.30–22, Sa 17–23 Uhr

Haus der 100 Biere

2 **Paulaner Wirtshaus Berlin Potsdamer Platz:** Auf den Tisch kommt bayerische Küche – vom Paar Weißwürstl (10 €) über die Schweinshaxe (23,50 €) bis zum Bayrischen Dreierlei (Haxe, Rostbratwurst, Hühnerschnitzel, 24,50 €).

Alte Potsdamer Str. 1, T 030 29 77 67 27, www.paulaner-wirtshaus-berlinpotdamerpatz.de, U 2, S 1, 2, 25, 26 Potsdamer Platz, tgl. Küche 12–21, Bar 12–22 Uhr

Essen, trinken, Bötchen fahren

3 **Café am Neuen See:** Ein Restaurant im Landhausstil in reizvoller Lage im Großen Tiergarten. In der Saison öffnet zusätzlich der Biergarten (gehobene Preise) und Ruderboote werden auch verliehen (im Café melden).

Lichtensteinallee 2, S 3, 5, 7, 9, dann gut 10 Min. zu Fuß, T 030 254 49 30, www.cafeamneuensee.de, Restaurant tgl. 9–24, Küche bis 22, Biergarten Mo–Fr ab 12, Sa/So ab 11 Uhr

Essen mit Aussicht

46 **Restaurant Golvet:** Mit Küchenchef Jonas Zörner und regional-mediteraner Küche avancierte das Golvet zum Sternerestaurant und zur Auszeichnung Berliner Meisterkoch 2022 (7-Gänge-Menü 150 €). Das Ganze mit atemberaubendem Blick auf den Potsdamer Platz. An der 15 m langen Bar gibt es eigens für das Restaurant kreierte Drinks als Nord-Ostsee-Tour.

Potsdamer Str. 58, Tiergarten, T 030 89 06 42 22, www.golvet.de, U 2 Mendelssohn-Bartholdy-Park, Mi–Sa 18–22.45 Uhr (Küchenschluss)

Suppen und mehr

4 **Die Löffelei:** Nicht nur frisch zubereitete Suppen (bis 8 €), sondern auch Salate, Antipasti und Pasta (um 9 €). Schnelle, preisgünstige und frische Küche.

Potsdamer Str. 73, Tiergarten, T 030 26 39 48 98, www.die-loeffelei.de, U 1, 3 Kurfürstenstr., Mo–Fr 11.30–20 Uhr

Dem Dichter zu Ehren

5 **Joseph Roth Diele:** Ein Restaurant gewidmet dem österreichischen Journalisten und Schriftsteller Joseph Roth, der während seiner Berliner Zeit im Nebenhaus gelebt haben soll. Die Speisekarte bietet Rindergulasch mit Spätzle (11 €) oder auch Wiener Schnitzel mit Kartoffelsalat (13 €). Schmackhaftes Essen zu vernünftigen Preisen und dazu auch noch ein preisgünstiger Mittagstisch (7 €). Die Joseph-Roth-Literatur, die bändeweise im Restaurant zu finden ist, dürfen Sie kostenlos lesen.

Potsdamer Str. 75, Tiergarten, T 030 26 36 98 84, www.joseph-roth-diele.de, U 1, 3 Kurfürstenstr., Mo–Do 10–23, Fr 10–24 Uhr

Das Einzige

6 **Munchs Hus:** Kenneth Gjerrud ist Norweger und Koch. Folgerichtig hat er ein norwegisches Restaurant eröffnet, erstaunlicherweise ist es das einzige in Deutschland. Unter originalgetreuen Kopien der Gemälde von Edvard Munch serviert er Hackfleischbällchen (19,50 €), das norwegische Nationalgericht Lamm in Weißkohl mit Kartoffeln (24,50 €), vor allem aber Fischgerichte (20–25 €). Als Dessert gibt es z. B. ein Verschleiertes norwegisches Bauernmädchen. Munch lebte von 1892 bis 1896 in der nahen Lützowstraße 82.

Bülowstr. 66, Schöneberg, T 030 21 01 40 86, www.munchshus.de, U 2, 3 Bülowstr., tgl. ab 12, Mittagstisch (unter 8 €): Mo–Fr 12–16 Uhr

Sonntagsfrühstück

7 **Alte Pumpe:** Die denkmalgeschützte und wunderbar sanierte Maschinenhalle des Pumpwerks VII wird als Eventlocation genutzt. Nur sonntags ist sie als Frühstücksadresse geöffnet (Reservierung empfohlen). Optisches Highlight: eine aufwendig restaurierte Pumpe.

Lützowstr. 42, Tiergarten, T 030 26 48 42 65, www.altepumpe.de, U 1, 2, 3, 4 Nollendorfplatz, So 10–14 Uhr, Frühstücksbüfett 12,50 €/Pers.

Eigene Röstung

8 **Impala Coffee:** Feinste Kaffeesorten aus eigener Röstung, dazu Smoothies und frisch gepresste Fruchtsäfte, sowie Kuchen und kleine Snacks, alles vorhanden, um eine Rast einzulegen.

Akazienstr. 26, T 030 81 82 81 51, www.impala-coffee.com, U 7 Eisenacher Str., Mo–Fr 7–19, Sa/So 9–19 Uhr

Einkaufen

300 Läden von edel bis jung

1 **LP 12 Mall of Berlin:** s. S. 77.

Hutwelt

48 **Salon Fiona Bennett:** Eine Galerie als Traum in Weiß mit den Hutkreationen von Fiona Bennett und ein Showatelier, in dem in filigranem Handwerk Hüte gefertigt werden.

Mercator Höfe, Tiergarten, Potsdamer Str. 81–83, www.fionabennett.de, U 1, 3 Kurfürstenstr., Mo–Sa 10–19 Uhr

Das fehlte in Berlin

2 **Ave Maria Devotionalien:** Das, womit keiner rechnet im atheistischen Berlin – ein Laden, der laut Inhaberin Ulrike Schuster alles bietet, um zu entdecken, dass Religion etwas zu tun hat mit Farbenfreude und sinnlicher Anschauung. Also Madonnen, Rosenkränze, Weihrauch, aber auch Bücher. Der Laden für die katholischen Auslandsgemeinden in der Stadt.

Lützowstr. 23, Tiergarten, U 1, 3 Kurfürstenstr., Mo–Fr 12–18, Sa 12–15 Uhr

Upcycling

3 **Bis es mir vom Leibe fällt:** Das Prinzip: Gemeinsam mit den Kunden Ideen entwickeln und dann die gebrauchten Klamotten aufarbeiten. So wird aus der Klamottenreparatur ein Designprozess,

In der lange Jahre heruntergekommenen Potsdamer Straße regt sich Leben. Neben Galerien und Modegeschäften hat hier die Hutdesignerin Fiona Bennett ihren Salon eröffnet.

an dessen Ende nicht nur das Lieblingsstück gerettet, sondern sogar ein Unikat entstanden ist. Falls Sie nichts von sich umarbeiten lassen: Hier können Sie auch fertige Kleidungs- und Schmuckstücke aus Wegwerfprodukten erwerben.

Frankenstr. 1, Schöneberg, www.bisesmirvomleibefaellt.com, U 1, 2, 3, 4 Nollendorfplatz, Di–Fr 10–19, Sa 11–16 Uhr

Treffpunkt Wochenmarkt

4 **Winterfeldt-Markt:** s. S. 125

Dunkle Süße

5 **Winterfeldt Schokoladen:** Hier finden Sie süße Nervennahrung von Schokotafeln bis zu Pralinés, können aber im kleinen Cafébereich des Ladens auch eine gute Schokolade oder einen Kaffee trinken und sich dazu ein Stückchen Kuchen schmecken lassen. Versuchung ist alles.

Goltzstr. 23, Schöneberg, U 1, 2, 3, 4 Nollendorfplatz, U 7 Eisenacher Str., www.winterfeldt-laden.de, Mo–Fr 10–19, Sa 10–18, So 12–18 Uhr

Berliner Label

6 **UVR Connected:** Berliner Modelabel mit mittlerweile vier Geschäften in Berlin und Läden in diversen deutschen Städten. Bezahlbar und fair in Europa produziert.

Goltzstr. 40a, Schöneberg, www.uvr-berlin.de, U 7 Kleistpark, Mo–Fr 11–19, Sa 10–18 Uhr

Textile Antiquitäten

7 **Mimi:** Ein Paradies für Fans der 1930er- bis 1940er-Jahre. Bei Mimi finden Er und Sie originale Bekleidungsstücke aus dieser Zeit.

Goltzstr. 5, Schöneberg, http://mimi.berlin, U 7 Eisenacher Str., Mi–Fr 12–19, Sa 11–16 Uhr

Ausgehen

Klassik vom Feinsten

⑰ **Berliner Philharmonie:** Jeder kommt so, wie es ihm gefällt, um ein Konzert der Berliner Philharmoniker zu genießen. So sitzt neben der Dame mit Nerzstola der Jüngling in Jeans. Die Lunch-Konzerte im Hauptfoyer kosten keinen Eintritt.

Herbert-von-Karajan-Str. 1, Tiergarten, www.berliner-philharmoniker.de, U 2, S 1, 2, 25, 26 Potsdamer Platz

Absturz

1 **Kumpelnest 3000:** Seit der Eröffnung am 1. Mai 1987 nicht nur Kunstwerk, sondern auch eine der Absturzkneipen Berlins, in die alle kommen, die kommen wollen. Selbstbeschreibung: »Rappelvoll, laut, verrucht und verraucht …«

Lützowstr. 23, Tiergarten, www.kumpelnest3000.com, U 1, 3 Kurfürstenstr., tgl. ab 19 Uhr

Die Schule der Trunkenheit

2 **Victoria Bar:** Eine Bar, die nicht nur so heißt. Seit 2001 gehört die Victoria Bar mit ihrem Keeper Stefan Weber zu den Top Drei in Berlin und gilt auch international als angesagte Adresse. Wer eine Einführung möchte, lese »Die Schule der Trunkenheit« von Beate Hindermann und Kerstin Ehmer.

Potsdamer Str. 102, Tiergarten, www.victoriabar.de, U 1, 3 Kurfürstenstr., So–Do 18.30–3, Fr/Sa 18.30–4 Uhr

Klassiker

3 **Café M:** 1979 als Mitropa gegründet. Da aber die Speisewagengesellschaft der Reichsbahn etwas dagegen hatte, hieß es bald nur M und bot in den 1990er-Jahren das New-Wave-Gegenprogramm zur Alternativszene in Kreuzberg. Blixa Bargeld und Nick Cave verkehrten hier.

Goltzstr. 33, Schöneberg, www.cafe-m.de, U 1, 2 Nollendorfplatz, Mo–Do ab 17, Fr, So ab 18, Sa ab 13 Uhr

Art déco

4 **Salut! Classic Bar:** Jugendstil und Art-déco-Einrichtung, dazu berauschende Getränke. Eine ziemlich gelungene Mischung, auch wenn – oder weil – man hier rauchen darf.

Goltzstr. 7, Schöneberg, www.salut-berlin.de, U 7 Eisenacher Str., tgl. ab 19 Uhr

Der Treff

5 **Gasthaus Gottlob:** Das Gottlob ist ein Treffpunkt des Viertels, wo man auch etwas essen kann, sich in den Biergarten setzt oder den Tag an der Theke ausklingen lässt. Einige Gäste sind dann zum Frühstück schon wieder da. Mittagstisch (um 12 €) von Montag bis Freitag, regelmäßig wechselnde Abendkarte. Wildgulasch vom Hirsch mit Rosmarin-Rosenkohl 17,50 €.

Akazienstr. 17, Schöneberg, T 030 78 70 80 95, U 7 Eisenacher Str., Mo–Do 9–1 Uhr, Fr/Sa 9–2 Uhr, So 10–1 Uhr

Berliner Geschichte

6 **Möve im Felsenkeller:** Mit dieser Kneipe hat sich ein Stück altes Berlin erhalten. Der nur 5 m breite Schankraum ist 20 m lang und zeigt mit Tresen und hölzernen Wandpaneelen die originale Einrichtung aus den 1920er-Jahren. 2007 stand sie schon mal vor dem Aus: New Yorker Gastronomen wollten die Einrichtung kaufen.

Akazienstr. 2, Schöneberg, T 030 781 34 47, U 7 Eisenacher Str., Mo–Sa 16–1 Uhr

Mehr als ein Varieté

7 **Wintergarten Berlin:** Der Name erinnert an das einst weltbekannte Varieté im Central Hotel an der Friedrichstraße. Doch heute kann mit einem reinen Varieté-Programm eine Bühne in Berlin kaum überleben. So bietet der Wintergarten einen Veranstaltungsmix aus Varieté, Talkshows, Konzerten und, und, und.

Potsdamer Str. 96, Tiergarten, www.wintergarten-berlin.de, U 1, 3 Kurfürstenstr.

Zugabe
Regenbogenkiez

Bunte Vielfalt im Kiez um die Motzstraße, und das seit Jahrzehnten

Motzstraße, Eisenacher- und Fuggerstraße sind heute, waren aber auch schon in den 1920er-Jahren ein Lesben- und Schwulenviertel. Symbol dieser neuen Freiheit war seinerzeit das Eldorado, ab 1928 ein Szenetreff in der Motzstraße 24. Heute findet sich an dieser Stelle ein Biosupermarkt. Auf diese Geschichte des Kiezes weist seit 2000 auf der Verkehrsinsel in der Einfahrt zur Motzstraße eine Regenbogenstele mit rosa Spitze des Berliner Künstlers Salomé hin.

Unmittelbar am U-Bahnhof Nollendorfplatz erinnert die Gedenktafel Rosa Winkel an die homosexuellen NS-Opfer. Schwule mussten in KZs den Rosa Winkel an ihrer Kleidung tragen und wurden so von politischen Gefangenen oder rassisch Verfolgten separiert.

Heute veranstaltet der Regenbogenfonds e. V. in der Motzstraße am Wochenende vor dem Berliner Christopher Street Day das Motzstraßenfest, das Besucher aus ganz Berlin anzieht. ■

City West und Alt-Charlottenburg

Weltbekannt — sind das KaDeWe, der Kudamm und die Gedächtniskirche. Doch die City West bietet noch viel mehr.

Seite 139, 158

KaDeWe

Das edle Kaufhaus des Westens erfindet sich gerade neu, seine Feinkostabteilung zieht auch heute Gourmets an.

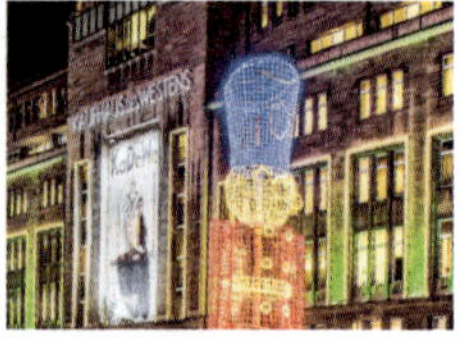

Seite 142

Kurfürstendamm ✪

Einst Bühne des Tanzes auf dem Vulkan, dann Bulettenboulevard und heute wieder in.

Seite 142

Kaiser-Wilhelm-Gedächtniskirche

Eine Ruine als beeindruckendes Mahnmal gegen den Krieg.

Typisch 1920er-Jahre, nicht nur für den Kudamm: der Bubikopf

Seite 144

Kunst und Kultur in Häusern der Gründerzeit

Ein Bummel durch die Fasanenstraße führt Sie zu Kunst und Literatur.

Seite 147

Bikini-Haus

1950er-Jahre-Architektur mit glänzender Shoppingmall und einer Bar mit Zoo-Überblick.

Seite 148

Fotokunst

Das Museum für Fotografie – Helmut Newton Foundation und die Galerie C/O Berlin sorgen für neues Kunstleben im alten Westberlin.

Seite 148

Kantstraße

Die internationalste Straße Berlins lädt in das Alltagsleben ein.

Seite 150

Schloßstraße

Schnurgerade läuft die Promenade auf Schloss Charlottenburg zu und führt zu Museen der Moderne – Museum Berggruen, Sammlung Scharf-Gerstenberg – mit Picasso, Paul Klee, René Magritte und Max Ernst. Auch Käthe Kollwitz ist nicht weit.

Seite 154

Schloss Charlottenburg

Von einer Kurfürstin und späteren Königin begonnen, ihr zu Ehren Charlottenburg genannt und von Königen erweitert: das Schloss Sophie Charlottes und ein Landschaftsgarten, in dem Königin Luise in ihrem Mausoleum ruht.

Seite 161

Pinsel-Heinrich sein Milljöh

Wer hätte das gedacht? Heinrich Zille, der Zeichner des Elends in den Berliner Hinterhöfen, lebte in Charlottenburg.

Vier Kinos mit über 5000 Plätzen unterhielt allein die Ufa in den 1920er-Jahren an Kudamm und Breitscheidplatz.

»Die Tricks um die Gedächtniskirche rum, die lernt man erst nach jahrelangem Studium.« Kabarett-Revue »Bei uns um die Gedächtniskirche rum«, Friedrich Hollaender (1927)

erleben

Der Boulevard Berlins und das barocke Schloss

C

Charlottenburg hat zwei Zentren. Alt-Charlottenburg, die Bürgerstadt, hat sich ab 1695 vor dem barocken Schloss entwickelt. Die Schloßstraße als Promeniermeile, die Schustehrusstraße als Verbindung zum Richard-Wagner-Platz mit dem Rathaus. Dieses alte Zentrum wurde ab 1900 vom Kudammviertel um die Kaiser-Wilhelm-Gedächtniskirche in die Bedeutungslosigkeit verabschiedet. Hier entstand die City West, das liberale, moderne Zentrum mit seinem weltbekannten Boulevard, dem Kurfürstendamm.

Die Konkurrenz durch die Friedrichstraße nach der Wiedervereinigung 1990 hat dem Kudamm gutgetan. Der Stuck an den alten Gründerzeithäusern wird saniert. Geschäftshäuser erhalten neue Fassaden, Hotels und Büros ziehen in Hochhäuser, die plötzlich neben der Gedächtniskirche in den Himmel wachsen. Der Kudamm beginnt wieder zu glänzen. Keine Rede mehr vom »Boulettenboulevard« wie noch in den 1980er-Jahren.

Während sich der Kudamm herausputzt, geht das entspannte Westberliner Leben in den umliegenden Straßen wie der Kantstraße und an Plätzen wie dem Savignyplatz einfach weiter. Hip, hektisch, das ist Berlin-Mitte. Hier im Berliner Westen gibt man sich locker. Man hat ja schließlich immer schon gewusst, dass man im besseren Berlin lebt.

Neben der Kudamm-Renaissance gibt es einen zweiten Trend im Viertel um die Gedächtniskirche. Nach der Devise »Vorwärts in die 1950er« werden die Formen der Nachkriegsmoderne, die in den 1970er- und 1980er-Jahren unter ›Fassadenaufhübschungen‹ verschwanden, wieder freigelegt. Die Architektur der 1950er-Jahre ist denkmalswürdig geworden. Und sie sieht verdammt gut aus.

ORIENTIERUNG

O

Ausgangspunkt: Um den **Kurfürstendamm** bzw. auch die Tauentzienstraße zu erkunden, bietet sich der **Wittenbergplatz** (U 1, 2, 3) als Startpunkt an. Wenn Sie Hardenberg- und Kantstraße von Ost nach West hinunterlaufen möchten, ist der **S+U-Bahnhof Zoologischer Garten** eine Möglichkeit (S 3, 5, 7, 9, 75) – oder Sie stürzen sich gleich ins Viertel um den **Savignyplatz** (S wie Zoologischer Garten). **Alt-Charlottenburg** können Sie ab **Richard-Wagner-Platz** (U 7) erkunden – oder Sie laufen ab **Sophie-Charlotte-Platz** (U 2) direkt aufs Schloss und die Museen zu.

Zwischen KaDe-We und Kudamm

Im Kaufrausch des Westens

Das weltweit bekannteste Bauwerk des Kudammviertels steht nicht am Kurfürstendamm, sondern 600 m weiter südöstlich am Wittenbergplatz. Die Rede ist vom Kaufhaus des Westens, **KaDeWe** 1 (s. S. 158), das auch nach über 110 Jahren ein Konsumtempel erster Ordnung und Deutschlands bekanntestes (Luxus-) Kaufhaus ist. 2016 bis 2022 wurde das KaDeWe mal wieder bei laufendem Betrieb umgebaut. Die Pläne für dieses Update lieferte der niederländische Stararchitekt Rem Koolhaas. Investiert wurde ein dreistelliger Millionenbetrag. Man ist seinem Ruf schließlich etwas schuldig.

Von einem solchen Konsumtempel träumte Adolf Jandorf, als er fernab vom Zentrum Mitte 1907 sein Kaufhaus des Westens eröffnete. Endlich hatte er mal die Nase vorn, vor den Kaufhauskönigen Wertheim und Hermann Tietz. Höchste Weihen erreichte das Kaufhaus dann durch die Teilung Berlins. Es wurde zum Symbol für Leben und Luxus im freien Westen. Ein Image, das nach dem Mauerfall 1989 viele Ost-Berliner bei ihrem ersten Besuch in West-Berlin das KaDeWe ansteuern ließ. Ein Ziel: die legendäre sechste Etage mit der Feinkostabteilung.

Tauentzienstraße

Für Otto Normalverbraucher

Die **Tauentzienstraße,** die den Wittenbergplatz mit dem Kudamm verbin-

»Shop till you drop«: kein Problem im KaDeWe, hat man das nötige Kleingeld, kleine Stärkung in der Feinschmeckerabteilung inklusive.

City West und Charlottenburg-Wilmersdorf

Ansehen

1 Skulptur Berlin
2 Europa-Center
3 Weltkugelbrunnen
4 Kaiser-Wilhelm-Gedächtniskirche
5 Neues Kranzler Eck
6 Verkehrskanzel
7 Marmorhaus
8 Kurfürstendamm 26 (Ex-Union-Palast)
9 Kudamm 212–218
10 Cinema Paris
11 Haus Cumberland
12 Schaubühne am Lehniner Platz / Kino Universum
13 Zwei Beton-Cadillacs in Form der Nackten Maja
14 Bahnhof Zoo
15 Zoologischer Garten
16 Zoo Palast
17 Bikini-Haus / Bikini Berlin
18 Amerika Haus / Stiftung C/O Berlin
19 Zoofenster
20 Upper West Tower
21 Kant Dreieck
22 Theater des Westens
23 Delphi Palast / Delphi Filmpalast am Zoo / Quasimodo
24 Galerie Camera Work
25 Savignyplatz
26 Kant-Garagen / Stilwerk
27 – 33 s. Cityplan S. 151
34 Museum für Fotografie / Helmut Newton Found.
35 – 39 s. Cityplan S. 151
40 Georg Kolbe Museum
41 the temporary Bauhaus-Archiv

Essen

1 Café Wintergarten im Literaturhaus
2 Aroma
3 Good Friends
4 Kuchi Kant
5 Paris Bar
6 Dicke Wirtin
7 Bier's Kudamm 195
8 – 10 s. Cityplan S. 151

Einkaufen

1 KaDeWe
2 Uniqlo
3 Stilwerk
4 Tone of China
5 Harry Lehmann (s. auch Cityplan S. 151)
6 Suarezstraße (s. auch Cityplan S. 151)
7 Berliner Trödelmarkt Straße des 17. Juni

Ausgehen

1 Monkey Bar
2 A-Trane
3 The Hat Bar
4 Schwarzes Cafe
5 Zwiebelfisch
6 Bar jeder Vernunft
7 Renaissance Theater
8 Deutsche Oper
9 Astor Film Lounge

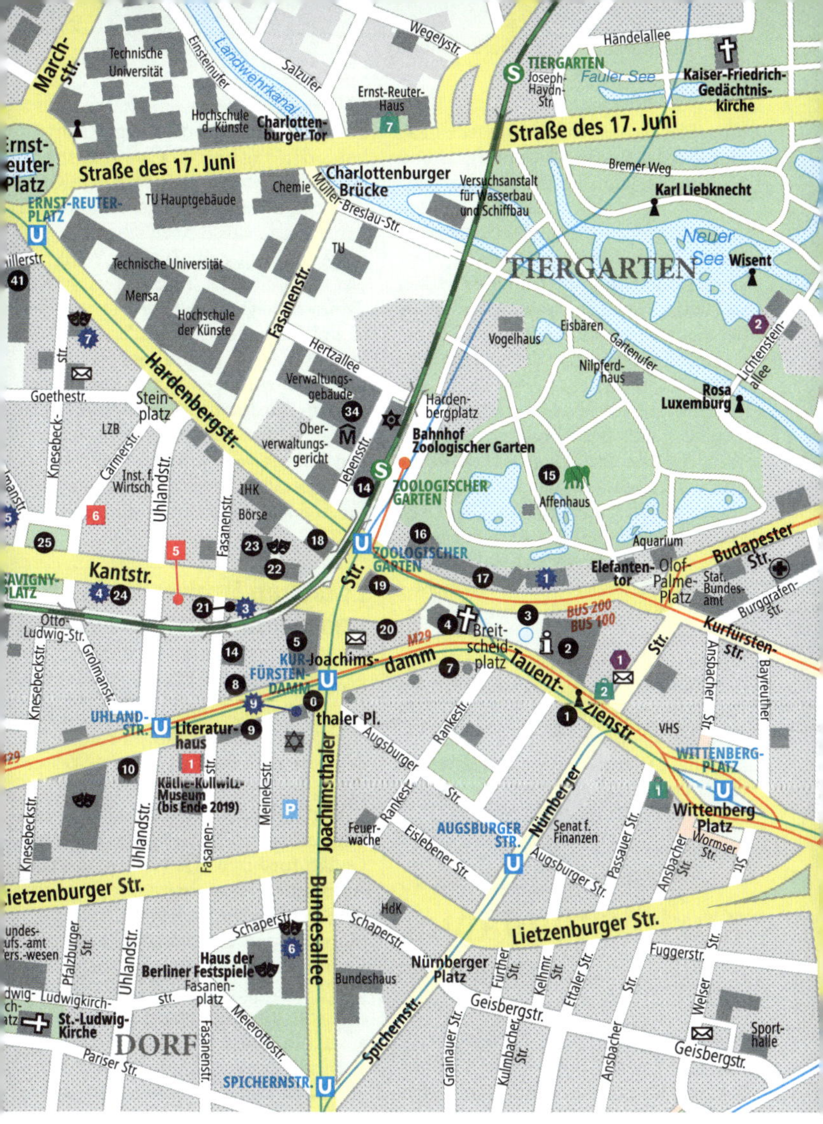

det, ist die Einkaufsstraße der Berliner. Leiser, Deichmann, Peek & Cloppenburg, Douglas – alle sind da. Auch der Tauentzien wurde nach 1990 fleißig aufgeputzt, um für die Konkurrenz mit Ostberlin gewappnet zu sein. Einziges Ärgernis heute: Am aufwendig zur Promenade ausgebauten Mittelstreifen vertrocknen die Eibenbeete einsam vor sich hin. Nun hoffen alle auf die von den umliegenden Gewerbetreibenden und Grundeigentümern finanzierte zweite Umgestaltung. Stehen bleiben wird auf jeden Fall die Skulptur **Berlin** ❶ von Brigitte und Martin Matschinsky-Denninghof. Zur 750-Jahr-Feier der Stadt 1987 wurden die ineinander verschlungenen Chrom-Nickel-Stahl-Röhren aufgestellt. Trotz einer Höhe von immerhin 8 m wirken sie filigran. Erst standen sie für die Teilung der Stadt. Heute sind sie eher als Symbol der Wiedervereinigung der beiden Stadthälften zu lesen.

Zeichen des Überlebenswillens

Während allenthalben gewerkelt wurde und wird, dreht sich der Mercedesstern auf dem 86 m hohen **Europa-Center** ❷ (Tauentzienstr. 9–12, www.europa-center-berlin.de) einfach weiter. Willy Brandt, damals noch Regierender Bürgermeister von Berlin, weihte 1965 dieses erste multifunktionale Center in Deutschland ein. Nach dem Mauerbau 1961 war seine Errichtung ein wichtiges Zeichen für den Überlebenswillen der Stadt. Heute steht das Gebäude unter Denkmalschutz, hat aber im Innern immer wieder tiefgreifende Modernisierungen erlebt. Aktuell sind dort über 70 Geschäfte zu finden.

Kurfürstendamm

Heimweh nach dem Kudamm

Der Kurfürstendamm, von den Berlinern liebevoll Kudamm genannt, war und ist eine Institution: Berlins einziger Boulevard, Bühne des Tanzes auf dem Vulkan in den späten 1920er-Jahren, Promeniermeile im reichlich zerfledderten West-Berlin der 1950er- und 1960er-Jahre: »Ich hab' so Heimweh nach dem Kurfürstendamm«, sang 1963 Hildegard Knef und traf damit eine Stimmung, die den Boulevard der Goldenen Zwanzigerjahre herbeisehnte. Damals konnte, wer das nötige Kleingeld hatte, den Tag hier im Café verbringen, am Abend mit Spannung erwartete Kino- oder Showpremieren erleben und sich dann in das wüste Nachtleben stürzen. Spätestens mit dem Zweiten Weltkrieg war damit Schluss. 1945 waren am Kudamm 192 Häuser zerstört, 42 noch bewohnbar. Heute ist der Kudamm wieder im Kommen, vor allem als Shoppingmeile, trotz oder dank der östlichen Konkurrenz namens Friedrichstraße. Auf einer Länge von gut 3,5 km durchzieht der Boulevard den Berliner Westen, die letzten 1,5 km ab Adenauer Platz bieten allerdings nur Ziele für Architektur- oder Kunstbegeisterte.

Zwischen Breitscheidplatz und Wielandstraße E–G 10

Eine Kirchenruine mahnt

Der **Breitscheidplatz** beginnt mit Joachim Schmettaus **Weltkugelbrunnen** ❸, der von den Berlinern nur »Wasserklops« genannt wird. So etwas galt um 1980 als gelungene Gestaltung. Zentrales Bauwerk aber ist die **Kaiser-Wilhelm-Gedächtniskirche** ❹. Wäre es nach dem Architekten Egon Eiermann gegangen, die Kirchenruine wäre vollständig abgeräumt worden. Erst heftigste Proteste der Berliner Bevölkerung sorgten dafür, dass die 71 m hohe **Turmruine** der Gedächtniskirche zum Mahnmal gegen den Krieg ausgebaut wurde. Die Gedenkhalle in der Turmruine vermittelt durch die Mosaike an den Wänden und die Ausmalung noch einen Eindruck von der einstigen Pracht der Kirche. Entscheidend aber ist heute die **Stalingradmadonna,** die an den Wahnsinn des Krieges erinnert. Der Arzt Kurt Reuber malte sie Weihnachten 1942 im Kessel von Stalingrad auf die Rückseite einer russischen Landkarte. Dazu kommt als Zeichen der Versöhnung das Nagelkreuz von Coventry.

Eine Insel der Ruhe und Einkehr mitten im hektischen Straßenverkehr um den Breitscheidplatz. Probieren Sie es aus! Kein Geräusch dringt in das Gotteshaus und stört die Minuten der Besinnung.

Im Umfeld der Turmruine baute Eiermann bis 1961 die neue, mehrteilige Kaiser-Wilhelm-Gedächtniskirche: das oktogonale Kirchenschiff mit angrenzendem Foyer sowie den 53,5 m hohen Glockenturm mit angrenzender Kapelle. Durch die 20 000 blauen Glasfenster, die in das Betongitter der Gebäudehülle einfügt sind, wird die neue Kirche mit dem segnenden Christus über dem Altar in ein blaues Licht getaucht. Dieser Eindruck wird durch die Stille fast ins Unwirkliche gesteigert. Die doppelwandige Gebäudehülle lässt keinen Laut von außen in den Kirchenraum dringen.

Die Turmruine der Gedächtniskirche war bis vor wenigen Jahren das beherrschende Bauwerk am Breitscheidplatz. Nun aber haben sich am Beginn der Kantstraße zwei Hochhäuser in den Vordergrund gedrängt, das **Zoofenster** ⓳ und der **Upper West Tower** ⓴ (s. S. 148). Den Startschuss für dieses Streben in die Höhe im Kudammviertel hatte Stararchitekt Helmut Jahn im Jahr 2000 mit dem **Neuen Kranzler-Eck** gegeben.

Kranzler einst und jetzt

In den 1950er-Jahren wurde das **Café Kranzler** gebaut. Mit seinen Sitzplätzen unmittelbar am Kudamm war es eine Institution im West-Berlin der Nachkriegszeit. Heute ist das Café in die dritte Etage verbannt und lockt mit neuem Konzept jüngere Kaffee-Enthusiasten an. Vom legendären Haus geblieben sind lediglich die markante Rotunde auf dem Dach und die rot-weiß gestreifte Markise. Dahinter schließt sich Helmut Jahns gläsernes **Neues Kranzler Eck** ❺ (Nr. 19–24) an. Sein Bau wurde nicht nur wegen der Glaskonstruktion, sondern auch wegen seiner

TOUR
Kunst und Kultur in Häusern der Gründerzeit

Spaziergang durch die Fasanenstraße

Infos

Start/Ziel: Fasanenstr., Ecke Kantstr, F9 / Ludwigkirchplatz, E/F11

Dauer: ca. 60–90 Min. je nach Abstechern

Anders als am Kudamm hat sich in der Fasanenstraße etwas von der Atmosphäre des Wohnviertels der Wohlhabenden um 1900 erhalten, zumindest zwischen Kudamm und Lietzenburger Straße. Im Abschnitt zwischen Kantstraße und Kurfürstendamm geht es erst einmal um Berliner Geschichte.

Das **Künstlerhaus St. Lukas** (Fasanenstr. 13) überrascht mit seiner Ziegelfassade und den Schmuckelementen aus Sandstein. 1890 ließ es der Architekt Bernhard Sehring in einem Stilmix errichten. Zu den Vier- und Fünf-Zimmer-Wohnungen gehören jeweils Ateliers mit Nebenräumen, die auch heute noch genutzt werden. Haben Sie Glück und können einen Blick durch das Zugangstor werfen, erblicken Sie auf dem mit Bäumen bestandenen Innenhof eine malerische Brunnenanlage.

Jenseits des Stadtbahnviadukts steht das **Jüdische Gemeindehaus.** Vor dem Neubau von 1958 wurde das Portal **der Synagoge von 1912** aufgestellt, die an dieser Stelle während des Novemberpogroms 1938 in Flammen aufging. Eine Gedenkwand auf dem Vorhof zeigt die Namen der KZs und Vernichtungslager. Die Statue **Torarolle** von Richard Heß erinnert an die Diskriminierung und die Vernichtung der jüdischen Berliner und ihrer Kultur während der NS-Zeit. Das Gemeindehaus wird heute als Jüdische Volkshochschule sowie für Versammlungen und Feiern genutzt. Der Hauptsitz

Im Café Wintergarten im Literaturhaus

der Jüdischen Gemeinde ist heute das Centrum Judaicum (s. S. 168) in Mitte.

Eine Erinnerung an die erste Bebauung des Kudammviertels ist das **Literaturhaus** (Fasanenstr. 23, www.literaturhaus-berlin.de) in einer 1890 errichteten zweigeschossigen Villa. Diese wurde 1986 instandgesetzt und ihrer heutigen Funktion übergeben. Die Veranstaltungen im Literaturhaus sind eine gute Gelegenheit, einen Blick in die oberen Stockwerke der Villa zu werfen. Das Erdgeschoss wird vom **Café Wintergarten** 1 (s. Abb.) genutzt.

Der **Garten der Villa** bildet gemeinsam mit den Gärten der Nachbarhäuser Fasanenstraße 24 und 25 ein Gartendenkmal. Das nur dreigeschossige Haus **Fasanenstraße 24** wurde bereits 1871 hier errichtet und gilt als erstes Haus in der Straße. Bis Ende 2019 beherbergte es das Käthe-Kollwitz-Museum. Aktuell wird das Gebäude als **Werkstatt Exilmuseum** (https://stiftung-exilmuseum.berlin) genutzt, in der die Eröffnung des Exilmuseums am Anhalter Bahnhof vorbereitet wird.

Grisebach – dieser Name auf der gut sichtbar angebrachten Fahne an dem Gebäude Fasanenstraße 25 verweist auf das **Auktionshaus Grisebach** (www.grisebach.com) und zugleich auf den Architekten Hans Grisebach. 1892 baute dieser das frühe Stadthaus mit Schmuckelementen der Renaissance für den Eigenbedarf. Der Treppenturm erschloss eine eigenständige Wohnung im Obergeschoss und das Atelier des Architekten. Das Auktionshaus, das 1986 gegründet wurde, ist heute führend in Sachen deutsche Kunst des 20. Jh.

Die vielbefahrene Lietzenburger Straße wirkt wie eine Barriere, jenseits der es gleich ruhiger wird. Hierher verirren sich kaum Touristen. Rund um den nahen **Ludwigkirchplatz** haben sich in den vergangenen Jahren Cafés und Restaurants angesiedelt.

Café Wintergarten
1: Fasanenstr. 23, T 030 882 54 14, www.literaturhaus-berlin.de, tgl. 9–24 Uhr

Verkehrsregelung als Handarbeit, per Knopfdruck und verkehrsangepasst: das Denkmal einer längst vergangenen (Auto-)Zeit

60 m Höhe als unpassend kritisiert, da er die umliegenden Häuser erdrücke.

Verkehrsfluss per Knopfdruck

Die **Verkehrskanzel** ❻ (Joachimsthaler Platz) ist ein Relikt aus der Welt vor der Automation. Hier saß doch tatsächlich ein Polizist und bediente per Knopfdruck verkehrsangepasst die Ampelanlage. 1955 wurde die Kanzel zusammen mit dem Verkaufskiosk, der öffentlichen Toilette und dem Eingang zum U-Bahnhof gebaut. Im Oktober 1962 war dann Schluss mit der Verkehrsregelung per Hand.

Auf den Spuren der Traumpaläste

Nur noch wenige Spuren finden sich heute von den großen Lichtspielhäusern, die hier am Kudamm für glanzvolle Premieren sorgten. Am Gebäude Kurfürstendamm 236 prangt der Schriftzug **Marmorhaus** ❼ (Nr. 236). Ein Hinweis auf die Verkleidung des Gebäudes mit weißem schlesischem Marmor. Ein Hinweis aber auch auf das gleichnamige Kino, das hier 1913 eröffnet wurde. Auf der anderen Straßenseite wurde im selben Jahr am **Kurfürstendamm 26** ❽ das Kino **Union Palast Kurfürstendamm** im Stil des wilhelminischen Klassizismus erbaut. Ein Hoffnungsschimmer für den Kinostandort Kurfürstendamm ist einzig die **Astor Film Lounge** ❾ (s. S. 160). Astor – das klingt so wunderbar nach den 1920er-Jahren. Das Kino wurde aber als Kiki (Kino im Kindl) erst 1948 eröffnet. Heute ist es ein Luxuskino im Stil der 1950er-Jahre.

Schnörkel sind wieder in

Die erste Serie von Kudamm-Häusern, die noch etwas von der alten Pracht des Boulevards erahnen lassen, findet sich Ecke Uhlandstraße. Die fünfgeschossigen Gebäude **Kudamm 212–218** ❾ stammen aus den Jahren 1897/98 und zeigen zum Teil noch den alten Fassadenschmuck. Wie anders dagegen die entdekorierte Fassade des **Cinema Paris** ❿ (Nr. 211, http://yorck.de/kinos) Ecke Uhlandstraße. Schon Ende der 1920er-Jahre wurde das Gebäude auf neu getrimmt. Dafür wurde – wie an vielen Häusern zwischen 1950 und 1980 – der als ›oll‹ empfundene Fassadenschmuck abgeschlagen. Heute werden genau diese Schmuckelemente, die Schnörkel, wieder angebracht.

Von bezahlbar bis glamourös

Im Bereich Ecke Uhlandstraße haben bezahlbare Marken wie COS, die Edellinie von H&M, oder auch Marc O'Polo ihre Flagship-Stores eröffnet. Richtig edel und teuer wird es erst zwischen dem **Haus Cumberland** ⓫ (Nr. 193/194), das u. a. als Hotel Brecker in »Die Bourne Verschwörung« zu filmischen Ehren gelangte, und dem Olivaer Platz. Hier sind sie in Reihe zu bewundern, die Boutiquen von Gucci, Bulgari, Cartier, Chanel und Rolex, Prada und Louis Vuitton. Auf der gegenüberliegenden Straßenseite gesellen sich Dior und Jil Sander hinzu. Es wirkt so, als hielten die Luxusmarken bei ihrer Standortwahl bewusst Abstand vom Tauentzien mit seinen Warenhäusern für jedermann. Jenseits des Olivaer Platzes ist dann schlagartig Schluss mit den Edelmarken. Trotz des Glanzes in den Schaufenstern sollten Sie Ecke Schlüterstraße oder Ecke Wielandstraße den Blick einmal gen Himmel richten. Hier sind die **Türmchen** auf den Eckgebäuden erhalten, die einmal ein Markenzeichen des gesamten Kudamms waren.

Mendelsohn und Cadillac

Für Architektur-Enthusiasten ist das Gebäude der **Schaubühne am Lehniner Platz** ⓬ (Nr. 153, www.schaubuehne.de, U 7 Adenauerplatz) ein Muss. 1928 baute Erich Mendelsohn, einer der wichtigsten Architekten der Moderne in Berlin, die beiden Bauten mit den gerundeten Fassaden. Im westlichen Rundbau brachte er das **Kino Universum** mit 1763 Sitzplätzen unter. Auffällig ist der markante Aufbau, der der Entlüftung diente, zugleich aber die Möglichkeit bot, hier große Werbeflächen anzubringen. Bis 1980 wurde das Gebäude bis auf die äußere Hülle entkernt und zur Schaubühne am Lehniner Platz umgebaut. In den 1980er-Jahren war die Schaubühne eine der weltweit wichtigsten Theateradressen.

Eine Skulptur am Westende des Kudamms sorgt seit 1987 für heftigste Diskussion. Der Künstler Wolf Vostell nannte seine Arbeit **Zwei Beton-Cadillacs in Form der Nackten Maja** ⓭ (Rathenauplatz, S 41, 46 Halensee) und sah sie als kritische Auseinandersetzung mit der Autokultur. Aufgestellt wurde sie im Rahmen des Skulpturenboulevards zum 750. Stadtgeburtstag. Schnell wurde sie als Schande für die ganze Stadt verteufelt, 2006 aber für immerhin 100 000 € saniert.

Rund um den Bahnhof Zoo

F/G 9

Zweimal Zoologischer Garten

Ohne den 1882 eröffneten **Bahnhof Zoo** ⓮ als Verbindung zum Zentrum in Berlin-Mitte hätte sich das Kudammviertel so nicht entwickeln können. Zu Mauerzeiten der einzige Fernbahnhof in West-Berlin, hält hier heute nur noch der Fernzug nach Köln. Geblieben ist dem Bahnhof die Funktion als regionaler Verkehrsknotenpunkt und Treffpunkt von Obdachlosen und Drogenabhängigen.

Der Berliner **Zoologische Garten** ⓯, der dem Bahnhof den Namen gab, zeigt auf nur 33 ha über 20 000 Tiere aus über 1300 Arten. Eine Attraktion sind die Pandabären Meng Meng und Jiao Qing.

Zoo: Eingang Budapester Str., www.zoo-berlin.de, tgl. ab 9, Schließung je nach Jahreszeit 16.30–18.30 Uhr, 17,50/9 €, mit Aquarium 23,50/12 €

Vorwärts in die 1950er-Jahre

Das Kino Zoo Palast und die Shoppingmall Bikini Berlin sind beste Beispiele für die Renaissance der 1950er-Jahre. 1957 wurden sie als Teil des Zentrums am Zoo erbaut.

Das Kino **Zoo Palast** ⓰ (Hardenbergstr. 29a) wurde bis 2013 saniert. Jetzt leuchtet der mit gelb-beigen Kacheln verkleidete Aufbau mit den vergoldeten Knöpfen wieder im Stadtbild. Typisch 1950er-Jahre: die Fensterflächen von Zoo Loge und ZooBa, eingefasst von feinen, vergoldeten Profilen. Im Innern wurden das Kino 1 mit dem spektakulären Wasservorhang und das Foyer denkmalgerecht wiederhergestellt.

Ebenfalls 1950er-Jahre-Architektur pur zeigt das **Bikini-Haus** ⓱: die Betonung der horizontalen Linien, die filigranen Einfassungen der Fensterflächen, die feinen Proportionen. Leider wurde beim Ausbau des Hauses zur Shoppingmall das zweite Obergeschoss, das die Architekten offen gelassen hatten, durch eine Fensterfront geschlossen. Dabei hatte gerade dieses Luftgeschoss dem Gebäude den Namen Bikini-Haus eingebracht, bestand es doch aus einem Teil oben und einem Teil unten. Hinter dem Bikini-Haus bietet eine frei zugängliche, begrünte **Terrasse** einen Ausblick in den Berliner Zoo. Spektakulär ist der Panoramablick in der **Monkey Bar** 1 (s. S. 159) im zehnten Stockwerk des 25hours Hotel, die man über einen separaten Fahrstuhl erreichen kann.

Fotokunst am Zoo

Eine Aufwertung für das Gebiet um den Bahnhof Zoo war die Sanierung des ehemaligen Kasinogebäudes für das **Museum für Fotografie** 34 (s. S. 153) und die **Helmut Newton Foundation,** die hier Arbeiten des Starfotografen präsentiert. Eine Straßenecke weiter zeigt die Stiftung **C/O Berlin** 18 im eigens hergerichteten ehemaligen **Amerika Haus** seit 2014 Fotoausstellungen von internationalem Format. Zumeist finden parallel zwei oder drei Ausstellungen statt.

C/O Berlin: Hardenbergstr. 22–24, www.co-berlin.org, U 2, 9, S 3, 5, 7, 9 Zoologischer Garten, tgl. 11–20 Uhr, 12/6 €

Kantstraße

C9–G9/10

Alltag international

Die Kantstraße verläuft parallel zum Kurfürstendamm, steht aber anders als der Edelboulevard für das Berliner Alltagsleben. Und sie gilt aufgrund der Geschäfte und Restaurants aus aller Herren Länder als Berlins internationalste Straße.

Wir wollen hoch hinaus …

Eröffnet wird die Kantstraße auf der Höhe Breitscheidplatz von zwei Hochhäusern, dem gradlinigen **Zoofenster** 19 (Nr. 1) mit dem **Hotel Waldorf Astoria** (Hardenbergstr. 28) und dem geschwungenen **Upper West Tower** 20 (Nr. 163–165). Beide ragen 119 m empor.

Noch Anfang der 1990er-Jahre hatte der Bezirk Charlottenburg dem **Kant Dreieck** 21 (Nr. 155, Ecke Fasanenstr. 81) mit seinem markanten Segel auf dem Dach nur eine Höhe von 36 m genehmigt. Von 36 m auf 119 m – die Investoren in der City West wollen in die Höhe. Pläne für weitere Hochhäuser liegen schon in den Schubladen.

Hauptsache opulent

Bevor es international wird, wird es pompös – mit dem **Theater des Westens** 22 (Nr. 12, s. S. 160), das heute als Spielort der Musicals der Stage Entertainment genutzt wird. Erbaut wurde es 1896 von dem rührigen Architekten Bernhard Sehring, der an allen Ecken und Enden des Gebäudes Bauschmuck anbringen ließ: Schwan-Draperien über den Fenstern, Putten über dem Hauptgesims, Löwen und Obelisken beiderseits der Dachaufbauten auf den schmalen Seitentrakten. Sehring sparte auch nicht an Eigenlob: In der Widmung im Friesfeld ließ er sich in großen Buchstaben als Erbauer des Theaters verewigen. Auf der Westseite des Gebäudes führt die sogenannte **Kaisertreppe** in den **Theater- und Konzertgarten,** der 1998 wiederhergestellt wurde.

Der Garten wird heute vom **Quasimodo** im Nachbargebäude genutzt. Auch dieses stammt von Bernhard Sehring, der es 1928 als Tanzlokal **Delphi-Palast** 23 eröffnete. Erst nach dem Zweiten Weltkrieg wurde daraus der **Delphi Filmpalast am Zoo** (Nr. 12, www.yorck.de). Mit der seinerzeit modernsten Vorführtechnik wurde das Lichtspielhaus ab 1952 zum Austragungsort der Berlinale.

Noch mehr Fotokunst

Eine dritte Institution in Sachen Fotokunst im Berliner Westen ist die **Galerie Camera Work** 24. Präsentiert werden in dem schön hergerichteten Gebäude im zweiten Hinterhof Ikonen der Fotokunst, aber auch Arbeiten junger Fotografen. Einfach an der Tür zum zweiten Hof klingeln.

Kantstr. 149, www.camerawork.de, Di–Sa 11–19 Uhr, Eintritt frei

Der entspannte Platz

Die relativ schmale Kantstraße bietet kaum Gelegenheit, Tische vor die Cafés oder Restaurants zu stellen. Genussvoll draußen sitzen können Sie nur am **Savignyplatz** 25, dem ohnehin eine Mittelpunktfunktion im Stadtquartier zukommt. In der Grolmannstraße reiht sich zwischen Savignyplatz und Goethestraße Restaurant an Café. Auf der anderen Seite des Platzes, der von der Kantstraße durchschnitten wird, finden sich in den S-Bahn-Bögen hervorragende Buchläden.

China an der Spree

Jenseits des Savignyplatzes beginnt die ›Chinesische‹ Kantstraße. Keiner weiß warum, aber in der Kantstraße hat eine ganze Reihe chinesischer Restaurants wie das **Aroma** 2 oder das **Good Friends** 3 (s. S. 157) eröffnet. Hier gibt es authentische chinesische Küche. Dazu kommen Geschäfte wie **Tone of China** 4 (s. S. 158), die asiatische Möbel und Antiquitäten verkaufen.

Platz für Neues

In die **Kant-Garagen** 26 ist das **Stilwerk** 3 mit Showrooms, Pop-up-Stores und gleich daneben einem Hotel eingezogen. 1991 wurde das Parkhaus als ein einzigartiges Denkmal des Automobilismus unter Denkmalschutz gestellt. Eröffnet wurde es 1930 von Louis Ser-

Ein Denkmal des Automobilismus, die Kant-Garagen – heute saniert und umgenutzt als Showroom des Stilwerks.

lin, der bei einem USA-Aufenthalt die Zeichen der Zeit erkannt hatte. Er baute eine Parkgarage mit abschließbaren und beheizten Stellplätzen für 300 Pkw, dazu Serviceeinrichtungen wie Tankstelle, Werkstatt und Waschanlage. Und das Ganze hinter einer hochmodernen Stahl-Glas-Fassade im Stil der Neuen Sachlichkeit.

Alt-Charlottenburg

B–E6–8

Relikte des Bürgerstolzes

Es ist einigermaßen ernüchternd, vom U-Bahnhof Richard-Wagner-Platz hinauf auf die Straße zu gehen. Aus dem Marktplatz der Bürgerstadt Charlottenburg ist eine Straßenkreuzung geworden. Einzig das **Rathaus Charlottenburg** ❷❼ (Otto-Suhr-Allee 100) von 1905 mit seiner trutzigen Hausteinfassade bezeugt, dass der Platz mal mehr war. Imposante 88 m reckt sich der Rathausturm als Sinnbild des Bürgerstolzes in die Höhe. Immerhin war Charlottenburg zur Bauzeit mit über 180 000 Einwohnern schon Großstadt und dazu die reichste Stadt in Preußen.

Als die Schustehrusstraße um 1700 angelegt wurde, lag diese Bedeutung der Stadt noch in ferner Zukunft. 1712 wurde das Haus **Schustehrusstraße 13** ❷❽, das älteste erhaltene Wohnhaus Charlottenburgs, erbaut. Das eingeschossige Gebäude mit den beiden Fledermausgauben entspricht dem Typenhaus, das Architekt Eosander von Göthe für die ersten Bauten im Umfeld des Schlosses entworfen hat. Nur die Tordurchfahrt rechts wurde nachträglich angesetzt. Wenn Sie den schönen Innenhof anschauen möchten, müssen Sie Eintritt zahlen: Im Haus ist das **Keramik-Museum Berlin** (www.keramik-museum-berlin.de, Fr–Mo 13–17 Uhr, 4/2 €) untergebracht.

Durch die Schustehrusstraße geht es zur **Luisenkirche** ❷❾, die ihren vorgestellten Glockenturm bei einem tiefgreifenden Umbau nach Plänen Karl Friedrich Schinkels 1826 erhielt. 1716 wurde die Kirche geweiht. Und zwar als Stadtkirche. 1705 hatte König Friedrich I. die kleine Ansiedlung am Schloss zur Stadt erhoben und ihr zu Ehren seiner jüngst verstorbenen Gattin Sophie Charlotte den Namen Charlottenburg beigegeben.

Schon jenseits der Kaiser-Friedrich-Straße passiert die Schustehrusstraße den nördlichen Rand des **Schustehrusparks.** Ursprünglich gehörte der Park zur **Villa Oppenheim** (Schloßstr. 55), die bis 1882 für Margarethe und Otto Georg Oppenheim im Stil der Neorenaissance errichtet wurde. Seit 2012 ist hier das **Museum Charlottenburg-Wilmersdorf** ❸❺ (s. S. 153) eingerichtet.

Immer auf das Schloss zu

Von der Villa Oppenheim sind es nur wenige Meter durch den Otto-Grüneberg-Weg zur **Schloßstraße** ❸⓿, die schnurgerade auf Schloss Charlottenburg zuläuft. Die 70 m breite und nur 900 m lange Straße wurde um 1700 angelegt und erhielt 1840 die baumbestandene Mittelpromenade. Aus dieser Zeit ist das dreigeschossige Doppelhaus **Schloßstraße 18/18a** von 1856 erhalten. 1874 wurde das Haus **Schloßstraße 67** mit zwei herrschaftlichen Wohnungen erbaut. Einige Vorgärten in der Straße wurden nach dem Vorbild des 19. Jh. wiederhergestellt.

Arbeiterviertel und Barockschloss

»Kleiner (roter) Wedding« wurde der **Kiez um Klausenerplatz und Danckelmannstraße** vor 1933 genannt – ein Arbeiterviertel in unmittelbarer Nähe zum **Schloss Charlottenburg** ❸❶ (s. Tour S. 154). Hier haben sich fast geschlossene

Rund um Schloss Charlottenburg

Ansehen

1 – 26 s. Cityplan S. 140
27 Rathaus Charlottenburg
28 Schustehrusstraße 13 / Keramik-Museum Berlin
29 Luisenkirche
30 Schloßstraße
31 Schloss Charlottenburg
32 Seelingstraße
33 Danckelmannstraße 46/47 (Ex-Ledigenheim)
34 s. Cityplan S. 140
35 Museum Charlottenburg-Wilmersdorf / Villa Oppenheim
36 Museum Berggruen
37 Bröhan-Museum
38 Käthe-Kollwitz-Museum
39 Sammlung Scharf-Gerstenberg
40 – 41 s. Cityplan S. 140

Essen

1 – 7 s. Cityplan S. 140
8 Glaube Liebe Hoffnung
9 Zur Weißen Kastanie
10 Kaffeehaus Röstwerk

Einkaufen

1 – 3 s. Cityplan S. 140
4 Tone of China
5 Harry Lehmann
6 Suarezstraße
7 s. Cityplan S. 140

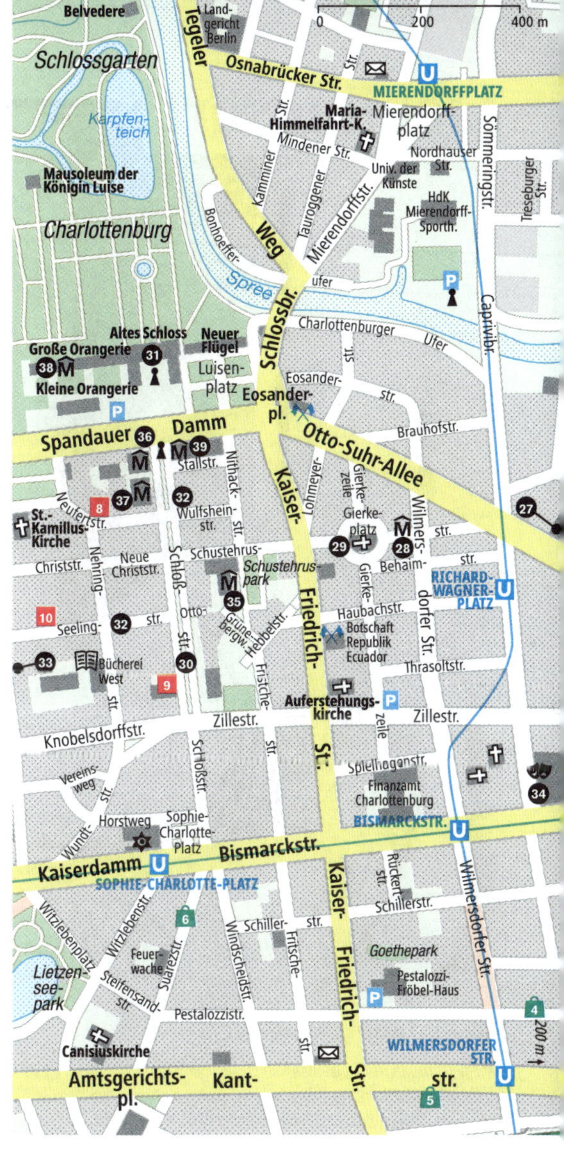

Ausgehen

s. Cityplan S. 140

Lieblingsort

Schlafende Königin

Wie schlafend liegt die noch junge Königin Luise (1776–1810) da – Christian Daniel Rauch ist es gelungen, eine ›lebendige‹ Skulptur aus Carrara-Marmor zu schaffen. Man vergleiche sie nur mit Skulpturen der anderen Hohenzollern, die hier im Mausoleum im Park von **Schloss Charlottenburg** ㉛ beigesetzt wurden: Deutlich steifer wirken die Liegefiguren des preußischen Königs Friedrich Wilhelm III. oder des deutschen Kaiserpaars Wilhelm I. und Augusta. Schon der Weg zum **Mausoleum der Königin Luise** durch die dunkle Tannenallee stimmt auf die Kultstätte ein (Schloss und Schlossgarten Charlottenburg: s. Tour S. 154; Mausoleum: April–Okt. Di–So 10–17.30 Uhr, 3/2 €, inkludiert in Charlottenburg+ 19/14 €).

Fassadenreihen aus dem Ende des 19. Jh. erhalten. In die ehemaligen Ladengeschäfte sind Cafés, Kneipen und Restaurants eingezogen. Einzelne Modegeschäfte oder auch Schmuckwerkstätten verweisen darauf, dass sich auch dieser Kiez von einem Szene- und Zuwandererquartier zu einem Wohnviertel Besserverdienender wandeln wird.

Am besten gehen Sie von der Schloßstraße durch die Neufertstraße, dann weiter durch die Nehringstraße und rechts ab in die **Seelingstraße** ㉜. Hier finden sich sogar noch dreigeschossige Mietshäuser (Nr. 23, 35, 33), die zur ersten Bebauung ab Mitte der 1870er-Jahre gehören. Die fünfgeschossigen Mietsbauten an Neufert-, Nehring-, Danckelmann- und Knobelsdorffstraße wurden ca. 20 Jahre später hochgezogen.

Die Danckelmannstraße ist heute zwischen Seelingstraße und Horstweg verkehrsberuhigt. Das Gebäude **Danckelmannstraße 46/47** ㉝ wurde 1908 als erstes **Ledigenheim** in Deutschland eröffnet, das seinen bis zu 370 Bewohnern je ein 6 m² großes Einzelzimmer bot. Hiermit hoffte die Stadt Charlottenburg des Schlafgängerwesens Herr zu werden. Bis zu 8000 junge Männer, die sich in Charlottenburg von ihrem Lohn nur eine Schlafstelle leisten konnten, galten als Bedrohung für die Moral der Vermieterfamilien. Heute findet sich in dem Gebäude, dessen Fassade originalgetreu wiederhergestellt wurde, ein Studentenwohnheim.

Picasso in der Kaserne

Ein Zentrum für moderne Kunst ist am Kopf der Schloßstraße entstanden. August Stüler baute bis 1859 die beiden Kasernen für die Offiziere des Regiments Gardes du Corps, die Wachdienst am Charlottenburger Schloss taten. Heute sind dort das **Museum Berggruen** ㊱, das **Bröhan-Museum** ㊲ und die **Sammlung Scharf-Gerstenberg** ㊴ (alle: s. S. 156) untergebracht. Vor allem mit den Werken von Picasso und Paul Klee im Museum Berggruen konnte zumindest ansatzweise die Lücke geschlossen werden, die der Kunstraub der Nazis in der Berliner Museums- und Sammlerlandschaft in Sachen Klassischer Moderne hinterlassen hat.

Museen

Mehr als Big Nudes

㉞ **Museum für Fotografie – Helmut Newton Foundation:** In den ersten beiden Stockwerken des Gebäudes zeigt die Helmut Newton Stiftung Arbeiten des weltweit bekannten Fotografen. Schon vom Eingang aus sehen Sie die fünf lebensgroßen Aktaufnahmen, die »Big Nudes«, die immer wieder umstritten sind. Die Ausstellung zeigt, dass Helmut Newton ein begehrter Porträtfotograf war. Newton, der in den vergangenen Jahrzehnten die Bildsprache in Modefotografie und erotischer Fotografie mitprägte, wurde 1920 als Helmut Neustädter in Berlin geboren. 1938 flüchtete er aus Nazi-Deutschland. Nach einer internationalen Karriere, die ihn zu einem der teuersten Modefotografen weltweit machte, überließ er 2003 eine große Zahl seiner Arbeiten der Helmut Newton Foundation. Unter dem Titel »Helmut Newton's Private Property« werden außerdem persönliche Gegenstände des Fotografen gezeigt. Im sanierten Kaisersaal im 2. Obergeschoss präsentiert die **Sammlung Fotografie der Kunstbibliothek** darüber hinaus wechselnde Ausstellungen.

Jebensstr. 2, www.helmut-newton.de, www.smb.museum, U 2, 9, S 3, 5, 7, 9 Zoologischer Garten, Di–So 11–19, Do bis 20 Uhr, 10/5 €

Geschichte, Kunst und Menschen

㉟ **Museum Charlottenburg-Wilmersdorf:** Die Villa Oppenheim ist mehr als ein einfaches Regionalmuseum.

TOUR
Von Barock bis Rokoko

Rundgang durch Schloss und Garten Charlottenburg

Infos

Schloss, B/C 6/7: Spandauer Damm, www.spsg.de, U 7 Richard-Wagner-, U 2 Sophie-Charlotte-Platz, April–Okt./Nov.–März Di–So 10–17.30/16.30 Uhr (Parkbauten abweichend!), Charlottenburg+ (alle Gebäude) 19/14 €; **Garten:** tgl., Eintritt frei, ohne Bauten

Auf einer Breite von über 500 m erstreckt sich die Front des barocken **Schlosses Charlottenburg** 31 entlang der Straße Spandauer Damm. Eine beeindruckende Anlage, deren ganze Schönheit sich erst auf der Gartenseite zeigt.

Hinter dem **Tor mit den Borghesischen Fechtern,** Nachbildungen einer der bekanntesten Plastiken der Antike, empfängt uns das **Reiterstandbild Kurfürst Friedrich Wilhelms.** Der Bildhauer Andreas Schlüter präsentiert den Kurfürsten, der nach dem Dreißigjährigen Krieg die Grundlage für den Wiederaufstieg Preußens legte, in würdevoller Ruhe als barocken Herrscher mit Allongeperücke und Zepter. Gleichzeitig deutet der ausgreifende Schritt des Pferdes Bewegung und Dynamik an. Die Plastik war Vorbild für viele Reiterstatuen.

Wir stehen vor dem deutlich höheren Mittelteil, dem **Alten Schloss,** das sich die zweite Gemahlin Kurfürst Friedrichs III., Sophie Charlotte, ab 1695 errichten ließ. Nach deren Tod 1705 begann ihr Mann, inzwischen König Friedrich I. in Preußen, das Schloss zu erweitern und ließ es mit einer Kuppel bekrönen. Zu Ehren Sophie Charlottes benannte er das Schloss von Lietzenburg in Charlottenburg um.

Im Alten Schloss sind die Gemächer und Audienzzimmer Sophie Charlottes und König Friedrichs I. im Stil des Barock zu besichtigen. Highlights sind das prachtvolle **Porzellankabinett** und die **Kirche,** die eine einzige Feier des Erwerbs der

Schloss Charlottenburg: ein barocker Traum, einst weit vor den Toren der Stadt gelegen

Königswürde 1701 darstellt. Nach langwierigen Verhandlungen hatte er diese erreicht – und sich 1701 in Königsberg, dem heutigen Kaliningrad, die Krone selbst aufs Haupt gesetzt. Im ersten Obergeschoss beeindruckt der lichtdurchflutete **Gartensaal,** von dem sich ein guter Blick auf die barocke Gartenanlage, das **Parterre,** mit der Broderie bietet: Buchsbaumhecken und farbig abgestreute Flächen zeichnen ein Ornament.

Erst ab 1740 ließ Friedrich II. (Friedrich der Große) auf der Ostseite den **Neuen Flügel** anfügen. Hier befinden sich der **Weiße Saal** und vor allem die **Goldene Galerie,** die als Höhepunkt des Friderizianischen Rokoko gilt.

Nicht verpassen sollten Sie die **Wohnräume Friedrichs des Großen,** in denen die Gemälde des französischen Malers Antoine Watteau, den Friedrich sammelte, gezeigt werden, darunter das berühmte Bild »Einschiffung nach Kythera«.

Gleich neben dem Schloss ließ König Friedrich Wilhelm III. von Karl Friedrich Schinkel bis 1825 den klassizistischen **Neuen Pavillon** errichten. Im Erdgeschoss sind die Räume im Stil der 1820er-Jahre, teilweise mit Originalmöbeln, eingerichtet.

Eine Weihestätte ist im Park das **Mausoleum der Königin Luise** (s. Lieblingsort S. 152), die überraschend 1810 im Alter von nur 34 Jahren verstarb.

Im hinteren Bereich des Parks steht das 1788 von Carl Gotthard Langhans erbaute **Belvedere,** in dem heute Meisterwerke der **Königlichen Porzellan-Manufaktur Berlin** (KPM) gezeigt werden. Hier befinden wir uns schon im hinteren Teil des Schlossparks, der als **englischer Landschaftsgarten** zu einem Spaziergang einlädt.

Gezeigt wird die Geschichte der Bezirke Charlottenburg und Wilmersdorf, der Villa und der Menschen, die darin lebten. Präsentiert werden aber auch Teile der Kunstsammlung der Stadt Charlottenburg, darunter Werke von Friedrich Kallmorgen, Eduard Gaertner, Hans Baluschek und Walter Leistikow sowie Plastiken von Reinhold Begas und Constantin Meunier.

Schloßstr. 55, www.villa-oppenheim-berlin.de, U 2 Sophie-Charlotte-Platz, U 7 Richard-Wagner-Platz, Di–Fr 10–17, Sa/So, Fei 11–17 Uhr, Eintritt frei

Picasso und Klee

36 Museum Berggruen: Der Stülerbau, in dem das Museum Berggruen seine Heimat gefunden hat, wird saniert. Eine kleine Auswahl der Hauptwerke sehen Sie im gegenüberliegenden **Museum Sammlung Scharf-Gerstenberg** (s. rechts).

Schloßstr. 1, www.smb-museum, U 2 Sophie-Charlotte-Platz, U 7 Richard-Wagner-Platz, S 41, 16 Westend

Jugendstil und mehr

37 Bröhan-Museum: Schwerpunkt der Sammlung sind Kunsthandwerk und Gebrauchsgegenstände des Jugendstils, des Art déco und des Funktionalismus. Dazu kommen die Gemälde der Berliner Secession. Außerdem werden Wechselausstellungen zum Thema Design von 1950 bis heute gezeigt.

Schloßstr. 1a, www.broehan-museum.de, U 2 Sophie-Charlotte-Platz, U 7 Richard-Wagner-Platz, S 41, 16 Westend, Di–So 10–18 Uhr, 8/5 €

Bekannte Künstlerin

38 Käthe-Kollwitz-Museum: Über 200 zeichnerische und druckgrafische Arbeiten, Originalplakate und Plastiken der Berliner Künstlerin werden gezeigt. Die Sammlung geht auf den Berliner Maler und Kunsthändler Hans Pels-Leuden zurück.

Spandauer Damm 10, www.kaethe-kollwitz.de, U 2 Sophie-Charlotte-Platz, U 7 Richard-Wagner-Platz, S 41, 16 Westend, tgl. 11–18 Uhr, 7/4 €

Fantastisch

39 Sammlung Scharf-Gerstenberg: Die Sammlung Scharf-Gerstenberg ergänzt mit dem Schwerpunkt Fantastische Kunst die Museen Berggruen und Bröhan. Das Spektrum reicht von Giovanni Battista Piranesi und Francisco de Goya bis zu Horst Janssen, Edvard Munch und Francis Picabia. Das gesamte Feld von Symbolismus bis Surrealismus wird präsentiert.

Schloßstr. 70, www.smb.museum, U 2 Sophie-Charlotte-Platz, U 7 Richard-Wagner-Platz, Di–So 10–18 Uhr, Kombiticket mit Berggruen 12/6 €

Im Atelier

40 Georg Kolbe Museum: Nicht nur das Werk dieses bedeutenden Bildhauers der Weimarer Zeit und weiterer Künstler der Klassischen Moderne lohnen einen Besuch. Das Atelier- und Wohnhaus, das Georg Kolbe sich 1929 in einem ehemaligen Waldstück bauen ließ, ist ein sehenswertes Beispiel für die moderne Architektur im Berlin der späten 1920er-Jahre.

Sensburger Allee 25, T 030 304 21 44, www.georg-kolbe-museum.de, S 3, 9, Bus M49, X49, 218 Heerstr., Mi–Mo, 11–18 Uhr, 8/5 €

Gestaltung der Moderne

41 the temporary Bauhaus-Archiv: Einen kleinen Einblick in das Bauhaus-Design vermittelt die temporäre Ausstellung des Bauhaus-Archivs. Einen Shop, einige Ausstellungsobjekte – mehr gibt es nicht, bis der Neubau und das denkmalgerecht sanierte Gebäude des Bauhaus-Archivs in der Klingelhöferstraße öffnen (s. S. 129).

Knesebeckstr. 1/2, www.bauhaus.de, U 2 Ernst-Reuter-Platz, Mo–Sa 10–18 Uhr, Eintritt frei

Essen

Garten Nähe Kudamm

1 **Café Wintergarten im Literaturhaus:** Vor allem in der warmen Jahreszeit mit den Plätzen im Garten und auf der Wintergarten-Terrasse ist das Café ein absoluter Renner. Aber auch an kalten Tagen ein Treffpunkt bei Kaffee und Kuchen oder auch bei einem kleinen Gericht.

Fasanenstr. 23, T 030 882 54 14, www.literaturhaus-berlin.de, U 1 Uhlandstr., tgl. 9–24 Uhr

Kantonesisch

2 **Aroma:** Offen und hell ist das Restaurant, in dem viele Asiaten essen gehen. Bodenständige kantonesische Küche, die nach zwei Speisekarten bestellt wird: eine für europäische Gaumen, die an die chinesische Küche herangeführt werden wollen, eine mit originalen Gerichten. Eine große Zahl von hausgemachten Dim Sum (um 5,50 €), Teigtaschen mit unterschiedlichsten Füllungen, die als Spezialität des Lokals gelten.

Kantstr. 35, T 030 37 59 16 28, S 3, 5, 7, 9 Savignyplatz, Mo, Di, Do 14–2, Fr/Sa/So 12–3 Uhr, Hauptspeise um 12 €

Tipp des Starkochs

3 **Good Friends:** Hier essen viele Chinesen, hier isst aber auch Starkoch Tim Raue. Was muss man mehr sagen? Suppen 4–12 €, Hauptgerichte 13–18 € – zu wählen von einer schier endlosen Karte. Die Gerichte erscheinen wie von Zauberhand in Minuten am Tisch.

Kantstr. 30, T 030 313 26 59, www.goodfriends-berlin.de, S 3, 5, 7, 9 Savignyplatz, tgl. 12–22.45 Uhr

Angesagt japanisch

4 **Kuchi Kant:** Angesagtes Restaurant in angenehm minimalistischem Design, japanische und Asia-Fusion-Küche. Unbedingt reservieren. Sushi-Platte Imperial 28 €, Hauptgericht um 15 €.

Kantstr. 30, T 030 31 50 78 15, www.kuchi.de, S 3, 5, 7, 9 Savignyplatz, tgl. 12–23 Uhr

Der Klassiker

5 **Paris Bar:** Es gibt sie also noch, die Paris Bar, wo einst ein echter Kippenberger an der Wand hing, der was zeigte? Ja klar, den leeren Gastraum der Paris Bar. Dabei war die Bar Promi- und Künstlertreff – bis zur Pleite 2005. Der Kippenberger wurde für 2,7 Mio. € bei Christie's versteigert, das Lokal hat neue Betreiber und bietet guten Service bei guter französischer Küche.

Kantstr. 152, T 030 313 80 52, S 3, 5, 7, 9 Savignyplatz, tgl. 12–2 (Küche bis 1) Uhr, Hauptgerichte um 25 €

Alt-Berliner Küchentradition

6 **Dicke Wirtin:** Berliner Küche von der Schmalzstulle (4,90 €) bis zum

Eine Institution des alten West-Berlin und Treffpunkt der Promis nicht nur zur Berlinale: die Paris Bar

Zwiebelrostbraten (21,50 €) und dazu einen Obstbrand aus der hauseigenen Brennerei.

Carmer Str. 9, www.dicke-wirtin.de, S 3, 5, 7, 9 Savignyplatz, tgl. ab 11, Küche 11–23 Uhr

Currywurst, auch dekadent

7 **Bier's Kudamm 195:** Hier gibt's Currywurst (3,80 €) auch mal mit Promifaktor. Wer mag, gönnt sich Sekt (halbe Flasche 19 €) oder Schampus (Piccolo 35 €) – und staunt, wer hier so alles einkehrt.

Kurfürstendamm 195, www.bier-s.com/kudamm195, Mo–Do 11–5, Fr/Sa 11–6, So 12–5 Uhr

Ricotta-Gnocchi

8 **Glaube Liebe Hoffnung:** Der kleine Italiener um die Ecke, der auch ein bisschen Kneipe ist und in dem es täglich frische Ricotta-Gnocchi gibt – mit drei verschiedenen Soßen zur Wahl. Die Speisekarte ansonsten wechselt regelmäßig.

Neufertstr. 16, T 030 95 61 90 43, www.glaube-liebe-hoffnung-berlin.de, U 7 Richard-Wagner-Platz, Di–Sa 17–22 Uhr

Typisch Charlottenburg

9 **Zur Weißen Kastanie:** Gemütliche Kneipe. Das kulinarische Angebot reicht von der schwäbischen Maultasche (8,50 €) bis zu fränkischen Bratwürsten (6,90 €).

Schloßstr. 22, T 030 321 50 34, www.kastanie-berlin.de, U 2 Sophie-Charlotte-Platz, tgl. 12–1 Uhr

Bester Kaffee

10 **Kaffeehaus Röstwerk:** Frühstücken, hier vor Ort in Alt-Charlottenburg gerösteten Kaffee genießen und sich Kuchen schmecken lassen.

Seelingstr. 32, T 030 37 44 74 72, www.facebook.com/ROESTWERKberlin, U 2 Sophie-Charlotte-Platz, S 41, 42, 46 Westend, Mi–Fr 9–18, Sa/So 10–18 Uhr

Einkaufen

Legendärer Luxus

1 **KaDeWe:** Immer noch ein Luxustempel, der (fast) alles im Angebot hat, von Kosmetik über Mode bis hin zur unglaublichen Feinkostabteilung mit Food Court.

Tauentzienstr. 21–24, www.kadewe.de, U 1, 2, 3 Wittenbergplatz, Mo–Mi, Fr 10–20, Do 10–21, Sa 9.30–20 Uhr

Concept Mall

17 **Bikini Berlin:** Sorgfältig ausgewählte Geschäfte – von Lakritz bis Fashion – und Gastronomie im Bikini-Haus.

Budapester Str. 38–50, www.bikiniberlin.de, U 2, 9, S 3, 5, 7, 9 Zoologischer Garten, Mo–Sa 10–20 Uhr, Gastronomie abweichend

Japanisches H&M

2 **Uniqlo:** Flagship-Store des japanischen Bekleidungshauses, das mit H&M vergleichbar ist. Versprochen wird zeitlose Mode für Männer, Frauen und Kinder.

Tauentzienstr. 7b/c, www.uniqlo.com, U 1, 2, 3 Wittenbergplatz, Mo–Do 10–20.30, Fr/Sa 10–21 Uhr

Geschmack ist alles

3 **Stilwerk:** Nach über 20 Jahren jetzt unter einer neuen Adresse in der Kantstraße. Ein Marktplatz im Erdgeschoss, Showrooms ausgesuchter Marken in den Etagen 1 bis 4. Die Produkte der Showrooms können nur bestellt werden.

Kantstr. 127, www.stilwerk.com, Mo–Sa 10–19 Uhr

Chinesische Antiquitäten

4 **Tone of China:** Chinesische Möbel und Accessoires, antik oder nachgebaut.

Kantstr. 50, www.chinamoebelhaus.de, U 7 Wilmersdorfer Str., Mo–Sa 12–18 Uhr

Parfüms nach Gewicht

5 **Harry Lehmann:** Stolz verkündet die Leuchtreklame über dem Eingang »Seit

Berauschender Blick von der Terrasse der Monkey Bar: das neue Gesicht der City West mit Bikini Haus, Upper West Tower und Zoofenster

1926«. So lange schon wird an teurer Verpackung gespart. Bei Harry Lehmann bekommen Sie Düfte aus eigener Herstellung, die Sie sich aus den 50 offenen Thekenflaschen aussuchen. Abgewogen werden sie auf alten Apothekerwaagen.

Kantstr. 106, www.parfum-individual.de, U 7 Wilmersdorfer Str., S 3, 5, 7, 9, 41 Charlottenburg, Mo–Fr 9–18.30, Sa 9–14 Uhr

Antikes und Designklassiker

6 **Suarezstraße:** Hier warten über 30 **Antikhändler** auf Kunden. Es gibt alles von Trödel über Biedermeier bis zu Objekten des 20. Jh.: z. B. bei **Zeitlos** (Nr. 62) u. a. Art-déco- und Bauhausmöbel, bei **b3 objekte der moderne** (Nr. 61) Bauhaus-Stahlrohrmöbel, Jugendstil und mehr (bis 1970er-Jahre).

www.suarezstrasse.com, U 2 Sophie-Charlotte-Platz, U 7, S 3, 5, 7, 9, 41 Charlottenburg, Mo–Fr 12 (Zeitlos ab 13, b3 ab 14)–19, Sa 11–15/16 Uhr

Flohmarkt

7 **Berliner Trödelmarkt Straße des 17. Juni:** Bücher, Kleidung, Schmuck, Porzellan, Möbel etc. aus zweiter Hand. Schöne Atmosphäre.

Vor Bundesamt für Bauwesen und Raumordnung (Ernst-Reuter-Haus), Straße des 17. Juni, Charlottenburg, www.berlinertroedelmarkt.com, S 3, 5, 7, 9 Tiergarten, Sa/So 10–17 Uhr

Ausgehen

Drinks mit Überblick

1 **Monkey Bar:** Salate aus dem Restaurant NENI, die aber je nach Beilage schon mal bis zur 20 € kosten können, und jede Menge Drinks gibt es in der Bar mit dem Rundum-Blick über Zoologischen Garten und City West. Ab 20 Uhr legen DJs auf.

Budapester Str. 40, www.monkeybarberlin.de, U 2, 3, 9 Bahnhof Zoologischer Garten, tgl. 13–2 Uhr

Jazz vom Feinsten

2 **A-Trane:** Preise wie die Auszeichnung LEA in der Kategorie als »bester Jazzclub Deutschlands« oder der Spielstättenprogrammpreis 2013 sprechen für sich. Internationaler Jazz.

Bleibtreustr. 1, Ecke Pestalozzistr., T 030 313 25 50, www.a-trane.de, Mo–Do 20–1, Fr/Sa 20–open end, Konzertbeginn 21 Uhr

Abhängen

3 **The Hat Bar:** Die Bar mit Jazzmusik und den passenden Drinks, um den Tag ausklingen zu lassen. Täglich Jamsessions. Drinks um 11 €.

Lotte-Lenya-Bogen 550, U 2, 3, 9 Bahnhof Zoologischer Garten, www.thehatbar.de, tgl. 20–2 Uhr

Livetempel

23 **Quasimodo:** Seit Jahrzehnten der Club für Rock, Blues, Soul und Jazz. Jedes Wochenende und auch unter der Woche Livekonzerte. Konzertbeginn 22.30 Uhr. Mit Restaurant und Terrasse.

Kantstr. 12a, https://quasimodo.club, U 2, 9, S 3, 5, 7, 9 Zoologischer Garten

Rund-um-die-Uhr-Institution

4 **Schwarzes Cafe:** Wenn in Berlin gegen 2 Uhr langsam die Lichter ausgehen, sammeln sich die Übriggebliebenen und die, die gerade wach werden im Schwarzen Cafe. Frühstück gibt es hier rund um die Uhr, warme Speisen von der Wochenkarte von 11.30 bis 22 Uhr.

Kantstr. 148, www.schwarzescafe-berlin.de, S 3, 5, 7, 9 Savignyplatz, Mo, Mi–So 24 Std., Di 0–2, 10–24 Uhr, Frühstück ab 8,80 €, Pasta um 13 €, Vegetarisches um 13 €

Kultkneipe

5 **Zwiebelfisch:** In Westberlin eine Institution, die absolut nicht cool oder hip ist, sondern einfach so, wie sie immer war. Kneipenmobiliar, Kleinkunstfotos und Plakate, eine Zwiebelsuppe zum Essen.

Savignyplatz 7/8, www.zwiebelfisch.de, S 3, 5, 7, 9 Savignyplatz, tgl. 12–6 Uhr

Im Zelt

6 **Bar jeder Vernunft:** In dem wunderschönen holländischen Tanzzelt aus den 1920er-Jahren stehen Chanson, Cabaret, Show, Theater und Comedy auf dem Programm. Und essen können Sie hier auch.

Schaperstr. 24, www.bar-jeder-vernunft.de, U 3, 9 Spichernstr.

Musical

22 **Theater des Westens:** Obwohl inzwischen ohne eigenes Ensemble, lohnt sich der Besuch eines Musicals in dem prachtvoll ausgestalteten Haus (s. S. 148).

Kantstr. 12, Tickets T 01805 44 44, www.stage-entertainment.de, U 2, 3, 9 Bahnhof Zoologischer Garten

Art-déco-Theater

7 **Renaissance Theater:** Erbaut 1922, das einzige Theater in Europa, das seine komplette Art-déco-Ausstattung bewahrt hat. Der Schwerpunkt des Programms liegt auf Gegenwartsdramatik.

Knesebeckstr. 100, www.renaissance-theater.de, U 2 Ernst-Reuter-Platz

Klassisches Repertoire

8 **Deutsche Oper:** Einmal jährlich eine Uraufführung, dazu die Erneuerung des klassischen Repertoires, französische Grand operá und Werke von Benjamin Britten kennzeichnen das Programm.

Bismarckstr. 35, www.deutscheoperberlin.de, U 2 Ernst-Reuter-Platz

Kino als Luxus

9 **Astor Film Lounge:** Ledersessel, große Beinfreiheit sowie Drinks und Fingerfood am Platz. Vielleicht läuft ja ein Filmklassiker oder die Live-Übertragung einer Oper. Genuss im Ambiente der 1950er-Jahre bei bester technischer Qualität.

Kurfürstendamm 225, www.astor-filmlounge.de, U 1, 9 Kurfürstendamm

Zugabe
Pinsel-Heinrich sein Milljöh

»Man kann einen Menschen mit einer Wohnung genauso töten wie mit einer Axt!«, zugeschrieben Heinrich Zille

Oftmals sind selbst Berliner überrascht, wenn sie erfahren, dass ihr Pinsel-Heinrich, der Maler und Zeichner Heinrich Zille, nicht in den Arbeitervierteln des Berliner Nordens oder Ostens gelebt hat. Die hatte er als Junge und Jugendlicher hinreichend kennengelernt. 37 Jahre lang wohnte er ab 1892 mit seiner Ehefrau in einer Drei-Zimmer-Wohnung unter der Adresse Sophie-Charlotten-Straße 88, 4. Stock. Seine Zeichnungen aus dem ›Milljöh‹ zeigten das Elend in den Berliner Hinterhöfen. 1907, Zille war immerhin schon 49 Jahre alt und seit 30 Jahren bei der Photographischen Gesellschaft angestellt, wurde er aufgrund dieser sozialkritischen Zeichnungen entlassen. ■

Spandauer Vorstadt

Ersatzaltstadt — so ließe sich diese alte Berliner Vorstadt inzwischen bezeichnen. Hier herrscht Trubel, gibt es Geschäfte, Restaurants, ein Galerienviertel und mittendrin Zeugnisse des jüdischen Lebens in Berlin.

Seite 165

Hackescher Markt

Einst Marktplatz vor der Stadtmauer Berlins, ist der Hackesche Markt heute ein Stadtplatz voller Leben und Eingangstor zur Spandauer Vorstadt mit einem beachtenswerten S-Bahnhof.

Seite 166

Ab durch die Höfe

Ein Bummel von den Hackeschen Höfen über Haus Schwarzenberg, durch die Sophie-Gips-Höfe, den KunstHof Berlin und die Heckmann-Höfe zeigt, was die Ersatzaltstadt ausmacht.

Traditionsgetränk – die Berliner Weiße in Rot und Grün

Seite 168

Centrum Judaicum

Die Neue Synagoge ist zerstört, doch die ehemalige Vorsynagoge ist heute Denkmal, Museum und Mittelpunkt neu aufkommenden jüdischen Lebens in Berlin. Von hier aus erschließen sich die Zentren der jüdischen Gemeinde vor 1933.

Seite 170

Auguststraße

Die Zeiten provisorisch eingerichteter Galerien und Kneipen sind vorbei. Heute erwarten Sie in der Auguststraße bedeutende Ausstellungen, etwa im KW Institute for Contemporary Art.

Seite 172

Östlich der Rosenthaler

Während ganz Deutschland nach 1990 auf die Friedrichstraße blickte, entwickelte sich das Gebiet rund um die Münzstraße zu der In-Adresse für Shoppingfans.

Seite 174

Mulackstraße

Von der verrufenen Straße Mulackei zum Hotspot der internationalen Modeszene, eine Straße mit Karriere.

Seite 173, 178

Volksbühne

Das von Oskar Kaufmann entworfene Theater am Rosenthaler Platz ist architektonisch ein Hingucker. Bei seiner Fertigstellung 1914 stand es im Zentrum der Volksbühnenbewegung in Berlin. 1992–2016 prägte Frank Castorf als Intendant die Bühne.

Seite 172, 178

Kino Babylon

Außen wie innen ebenfalls ein Hingucker ist dieses Kino, in dem Sie sogar echtes Stummfilm-Feeling erleben können.

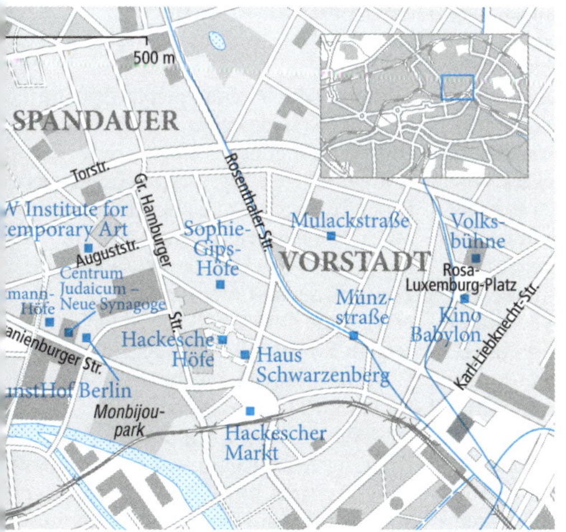

In Haus Schwarzenberg erzählt das Anne Frank Zentrum »Alles über Anne«.

uf dem Bülowplatz, heute Rosa-uxemburg-Platz, erschoss der pätere Stasi-Chef Erich Mielke 1931 wei Polizisten. 1993 wurde er dafür erurteilt.

Die Ersatzaltstadt

Als Spandauer Vorstadt wird der Bereich nördlich der Berliner Innenstadt zwischen Spree und Torstraße bezeichnet. Die Rosenthaler und die Oranienburger Straße sind die Verkehrsadern des Stadtquartiers. Sie bieten genau das, was Berlin-Besucher erwarten: Gedränge auf den Bürgersteigen, Restaurants, Coffeeshops und dazwischen alle möglichen Geschäfte. Großstadtleben. Sobald Sie aber in eine der Seitenstraßen gehen, wird es ruhiger. Drei- und viergeschossige Gebäude aus dem 19. Jh. wechseln sich ab mit einzelnen Plattenbauten, die sich aber gut einfügen. Ab 1975 wurden einzelne Gebäude unter Denkmalschutz gestellt. Zur 750-Jahr-Feier 1987 wurde vor allem in der Sophienstraße saniert. Der Großteil der Wohngebäude der Spandauer Vorstadt aber war langfristig zum Abriss vorgesehen und wurde dem Verfall preisgegeben. Hier zog die Ostberliner Szene ein, die nach 1990 die neuen Freiräume nutzte und ihre Läden, Cafés und Galerien eröffnete.

Heute steht der gesamte Stadtteil als Bauensemble unter Denkmalschutz. Über 90 % des Altbaubestands sind saniert. Rund 1200 Wohnungen wurden neu errichtet. Erkauft wurde dies mit der Umwandlung der Wohnungen in Eigentum bzw. durch rapide steigende Mieten, die zu einer Verdrängung der eingesessenen Einwohner führten. Der Bereich östlich der Rosenthaler Straße, seit den 1920er-Jahren Scheunenviertel genannt, war ein Arme-Leute-Viertel, in dem viele jüdische Zuwanderer aus Osteuropa unterkamen. Nicht ohne Grund ließ Alfred Döblin in seinem Roman »Berlin Alexanderplatz« Franz Biberkopf hier wohnen und seinen Kampf ums Überleben verlieren.

Wenige Jahre nach der Wiedervereinigung 1990 begann der Aufstieg des Stadtquartiers um Neue Schönhauser Straße und Münzstraße zum Shoppingareal Nr. 1 in Berlin.

Statt eines alternativen Viertels ist hier so eine Berliner Ersatzaltstadt entstanden. Sie lädt tagsüber zum Shoppen ein und am Abend zum Besuch von Restaurant und/oder Kneipe.

O

ORIENTIERUNG

Ausgangspunkt für einen Bummel durch die Spandauer Vorstadt ist der **Hackesche Markt** (S 3, 5, 7, 9, 75 Hackescher Markt). Alternativ können Sie im Norden starten, dann bieten sich der **Rosenthaler Platz** (U 8) oder der **Rosa-Luxemburg-Platz** (U 2) als Startpunkt an.

Hackescher Markt

📍 Karte 2, N 7

Open-Air-Restaurant

Tritt man aus dem S-Bahnhof auf den **Hackeschen Markt,** findet man sich in den Sommermonaten unversehens in einem Freiluftrestaurant wieder. Bis auf einen straßenbreiten Durchgang ist die Fläche mit den Tischen der umliegenden Lokale vollgestellt. Nur donnerstags und samstags ändert sich das Bild. Dann ist von 10 bis 18 Uhr **Wochenmarkt.** Neben frischen regionalen Produkten wird mit Blick auf die Touristen, die über den Markt schlendern, allerlei Krimskrams angeboten. Das Ganze findet vor den Fassaden vornehmlich gründerzeitlicher Wohngebäude statt.

Sehenswert ist auch das **Bahnhofsgebäude** ❶, das im Obergeschoss durch Terrakotten und Mosaikfelder reich geschmückt ist. Hochmodern war seinerzeit das Dach der Bahnsteighalle mit Flachbogenträgern, auf denen die Oberlichter und auch die Holzbalken der Decke aufliegen.

Nahe dem Markt liegen die **Hackeschen Höfe** ❷ und **Haus Schwarzenberg** ㉓ (s. Tour S. 166).

Oranienburger Straße

📍 M/N 6/7

Spielwiese

Geht man die Oranienburger Straße hinunter, braucht es etwas, bis sich die Hektik

Das Ambiente und die ungewöhnlichen Läden machten die Hackeschen Höfe nach der Wende schnell zu einem beliebten Terrain.

TOUR
Ab durch die Höfe

Hinterhofleben zwischen Kunst und Kommerz

Mehrere Höfe von Geschäftshäusern haben sich nach 1990 zu Touristenmagneten entwickelt. Bundesweit bekannt sind die **Hackeschen Höfe** ❷. Bis 1906 wurden die acht Höfe erbaut und schon 1977, zu DDR-Zeiten, unter Denkmalschutz gestellt. Trotzdem verfielen sie zusehends. Hier produzierte der VEB Herrenbekleidung, werkelte eine Autowerkstatt vor sich hin und diente ein ehemaliger Kinoraum als Probenraum für das DDR-Fernsehballett. Der Sophienclub war ein Treff der Ost-Berliner Kulturszene. Damit war Schluss, als die DDR 1990 aufhörte zu existieren.

Kaiser Wilhelm II. mochte den Jugendstil nicht. Wurde der daher auf den Hof 1 der Hackeschen Höfe verbannt?

Doch nachdem sich die neuen Besitzer der Hackeschen Höfe und der Verein der Mieter auf ein Nutzungskonzept geeinigt hatten, wurde das Ensemble denkmalgerecht saniert. Bestes Beispiel: Der **Hof 1** mit seinen jugendstilartig geschwungenen Fenstern und farbigen Wandfliesen. Der Architekt August Endell gestaltete diesen Hof und auch Aufgang und Räume der Neumann'schen Festsäle, in denen heute das **Chamäleon Theater** 5 (s. S. 178) spielt. In den Hackeschen Höfen herrscht nun wieder viel Leben. Hier wird gewohnt und gearbeitet. Galerien, kleine Läden und zahlreiche Lokale laden zum Flanieren ein.

Der Hof Rosenthaler Straße 39, **Haus Schwarzenberg** ㉓ nebenan erinnert an die ersten chaotischen Jahre nach der Wiedervereinigung: Wandflächen voller Graffiti, alles ziemlich unüberschaubar und so auch spannend. Haus Schwarzenberg ist ein quicklebendiges

Infos

ca. 3 Std., ohne Besichtigungen

Start/Ziel: Hackesche Höfe / Heckmann-Höfe, N 7, S 3, 5, 7, 9, 75 Hackescher Markt

Hackesche Höfe ❷: Rosenthaler Str. 40/41, www.hackesche-hoefe.de

Haus Schwarzenberg ㉓: Rosenthaler Str. 39, www.haus-schwarzenberg.org; **Galerie neurotitan:** www.neurotitan.de, Mo–Sa 12–20 Uhr; **Anne-Frank-Zentrum:** www.annefrank.de, Di–So 10–18 Uhr, 8/4 €

Sophie-Gips-Höfe ⓫: Sophienstr. 21, www.sophie-gips.de; **Sammlung Hoffmann:** Hinterhof, 3./4. Stock, www.sammlung-hoffmann.de, meist Sa 11–16 Uhr, nur ab 10 Jahren, nur mit Führung (90 Min.) n. V. via Website oder T 030 28 49 91 20, 15/8 €

KunstHof Berlin ❻: Oranienburger Str. 27, www.kunsthof-berlin.de

Heckmann-Höfe ❺: Oranienburger Str. 32, www.heckmann-hoefe.de

Projekt, wie es wohl nur in Berlin möglich ist. 2004 ersteigerte die kommunale Wohnungsbaugesellschaft Berlin-Mitte das Gebäude und vermietete es an den Verein Schwarzenberg e. V. Der wiederum sorgt für die Nutzung der einzelnen Wohnungen. Und vor allem für die Ausstellungen in der **Galerie neurotitan,** die unkonventionelle Künstler präsentiert. In Haus Schwarzenberg wurde auch das **Museum Blindenwerkstatt Otto Weidt** (s. S. 175, mit Café) eingerichtet – in den Räumen, in denen der selbst stark sehbehinderte Weidt ab 1940 einige gehörlose und blinde Juden in einer Bürstenmacherei beschäftigte. Das **Anne-Frank-Zentrum** kam später hinzu. Ansonsten findet sich auf dem Hof das **Café** des Kino Central.

In der noch stark an das 19. Jh. erinnernden Sophienstraße können Sie in den **Sophie-Gips-Höfen ⓫** moderne Kunst betrachten. Ein Sammlerehepaar baute ab 1994 das aus dem 19. Jh. stammende Gebäude einer Nähmaschinenfabrik im Hinterhof aus. Samstags macht Erika Hoffmann die **Sammlung,** die sie und ihr Mann Rolf Hoffmann zusammengetragen haben, der Öffentlichkeit zugänglich.

Eher kommerziell ist die Nutzung im **KunstHof Berlin ❻.** Schon die Fassade des Vorderhauses fällt im Straßenbild der Oranienburger Straße auf. Das dreigeschossige Gebäude mit den Friesbändern und dem Zinkgussbalkon wurde um 1840 erbaut. Die Hofgebäude wurden dann bis in die 1860er-Jahre errichtet. Neben Fotoatelier und Friseur sowie Fahrradladen findet sich hier **BerlinDecor** (s. S. 177), das Geschäft der Malerin Katja Wiedemann.

Jenseits des **Centrum Judaicum ❹** (s. S. 168) folgen dann die **Heckmann-Höfe ❺,** benannt nach dem Großindustriellen Friedrich Wilhelm Heckmann, der sie 1905 erwarb. Sie verbinden die Oranienburger Straße mit der Auguststraße. Durch die Remise, einen ehemaligen Pferdestall, und den Brunnen in der Hofmitte wirkt das Ensemble ruhig-idyllisch und steht so in wohltuendem Kontrast zur lebhaften Oranienburger Straße. Auch hier finden sich kleine Läden und Lokale. Mit der **Bonbonmacherei** (s. S. 177) und dem privaten **Galli-Theater** (http://galli-berlin.de) bietet der Hof zwei Highlights.

Spandauer Vorstadt

Ansehen

1 S-Bahnhof Hackescher Markt
2 Hackesche Höfe
3 Monbijoupark
4 Centrum Judaicum – Stiftung Neue Synagoge
5 Heckmann-Höfe / Bonbonmacherei
6 KunstHof Berlin / Tadshikische Teestube / BerlinDecor
7 Jüdischer Friedhof Große Hamburger Straße / Skulptur Jüdische Opfer des Faschismus
8 The Missing House
9 St.-Hedwig-Krankenhaus
10 Sophienkirche
11 Sophie-Gips-Höfe
12 ehemaliges Jüdisches Hospital
13 Galerie EIGEN + ART
14 KW Institute for Contemporary Art – Kunst-Werke Berlin e. V.
15 Alfred Ehrhardt Stiftung
16 Neue Schönhauser Straße 8
17 Neue Schönhauser Str. 13
18 Schendelgasse
19 Mulackstraße
20 Alter Berliner Garnisonsfriedhof
21 Salon Berlin des Museums Frieder Burda / ehem. Jüdische Mädchenschule
22 Samurai Museum Berlin
23 Museum Blindenwerkstatt Otto Weidt / Haus Schwarzenberg

Essen

1 Sophieneck
2 Beets&Roots
3 KWA
4 Kaffeemitte
5 Prince Restaurant
6 Mittendrin

Einkaufen

1 Muji Berlin
2 Ampelmann
3 Eat Berlin
4 Absinthdepot Berlin
5 Picknweight Vintage Kilo Store
6 Das Neue Schwarz

Ausgehen

1 b-flat
2 Clärchens Ballhaus
3 Kino Babylon
4 Volksbühne am Rosa-Luxemburg-Platz
5 Chamäleon Theater

---

des Hackeschen Marktes ein wenig legt. Spätestens am **Monbijoupark** 3 aber wird es ruhiger. Da, wo bis 1945 das barocke Schloss Monbijou stand, erstreckt sich bis zur Spree eine viel genutzte Parkanlage mit Wiesen zum Spielen und Sonnen sowie einem Rodelberg für den Winter.

Centrum Judaicum M6

Jüdisches Gemeindeleben

Weiter geht es zum **Centrum Judaicum – Stiftung Neue Synagoge** 4. »Eine Zierde der Stadt«, urteilte am 6. September 1866 die National-Zeitung (nicht zu verwechseln mit der rechtsextremen Münchner Wochenzeitung) anlässlich der Einweihung der Synagoge. Etwas von diesem Glanz hat sich erhalten. Seit der Sanierung leuchten die vergoldeten Rippen der gut 50 m hohen Kuppel wieder hell am Berliner Himmel. Rechts und links flankieren kleinere Kuppeltürme die Hauptkuppel über der Vorhalle. Unverkennbar hat der Architekt Eduard Knoblauch durch orientalische Stilelemente auf die Herkunft des Judentums hingewiesen. In der reich geschmückten Fassade steht in hebräischen Buchstaben der Satz »Tuet auf die Pforten, dass einziehe ein gerechtes Volk,

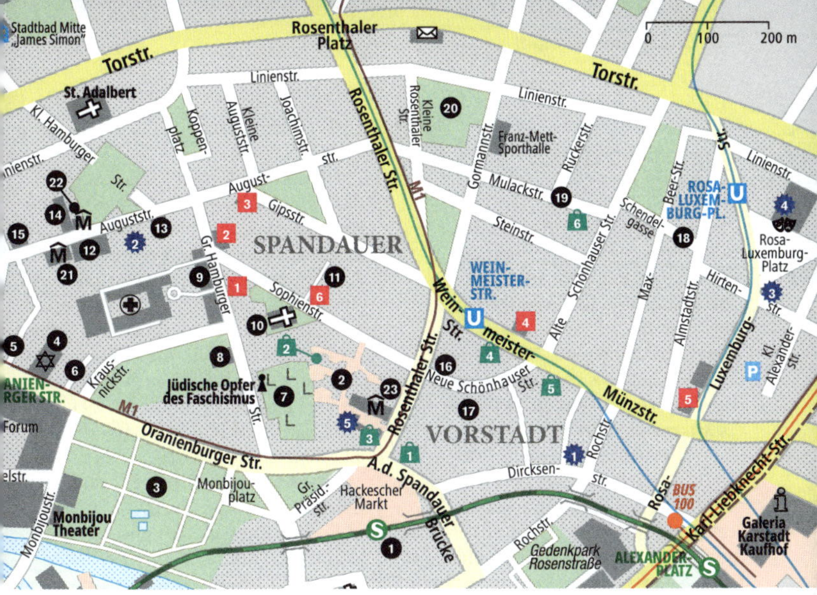

das bewahret die Treue«. Nicht die Neue Synagoge, die 1938 geschändet und 1943 durch Bomben schwer beschädigt wurde, konnte wiederaufgebaut werden, sondern nur die **Vorsynagoge.** In ihr ist heute die Dauerausstellung »Tuet auf die Pforten« eingerichtet.

Die Neue Synagoge war das Zentrum der jüdischen Gemeinde, die ihre Geschichte auf die ab 1671 in Berlin privilegierten jüdischen Familien zurückführt. Als ihr erster Rabbi wurde 1866 der reformorientierte Joseph Aub berufen. Die konservativen Juden organisierten sich daraufhin in der Adass Jisroel, die 1885 als Israelitische Synagogengemeinde zugelassen wurde und heute in der Tucholskystraße ihr Gemeindehaus unterhält.

Links der Synagoge schließen sich die **Heckmann-Höfe** ❺ (s. Tour S. 166) an. Die frühere **Verwaltung der jüdischen Gemeinde** befand sich rechts neben der Synagoge in der Oranienburger Straße 28. Direkt daran grenzt heute der **KunstHof Berlin** ❻ (s. Tour S. 167).

Oranienburger Str. 28–30, www.centrumjudaicum.de, S 1, 2, 25 Oranienburger Str., April–Sept. Mo–Fr 10–18, So 10–19, Okt.–März So–Do 10–18, Fr 10–15 Uhr, die Kuppel ist nur April–Sept. geöffnet, 7/4,50 €

Große Hamburger Straße

📍 M/N6/7

Ort des Gedenkens

An die Gräuel der NS-Zeit erinnert der **Jüdische Friedhof Große Hamburger Straße** ❼. Stumme, regungslos der Verfolgung Ausgelieferte zeigt die Skulpturengruppe **Jüdische Opfer des Faschismus** von Will Lammert neben dem Friedhofseingang, dort wo früher das **Jüdische Altenheim** stand. Niedrige Mauern aus rotem Backstein, die sich in Bahnen roter Ziegelsteine im Pflaster fortsetzen, zeichnen den Grundriss des Gebäudes nach. 1942 wurde in diesem Altenheim ein Sammellager für die zur Deportation bestimmten Juden der Stadt eingerichtet. Durch eine Pforte

J

JÜDISCHES LEBEN IN BERLIN

1933 waren rund 160 000 Berliner als Mitglieder der jüdischen Gemeinde eingeschrieben. Damit lebte ein Drittel aller Juden im Deutschen Reich in Berlin. 1945 gab es in der Stadt noch rund 8000 Juden, 90 000 hatten emigrieren können, 55 000 wurden ermordet, 7000 starben durch Selbsttötung.

geht es in den heute parkähnlich gestalteten Jüdischen Friedhof. 1943 hat die Gestapo den Begräbnisplatz zerstört. So erinnert heute nur ein symbolischer Grabstein daran, dass hier der Philosoph Moses Mendelssohn begraben wurde.

Ein Zeugnis wiedererwachenden jüdischen Lebens in Berlin ist das **Jüdische Gymnasium Moses Mendelssohn** gleich neben dem Friedhof.

Jüdischer Friedhof: Große Hamburger Str. 26, www.jg-berlin.org, April–Sept. Mo–Do 7.30–17 (Okt.–März bis 16), Fr 7.30–14.30, So 8–17 (Okt.–März bis 16) Uhr, Eintritt frei

Die Straße der Toleranz

Die **Große Hamburger Straße** wird manchmal auch als Straße der Toleranz bezeichnet. Einvernehmlich existierten und existieren hier Einrichtungen der jüdischen, der protestantischen und der katholischen Kirche nebeneinander. Mit einfachen weißen Tafeln, auf denen Name, Beruf und Wohndaten stehen, erinnert der Künstler Christian Boltanski mit der Installation **The Missing House** ❽ an die Bewohner des Gartenhauses Große Hamburger Straße 15/16. Das Gebäude wurde im Jahr 1945 durch Bomben zerstört. Hier lebten Juden und Christen unter einem Dach. Eine Installation, die Menschen – egal welchen Glaubens – dem Vergessen entreißt.

Jenseits der Krausnickstraße steht das katholische **St.-Hedwig-Krankenhaus** ❾, das schon seit 1846 in Berlin arbeitet und auch während der DDR-Zeit, unterstützt von der Caritas in der Bundesrepublik, medizinische Versorgung bot. Das Vorderhaus zur Straße stammt aus der Zeit um 1900.

Der Gang zwischen den Häusern Große Hamburger Straße Nr. 29 und 30 führt zur **Sophienkirche** ❿, die 1713 als protestantische Kirche der Spandauer Vorstadt geweiht wurde. Der fast 70 m hohe, barocke Kirchturm ist der einzige in Berlin original erhaltene Kirchturm aus der Zeit König Friedrich Wilhelms I. Grabmäler um die Kirche erinnern an Carl Friedrich Zelter, den Gründer der Berliner Sing-Akademie, und an den Historiker Leopold von Ranke. Ein schönes, barockes Grab setzt Friedrich Koepjohann und dessen Ehefrau Marie Elisabeth ein Denkmal. 1792 starb Koepjohann kinderlos und hinterließ eine Stiftung zugunsten bedürftiger Witwen und Waisen der Sophiengemeinde. Die Stiftung existiert noch heute.

Gegenüber der Kirche können Sie einen Blick in die **Sophie-Gips-Höfe** ⓫ mit der Sammlung Hoffmann (s. Tour S. 167) werfen.

Auguststraße M6

Galeriestraße

Die Auguststraße und mit Einschränkungen auch die Linien-, die Gips- und die Joachimstraße sind die Galeriestraßen der Spandauer Vorstadt. Hier können Sie sich bestens treiben lassen, insbesondere durch die recht enge Auguststraße, und haben dort die Wahl zwischen rund einem Dutzend Galerien und diversen Cafés. Dazu zählt auch die ehemalige **Jüdische Mädchenschule** 21 (Auguststr. 11–13). Das Gebäude, ein sehr schönes Zeugnis des Baustils der Neuen Sachlichkeit aus dem Jahr 1928, beherbergt heute Restaurants und den **Salon Berlin des Museums Frieder Burda** (s. S. 174). Auch das großzügige Treppenhaus mit seinen farbigen Fliesen ist sehenswert.

Nutzung offen

Neben der Schule schließt sich das ehemalige **Jüdische Hospital** 12 (Auguststr. 14–16) an, errichtet 1859–61, damals eines der modernsten Europas. Der Verwaltungsbau liegt direkt an der Straße, im Hinterhof das eigentliche Krankenhausgebäude. Nachdem es zu klein geworden war, wurde es Flüchtlingsheim für Juden aus Osteuropa, dann jüdisches Kinderheim – bis die Nazis es zum Sammellager für Deportationen machten. Heute ist es baulich gesichert und wartet auf eine Verwendung.

Kunst in vielen Facetten

Mitte der 1990er-Jahre eröffnete in der Auguststraße der Leipziger Galerist Gerd Harry Lybke, der unter anderem Neo Rauch vertritt, seine **Galerie EIGEN + ART** 13 und lenkte damit die Aufmerksamkeit auf den Galeriestandort Mitte. Heute unterhält er zusätzlich noch das **EIGEN + ART Lab** (Torstr. 220, Di–Fr 14–18, Sa 11–18 Uhr), das sich als innovatives Feld für künstlerische Positionen der Gegenwartskunst versteht.

Eine international beachtete Institution ist mittlerweile das **KW Institute for Contemporary Art – Kunst-Werke Berlin e.V.** 14. In einer ehemaligen Margarinefabrik um einen heute wunderschön begrünten Hinterhof wurde

Lauschiger Biergarten, gutes Restaurant und – vor allem – sehr beliebter Tanzpalast: Clärchens Ballhaus in der Auguststraße bietet seit vielen Jahrzehnten für jeden Geschmack etwas.

das Ausstellungshaus eingerichtet. Die Kunst-Werke verstehen sich als Labor, in dem durch Ausstellungen, Künstlerateliers und Veranstaltungen zeitgenössische Kunst vorgestellt und weiterentwickelt wird. Vier Etagen und Räume im Seitenflügel stehen für Ausstellungen zur Verfügung. Das **Café Bravo,** das der amerikanische Künstler Dan Graham konzipierte, setzt ein modernes Ausrufezeichen in dem ansonsten von historischen Gebäuden geprägten Ensemble. Alle zwei Jahre findet die von den Kunst-Werken initiierte **Berlin Biennale** statt, die jüngeren, nicht etablierten Künstlern ein Forum bietet.

Das umfangreiche Werk des Fotografen und Filmemachers Alfred Ehrhardt, der am Bauhaus in Dessau studierte, erforscht und präsentiert die **Alfred Ehrhardt Stiftung** ⓯. Dazu kommen Arbeiten von zeitgenössischen Künstlern, die sich wie Ehrhardt mit dem Thema Natur auseinandersetzen.

Galerie EIGEN + Art: Auguststr. 26, www.eigen-art.com, Di–Sa 11–18 Uhr, Eintritt frei; **KW Institute:** Auguststr. 69, www.kw-berlin.de, Mi–Mo 11–19, Do bis 21 Uhr, 8/6 €; **Alfred Ehrhardt Stiftung:** Auguststr. 75, www.alfred-ehrhardt-stiftung.de, Di/Mi, Fr–So 11–18, Do 11–21 Uhr, Eintritt frei

Östlich der Rosenthaler N/O6/7

Hip bei Shoppern

Es gibt eine ziemlich klar vorgegebene Shoppingroute in der Spandauer Vorstadt: vom **Hackeschen Markt** die **Rosenthaler Straße** hinauf, dann rechts über die **Neue Schönhauser Straße** zur **Münzstraße** und weiter durch die **Rosa-Luxemburg-Straße** bis zur Volksbühne. Hier hat sich alles versammelt, was vom hippen Image des Viertels profitieren will, z. B. das schwedische Modelabel Tiger of Sweden, das Pariser Label The Kopples, das italienische Lable Cinque oder adidas. Dazu Geschäfte für Secondhand oder ausgewählte Marken bei Urban Outfitters. Und wer noch nicht genug hat: Auch die **Mulackstraße** ist modisch auf dem Laufenden.

Jenseits der Schaufenster

Wer noch einen Blick jenseits der Schaufenster riskieren möchte: Bemerkenswert ist die Rokokoverzierung der Fassade des Hauses **Neue Schönhauser Straße 8** ⓰ mit Blumengirlanden über den Fenstern und Köpfen anstelle der Schlusssteine in den Fensterbögen. Das Haus wurde 1763 errichtet. Gegenüber, am Haus **Neue Schönhauser Straße 13** ⓱, erinnert die Aufschrift »Volks-Kaffee- u. Speise-Hallen Gesellschaft« an den ursprünglichen Zweck des Gebäudes. Männer und Frauen bekamen hier für wenig Geld einen wärmenden Kaffee oder Tee mit einem Zubrot. Das Haus gehörte einer wohltätigen Gesellschaft. Die Obergeschosse waren vermietet und trugen so zur Finanzierung des Speisehalle bei. Ansonsten laufen Sie auf schmalen Bürgersteigen zwischen fünfgeschossigen Bauten der Gründerzeit herum.

Ecke Münzstraße dominieren dann Plattenbauten, die in die Häuserzeilen gesetzt wurden. Kein schöner Anblick. Aber dass man auch daraus etwas machen kann, zeigt das **Kaffeemitte** 4. Durch die leicht zurückgesetzte Hausfassade kann es sogar eine Reihe Tische vor das Café stellen. Erst in der Shoppingmeile **Rosa-Luxemburg-Straße** mit ihren etwas breiteren Bürgersteigen und sogar Straßenbäumen finden sich danach wieder Lokale, vor denen Sie auch draußen eine Pause einlegen können.

Ecke Rosa-Luxemburg-Platz steht das 1929 eröffnete **Kino Babylon** 3,

Sinnbild für die Volksbuhne im Wandel? 2018 fand hier die Uraufführung von Susanne Kennedys »Coming Society« statt.

ein Entwurf von Hans Poelzig. Das Haus ist nicht nur von außen sehenswert. Sein Foyer wurde bei der Sanierung dem Zustand von 1929 angenähert, der Zuschauerraum in der Version von 1948 rekonstruiert.

Kartenverlosung

Im Blickpunkt der Rosa-Luxemburg-Straße steht der wuchtige Bau der **Volksbühne** 4 (s. S. 178) am Rosa-Luxemburg-Platz. Gestaltet hat das 1914 fertiggestellte Haus der berühmte Theaterarchitekt Oskar Kaufmann: als Theater für die Volksbühnenbewegung. Die Theaterwelt sollte auch Geringverdienern zugänglich gemacht werden. So wurden Arbeiter gegen einen geringen Monatsbeitrag Mitglieder des Volksbühnenvereins, der unter ihnen die Eintrittskarten für die Vorstellungen verloste.

Scheunen(viertel)

Die **Schendelgasse** 18 vermittelt noch einen Eindruck von der geringen Breite der Gassen im ehemaligen Scheunenviertel. Auf Anweisung Kurfürst Friedrich Wilhelms wurden im 17. Jh. außerhalb der Stadt Berlin einige Scheunen angelegt, in denen die Bürger leicht brennbare Materialien zu lagern hatten. Aus diesen Scheunen entstand das Scheunenviertel, in dem später unterkam, wer woanders keine Wohnung bekommen konnte. 1908 wurden die Scheunengassen, die im Bereich des heutigen Rosa-Luxemburg-Platzes lagen, abgerissen. Der Name Scheunenviertel aber wurde in den 1920er-Jahren auf das gesamte Viertel östlich der Rosenthaler Straße übertragen. Hier lebten viele Juden, die ab den 1880er-Jahren vor den Pogromen in Osteuropa nach Berlin geflohen waren, um dann weiter nach

Künstlerateliers, Ausstellungen und Veranstaltungen haben im KW Institute for Contemporary Art Platz.

Amerika zu reisen. Oftmals blieben sie in Berlin hängen. Manche Straße im Scheunenviertel waren zu 70 % von orthodoxen Ostjuden bewohnt.

Von der Mulackei zur Modestraße

Den radikalsten Imagewandel in der Spandauer Vorstadt hat wohl die **Mulackstraße** ⓳ hinter sich. Noch zu DDR-Zeiten war sie als ›Mulackei‹ verschrien, weil hier in heruntergekommenen Wohnungen ehemalige Strafgefangene und randständige Personen untergebracht wurden. Die Mulackritze gehörte zu den berüchtigten Kneipen im Berlin der 1920er-Jahre. 1951 wurde sie geschlossen.

Nach der Wende siedelten sich in der ›Mulackei‹ dann Designer an, die die verrufene Straße in die internationalen Fashion-Guides brachten. Mit dabei und heute noch mit einem Geschäft in der Mulackstraße 8 vertreten: Claudia Skoda.

Nicht nur Soldaten

Nur eine Häuserzeile trennt die Mulackstraße vom **Alten Berliner Garnisonfriedhof** ⓴. Hier findet man nicht nur das Grab des romantischen Schriftstellers Friedrich de la Motte Fouqué, sondern auch die Ruhestätte Ludwig Adolf von Lützows, der 1813 in den Befreiungskriegen das nach ihm benannte Freikorps aufstellte. Wussten Sie, dass sich von den Uniformfarben des Lützower Freikorps (schwarzes Tuch, rote Paspeln, goldene Knöpfe) die deutschen Nationalfarben Schwarz-Rot-Gold ableiten? Aus allen Phasen preußischer Grabmalkultur finden sich gute Beispiele auf dem Friedhof.

Kleine Rosenthaler Str. 3, www.garnisonfriedhofberlin.de, U 8 Rosenthaler Platz, durchgehend geöffnet, Eintritt frei

Museen

Galeriestraße

In der Auguststraße (s. S. 170) haben sich Galerien und Ausstellungshäuser, u. a. **KW Institute für Contemporary Art** ⓮ etabliert, die durch ihre hochkarätigen Ausstellungen fast schon als Museen gelten dürfen. Dazu kommen drei veritable Museen (s. u.).

Besuch aus Baden-Baden

㉑ Salon Berlin des Museums Frieder Burda: In der ehemaligen Jüdischen Mädchenschule ist der Salon des Museums Frieder Burda untergekommen. 2004 eröffnete Burda, der bedeutendste deutsche Sammler zeitgenössischer Kunst, in Baden-Baden ein Museum. Seit 2016 existiert der Salon in der Jüdischen Mädchenschule, in dem unter zentralen Aspekten Teile der Sammlung des Museums gezeigt werden.

Auguststr. 11–13, www.museum-frieder-burda.de, U 9 Rosenthaler Platz, Di–Do 15–18, Fr/Sa 12–18 Uhr, Eintritt frei

Samurai an der Spree

㉒ **Samurai Museum Berlin:** Etwas überraschend, aber warum eigentlich nicht. Auf 1500 m^2 zeigt das Samurai Museum über 1000 Ojekte dieser Adelskaste, die jahrhundertelang die Geschicke Japans mitbestimmte. Neben historischen Schwertern und Rüstungen werden Textilien, Malerei, Holzschnittdrucke und Teegeräte gezeigt. Eigens für das Museum wurden in Japan ein No-Theater und ein Teehaus erbaut, die im Obergeschoss für Vorführungen genutzt werden. Zusammengetragen hat die Sammlung der Berliner Unternehmer Peter Janssen.

Auguststr. 66, www.samuraimuseum.de, U 9 Rosenthaler Platz, Mo–So 11–19 Uhr, 12/8 €

Rettungsanker

㉓ **Museum Blindenwerkstatt Otto Weidt:** Mit starken Nerven und vielen Tricks gelang es Otto Weidt immer wieder, seine Schützlinge, die er in seiner Werkstatt beschäftigte (s. auch Tour S. 166), vor der ständig drohenden Deportation zu bewahren. Bekannteste Überlebende: die spätere Journalistin und Autorin Inge Deutschkron, die Weidt im Sekretariat anstellte. Anhand von Dokumenten, Fotos und originalen Hinterlassenschaften wird diese Geschichte erzählt.

Haus Schwarzenberg, Rosenthaler Str. 39, www.museum-blindenwerkstatt.de, S 3, 5, 7, 9 Hackescher Markt, tgl. 10–20 Uhr, Eintritt frei, öffentliche Führungen So 15 Uhr

Essen

Auf Sitzkissen

❻ **Tadshikische Teestube:** Die Teestube, die sich zu einem Restaurant gemausert hat, ist ein Überbleibsel des sowjetischen Pavillons auf der Leipziger Messe 1974. 2013 wurde sie im KunstHof neu eingebaut. So sitzt man wieder auf Kissen an niedrigen Tischen, genießt einen Tee und dazu vielleicht Pelmeni (gefüllte Teigtaschen), Piroggen, Blinis oder das traditionelle Reisgericht Plov (13,90 €).

KunstHof Berlin, Oranienburger Str. 27, T 030 204 11 12, www.tadshikische-teestube.de, S 3, 5, 7, 9 Hackescher Markt, Mo 16–22, Di–Fr 16–23, Sa 12–23, So 12–22 Uhr, Reservierung mindestens 2 Tage im Voraus!

Berlinerisch

1 **Sophieneck:** In Kneipenatmosphäre gibt's hier Regionalküche, z. B. Schmorgurken mit Kräuterdrillingen (9,80 €), hausgemachte Eisbeinsülze mit Bratkartoffeln (15,90 €) oder Berliner Eisbein (19,60 €).

Große Hamburger Str. 37, T 030 283 40 65, www.sophieneck-berlin.de, S 3, 5, 7, 9 Hackescher Markt, Mo–Fr ab 17, Sa/So ab 13, Küche bis 22 Uhr

Eine Pause bei einer Höfe-Tour lässt sich auch im Café des Museums Blindenwerkstatt Otto Weidt einlegen.

Frisch, oft vegetarisch oder vegan

2 **Beets&Roots:** Asiatisch, amerikanisch oder aus Nahost – egal, Hauptsache frisch und es schmeckt. Geboten werden Bowls, Salate, Wraps und Suppen. Am teuersten ist die Japanes Salmon Bowl für 14,95 €, alles andere liegt um 12 €.

Große Hamburger Str. 38, www.beetsandroots.de, Mo–Sa 11–21, Sa/So ab 12–21 Uhr

Edle Döner

3 **KWA:** »Kebap with Attitude«, der Name ist Programm. Hier gibt's die etwas anderen Döner in leckeren Geschmacksvarianten. Nicht billig, aber gut.

Gipsstr. 2, www.facebook.com/kebapwithattitude, tgl. 12–23 Uhr, Döner um 11 €

Italienische Bar

4 **Kaffeemitte:** Nach dem Konzept einer italienischen Bar gibt es hier in modernem Ambiente. Cappuccino mit Croissants, auch Focaccia, Bagel Rührei & Avocado (7,50 €) sowie Bowls (5,80 €). Diverse Kuchen und natürlich die Kaffeeklassiker. Auch vegan.

Weinmeisterstr. 9a, T 030 24 08 32 04, www.kaffeemitte.de, U 8 Weinmeisterstr., Mo–Fr 8–19, Sa 9–19, So 9–18 Uhr

Moderne asiatische Küche

5 **Prince Restaurant:** Durchgestyltes Lokal mit Bar und südostasiatischen Cross-over-Kreationen von Currys über Schweinebauch bis Ente.

Rosa-Luxemburg-Str. 9–11, T 030 70 09 39 67, www.prince-restaurant.com, U 2 Rosa-Luxemburg-Platz, tgl. 12–24 Uhr, Hauptgerichte 13–21 €

Schwäbisch

6 **Mittendrin:** Spätzle in diversen Variationen (10–12 €) als schwäbische

In Berlin muss man zwei Dinge probiert haben: eine Currywurst und einen Kebap. Wer keine Lust auf Billig-Döner hat: KWA bietet die Genussvariante, ob in der Teigtasche oder auf dem Teller.

Komponente, Flammkuchen (um 10 €) als elsässisches Beiwerk und saisonale Speisen aus der Region. Business-Lunch 12–15 Uhr. Mit Garten.

Sophienstraße 19, T 030 28 49 77 40, www.mitten-in-berlin.de, U 8 Weinmeisterstr., Mi–Sa, ab 12 Uhr

Einkaufen

Östlich der Rosenthaler Straße liegt das dritte Berliner Shopperparadies (s. S. 172), das Kudamm und Friedrichstraße den Rang abgelaufen hat.

Prinzipiell schlicht

1 **Muji Berlin:** Nicht minimalistisch, sondern bewusst rational und vereinfacht sind die Produkte der japanischen Lifestylekette Muji. Von Schreibutensilien über Haushaltsgeräte bis zu Kleidung und Möbeln in unverkennbarem Design.

Hackescher Markt 1, www.muji.com, S 3, 5, 7, 9 Hackescher Markt, Mo–Sa 10–20 Uhr; weitere Filiale: Kurfürstendamm 236

Berliner Klassiker in Zucker

5 **Bonbonmacherei:** Wer Lust hat, kann in der Manufaktur nicht nur selbst produzierte Bonbons wie den Berliner Klassiker Waldmeisterblätter kaufen, sondern auch bei der handwerklichen Produktion zuschauen. Produktionszeiten telefonisch erfragen.

Heckmann-Höfe, Oranienburger Str. 32, T 030 44 05 52 43, www.bonbonmacherei.de, U 6 Oranienburger Tor, Mi–Sa 12–19 Uhr

Gemalt

6 **BerlinDecor:** Die Malerin Katja Wiedemann, die in der Porzellanmanufaktur Meißen gelernt und gearbeitet hat, präsentiert in dem Geschäft ihre beiden Arbeitsfelder: gestaltetes Dekor auf Fliesen, Tassen sowie anderen Gebrauchsgegenständen, ergänzt um ihre Arbeiten als freie Malerin, häufig Porträts.

KunstHof, Oranienburger Str. 27, www.berlindecor.de, U 6 Oranienburger Tor, Mo–Fr 10–17, Sa 11–17 Uhr

Karriere eines Verkehrszeichens

2 **Ampelmann:** Galerie und Shop, da wo die ersten Ampelmännchen-Souvenirs entstanden. Hier finden Sie viele mehr oder weniger nützliche Alltagsgegenstände, geschmückt mit dem putzigen Kerl von den Fußgängerampeln in den neuen Bundesländern und Ostberlin.

Hackesche Höfe, Hof 5, Rosenthaler Str. 40/41, www.ampelmann.de, Mo–Sa 9.30–22, So 10–19 Uhr

Kulinarik made in Berlin

3 **Eat Berlin:** Feinkost aus Berliner Manufakturen. Ob Pesto, Saucen, Aufstrich oder Getränk.

Hackesche Höfe, Hof 4, Rosenthaler Str. 40, www.eatberlinstore.de, S 3, 5, 7, 9 Hackescher Markt, Mo–Sa 11–19 Uhr

Die grüne Fee

4 **Absinthdepot Berlin:** Die Angleichung der Gesetzgebung in den EU-Ländern macht es möglich. Absinth, das Getränk aus Wermut, Anis, Fenchel und weiteren Kräutern, dessen Alkoholgehalt über 45 % liegt, ist wieder legal erhältlich. Wer die ›grüne Fee‹, um die Wende zum 19. Jh. das In-Getränk der Künstler und Literaten, probieren möchte, kann im Absinthdepot unter über 300 verschiedenen Sorten wählen.

Weinmeisterstr. 4, www.absinthdepot.de, U 8 Weinmeisterstr., Mo–Fr 14–24, Sa 13–24 Uhr

Kiloware

5 **Picknweight Vintage Kilo Store:** Die Idee ist einfach: Vintage-Bekleidung aus unterschiedlichen Zeiten wird zum Kilopreis verkauft. Festpreise für Accessoires.

Münzstr. 19, www.picknweight.de, U 8 Weinmeisterstr., Mo–Sa 12–20 Uhr

S

O-TON ODER STUMMFILM-FEELING

Das **Kino Babylon** 3 ist ein Programmkino mit Geschichte, das viele Filme über Originalton zeigt, Themenwochen veranstaltet und samstags Stummfilm-Feeling vermittelt. Es verfügt über die einzige in Deutschland an ihrem originalen Standort erhaltene Kinoorchesterorgel. Samstags beim »Stummfilm um Mitternacht« kommt sie regelmäßig zum Einsatz. Hinzu kommt seit 2019 das Babylon Orchester Berlin, das sechs- bis zehnmal im Jahr Filme wie z. B. »Metropolis« begleitet (Rosa-Luxemburg-Str. 30, www.babylonberlin.eu, U 2 Rosa-Luxemburg-Platz).

Edles Secondhand

6 **Das Neue Schwarz:** Beliebt bei allen, die Lust auf Secondhand-Klamotten von Edeldesignern haben.

Mulackstr. 38, www.dasneueschwarz.de, U 2 Rosa-Luxemburg-Platz, U 8 Weinmeisterstr., Mo–Sa 12–20 Uhr

Ausgehen

Jazz around the week

1 **b-flat:** Fast jeden Abend ist hier Livemusik zu hören. Da der Club innerhalb des Jazz nicht festgelegt ist, wird ein vielfältiges Programm geboten, von instrumental bis vokal, von Soul- über Blues- bis Bigband-Jazz.

Dircksenstr. 40, www.b-flat-berlin.de, S 5, 7, 75 Hackescher Markt, tgl. ab 20 Uhr, Eintritt je nach Veranstaltung, teils frei

Institution für Tanzwütige

2 **Clärchens Ballhaus:** 1913 in einem Hinterhof eröffnet, hat das Ballhaus alle Höhen und Tiefen des Berliner Nachtlebens kennengelernt. Auch zu DDR-Zeiten war es ein Privatbetrieb und Treffpunkt für tanzwütige Berliner aus Ost und West. Und heute? Biergarten, Restaurant und vor allem Tanzpalast – Clärchens Ballhaus bietet für jeden etwas: Disco, Salsa, Tango, Swing, Cha-Cha, Walzer & Co., freitags und samstags ab 21 Uhr der berühmte Schwoof (5 €). Wer nachmittags das Tanzbein schwingen möchte, der kommt sonntags zum Tanztee (15–19 Uhr, Eintritt frei). Von Oktober bis März wird der Mittagstisch (12–15 Uhr) im wunderschönen Spiegelsaal im ersten Obergeschoss serviert.

Auguststr. 24, Tischreservierungen zum Essen: T 030 282 92 95, www.claerchensball.haus, S 3, 5, 7, 9 Hackescher Markt, Sommer tgl. ab 11 Uhr, warme Küche 12–22 Uhr, Hauptgericht ab 21 €, Flammkuchen 12,50 €

Stummfilmfeeling und O-Ton

3 **Kino Babylon:** Ein Programmkino mit Geschichte, das viele Filme im Originalton zeigt, Themenwochen veranstaltet und samstags Stummfilm-Feeling vermittelt (s. Kasten links).

Back to the roots?

4 **Volksbühne am Rosa-Luxemburg-Platz:** Nach 25 Jahren Intendanz Frank Castorf erlebte das Haus unruhige Tage. Bis 2021 leitete Klaus Dörr das Haus, dann übernahm René Pollesch. Die ersten Inszenierungen waren umstritten.

Linienstr. 227, www.volksbuehne.berlin, U 2 Rosa-Luxemburg-Platz; s. auch S. 173

Zirkus zeitgenössisch

5 **Chamäleon Theater:** Zeitgenössischer Zirkus – darunter verstehen die Macher eine Kunstform, die Akrobatik, Tanz, Musik, Komik und Schauspiel bewusst mischt, um etwas Neues entstehen zu lassen. Das Ganze wird in einem liebevoll sanierten Jugendstil-Ballsaal gezeigt.

Hackesche Höfe, Hof 1, Rosenthaler Str. 40/41, www.chamaeleonberlin.com, S 3, 5, 7, 9 Hackescher Markt

Zugabe
Der vergessene Protest

Gedenkpark Rosenstraße

Es brauchte schon den Film »Rosenstraße«, um den mutigen Protest von Angehörigen verhafteter Juden in der Rosenstraße ab dem 27. Februar 1943 wieder in Erinnerung zu rufen. Gestapo und SS hatten bei der sogenannten Fabrikaktion auch rund 2000 Partner aus Mischehen verhaftet, die durch ihre Ehe geschützt waren. Nach Protesten kamen diese Opfer des Rassenwahns vorerst wieder frei. Der Gedenkpark Rosenstraße und die Skulptur »Block der Frauen« von Ingeborg Hunzinger sowie eine Infosäule würdigen dieses Engagement und sorgen auch dafür, dass der Standort mit den Fundamentresten der ersten Berliner Synagoge, der Alten Synagoge, nicht ganz in Vergessenheit gerät. ■

Prenzlauer Berg

In aller Munde — ist der Kollwitzkiez. Aber was ist mit dem Helmholtzkiez oder gar dem Wohngebiet Ernst-Thälmann-Park? Es gibt viel zu entdecken.

Seite 183

Volkspark am Weinberg

Am Hang einfach in der Sonne sitzen, und das mitten in der Stadt. Oder Sie besuchen mal kurz Heinrich Heine.

Seite 187

Arkonaplatz

Auf dem Arkonaplatz schnuppern Sie Berliner Alltagsluft – mit Wochen- und Trödelmarkt.

Seite 187

Kastanienallee

Eine Flaniermeile der ersten Stunden, die heute mit witzigen Geschäften und Cafés nicht nur Einheimische lockt.

Kastanienallee oder Flohmarkt: Wohin mit den Einkäufen?

Seite 187

Schönhauser Allee

»Berlin – Ecke Schönhauser«, gemeint ist die Ecke zur Kastanienallee. Sie diente vor über 60 Jahren als Filmkulisse für einen der wichtigsten DDR-Spielfilme. Noch weit länger verkauft Konnopke unterm ›Magistratsschirm‹ seine Currywurst.

Seite 188

Kollwitzkiez 

Das In-Viertel in Prenzlauer Berg. Der Kollwitzplatz ist mit Cafés und Spielplatz der Szenetreff im Kiez. Doch auch in den Straßen reihen sich Cafés und Läden.

Seite 188

Pfeffer, Königstadt, Bötzow

Was aus den riesigen Brauereien am Rand der Innenstadt wurde und wird – so gehört der Pfefferberg einer Stiftung und das Königsstadt-Areal wird genossenschaftlich genutzt.

Seite 190

Helmholtzkiez

Der Kiez am Helmholtzplatz zeigt noch Berliner Alltag ungeschminkt. Nicht unbedingt für zarte Gemüter.

Seite 195

Flohmarkt am Mauerpark

Zwischen Essensständen und bei Livemusik können Sie nach schrägen Fundstücken oder tollen Schnäppchen stöbern. Es stellt sich nur die Frage: Bin ich auf einem Flohmarkt oder doch auf einer Party gelandet?

Seite 197

DDR pur – wie lange noch?

In den 1980er-Jahre geplant, gebaut und angelegt: der Ernst-Thälmann-Park samt angrenzenden Plattenbauten. Doch wie lange noch werden hier die Mieten erschwinglich bleiben?

Der Dicke Hermann, ein Wasserturm, ist das Wahrzeichen von Prenzlauer Berg.

In Prenzlauer Berg stehen über 300 Gebäude unter Denkmalschutz – das größte in Berlin erhaltene Altbauquartier.

erleben

Alternativ- und Hipster-Kiez mit Lebensqualität

P

Prenzlauer Berg – der Stadtteil hat ein echtes Imageproblem. Hipster-Hochburg mit fast unbezahlbaren Mieten, in der der Schwabenhass hochkocht und autonome Gruppierungen zum Spätzlekrieg aufrufen. Macht man dann einen Spaziergang durch die angesagten Straßen des Viertels, kann man die Atmosphäre nur als angenehm und entspannt beschreiben. Trendig eingerichtete Geschäfte mit pfiffigen Produkten, die es nicht überall gibt, und Cafés, in denen der braune Sud tatsächlich nach Kaffee schmeckt. In Prenzlauer Berg leben rund 160 000 Einwohner auf nur knapp 11 km². Eine sehr hohe Verdichtung, die wesentlich zum urbanen Lebensgefühl im Kiez beiträgt.

Als Zentrum von Prenzlauer Berg gilt der bundesweit bekannte Kollwitzplatz samt umgebendem Kiez. Eine ähnlich hohe Bedeutung für den Stadtteil hat aber auch der Helmholtzplatz etwas weiter nördlich. Der sorgt allerdings nur in Berlin für Schlagzeilen, wenn es mal wieder Konflikte zwischen Anwohnern und Trinkerszene gibt.

Die Tage, an denen die Kastanienallee als Castingallee bundesweit Aufsehen erregte, sind vorbei. So nett sich die Geschichte von den Jungen und Schönen auch las, die nach Berlin kommen, um im Filmgeschäft Karriere zu machen und in den Cafés der Kastanienallee auf ihre Entdecker warten. Einige Reste der Nachwendezeit halten sich hier noch. Letztendlich aber hat sich das locker-genussvolle Shoppen durchgesetzt, ein Beispiel dafür ist die Oderberger Straße.

Da der Prenzlauer Berg fast vollständig durchsaniert und bis auf die letzten Flecken zugebaut ist, gerät jetzt mehr und mehr Pankow in den Fokus der Immobilienentwickler. Auch hier steigen die Mieten rapide an, suchen doch gerade junge Familien mit Kindern in dem grünen Stadtteil nach Wohnungen.

Das einzige Gebiet innerhalb des S-Bahn-Rings, das noch Entwicklungspotenzial hat, ist der Ernst-Thälmann-Park. Plattenbauten der letzten Generation in einem parkähnlichen Areal – die Angst vor Mietsteigerungen geht im Wohnpark um.

O

ORIENTIERUNG

Rund um die Kastanienallee: vom Rosenthaler Platz durch Weinbergsweg und Kastanienallee zur Schönhauser Allee; U 8 Rosenthaler Platz
Kollwitzkiez: von der Torstraße über die Schönhauser Allee und den Kollwitzstraße zum Helmholtzplatz; U 2 Rosa-Luxemburg-Platz

Rund um die Kastanienallee

Weinbergsweg N4–6

Der Weinbergsweg, der vom Rosenthaler Platz hinauf zur Kastanienallee führt, ist eine ruhigere Ausgabe der Rosenthaler Straße. Cafés, Restaurants und gute Geschäfte an breiten Bürgersteigen. Straßenbäume spenden Schatten. Der Autolärm hält sich in Grenzen, weil die Durchfahrt auf den Rosenthaler Platz nicht gestattet ist. Optimale Bedingungen also für einen entspannten Nachmittag.

Wer es noch ein bisschen grüner haben möchte, kauft sich in der Eisdiele **Süsse Sünde** 10 ein Eis und verabschiedet sich in den **Volkspark am Weinberg** 1. Mitte der 1950er-Jahre wurde dieser Park auf einem Abhang der Hochfläche des Barnim angelegt. Tatsächlich, man steigt hier vom Tal der Spree, in dem die Berliner Innenstadt liegt, hinauf auf eine Hochfläche. Wer es nicht glaubt, der radle einfach mal den Weinbergsweg hinauf. Am Rand des Parks steht das Heinrich-Heine-Denkmal, das Waldemar Grzimek zum 100. Todestag des Dichters (1956) schuf. Es landete hier, weil es den SED-Oberen zu wenig repräsentativ war.

An der Zionskirche N5

Revolution 1989

Die Gegend um den Weinbergsweg und auch das Stadtquartier um die Zionskirche weiter nördlich gehören verwal-

Die Schönhauser Allee mit ihrem »Magistratsschirm« war Drehort für einen der wichtigsten DDR-Filme: »Berlin – Ecke Schönhauser«.

Prenzlauer Berg

Ansehen

1. Volkspark am Weinberg
2. Zionskirche
3. Kastanienallee 77
4. Kastanienallee 85
5. Oderberger Straße
6. Infostele »Berlin – Ecke Schönhauser«, Skladanowsky-Mosaik
7. KulturBrauerei
8. Jüdischer Friedhof Schönhauser Straße
9. Alois-Senefelder-Denkmal
10. Pfefferberg
11. Gewerbehof in der alten Königstadt
12. Bötzow-Brauerei
13. Käthe-Kollwitz-Plastik
14. Synagoge Rykestraße
15. Wasserturm Dicker Hermann
16. Helmholtzplatz
17. Gethsemanekirche
18. Tchoban Foundation – Museum für Architekturzeichnung
19. Museum Pankow
20. Museum Pankow – Standort Dunckerstraße
21. Machmit! Museum für Kinder

Essen

1. PeterPaul
2. Coccodrillo
3. Meierei
4. SodaZitron
5. Hirsch & Eber
6. Masel Topf
7. Pasternak
8. Superfoods & Organic Liquids
9. Konnopke's Imbiß
10. Süsse Sünde
11. Kauf Dich Glücklich
12. Café Anna Blume
13. Markthalle Pfefferberg

Einkaufen

1. Berlin-Underwear
2. ARYS Store
3. NOVeL Concept Store
4. Wertvoll
5. Zeha Berlin

6 MamaMotion
7 einevonuns
8 ting
9 Fachfrau
10 Trödelmarkt Arkonaplatz
11 Flohmarkt am Mauerpark

Bewegen

1 Stadtbad Oderberger Straße

Ausgehen

1 Prater Garten
2 Druide Absinth & Cocktailbar
3 Frannz
4 Mad Monkey Room
5 Café Lyrik
6 Pfefferberg Theater
7 Kino Lichtblick

Lieblingsort

Ein Bier unter Freunden

Ein Muss ist an einem schönen Sommerabend der **Prater Garten** 1, um das eine oder andere Bier zu trinken. Gemeinsam mit Freunden, einfach ausgelassen unter den Kastanienbäumen an langen Tischen plaudern und gucken, wer da guckt. Und da gibt es eine Menge zu sehen: Anwohner, Touristen, Junge und Alte, Berliner und solche, die es sein möchten. Ein richtiger Biergarten eben … Der Bierausschank wurde schon 1837 eröffnet und versorgte die Kutscher Richtung Pankow mit einem kühlen Getränk. Auch zu DDR-Zeiten blieb der Prater ein beliebter Biergarten, obwohl die Anlage 1967 zum Kreiskulturhaus erklärt wurde. Wir setzen die Tradition fort (Kastanienallee 7–9, www.pratergarten.de, U 2 Eberswalder Straße, in der Saison tgl. ab 12 Uhr, im Winter Gaststätte Mo–Sa ab 18, So ab 12 Uhr, dort herzhafte Gerichte von Kartoffelsuppe mit Schinkenknacker zu 8 € bis Königsberger Klopse zu 16,50 €).

tungsmäßig noch zum Bezirk Mitte. Vom Lebensgefühl her aber sind sie eindeutig Prenzlauer Berg. Gehen Sie nur mal in die Zionskirchstraße und weiter zum Arkonaplatz. Bis zur **Zionskirche** ❷ verirren sich noch ein paar Touristen, die das 1873 im Rundbogenstil errichtete Gotteshaus besichtigen möchten. Eine Stele vor der Kirche informiert über die Rolle der Kirchengemeinde in der friedlichen Revolution 1989.

Zionskirche: Mo–Sa 14–18, So 12–18 Uhr, am So Turmbesteigung möglich

Alltagsleben

Jenseits der Zionskirche beginnt Berliner Alltag. Ein Mann führt seinen Hund Gassi, eine Mutter macht in der Sonne mit ihrem Sohnemann Hausaufgaben und auf dem Spielplatz auf dem **Arkonaplatz** tobt sich der Nachwuchs aus. Richtig lebhaft wird es hier freitags auf dem **Wochen**- und sonntags auf dem **Trödelmarkt** 10 (s. S. 196).

Kastanienallee

N/O 4/5

Castingallee war einmal

Cafés und Läden in besonderer Mischung machen die 1 km lange Kastanienallee als Schlendermeile so attraktiv. Hier gibt es coole Kindersachen, E-Bikes und dazu Mode unterschiedlicher Art.

Mehr eine Erinnerung an die ersten Nach-Wende-Jahre, in denen die Kastanienallee unter der Verballhornung »Castingallee« bundesweit bekannt wurde, ist das Haus **Kastanienallee 77** ❸. Mit seinen nur drei Geschossen ist es tatsächlich das älteste erhaltene Haus in Prenzlauer Berg. 1853 errichtet, dann unmittelbar nach der Wende besetzt, wurde es in ein Wohnprojekt auf der Basis eines Erbpachtvertrags umgewandelt.

Zwar nicht in Erbpacht, aber durch Mietpreisbindungen geschützt, ist auch die **Kastanienallee 85** ❹, ein ehemaliges Schwarzwohnerhaus – auch zu DDR-Zeiten gab es eine Hausbesetzerszene. Hier werden z. B. das Café Morgenrot und der Buchladen zur schwankenden Weltkugel im Kollektiv betrieben.

Schlendern oder schwimmen

Früher einfach der Weg von der Kastanienallee zum Mauerpark, hat sich die **Oderberger Straße** ❺ in den vergangenen Jahren zu einer Schlendermeile mit Modegeschäften und reichem Restaurantangebot gemausert. An den Häuserfronten lässt sich gut der Unterschied zwischen original erhaltenen, reich geschmückten Gründerzeitbauten und später entdekorierten und daher schmucklosen Häusern erkennen. Richtung Schönhauser Allee zieht das wuchtige **Stadtbad Oderberger Straße** 1 (Oderberger Str. 57) die Blicke auf sich.

Schönhauser Allee

O 4/5

Filmerinnerungen

Die Kastanienallee mündet in die Schönhauser Allee, die hier mit dem Viadukt der U-Bahn-Linie 2 ziemlich großstädtisch wirkt. Das war auch schon 1956 so, als Gerhard Klein einen der wichtigsten Spielfilme der DDR-Zeit drehte: »Berlin – Ecke Schönhauser«. Eine **Infostele** ❻ auf der Kreuzung Kastanienallee/Schönhauser Allee erinnert an den Film. Gleich daneben findet sich im Mosaikpflaster der Name eines Berliner Filmpioniers: »Skladanowsky«. Max Skladanowsky drehte auf dem Dach des Eckhauses Schönhauser Allee 146 am 20. August 1892 die ersten bewegten Bilder in Deutschland: Gymnastikübungen seines Bruders Emil.

Sanierung für die DDR-Oberen

Schon 1957 wurde die **Schönhauser Allee** zum ersten Sanierungsgebiet in Ost-Berlin erklärt. Die Häuser wurden modernisiert,

Lücken in der Bebauung geschlossen. Der Grund: Die Schönhauser Allee war Protokollstrecke. Hier fuhren die SED-Oberen zu ihrem Wohnviertel um den Majakowskiring in Pankow (s. S. 248). Staatsgäste wurden über die Schönhauser Allee zum Gästehaus der DDR-Regierung im Schloss Schönhausen kutschiert.

Unterm ›Magistratsschirm‹

Der **Viadukt der U-Bahn-Linie 2,** der der Schönhauser Allee das besondere Flair verleiht, erstreckt sich auf einer Länge von 1,3 km zwischen Kulturbrauerei und Vinetastraße. 1913 wurde er dem Verkehr übergeben. Die Kosten für die unterirdische U-Bahn-Strecke in der Innenstadt waren so hoch, dass man hier im Arbeiterviertel meinte sparen zu müssen. Also wurde oberirdisch gebaut. Die Anwohner haben sich dann ziemlich schnell abgefunden mit dem »Magistratsschirm« – so der Spitzname. Immerhin konnten sie hier bei Regen im Trockenen wandeln. Der Gründer des noch heute existierenden Imbiss Max Konnopke machte sich diesen Vorteil zunutze und bot hier ab 1930 mit einem Bauchladen heiße Würstchen an.

Kultur in der Brauerei

Schon lange vor Max Konnopke war die **Schultheiss-Brauerei** da, heute heißt das 25 000 m² große Areal **KulturBrauerei** ❼ und steht seit 1974 unter Denkmalschutz. Der Grund: Seit Ende des 19. Jh. sieht der Komplex dank Franz Schwechten aus wie eine mittelalterliche Burganlage. Der renommierte Architekt hatte Ende der 1880er-Jahre den Auftrag erhalten, die stark expandierende Brauerei um- und auszubauen. Der Standort entwickelte sich vom einfachen Bierlager (1840er-Jahre) bis zur Produktionsstätte mit beliebtem Bierlokal. Damit war zwar 1967 Schluss, doch nach der Wiedervereinigung waren die Gelder vorhanden, die Gebäude zu sanieren. Heute finden sich in den bzw. um die sechs Höfe neben Firmen diverse Kultureinrichtungen. So zeigt das **Museum in der KulturBrauerei** u. a. die Dauerausstellung »Alltag in der DDR«. In **Kessel-** und **Maschinenhaus** finden Veranstaltungen von Lesungen über Theater oder Konzerte bis zu Partys statt.

Schönhauser Allee 36, www.kulturbrauerei.de, Eingänge: Knaackstr. 97, Sredzkistr. 1, Schönhauser Allee 36, U 2 Eberswalder Str.; **Museum:** Eingang Knaackstr. 97, www.hdg.de, Di–Fr 9–18, Sa/So 10–18 Uhr, Eintritt frei

Jüdische Ruhestätte

Auf dem **Jüdischen Friedhof Schönhauser Allee** ❽ wurden zwischen 1827 und 1880 jüdische Mitbürger beerdigt, darunter Verlagsgründer Leopold Ullstein und der Komponist Giacomo Meyerbeer. Auch der Maler Max Liebermann ist hier bestattet. Das Lapidarium, das auf den Grundmauern der zerstörten Trauerallee errichtet wurde, zeigt Grabsteine aus dem 19. und frühen 20. Jh. und gibt Informationen zur jüdischen Trauerkultur.

Schönhauser Allee 23–25, www.jg-berlin.org, Mo–Do 8–16, Fr 7.30–13 Uhr

Kollwitzkiez

O4/5

Auftakt spiegelverkehrt

Am **Senefelderplatz** erinnert das **Alois-Senefelder-Denkmal** ❾ an den Erfinder der Lithografie. Sinnigerweise schreibt ein Putto den Namen an dem Denkmal spiegelverkehrt wie für eine Druckvorlage. Ein zweiter Putto schaut in einen Spiegel und kann so den Schriftzug lesen.

Pfeffer, Königstadt und Bötzow

Pfefferberg ❿ steht da über dem Tor, das den Weg freigibt auf ein erhöhtes

Alternatives Flair auf dem Pfefferberg, einer ehemaligen Brauerei: In Berlin geht das zusammen mit liebevoll zubereiteter Küche.

Gelände. Joseph Pfeffer gründete hier 1841 eine Brauerei, die immerhin bis nach dem Ersten Weltkrieg produzierte. Entscheidende Faktoren für die Anlage des Betriebs: Lehmhaltige Böden ermöglichten den Bau riesiger Lagerkeller. Gutes Wasser für das Brauen war anders als in der Innenstadt vorhanden. Und die Lage unmittelbar am Rand der Berliner Innenstadt versprach gute Geschäfte mit einem Biergarten. Nach 1990 übertrugen der Bund und das Land Berlin das Areal der Stiftung Pfefferwerk. Mit den Einnahmen aus der Vermietung erhält und entwickelt die Stiftung nicht nur die Liegenschaft, sondern unterstützt auch regionale soziale Initiativen. Ganz unterschiedliche Nutzungen haben sich im Pfefferberg entwickelt: von Gastronomie über Theater und Events bis zu Ausstellungen.

Jenseits der Schönhauser Allee, ein kurzes Stück in die Saarbrücker Straße hinein, ist der Zugang zum **Gewerbehof in der alten Königstadt** ⓫ (Saarbrücker Str. 24, www.gidak.de) nicht zu übersehen. Die Gebäude in gelbem Klinker wurden um 1900 errichtet und gehörten zur **Königstadt-Brauerei.** Heute wird der Gewerbehof als Genossenschaft der hier ansässigen Firmen betrieben.

Die größte Berliner Privatbrauerei war die **Bötzow-Brauerei** ⓬ (Prenzlauer Allee 242, www.boetzowberlin.de) die von 1864 bis 1945 an der Prenzlauer Allee Bier braute. Heute sind nur noch Teile der ehemaligen Brauereigebäude erhalten. Der Biergarten, der bis zu 6000 Gäste fassen konnte, ist verschwunden. Der Unternehmer Hans Georg Näder hat das 24 000 m² große Areal 2010 übernommen und entwickelt das Gelände.

Zu Käthe bummeln

Die **Kollwitzstraße** repräsentiert das, wofür das Viertel bekannt ist, im Guten wie im Schlechten: Hier reihen sich Geschäft an Geschäft, Restaurant an Café – Sanierung und Gentrifizierung pur. Schön, um entspannt zu bummeln, schwierig für die Alteingesessenen – die Mieten sind längst explodiert.

Die Straße führt unmittelbar zum **Kollwitzplatz,** auf dem 1961 Gustav Seitz' **Käthe-Kollwitz-Plastik** ⓭ aufgestellt wurde. Sie erinnert an die Grafikerin und Bildhauerin Käthe Kollwitz, die von 1891 bis zu dessen Zerstörung 1943 im Eckhaus zur Knaackstraße (heute: Kollwitzstr. 58a) lebte. Das künstlerische Werk von Käthe Kollwitz war durch das Elend im umliegenden Arbeiterviertel, in dem ihr Ehemann eine Praxis als Armenarzt führte, stark beeinflusst. Sehr beliebt sind der **Wochen-** (Sa 9.30–16.30 Uhr) und der **Ökomarkt** (Do 12–19 Uhr).

Noch mehr gentrifizierter Kiez

Entspannt bummeln können Sie auch in der **Husemannstraße,** die Anfang der 1980er-Jahre aufwendig saniert wurde, durch die **Wörther Straße** oder die **Rykestraße.** In der Rykestraße zeugt die aktive **Synagoge Rykestraße** ⓮ (Rykestr. 53, nicht zu besichtigen) vom jüdischen Leben in Prenzlauer Berg. Die größte Synagoge Berlins und zweitgrößte Europas überstand NS-Zeit und Zweiten Weltkrieg nahezu unbeschadet.

Nicht zu übersehen ist der **Wasserturm Dicker Hermann** ⓯ (Knaackstr. 153, frei zugänglich). 1877 ging er in Betrieb und stellte bis 1952 die Wasserversorgung im Viertel sicher.

Helmholtzkiez

O/P3/4

Schwierige Szene

Am **Helmholtzplatz** ⓰ kam es immer mal wieder zu Auseinandersetzungen zwischen Trinkerszene und Anwohnern. Heute sind die Bereiche um Spielplatz und Café mit einem niedrigen Zaun umgeben. Die Parkbänke in der Mitte des Platzes mit Tischtennisplatten und Bolzplatz sind weiterhin Treff der eher schwierigen Nutzer. Wenn Sie im Umfeld des Platzes einen Spaziergang machen, sollten Sie nicht überrascht sein, hier deutlich mehr Berliner Alltag Marke ›Hart, aber herzlich‹ zu erleben als um den Kollwitzplatz.

Treffpunkt der DDR-Opposition

Nicht weit ist es vom Helmholtzplatz zur **Gethsemanekirche** ⓱, die wie die Zionskirche 1989 ein wichtiger Treffpunkt der DDR-Opposition war. Ab dem 2. Oktober 1989 war die Kirche Tag und Nacht geöffnet. Mahnwachen und Diskussionsveranstaltungen wurden hier durchgeführt. An diese Rolle der Kirche erinnert die Plastik der »Der Geistkämpfer« an der Südwand der Kirche. In den Straßen um die Gethsemanekirche finden sich einige gute Cafés und Restaurants.

Stargader Str. 77, offene Kirche Mo–Fr 9–18 Uhr

Museen

Aussterbende Kunst

⓲ **Tchoban Foundation – Museum für Architekturzeichnung:** In wechselnden, aus der eigenen Sammlung bestückten Ausstellungen werden Zeichnungen von der Hand der Baumeister des 16. Jh. bis zu Zeichnungen führender Architekten des 20. und 21. Jh. gezeigt.

Christinenstr. 18a, www.tchoban-foundation.de, U 2 Senefelderplatz, während Ausstellungen Mo–Fr 14–19, Sa/So 13–17 Uhr, 6/4 €

Gegenentwürfe

⓳ **Museum Pankow:** In einer ehemaligen Gemeindeschule zeigt das Museum Pankow die Dauerausstellung »Gegenentwürfe. Prenzlauer Berg vor, während und nach dem Mauerfall«. Die ideale Ergänzung zu einem Rundgang im Kiez. Dazu kommen kleinere Ausstellungen.

Prenzlauer Allee 227/228, www.berlin.de/museum-pankow, Tram M 2 Knaackstr., Di–So 10–18 Uhr, Eintritt frei

Mietshausleben um 1900

⑳ **Museum Pankow – Standort Dunckerstraße:** Das Motto lautet: »Zimmermeister Brunzel baut ein Mietshaus«. In einer original eingerichteten Vorderhaus-Wohnung (Stube, Kammer, Küche) aus der Zeit um 1900 werden die Lebensverhältnisse in diesem Mietshaus und im gesamten Kiez thematisiert.

Dunckerstr. 77, www.berlin.de/museum-pankow, U 2 Senefelderplatz, Tram M 2 Fröbelstr., Do–Di 11–16.30 Uhr, 3/1,50 €

Kinder

㉑ **Machmit! Museum für Kinder:** Hier gibt es wechselnde große Ausstellungen zu unterschiedlichen Themen, die kindgerecht präsentiert und von einem Mitmach-Programm begleitet werden.

Senefelderstr. 5/6, www.machmitmuseum.de, Tram M 2 Prenzlauer Allee / Danziger Str., Do, Fr 14–18, Sa/So 10–18 Uhr, 8 €/5,50 €, Familienticket 30 €/20 €, unter 2 Jahre frei

Essen

Sharing & Snacking

1 **PeterPaul:** Deutsche Küche, aber in kleinen Portionen, sodass Sie mehrere Gerichte bestellen können – von der vegetarischen Spinat Superei (9,50 €) bis zur Rinderroulade (15,50 €). Beilagen, 6 €.

Torstr. 99, T 030 43 77 30 43, www.peterpaul.berlin, U 8 Rosenthaler Platz, tgl. ab 18 Uhr

Neuerdings italienisch

2 **Coccodrillo:** Über zwanzig Jahre war hier die schweizerische Küche zu Hause,

Wohin mit Kindern in Berlin? Eine Möglichkeit für Kreative ist das Machmit! Museum. Über die aktuellen Angebote informiert die Website.

Mezze über Mezze: israelisch ja, koscher nein. Im Masel Topf haben Sie die Qual der Wahl.

seit 2022 ist von A bis Z hausgemachte italienische Küche angesagt. So gibt es jetzt Pizza, Pasta (bis 20 €) und Dolci (bis 9 €). Und das in einem Restaurant, in dem einem die Augen übergehen – oder auf der Terrasse. Viele Zutaten stammen von kleinen Erzeugern in Italien.

Veteranenstr. 9 (im Weinbergspark), www.bigsquadra.com, Mo–Fr 11.45–14.30, 17.30–22, Sa/So 10.30–15.30, 17.30–23 Uhr

Alpenländisches

3 **Meierei:** Alpenländische Spezialitäten mitten in Berlin, eine Berghütte als Zuflucht im stressigen Alltag, eine Mischung aus Café, Restaurant und Laden.

Kollwitzstr. 42, T 030 92 12 95 73, www.meierei.net, U 2 Senefelderplatz, Mo–Fr 8–18, Sa 10–18, So 10–18, im Winter tgl. nur bis 16 Uhr, Gerichte ca. 5–13 €

Gehoben österreichisch

4 **SodaZitron:** Österreichisches Restaurant mit den Klassikern Wiener Schnitzel (29 €) und Wiener Saftgulasch (23 €) – und danach einem kleinen Germknödel mit Mohnbutter (11 €) oder Kaiserschmarn (15 €).

Kollwitzstr. 87, T 72 00 63 67, www.sodazitron.de, Mo, Mi–Fr 18–24, Sa/So 12–15, 18–24 Uhr

Wild essen

5 **Hirsch & Eber:** Das Konzept ist so einfach wie überzeugend: nur Wild, nur aus der Region. Hier gibt es beste Wildschwein-Burger (um 13 €), Wildcurrywurst oder auch Gerichte wie sanft gegartes Wildschein mit Süßkartoffelstampf (um 14 €).

Kollwitzstr. 87, T 030 23 91 49 64, www.hirschundeber.com, U 2 Senefelderplatz, Eberswalder Str., Di–So 17–22 Uhr

Israelisch

6 **Masel Topf:** *Masel* bedeutet ›Glück‹, *tov* bedeutet ›gut‹, Masel Topf aber ist der Name des Restaurants, das moderne israelische, allerdings nicht koschere Küche bietet. Und das in gemütlicher Atmosphäre. Es gibt diverse Mezze, darunter hausgemachter Hummus mit Tahina Sauce, Harissa und Matza Chips (8 €). Hier bekommen Sie traditionell-jiddische Gerichte von der Matze Ball Soup, einer Hühnerbrühe mit Matzeklößchen (8 €), bis zu Hauptgerichten wie Gefillte Fisch (24 €) oder Harissa-Maishähnchen (20,50 €).

Rykestr. 2, T 030 44 31 75 25, www.restaurant-maseltopf.de, U 2 Senefelderplatz, Tram M 2, 5 Knaackstr., tgl. 12–24 Uhr

Russisch

7 **Pasternak:** Authentische russische Küche von Borschtsch über Blinis (um 14 €) bis zu hausgemachten Teigtaschen (Pelmeni, Wareniki, um 15 €) in gediegener Atmosphäre bietet das Lokal schon seit vielen Jahren. Eine Institution im Prenzlauer

Berg vom Frühstück über die Mittagskarte bis zum Abendessen mit Bœuf Stroganoff (23 €), dazu jüdische Spezialitäten wie Momes-Roulade gefüllt mit Aprikosen und Babyspinat (22 €) oder Pargit, gegrilltes Hähnchenbrustfilet (19 €). Vegetarisch gibt es Aubergine mit Quinoa-Gemüse-Füllung (17 €), Vegan Kapusta (gegrilltes Blumenkohlsteak, 17 €).

U 2 Senefelderplatz, Tram M 2, 5 Knaackstr.; **Pasternak:** Knaackstr. 22/24, T 030 441 33 99, www.restaurant-pasternak.de, tgl. 9–1 Uhr (Küche bis 23.30 Uhr)

Gesund

8 **Superfoods & Organic Liquids:** Ob Bowls, Salate oder Smoothies, alles aus Biozutaten mit mindestens einem Superfood. Auf Wunsch auch glutenfrei, laktosefrei oder zuckerfrei.

Weinbergsweg 23, www.superfoodsberlin.com, Mo–Fr 8–19, Sa 9–19, So 10–18 Uhr, Bowls um 10 €

Currywurst

9 **Konnopke's Imbiß:** Einer der Protagonisten im Streit um die beste Currywurst. Mit einem Bauchladen fing es hier unter dem ›Magistratsschirm‹ an. Heute gibt's auch vegetarische und vegane Varianten – und unterschiedliche Schärfegrade.

Schönhauser Allee 44b, www.konnopke-imbiss.de, U 2 Eberswalder Str., Mo–Fr 10–20, Sa 12–20 Uhr

Eisspezialitäten bio und vegan

10 **Süsse Sünde:** Hier gibt's Eis aus regionaler Biomilch und vegane Sorbets., z. B. Walnusseis mit Zwetschgenröster oder Kokossorbet mit Himbeersauce.

Weinbergsweg 21, www.suesse-suende-eis.de, U 8 Rosenthaler Platz, tgl. 10–19 Uhr, bei schönem Wetter oft länger

Shoppen und Café

11 **Kauf Dich Glücklich:** Im Jahr 2002 gestartet als Café mit Waffeln und gebrauchten 50er-Jahre-Möbeln, gehört seit 2011 die Eigenkollektion in Sachen Klamotten für Sie & Ihn, Schuhe und Accessoires dazu. Die Geschäftsräume werden selbst gestaltet und von der eigenen Holzwerkstatt ausgebaut. Inzwischen gibt's über zwanzig Geschäfte. In der Oderberger Straße ist nach wie vor die Grundidee verwirklicht: Café mit süßen oder herzhaften Waffeln (2,50–6,50 €), auch vegan.

Oderberger Str. 44, T 030 48 62 32 92, www.kaufdichgluecklich-shop.de, Mo–So 11–20, Frühstück Sa/So, Fei 11–14 Uhr

Frühstück mit Etagere

12 **Café Anna Blume:** Seit 2005 gleichbleibend guter, hausgemachter Kuchen, dessen Herstellung Sie nebenan im Schaufenster der Tortenmanufaktur beobachten können. Legendär die Frühstücksetagere (27 € für 2 Pers.). Crêpes und kleine, saisonale Gerichte runden das Angebot ab.

Kollwitzstr. 83, T 030 44 04 87 49, www.cafe-anna-blume.de, U 2 Senefelderplatz, Eberswalder Str., tgl. 8–ca. 22, warme Gerichte bis 19 Uhr

Überraschung

13 **Markthalle Pfefferberg:** Die Markthalle Pfefferberg bietet mit einem Pop-up-Stand immer wieder neue Gastroangebote. Aktuell der Renner: Taqueria el Oso. Mexikanisches Fastfood ist in. Das Fladenbrot aus Maismehl und dazu dann die Füllung in unendlichen Variationen. Selbst ein Grillspieß kommt zum Einsatz, um wunderbar saftige Tacos anzurichten.

Markthalle Pfefferberg, Schönhauser Allee 176, Di–So 12–22 Uhr

Einkaufen

Unterwäsche regional und fair

1 **Berlin-Underwear:** Mittlerweile elf Mitarbeiter entwerfen und produzieren in Berlin Unterwäsche für Sie und Ihn. Neben hoher Qualität und großem Tragekomfort bietet die Unterwäsche vor allem eins: ein

unverwechselbares Design. Die Produktion ist kompromisslos fair.

Schönhauser Allee 44a, www.berlin-underwear.com, U 2 Eberswalder Str., Mo–Sa 11–19 Uhr

Eines für alles

2 **ARYS Store:** Arbeits-, Freizeit- und Sportbekleidung. Gründer Frederik Sturm verspricht eine Klamotte, in der man ins Büro geht, den Abend verbringt und ggf. auch einen Marathon laufen kann. Designed in Berlin, Stoffe aus Europa, hergestellt in Litauen unter fairen Bedingungen.

Kollwitzstr. 51, www.arys-berlin.com, U 2 Senefelderplatz, Mo–Do 14–19, Fr 11–19, Sa 10–18 Uhr

Nachhaltig

3 **NOVeL Concept Store:** Aus dem Geschäft für das hauseigenen Modelabel Mio Animo wurde in den vergangenen Jahren ein Geschäft für nachhaltig, lokal und fair produzierte Produkte.

Rykestr. 48, T 0176 55 65 03 32, www.novelberlin.de, Mo–Fr 12–19, Sa 11–18 Uhr

Fairfashion

4 **Wertvoll:** Seit 2009 ausschließlich Brands, die transparent und authentisch arbeiten. Herren- und Frauenmode.

Marienburger Str. 39, www.wertvoll-berlin.com, Mo–Sa 11–18 Uhr

DDR-Klassiker

5 **Zeha Berlin:** Zeha, das war der Sportschuh der DDR, unverkennbar dank der zwei Streifen, die im Winkel zueinander angeordnet waren. Seit 1960 war die Firma aus dem thüringischen Hohenleuben offizieller Ausstatter der DDR-Olympiamannschaft. Heute ist sie Ideengeber für die Marke Zeha Berlin, die Lederschuhe in Portugal von Hand fertigen lässt. Das Design aber stammt aus Berlin. Im Angebot findet sich eine Kinder-, eine Damen- und eine Herren-Kollektion von Retro-Ledersneakers, die dem Firmengründer Carl Häßler gewidmet ist (bis 249 €). Dazu gibt es Urban Classics und Streetwear.

Prenzlauer Allee 213, T 030 200 93 30 41, www.zeha-berlin.de, Mo–Fr 11–19, Sa 10–18 Uhr

Tragendes

6 **MamaMotion:** Ausrüster für Mamas und Papas, wenn es um die Frage geht, wie trage ich das Baby. Aus der eigenen Produktion werden angeboten: MaMo-Babytrage und Kumja-Jackenerweiterung.

Chodowieckistr. 32, T 030 40 50 05 11, www.berlin.mamamotion.de, Mo, Mi 10–18, Di, Do, Fr 10–13, 14–18, Sa 12–17 Uhr

Mode und mehr

7 **einevonuns:** Kreationen von vier Berliner Modedesignerinnen, von Stoff bis Strick, und (Glasperlen-)Schmuck von Susanne Bornmann, Kassel, in einem Laden.

Rykestr. 7, www.einevonuns.berlin, U 2 Senefelderplatz, Tram M 2, 5 Knaackstr., Di–Fr 12–19, Sa 12–17 Uhr

Dänisch Ding

8 **ting:** Da das Wort nicht nur auf Dänisch »Ding« bedeutet, sondern auf Chinesisch »kurz anhalten«, finden sich in dem Shop schöne Dinge aus dem hohen Norden und dem Fernen Osten. Egal ob Tischleuchte, Schmuck, Wolldecken, Porzellanschalen, Teekeramik oder Tischsets – alles handverlesen mit Wohlfühlfaktor.

Rykestraße 41, www.ting-shop.com, Mo–Fr 11–19, Sa 11–17.30 Uhr

Bunte Mischung

9 **Fachfrau:** Wer individuelle Geschenke sucht oder einfach nur stöbern möchte, ist hier genau richtig. Denn hier kann sich jede(r) ein Fach mieten und Sachen verkaufen. Ob Fotos, das eigene Gedicht, Bekleidung oder Secondhand-Ware.

Bötzowstr. 37, www.fachfrau-berlin.de, Tram M 4, 10 Arnswalder Platz, Di/Mi, Fr 11–18, Do 11–19, Sa 10–14 Uhr

Lieblingsort

Flohmarkt als Party

Manchmal nervt es schon, läuft man in der großen Masse zum **Flohmarkt am Mauerpark** 11. Aber in Berlin hat man eben nichts für sich gepachtet. Entschädigt werden Sie dank Essensständen und Livemusik durch ein Mittelding zwischen Party und Flohmarkt, auf dem Sie noch echte Schnäppchen finden können. Eine schöne Ausgabe eines alten Buches für 4,50 € oder auch einige der fantastischen Dinge, bei denen jeder fragt: Wer um Gottes Willen ist auf die Idee gekommen, Derartiges in Serie herzustellen? Ob schräge Lampe oder Kitschfigur, auf diesem Flohmarkt gibt es alles (Bernauer Str. 63/64, www.flohmarktimmauerpark.de, U 8 Bernauer Str., dann Tram M 10 Wolliner Str., So 7–17 Uhr).

Trödel

10 **Trödelmarkt Arkonaplatz:** Viel besuchter, allerdings von professionellen Händlern beschickter Markt auf dem gleichnamigen Platz.

Arkonaplatz, www.troedelmarkt-arkonaplatz.de, U 8 Bernauer Str., So 10–16 Uhr

Flohmarkt als Party

11 **Flohmarkt am Mauerpark:** s. Lieblingsort S. 195.

Bewegen

Baden wie 1900

1 **Stadtbad Oderberger Straße:** außen Neorenaissance mit Sandsteinfassade und Zwerchgiebeln, innen Schwimmhalle von 1902. Das Stadtbad, obwohl Teil eines Hotels, ist öffentlich zugänglich. Es gibt auch eine Sauna.

Oderberger Str. 57, www.hotel-oderberger.berlin, U 2 Senefelderplatz, Eberswalder Str., Zeiten s. Website, 9 €/2 Std., inkl. Sauna 19 €/2 Std.

Ausgehen

Tradition

1 **Prater Garten:** s. Lieblingsort S. 186.

Laut und voll

2 **Druide Absinth & Cocktailbar:** Über 170 Absinthsorten und ca. 300 Cocktails. Zu trinken gibt es jede Menge im Druide, Platz dagegen kaum und Ruhe überhaupt nicht. Wer es mag.

Schönhauser Allee 42, www.druide-bar.de, U 2 Eberswalder Str., Mo–Do ab 19, Fr/Sa 19–3, So 20–1 Uhr

Neu erfunden

3 **Frannz:** Der Frannz hat sich neu erfunden, nachdem der berühmte Jugendclub 1997 aus finanziellen Gründen schließen musste. Heute ist Frannz ein Ausschank/Restaurant mit Cross-over-Küche, Kneipe zum Quatschen, Club zum Tanzen und ab und an gibt's auch ein Konzert.

Schönhauser Allee 36, www.frannz.eu, U 2 Eberswalder Str., tgl. ab 12 Uhr

Lachen

4 **Mad Monkey Room:** Seit 2017 die Adresse in Berlin für Stand-up-Comedy. Eine größere Bühne für Solos, Mix-Shows & Co. Das kleinere Wohnzimmer für Open Mics ist an sieben Tagen die Woche geöffnet.

Danziger Str. 1, www.mad-monkey.de, Sitzplatzreservierung über die Website, U 2 Eberswalder Str., Vorstellungen 18.30 Uhr und 20 Uhr

Persönliche Atmosphäre

5 **Café Lyrik:** Jeweils zu den Konzerten mit Jazz, Chanson, Klezmer und Weltmusik öffnet die Malerin Gerwine Sinapius das Café. Ihre Eitempera-Arbeiten zieren die Wände.

Kollwitzstr. 97, www.cafe-lyrik.de, U 2 Eberswalder Str., Mi–Sa ab 19 Uhr

Abwechslungsreich

6 **Pfefferberg Theater:** Variete, Literatur Live, Artistik, Theater – im Pfefferberg Theater ist fast immer was los.

Schönhauser Allee 176, www.pfefferberg-theater.de, U 2 Senefelder Platz, Theaterkasse Haus 15, Di–Sa 16–19 Uhr, Veranstaltungen 20 Uhr

Klitzekleines Kino

7 **Kino Lichtblick:** Das Kino hat sage und schreibe 32 Sitzplätze. So oft wie möglich werden auch Regisseure und andere Filmschaffende zu den Vorführungen ihrer Werke eingeladen. Anschließende Diskussion in intimer Runde fast garantiert.

Kastanienallee 77, www.lichtblick-kino.org, U 2 Senefelder Platz, U 8 Rosenthaler Platz, Tram 12, M 1 Zionskirchplatz

Zugabe

DDR pur – wie lange noch?

Ernst-Thälmann-Park, die gute Platte

Ungerührt vom Lauf der Zeit hebt da Ernst Thälmann, der letzte Vorsitzende der KPD, der 1944 im KZ Buchenwald ermordet wurde, die Faust zum Rotfrontkämpfer-Gruß. Er ist einfach stehen geblieben, während die Stelen beiderseits des Denkmals mit Sprüchen von Thälmann und Erich Honecker nach 1990 verschwanden.

Ein Stück DDR pur – wie der gesamte Ernst-Thälmann-Park, zu dem das Denkmal gehört. Die Kombination aus Park- und Wohnanlage wurde Anfang der 1980er-Jahre errichtet. Rund 1330 Wohnungen, Schwimmbad und Jugendclub und dazu das Zeiss-Großplanetarium (Prenzlauer Allee 80, www.planetarium.berlin).

Lange Jahre war die Wohnanlage aus Plattenbauten eine Insel in einem sich rasant entwickelnden Berlin. Aber seitdem im unmittelbaren Umfeld die Wohnanlagen Prenzlauer Bogen (Fröbelstr.) und Ella (Ella-Kay-Str.) gebaut wurden, geht auch im Ernst-Thälmann-Park die Angst vor Mietsteigerungen um. ■

Kreuzberg und Nord-Neukölln

Arbeiterbezirke — das war einmal. Jetzt tobt nicht nur in Kreuzberg, sondern auch in Neukölln das Leben.

Seite 202

Riehmers Hofgarten

Ein Hofgarten als Alternative zum dunklen Hinterhof – für die, die es bezahlen können.

Seite 202

Viktoriapark

Den Kreuzberg erklimmen, vorbei am Wasserfall, durch den Park und zum Nationaldenkmal.

Seite 202

Bergmannkiez ✪

Ausgehpiste Bergmannstraße oder entspanntes Kiezleben am Chamissoplatz, wo Berlin noch aussieht wie um 1900.

Wappentier – der Berliner Bär

Eintauchen

Seite 206

Fichtebunker

Mit dem Verein Berliner Unterwelten einen Steingasometer, der zum Geschichtsspeicher wurde, besichtigen.

Seite 207

Oranienstraße

Straße mit Geschichte auf dem Weg zum In-Quartier.

Seite 208

Durch Parks in den Süden

Per Rad durch den Park am Gleisdreieck bis Schöneberg. Und zwischendrin die Rote Insel, wo Marlene Dietrich geboren wurde.

Seite 210

Bethanien

Ein Kunstraum für regionale Künstler und eine Apotheke, in der schon Theodor Fontane arbeitete – das ehemalige Diakonissen-Krankenhaus Bethanien.

Seite 210

Sonnenallee

Bin ich noch in Berlin, in Neukölln oder schon in Arabien? Diese Frage stellt sich beim Bummel über die Sonnenallee. Dort reihen sich arabische Läden aneinander.

Seite 212

KINDL

Ein Zentrum zeitgenössischer Kunst in einer ehemaligen Brauerei.

Seite 213

Rixdorf

Bummeln da, wo Neukölln seinen Anfang nahm.

Seite 214, 220

Tempelhofer Feld

Flughafen zu, Bahn frei für Jogger, Radfahrer, Windsegler … im Park Tempelhofer Feld. Und rein ins ehemalige Flughafengebäude können Sie auch, aber nur mit Führung.

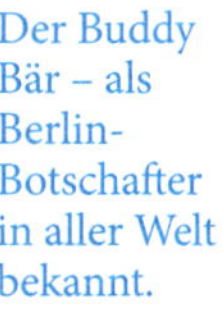

Der Buddy Bär – als Berlin-Botschafter in aller Welt bekannt.

»Det beste Leben hab' ick doch,
Ick kann mir nich beklagen,
Pfeift ooch der Wind durch's Ärmelloch, Det will ick schonst verdragen.«
Lied der Eckensteher, 19. Jh.

Kreuzkölln

K

Kreuzberg und Neukölln, kurz Kreuzkölln. Diese Wortschöpfung wurde erstmals auf das Stadtquartier um den Reuterplatz angewandt, als sich an der Grenze zwischen Neukölln und Kreuzberg ab 2000 ein Szeneviertel entwickelte. In Kreuzberg waren Wohnungen oder Läden nicht mehr zu bekommen, jenseits des Kottbusser Damms aber gab es davon genug und zu guten Preisen.

Kreuzberg teilt sich grob in zwei Bereiche: den etwas reicheren, großzügiger bebauten Westteil um Chamissoplatz, Bergmannstraße, Südstern und Grimmstraße und das engere ehemalige Arbeiterviertel um Kottbusser Tor, Oranien- und Wrangelstraße. Im alten SO 36, ist der Gentrifizierungsprozess in vollem Gang. Vorbei die Zeit, als Zuwanderer, Alternative und Punks im Schatten der Mauer ihren Rückzugsraum hatten. Längst sind auch hier Wohnungen in den gründerzeitlichen Mietshäusern begehrt, die Mietsteigerungen entsprechend. Nirgendwo wurden in den letzten Jahren mehr Wohnungen in Eigentum umgewandelt als in Friedrichshain-Kreuzberg.

Mittlerweile haben sich die Stadtteile Kreuzberg und Neukölln weitgehend angeglichen. Zumindest in Nord-Neukölln zwischen Hermannplatz und S-Bahn-Ring herrschen schon fast Kreuzberger Verhältnisse. Clubs, Ausstellunghäuser und Theater mit einem etwas anderen Angebot ziehen immer mehr Besucher an. Arbeiterbezirk, sozialer Brennpunkt, gelebtes Multikulti, Szeneviertel und plötzlich begehrter Wohnbezirk – so lässt sich die Geschichte Nord-Neuköllns stichwortartig zusammenfassen. Klar, dass es bei dieser Entwicklung zu Verwerfungen kommt. So wurden zeitweise mehr als zehn Gebiete durch Quartiermanagement gefördert, während die Mieten rasant anstiegen. Aktuell sind in Neukölln zehn Gebiete in den Milieuschutz genommen. Die Umwandlung von Wohnraum in Eigentum kann dort untersagt werden.

Eine Sonderentwicklung hat die Sonnenallee genommen. Sie ist zur arabischen Straße Berlins geworden.

O

ORIENTIERUNG

Kreuzberg: Die Gegend am **Mehringdamm** erschließt sich am besten von der **U-Bahn-Station Mehringdamm** (U 6, 7) aus, der **Bergmannkiez** von der **Gneisenaustraße** (U 7). **(Nord-)Neukölln:** Guter Startpunkt zur Erkundung ist der **Hermannplatz** (U 7, 8).

Kreuzberg

📍 L9–12 bis Q9–R11

Mehringdamm

Das ist Kreuzberg? Wer aus der U-Bahn-Station Mehringdamm tritt, steht erst einmal vor einem knapp 190 m langen Gebäude mit zinnenbewehrten Türmen: ein bisschen Burgenzauber mitten in Berlin. Die frühere **Garde-Dragoner-Kaserne** ❶ wird seit 1923 vom Finanzamt genutzt.

Nebenan wird es kreuzbergerischer, trotz des wuchtigen Geschäftshauses: Hier verkauft **Curry 36** 1 seine Würste mit der scharfen roten Soße. Oft bilden sich hier und bei **Mustafa's Gemüse Kebap** 2 lange Schlangen (beide: s. Kasten S. 215).

Promigräber

Lohnend auf jeden Fall ist der Besuch der **Friedhöfe am Halleschen Tor** ❷. Hier sind so bekannte Größen wie die Schriftsteller der Romantik Adelbert von Chamisso und sein Freund E. T. A. Hoffmann sowie der Apotheker und Gründer des Pharmakonzerns Schering beerdigt.

Außergewöhnlich ist die **Gedächtniskapelle** mit der Ausstellung »Die Familie Mendelssohn und ihre Gräber vor dem Halleschen Tor«. 28 getaufte Nachfahren des jüdischen Philosophen Moses Mendelssohn fanden auf den Friedhöfen am Halleschen Tor ihre letzte Ruhe.

Nicht ganz so aufwendig ist die Gedenkstätte für Carl Gotthard Langhans, den Baukünstler des Klassizismus und Architekten des Brandenburger Tores.

Gegenüber dem Eingang Mehringdamm gibt der Friedhofsplan Informationen zu diesen und weiteren Prominentengräbern.

Kult in Berlin: Curry 36. Wer Schampus zur Wurst möchte, muss zum Kudamm fahren. Am Mehringdamm gibt es schlicht Bier dazu.

R

WO SIE RUHEN

Wer sich – nicht nur in Berlin – für bedeutende Friedhöfe und Gräber interessiert, kann sich auf www.wo-sie-ruhen.de informieren oder sich die kostenlose App »Wo sie ruhen« auf sein Handy laden.

Mehringdamm 21, www.wo-sie-ruhen.de (s. Kasten oben), März, Okt. tgl. 8–18, April, Sept. tgl. 8–19, Mai–Aug. tgl. 8–20, Dez./Jan. tgl. 8–16 Uhr, Eintritt frei

Yorckstraße

K/L 11/12

Der Generalszug

Die breite Yorckstraße, die den Mehringdamm kreuzt, ist wie die Gneisenaustraße Teil des sogenannten Generalszugs, der sich zwischen Südstern und Kudamm hinzieht. Die Straßen wurden um 1850 als grüner Boulevardring von Peter Joseph Lenné geplant und dann nach Generälen der Freiheitskriege benannt. Den Wohnbauten beiderseits der Straßen sieht man an, dass sie für bessere Leute errichtet wurden. Trist, eng und dunkel sind dagegen die Hinterhöfe mit den kleinen Wohnungen für das einfache Volk.

Dass solche Höfe auch anders aussehen können – dann allerdings nur für besser betuchte Bewohner erschwinglich –, bewies der Maurermeister Wilhelm Riehmer. Er ließ bis 1900 die Wohnanlage **Riehmers Hofgarten** 3 (Zugang Yorckstr. 86) bauen. Statt dunkler Hinterhöfe erwartet den Besucher hier eine lichte, begrünte Erschließungstrasse entlang prachtvoller Fassaden. So hätten viele Hinterhöfe aussehen können, wären die Bodenpreise nicht von Spekulanten in astronomische Höhen getrieben worden.

Viktoriapark

L 12

Wasserfall und Biergarten

Der frei zugängliche **Viktoriapark** auf dem 66 m hohen Kreuzberg ist eine klassische Grünanlage, obwohl es hier mittlerweile auch Sportplatz, Spielplatz und ein Tiergehege gibt. 1821 wurde auf der natürlichen Erhebung am Rand des Berliner Spreetals Karl Friedrich Schinkels **Nationaldenkmal** 4 eingeweiht, das an den Sieg in den Befreiungskriegen gegen Napoleon (1813–15) erinnert. Um 1890 kam der 24 m hohe **Wasserfall** 5 in einer nachgebildeten Gebirgslandschaft hinzu. Der beliebte **Golgatha Biergarten** 1 ist über den Parkzugang Katzbachstraße zu erreichen (Hinweisschildern folgen).

Bergmannkiez

L/M 12

Ausgehfreudiger Kiez

Die **Bergmannstraße** ist die Ausgehpiste des Bergmannkiezes. Cafés, Kneipen und Restaurants in bunter Reihenfolge. Dazu gesellen sich Geschäfte für eine eher alternativ orientierte und doch einigermaßen zahlungskräftige Kundschaft, wie **Herrlich** 5, das sich schon vor vielen Jahren auf Geschenke für Herren spezialisiert hat.

Berlin 1900

Ein Gang durch die ruhige Nostitzstraße und die Arendtstraße führt zum **Chamissoplatz** 6, an dessen Ostseite samstags ab 9 Uhr ein **Markt** stattfindet, auf dem vornehmlich Bioprodukte verkauft werden.

Es ist alles da, was ein einfacheres Wohnquartier in Berlin um 1900 ausmachte: geschlossene Reihen fünfgeschossiger Mietsbauten mit eher zurückhaltend ausgeschmückten Fassaden, Kopfsteinpflaster und Straßenlaternen. Aufwendige Geschäftsfronten sind heute im Bereich Chamissoplatz genauso verboten wie Reklame an den Hausfassaden. Ein beschaulicher Anblick. Aber geben Sie sich keinen Illusionen hin: Bis in die 1930er-Jahre herrschte in Berlin bitterste Wohnungsnot und große Enge in den kleinen Hinterhofwohnungen.

Zur historischen Ausstattung der Platzanlage gehört das grün angestrichene **Café Achteck.** Öffentliche Toiletten dieser Art wurden ab 1880 an diversen Plätzen Berlins aufgestellt. Auch die **Plumpe,** die Schwengelpumpe, an der die Frauen Wasser für den Haushalt holen konnten, gehört dazu. Die Plumpe ist noch funktionsfähig. Wenn Sie Durst haben: Probieren Sie sie aus, sie spendet Trinkwasser (wie alle Berliner Plumpen).

Kulinarischer Kieztreff

Schnell, schmackhaft und preiswert den kleinen Hunger stillen? Einkaufen für daheim? Dann ist die **Marheineke Markthalle** 4, 1892 als Markthalle XI eröffnet, die richtige Anlaufstelle. Hier sind vor allem Stände mit regionalen Bioprodukten und mediterranen Lebensmitteln zu finden. Und wer kleinen oder großen Hunger hat, ist an einem der Foodstände richtig – Sie können deutsche, französische, spanische, italienische oder auch asiatische Küche probieren. Ebenfalls in der Halle befindet sich das Restaurant **Matzbach** mit Frühstücksangebot, aber auch Pizza, Pasta, Burgern (um 13 €, www.matzbach-berlin.de).

Wer die Friesenstraße rechts hochgeht, kommt zum unter Denkmalschutz stehenden **Kasernengelände** 7 aus der Preußenzeit.

Markthalle: Marheinekeplatz 15, www.meine-markthalle.de, Mo–Fr 8–20, Sa 8–18 Uhr

Kirche und Kultur

Am Marheinekeplatz, der mit seinen Sitzmöglichkeiten viele Besucher anlockt, steht die **Passionskirche** 8 von

Markthallen sind der Treff in Vierteln und Kiezen. So gibt es in Kreuzberg nicht nur die Marheineke Markthalle. Auch die Markthalle Neun in der Eisenbahnstraße (www.markthalleneun.de) ist beliebt.

Kreuzberg und Nord-Neukölln

Ansehen

1. ehem. Garde-Dragoner-Kaserne / Finanzamt
2. Friedhöfe am Halleschen Tor
3. Riehmers Hofgarten
4. Nationaldenkmal
5. Wasserfall
6. Chamissoplatz
7. ehem. Kasernengelände
8. Passionskirche
9. Friedhöfe Bergmannstraße
10. Fichtebunker
11. Kapelle am Urban
12. Orania.Berlin
13. Moritzplatz
14. Künstlerhaus Bethanien
15. St.-Michael-Kirche
16. St.-Thomas-Kirche
17. Diakonissen-Krankenhaus Bethanien / 3 Schwestern
18. Amtsgericht
19. Rathaus Neukölln
20. Alte Post
21. KINDL – Zentrum für zeitgenössische Kunst
22. Reuterplatz
23. Rixdorf
24. Schillerpromenade
25. Flughafengebäude Tempelhof
26. Deutsches Technikmuseum Berlin
27. FHXB Friedrichshain-Kreuzberg Museum

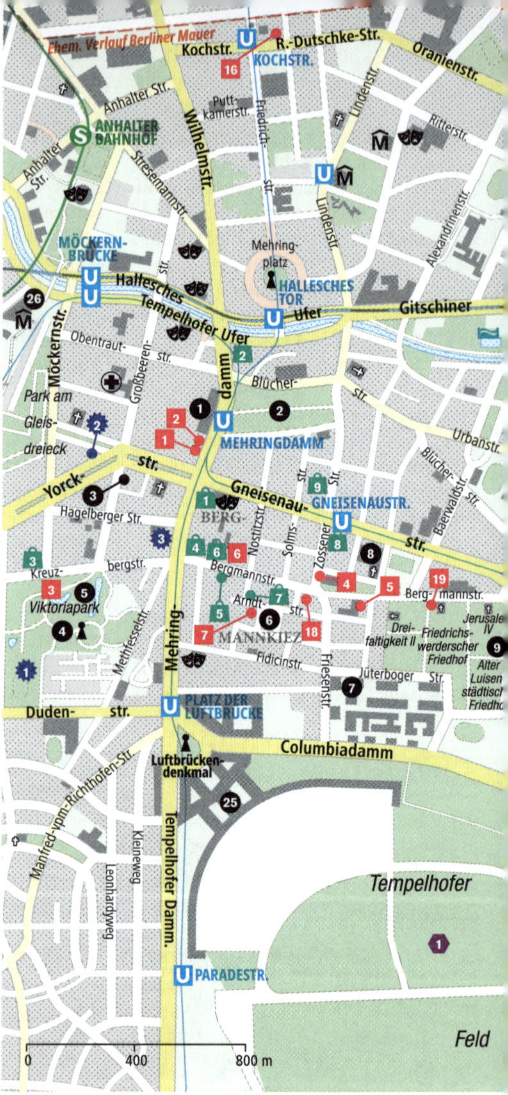

Essen

1. Curry 36
2. Mustafa's Gemüse Kebap
3. Tomasa Kreuzberg
4. Marheineke Markthalle
5. Austria
6. Good Morning Vietnam
7. G wie Goulasch
8. Tulus Lotrek
9. Tante Fichte Speiselokal
10. tangs kantine
11. ORA

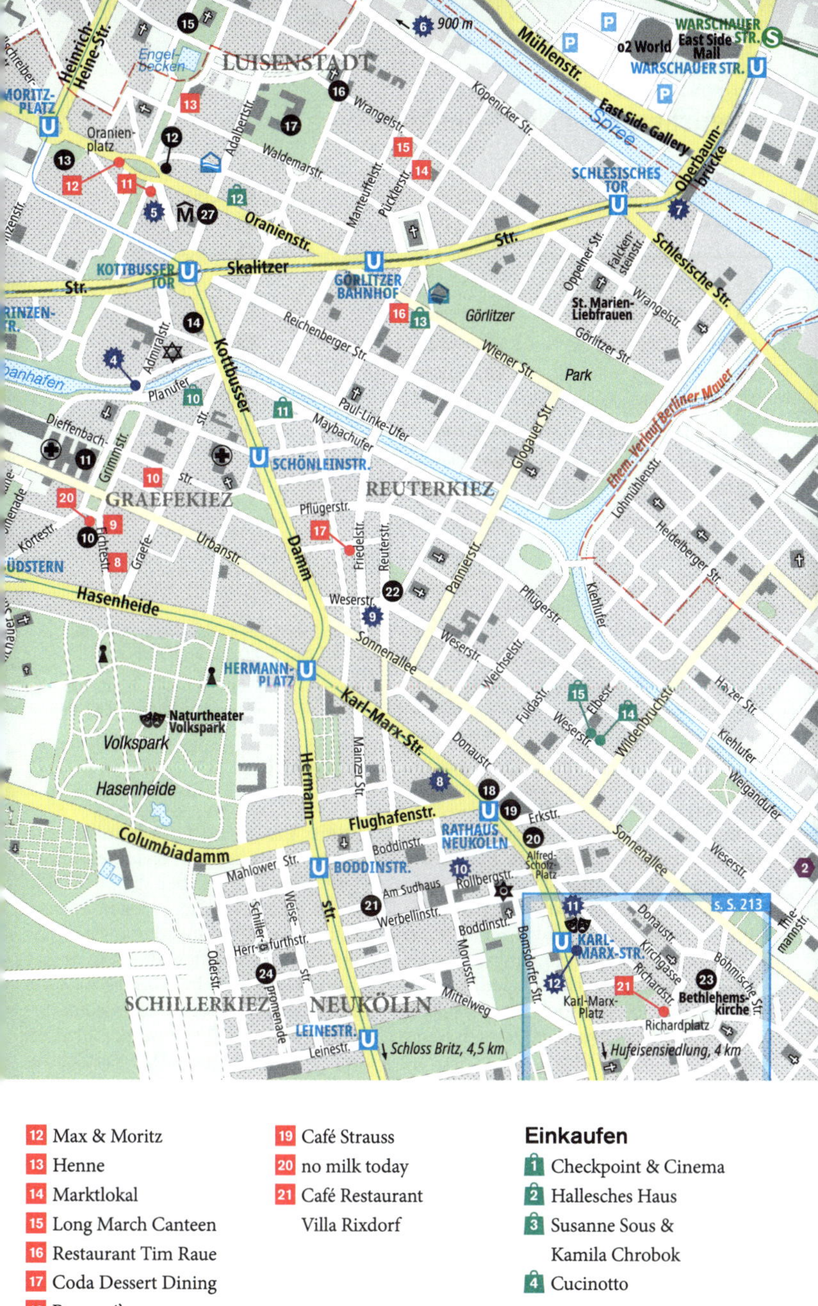

12 Max & Moritz
13 Henne
14 Marktlokal
15 Long March Canteen
16 Restaurant Tim Raue
17 Coda Dessert Dining
18 Barcomi's
19 Café Strauss
20 no milk today
21 Café Restaurant Villa Rixdorf

Einkaufen

1 Checkpoint & Cinema
2 Hallesches Haus
3 Susanne Sous & Kamila Chrobok
4 Cucinotto

Kreuzberg und Nord-Neukölln Fortsetzung von Seite 205

Einkaufen
- 5 Herrlich Männergeschenke
- 6 Ölmühle an der Havel
- 7 Logo-Records
- 8 Grober Unfug
- 9 Paul Knopf
- 10 dunkelblaufastschwarz
- 11 BIOriental / Nowkoelln Flowmarkt
- 12 DIM – Die Imaginäre Manufaktur
- 13 Supermarché
- 14 Let them eat cake
- 15 Crazy Bastard Kitchen

Bewegen
- 1 Tempelhofer Feld
- 2 Bouldergarten

Ausgehen
- 1 Golgatha Biergarten
- 2 Yorckschlösschen
- 3 Rauschgold
- 4 Admiralbrücke
- 5 Würgeengel
- 6 Tresor
- 7 Watergate
- 8 Klunkerkranich
- 9 Schilling Bar
- 10 Club SchwuZ
- 11 Neuköllner Oper
- 12 Heimathafen Neukölln

1908, die hervorragend saniert wurde. Neben Gottesdiensten finden hier Lesungen und Konzerte (Weltmusik, Pop, Jazz) statt.

Marheinekeplatz 1, www.kght.de, www.akanthus.de

Kaffee auf dem Friedhof

Ein Stück weiter die Bergmannstraße hinunter beginnen die **Friedhöfe Bergmannstraße** 9, die sich bis zum Südstern hinziehen. 2013 sorgten Olga und Martin Strauss mit ihrer Idee, in der ehemaligen Aufbahrungshalle des **Friedrichswerderschen Friedhofs** ein Café einzurichten, noch für Aufsehen. Heute genießen hier die Gäste am Rand des Friedhofsgeländes ihren Kaffee aus den selbst gerösteten Bohnen des **Café Strauss** 19.

Das Grab Adolf von Menzels, des wichtigsten Berliner Malers der zweiten Hälfte des 19. Jh., findet sich auf dem **Dreifaltigkeitsfriedhof II.** Die Grabbüste ist eine Arbeit von Reinhold Begas. Gustav Stresemann, Außenminister der Weimarer Republik, ruht auf dem **Alten Luisenstädtischen Friedhof.**

Bergmannstr. 39–41, www.wo-sie-ruhen.de (s. Kasten S. 202), tgl. ab 8 Uhr bis Einbruch der Dunkelheit

Graefekiez

N/O 11/12

Lokale, Läden und ein Bunker

Schon Anfang der 2010er-Jahre war der Kiez hip. Vielfach blieben die Mieter, die als Studenten hierhergezogen waren, kauften ihre Wohnungen und gaben ihr Geld in den Geschäften und Restaurants des Viertels aus. Kein Wunder, dass die Zahl der Lokale stieg: 2013 wurden immerhin 138 von 505 Gewerbeeinheiten gastronomisch genutzt. **Haupteinkaufsstraßen** des Kiezes sind die **Dieffenbachstraße** und die **Graefestraße.**

Vom Südstern aus schlendert es sich am besten durch die **Körtestraße** mit ihren Cafés und Restaurants. In der deutlich ruhigeren **Fichtestraße** befindet sich der **Fichtebunker** 10 (Fichtestr. 6). 1874 als Steingasometer errichtet, wurde hier Gas für den Betrieb der Straßenbeleuchtung gespeichert. 1942 wurde das Gebäude zum Luftschutzbunker ausgebaut. Mit einer Führung des Vereins Berliner Unterwelten (www.berliner-unterwelten.de) können Sie ihn besichtigen.

Kultur in der Leichenhalle

Zwischen Urbanstraße und Landwehrkanal hat sich fast komplett die gründerzeitliche Bebauung erhalten. Ein wesentlicher Grund dafür, dass sich der Kiez zu einem In-Bezirk entwickeln konnte. Die **Grimmstraße** war schon in den ersten Planungen als grüne Achse des Stadtquartiers vorgesehen. Westlich schließt sich der Bereich des ehemaligen **Städtischen Krankenhauses Am Urban** von 1890 an, der ab 2009 von über 100 Bauherrn zu einem Wohnpark entwickelt wurde. Die ehemalige Leichenhalle dient heute als Veranstaltungsraum **Kapelle am Urban** ⓫ (Grimmstr. 10, www.kapelle-am-urban.de).

Rund um die Oranienstraße

N P9/10

Brennpunkt versus Kiezkultur

Es ist nicht jedermanns Sache, die Gegend um den Platz **Kottbusser Tor** zu entdecken. Ein sozialer Brennpunkt mit allen unschönen Erscheinungen des Großstadtlebens. Demgegenüber zeigt die **Oranienstraße** bunte Kiezkultur und wird in den Abendstunden Teil der Kneipen- und Restaurantmeile, die sich von der Warschauer Straße über Oberbaumbrücke, Schlesisches Tor, Skalitzer Straße bis zur Oranienstraße zieht.

Exklusiv inklusiv

Schon vor 1900 hatte sich an der Oranienstraße ein belebtes Stadtviertel entwickelt. Hier steht auch der gelbe Klinkerbau der **Städtischen Blindenanstalt** (Oranienstr. 26). 1863 als Gemeindeschule errichtet, wird das Haus seit 1902 von der Blindenanstalt genutzt. 1998 begann hier gemeinsam mit einem Designbüro das Projekt **DIM – Die Imaginäre Manufaktur**, zu dem auch ein **Ladencafé** 12 (s. S. 220) gehört.

Viertel im Wandel

Dem Oranienplatz sieht man an, dass er einst das Zentrum eines belebten Stadtteils war. Das heutige Luxushotel **Orania. Berlin** ⓬ (Oranienplatz 17, Ecke Oranienstr. 40) ist ein gutes Beispiel. 1913 als moderne Eisenskelettkonstruktion mit Sandsteinverkleidung erbaut, diente es im Erdgeschoss als Café, in den oberen Geschossen als Bürogebäude. 1925 zog das Kaufhaus C&A in das Gebäude. Keine 100 Jahre später erfolgte dann die Umnutzung zum Hotel. Eine Geschichte, die viel über die Veränderung des Viertels aussagt.

Der Weg weiter die Oranienstraße hinunter führt zum **Moritzplatz** ⓭. Ab hier wurde der größte Teil der Bebauung bei einem Luftangriff am 3. Februar 1945 zerstört. Lange Zeit lagen hier Flächen brach, sodass 2009 Anwohner den mobilen **Prinzessinnengarten** (Prinzenstr. 35–38, https://prinzessinnengarten.net) anlegten. Mittlerweile ist das Prinzessinnengarten Kollektiv nach Neukölln umge-

K

KÜNSTLERHAUS BETHANIEN

Der Name ist geblieben, der Ort ist ein anderer. In der ehemaligen Lichtfabrik präsentiert das **Künstlerhaus Bethanien** ⓮ die Arbeitsergebnisse von Künstlern, die im Rahmen seines Internationalen Atelierprogramms für zwölf Monate in Berlin arbeiten konnten (Kottbusser Str. 10, www.bethanien.de, U 1, 3 Kottbusser Tor, besser: U 8 Schönleinstr., bei Ausstellungen Di–So 14–19 Uhr, Eintritt frei).

TOUR
Durch Parks in den Süden

Radtour entlang der S-Bahn-Gleise mit Besuch der Roten Insel

Infos

Start/Ziel: Portalruine Anhalter Bahnhof, S 1, 2, 25, 26 Anhalter Bahnhof, L 10 / S-Bhf. Priesterweg, S 2, 25, 26 Priesterweg, südl. J 14

Dauer: Radtour 6 km, plus 1,5 km Abstecher Natur-Park

Berlin Story: Schöneberger Str. 23a, www.berlinstory.de, tgl. 9–19 Uhr, 12/9 €

Informationsort Schwerbelastungskörper: General-Pape-Str. 34a, www.schwerbelastungskoerper.de

Gedenkort SA-Gefängnis Papestraße: Werner-Voß-Damm 54a, www.gedenkort-papestrasse.de, Di–Do, So 14–18 Uhr, Eintritt frei

EUREF-Campus: www.euref.de

Eine Fahrradtour jenseits von Autopisten, die dazu einlädt, Pausen zu machen, sich ohne Eile das Stadtleben mal von einer anderen Seite anzugucken. Startpunkt ist die **Portalruine des Anhalter Bahnhofs,** der 1945 zerstört wurde. Hier entsteht bis 2026 das Exilmuseum, das das Exil vieler Deutscher während der NS-Zeit thematisiert. Auf einem Schotterweg geht es vorbei am **Tempodrom,** dem Veranstaltungszentrum mit der auffälligen Zeltarchitektur. In Sichtweite erhebt sich der **Hochbunker am Anhalter Bahnhof,** in dem sich während der Schlacht um Berlin bis zu 13 000 verängstige Berliner drängten. Heute ist hier die **Berlin Story** mit einer Ausstellung zur Berliner Geschichte eingezogen.

Hinter dem **Elise-Tilse-Park** führt der Anhalter Steg über den Landwehrkanal. Surreal mutet das Bild des zweimotorigen Rosinenbombers an, der gleich rechts auf dem Vordach des **Deutschen Technikmuseums** 26 (s. S. 215) zu starten scheint. Mit diesen kleinen Transportmaschinen wurden während der Berliner Blockade 1948/49 über 2 Mio. West-Berliner aus der Luft versorgt.

Weiter geht es am Zaun des Technischen Museums entlang zum **Park am Gleisdreieck** – ein Mix aus Ruhewiesen und Flächen für Aktivitäten wie Skaten, Basketball, Fitness und Tischtennis. Die Schotterflächen verweisen auf die Geschichte als Bahngelände. Die Bahntrasse Berlin–Leipzig teilt das Areal in einen **West-** und einen **Ostpark.** Nehmen Sie sich die Zeit und radeln Sie vorbei am Mund des Tunnels, in den die ICE-Züge Richtung Hauptbahnhof verschwinden, kurz in den **Westpark.** Erst hier sehen Sie den **Hochbahnhof Gleisdreieck.**

Durch den **Ostpark** (hier können Sie im Café-Restaurant Tor Eins, www.toreins.de, tgl. ab 11 Uhr, Tagesgerichte um 12 €, einkehren) führt der Weg an der Bahntrasse dann nach Süden. Über eine **Brücke an der Yorckstraße** radeln Sie in den **Flaschenhalspark.**

Die Straße Am Lokdepot führt zum **Informationsort Schwerbelastungskörper** in der Nähe der Kolonnenbrücke. Ein Relikt aus der NS-Zeit, mit dem Hitlers Architekt Albert Speer die Tragfähigkeit des Berliner Grundes für den Bau der neuen NS-Hauptstadt Germania testen wollte. Im Keller eines ehemaligen Kasernenbaus erinnert der **Gedenkort SA-Gefängnis Papestraße** an ein wildes KZ, das von der SA 1933 eingerichtet wurde.

Westlich der Bahntrasse können Sie durch die Torgauer Straße und die Leberstraße die **Rote Insel,** einen ehemaligen Schöneberger Arbeiterkiez, erkunden. In der **Leberstraße** kennzeichnen **Gedenktafeln** die **Geburtshäuser von Marlene Dietrich (Nr. 65)** und **Hildegard Knef (Nr. 33).** Überragt wird die Rote Insel vom 1910 errichteten, 50 m hohen **Gasometer,** der bis 1993 der Gasversorgung diente. Heute gehört er zum **EUREF-Campus,** dem Europäischen Energieforum, das sich als Reallabor der Energiewende versteht.

Vom **Hildegard-Knef-Platz** vor dem **Bahnhof Südkreuz,** Berlins drittgrößtem Fernbahnhof, führt ein Radweg zwischen Bahnhofsgebäude und Parkdeckauffahrt auf die Brücke über Sachsendamm und A 100. Entlang der S-Bahn-Trasse erreichen Sie nach 2 km den **S-Bahnhof Priesterweg.** Nun heißt es, **Fahrräder abstellen** und durch die Unterführung im Bahnhof in den **Natur-Park Schöneberger Südgelände** gehen: eine einmalige Kombination aus Eisenbahnanlagen-Denkmal und Naturschutzgebiet. Infotafeln erzählen die Geschichte des Geländes und der Tierwelt, die sich angesiedelt hat. Gut 1 km lang ist der Weg.

In der **Süden Gartenwirtschaft** (Priesterweg 10, Mo–Do 15–22, Fr–So 12–23 Uhr, Biorestaurant und Kaffeegarten) können Sie noch einkehren, bevor Sie am **S-Bahnhof Priesterweg** in die Bahn steigen – oder zurückradeln.

zogen (s. S. 292). Der Prinzessinnengarten am Moritzplatz bleibt aber erhalten.

Auf nach Bethanien

Vom Moritzplatz können Sie über den Leuschnerdamm bzw. durch die Grünanlage vorbei am Engelbecken zur römisch-katholischen **St.-Michael-Kirche** ⓯ spazieren. Nach Plänen von August Sollers 1856 mit einer 56 m hohen Kuppel errichtet, wurde sie im Zweiten Weltkrieg teilweise zerstört und nicht vollständig wieder aufgebaut.

Die evangelische **St.-Thomas-Kirche** ⓰ 500 m östlich, ebenfalls mit einer 56 m hohen Kuppel versehen, fasste nach ihrer Fertigstellung 1869 gut 3000 Besucher und war das größte Gotteshaus Berlins. Immerhin hatte die Kirchengemeinde damals rund 150 000 Mitglieder. Heute sind es nur noch 1500 und die Größe des Gotteshauses bedeutet eine schwer zu stemmende finanzielle Belastung.

Die St.-Thomas-Kirche wendet ihre Front dem **Mariannenplatz** zu, der bis 1846 angelegt wurde. Im selben Jahr wurde hier das **Diakonissen-Krankenhaus Bethanien** ⓱ errichtet. Das öffentliche Krankenhaus diente auch als Ausbildungsstelle für Krankenpflegerinnen, wurde aber 1970 geschlossen. Ein Jahr später wurde das ehemalige Schwesternwohnheim besetzt. Als **Georg-von-Rauch-Haus** (Mariannenplatz 1a) ist es seitdem ein Jugendwohnprojekt bzw. das Jugend- und Kulturzentrum Kreuzberg e. V.

Das alte Krankenhaus ist heute Sitz verschiedener Institutionen aus dem Bereich Kunst und Kultur. So zeigt der **Kunstraum Kreuzberg/Bethanien** jährlich bis zu sechs Kunstausstellungen, deren Fokus auf sozialen und kulturellen Gegenwartsprozessen liegt. Erhalten hat sich im Bethanien die originale Ausstattung der **Theodor-Fontane-Apotheke,** in der der Schriftsteller Theodor Fontane 1848 als Apotheker arbeitete.

www.kunstquartier-bethanien.de, **Kunstraum:** Mariannenplatz 2, www.kunstraumkreuzberg.de, tgl. 11–20 Uhr, Eintritt frei; **Fontane-Apotheke:** www.fhxb-museum.de, Di, Do 14–17, Mi 11–17 Uhr, Eintritt frei

Nord-Neukölln

O 12–14 bis T 14

Sonnenallee und Karl-Marx-Straße

P 12/13–Q/R 14

Arabien in Berlin – so lässt sich die **Sonnenallee** beschreiben. Zwischen Hermannplatz und Fuldastraße reiht sich ein arabisches Geschäft ans nächste. Schlachter, Bäcker, Lebensmittelgeschäft, Technikshop, Shisha-Bar und der obligate Friseursalon, der zugleich als Treffpunkt dient – die Sonnenallee hat alles, was arabischstämmigen (Neu-)Berlinern ein wenig Heimatgefühl vermitteln kann.

Problemkiez im Aufwind

Haupteinkaufsstraße des Bezirks aber ist die **Karl-Marx-Straße.** Nach einer kurzen Durststrecke zwischen Hermannplatz und Weichselstraße macht das Einkaufszentrum **Neukölln Arcaden** mit dem **Klunkerkranich** 8 auf dem Parkhausdeck den Auftakt. Es folgen Kaufhäuser und Geschäfte, eine deutsch-türkische Mischung mit Einsprengseln aus aller Welt. Berliner Einkaufsalltag als Abbild der Einwohnerstruktur eines multikulturellen Bezirks.

Von der Vergangenheit Neuköllns als eigenständige (Arbeiter-)Stadt vor den Toren Berlins erzählen drei Gebäude, die nach der Erhebung Neuköllns zur Stadt 1899 im Stil der Neorenaissance errichtet wurden: Das **Amtsgericht** ⓲ von 1899 und gleich daneben das **Rat-**

Lieblingsort

Aus aller Welt

Ein Treffpunkt für junge Leute aus Kreuzberg und Neukölln, aber eben auch der Markt, den viele türkische Zuwanderer besuchen, das ist **BIOriental** 11 – Wochenmarkt am Maybachufer. Gemüse, Backwaren, Spezialitäten aus der Türkei, Afrika, Italien neben Bioprodukten aus Brandenburg – während Musiker aus aller Welt jammen und so zur entspannten Atmosphäre beitragen. Inzwischen definitiv eine Institution für alle. Im Frühjahr und im Spätherbst findet hier jeden zweiten Sonntag der **Nowkoelln Flowmarkt** statt: private Secondhandware, Kunsthandwerk und vieles mehr (Maybachufer, U 8 Schönleinstr.; **BIOriental:** Di, Fr 11–18.30 Uhr, **Nowkoelln Flowmarkt:** www.flowmarkt.de/nowkoelln, März/April–Nov./Dez. jeden 2. So 10–17 Uhr).

haus Neukölln 19 von 1909 mit seinem 68 m hohen Turm.

In der **Alten Post** 20 (Ecke Anzensgruberstr.) entstehen nach jahrelangem Leerstand Geschäfte, Büros, Co-Working-Spaces und Wohnungen: Neukölln, früher nur als Problemkiez wahrgenommen, ist eindeutig im Aufwind. Ausdruck der lebendigen Szene im Bezirk ist nicht zuletzt die **Neuköllner Oper** 11 (S. 222), die 1988 in den Ballsaal der seit Jahren leer stehenden **Passage** zog.

Den Ballsaal im 1876 eröffneten **Saalbau Neukölln** bespielt das Theaterkollektiv **Heimathafen Neukölln** 12 (S. 222). Man glaubt es kaum, sieht man die Fassade des Vorderhauses von 1928 mit ihrer modernen horizontalen Gliederung, aber auf dem Hof findet sich tatsächlich noch der Saalbau mit schönstem neobarockem Festschmuck.

Zeitgenössisches in der Brauerei

Untrügliches Signal für die Aufwertung Nord-Neukölln ist das 2016 eröffnete **KINDL – Zentrum für zeitgenössische Kunst** 21. Mit jeweils einer Installation im Kesselhaus sowie einer monografischen und einer thematischen Schau im Maschinenhaus präsentiert das Ausstellungshaus aktuelle künstlerische Positionen.

Am Sudhaus 3, www.kindl-berlin.de, U 7 Rathaus Neukölln, U 8 Boddinstr., Mi–So 12–18 Uhr, 5/3 €, bis 18 Jahre Eintritt frei

R

»IN RIXDORF IST MUSIKE ...«

Diesen Song kannte um die Wende zum 20. Jh. fast jeder in Deutschland. Das heutige Neukölln hieß bis 1912 Rixdorf, war Arbeiterstadt und berühmt-berüchtigt für ausschweifende Tanzvergnügen und wüste Saufgelage. Mit der Umbenennung, von Kaiser Wilhelm II. genehmigt, schlugen die Neuköllner zwei Fliegen mit einer Klappe. Sie waren als Stadt das ungeliebte ›Dorf‹ im Namen los und verabschiedeten sich zugleich vom schlechten Image. Heute bezeichnet **Rixdorf** 23 nur noch einen kleinen Teil von Neukölln (s. Tour S. 213).

Reuterkiez P/Q 12/13–Q/R 13

Im Zwiespalt

Der Reuterkiez hat sich zwar positiv entwickelt, doch die Fassade des alternativ-hippen Viertels verdeckt nur oberflächlich Arbeitslosigkeit und Kinderarmut.

Der **Reuterplatz** 22 ist der Treffpunkt des Viertels. Eine Schönheit ist er bis heute nicht. Das ändert auch der mit Laubengang ums Wasserbecken und den Figuren Liening und Miening wiederhergestellte Fritz-Reuter-Brunnen nicht. Aber immerhin bildet der Platz eine kleine Grünanlage im eng bebauten Quartier. Etwas Grün und Abwechslung im Häusermeer bietet auch der **Landwehrkanal,** der die nördliche Grenze von Kreuzkölln bildet.

Wer durch den Kiez schlendert, sollte die **Weserstraße** nicht versäumen. Hier finden sich die etwas anderen Läden wie **Let them eat cake** 14. Abends öffnen dann die Bars und Kneipen.

Schillerkiez O/P 14

Flughafen zu, Kiez auf!

War für die Entwicklung des Reuterkiezes die Nähe zu Kreuzberg ausschlaggebend, ist das große Plus des Schillerkiezes die Nähe zum Tempelhofer Feld. Die **Schillerpromenade** 24 wurde um 1900 mit einer Breite von 50 m großzügig angelegt, um solvente Mieter in die Stadt zu

TOUR
Rixdorf – deutsch und böhmisch

Ruhiges Leben um den Richardplatz

Infos

Start/Ziel:
U Karl-Marx-Str., Q 14

Museum:
Kirchgasse 5, www.museumimboehmischendorf.de, Do 14–17, 1., 3. So/Monat 12–14 Uhr, 3 €

Comenius-Garten:
Richardstr. 35, tgl. 12.30–19 Uhr, an der Pforte klingeln

Böhmischer Gottesacker:
Karl-Marx-Platz 10, nicht zugänglich

Stärken können Sie sich in der **Villa Rixdorf** 21: s. S. 218.

Rixdorf ㉓ – hier lagen früher die Dörfer Rixdorf und Böhmisch-Rixdorf nebeneinander. Zentrum des alten **deutschen Dorfes** ist der **Richardplatz.** Auf dem früheren Dorfanger hat sich die **Rixdorfer Schmiede,** heute eine Kunstschmiede (www.rixdorferschmiede.de), erhalten. Am Ostende steht die **Bethlehemskirche,** die ehemalige Dorfkirche. Geschäfte, Cafés und Kneipen machen den Platz auch heute zum Zentrum des Viertels.

Nur wenige Meter sind es bis **Böhmisch-Rixdorf,** das protestantische Glaubensflüchtlinge 1737 gründeten. König Friedrich Wilhelm I. hatte den Herrnhuter Brüdern die Ansiedlung vor den Toren Berlins gestattet. Noch heute leben Nachfahren in Neukölln, stehen Nachfolgebauten der Kolonistenhäuser an der Richard- und der Kirchstraße. Das **Museum im Böhmischen Dorf** im ehemaligen Schulhaus der Böhmen zeichnet die Geschichte der Siedlung nach, nebenan erinnert ein **Denkmal** an **Friedrich Wilhelm I.**

Eine Oase der Ruhe ist der **Comenius-Garten.** 1995 angelegt, erinnert er den Erziehungsreformer und Bischof der Unität der Böhmischen Brüder (ab 1648), Johann Amos Comenius. Der Garten zeichnet den Lebensweg des Menschen nach, verschiedene Pflanzen stehen für die einzelnen Lebensabschnitte. Auf dem nahen **Friedhof Böhmischer Gottesacker** sind die Grabsteine der Brüder schmucklos, alle gleich, so wie die Menschen vor Gott gleich sind.

Der Rosinenbomber, eine Douglas C-47 B Skytrain ist heute das Wahrzeichen des Technikmuseums. Mit diesen Flugzeugen wurden 1948/49 rund 2,2 Mio. West-Berliner über Monate aus der Luft versorgt.

locken. Trotzdem wurde sie ebenso wie ihr Zentrum am Herrfurthplatz gemieden. Die Lage unmittelbar am Flughafen Tempelhof schreckte mögliche Bewohner ab. Mit der Schließung des Flughafens am 31. Oktober 2008 und der Eröffnung des Parks **Tempelhofer Feld** 2010 hat sich dieser Standortnachteil in sein Gegenteil verkehrt. Nicht zufällig haben sich gerade zwischen Herrfurthplatz und Parkeingang Cafés und Restaurants angesiedelt.

Große Weite

Wiesen, dazu die ehemaligen Landebahnen des Flughafens und eine gut 7 km lange Rundstrecke am Rand des Areals – genau das wollte die Bürgerinitiative »100 % Tempelhofer Feld« und genau das wollte 2014 die Mehrheit der Berliner im Bürgerentscheid: pure Weite mitten in der Großstadt. So haben heute im Park **Tempelhofer Feld** 1 die Jogger, Radfahrer, die Ballspieler, die Windsegler mit Buggy oder Board ihre Freifläche. Dazu gibt es am Nordrand ausgewiesene Flächen zum Grillen und auch einen Biergarten.

Wer trotzdem noch ein bisschen Sightseeing möchte: Denkmalcharakter hat der Flughafen Tempelhof. Das riesige **Flughafengebäude** 25 wurden ab 1936 von Ernst Sagebiel auf dem ehemaligen Militärgelände als Großflughafen für die neue Hauptstadt des NS-Reiches Germania gebaut. Von Juni 1948 bis Mai 1949 versorgten die Alliierten hauptsächlich über den Flughafen Tempelhof 2,2 Mio. Menschen in West-Berlin aus der Luft, weil die Sowjetunion alle Zugänge zur Stadt zu Lande und zu Wasser blockierte. An diese größte Luftbrücke aller Zeiten erinnert das **Luftbrückendenkmal** auf dem Platz der Luftbrücke vor dem Flughafengebäude. Den Flughafen können Sie im Rahmen einer Führung besichtigen.

Parkeingänge: Oderstraße (U 8 Boddinstr.), Tempelhofer Damm (U 6, S 41, 45, 46 Tempelhof), Columbiadamm/Lilienthalstr. (U 8 Boddinstr.), www.gruen-berlin.de, Öffnung jahreszeitabhängig (s. Website), Eintritt frei; **Flughafen Tempelhof: Treffpunkt:** Tempelhofer Damm 9, Einfahrt: Werner-Loebermann-Weg, www.thf-berlin.de, U 6 Paradestr., verschiedene Führungen (s. Website), 17,50/12 €

Museen

Flugzeug vor der Tür

26 **Deutsches Technikmuseum Berlin:** Ob Auto, Luft- und Raumfahrt, Schienenverkehr, Schifffahrt, Nachrichtentechnik oder auch das Internet – das Deutsche Technikmuseum präsentiert auf 26 500 m² eine Vielzahl von Objekten, teils im eigens errichteten Museumsgebäude, teils in historischen Gebäuden und teils im Museumspark.

Trebbiner Str. 9, https://technikmuseum.berlin, U 1, 2, 3 Gleisdreieck, Di–Fr 9–17.30, Sa/So 10–18 Uhr, 8/4 €

Protestbewegung im Museum

27 **FHXB Friedrichshain-Kreuzberg Museum:** In der Dauerausstellung setzt sich das Museum mit der Protestbewegung und der Stadtsanierung in Kreuzberg SO 36 auseinander. Dazu kommen wechselnde Ausstellungen zu aktuellen Themen.

Adalbertstr. 95a, www.fhxb-museum.de, U 1, 3, 8 Kottbusser Tor, Di–Do 12–18, Fr–So 10–20 Uhr, Eintritt frei

Essen

Schön draußen

3 **Tomasa Kreuzberg:** Ob reichhaltiges Frühstück (ab 13 €), Mittagessen von der Tageskarte (10 €) oder Abendessen zwischen Burger (ab 13 €), Flammkuchen (ab 12 €) oder Hähnchenbrust in Mandelhülle (17,20 €), auf der Speisekarte findet jeder Gast etwas. Im Sommer sitzt man im ruhigen Garten des ehemaligen Gärtner- und Maschinenhauses, das 1894 für die Parkangestellten errichtet wurde.

Kreuzbergstr. 62, Kreuzberg, T 030 81 00 98 85, www.tomasa.de, U 7 Yorckstr., So–Mi 9–24, Do–Sa 9–1 Uhr

Kulinarischer Kieztreff

4 **Marheineke Markthalle:** s. S. 203.

Österreichisch

5 **Austria:** Seit 1993 werden hier österreichische Küche und Gastlichkeit hochgehalten. Das Wiener Schnitzel vom Kalb (25 €) ist nach wie vor ein Muss. Danach den Kaiserschmarrn (12,50 €) und der Abend ist perfekt abgerundet.

Bergmannstr. 30, Ecke Heimstr., Kreuzberg, T 030 694 44 40, www.austria-berlin.de, U 7 Gneisenaustr., Mo 18–24, Di–So 12–24 Uhr

Vegan-vietnamesisch

6 **Good Morning Vietnam:** Ein bisschen versteckt auf dem Hinterhof, dafür aber mit Plätzen draußen und superleckerem vietnamesischem Essen. Vegan.

FAST-FOOD-KULT

Zwei Fast-Food-Kultadressen liegen in direkter Nachbarschaft zueinander am Mehringdamm. Im **Curry 36** 1 haben Sie einmal mehr die Qual der Wahl – oder entscheiden sich für beide: Currywurst mit oder ohne Darm. In **Mustafa's Gemüse Kebap** 2 gibt's Hähnchen-Döner mit Gemüse, Gemüsekebap und Dürüm – und lange, lange Schlangen (**Curry 36:** Mehringdamm 36, www.curry36.de, tgl. 9–5 Uhr, Currywurst mit Brötchen ca. 2,20 €; **Mustafa's Gemüse Kebap:** Mehringdamm 32, Mo–Do, So 11–2, Fr/Sa 11–5 Uhr, Döner ab 5,30 €).

Bergmannstr. 102 (Hinterhof links), Kreuzberg, T 030 62 90 13 77, www.good-morning-vietnam.berlin, U 6, 7 Mehringdamm, tgl. 12–24 Uhr, Hauptgerichte 7,50–9 €

Ungarisch

7 **G wie Goulasch:** 14 Plätze im Restaurant, fünf Tische davor am ruhigen Chamissoplatz und die Speisekarte bietet Gulasch in allen Variationen mit Spätzle, Serviettenknödeln oder auch Kartoffeln (um 15 €). Damit es nicht langweilig wird, ergänzen saisonale Beilagen das Angebot. Dazu empfohlen: Trappistenbier.

Chamissoplatz 1 / Arndtstr. 27, Kreuzberg, T 030 22 43 91 29, www.facebook.com/dergoulaschladen, U 7 Gneisenaustr., tgl. ab 18 Uhr

Aroma intensiv

8 **Tulus Lotrek:** Küche, die auf intensive Aromen setzt, z. B. dem Filet würzige Saucen beigibt und vor allem geschmacksintensive Beilagen, die nicht sättigen, sondern – so die Eigenbeschreibung – »Geschmackstieftauchen« und »Intensitätsgipfel-Erklimmen« darstellen. 2016 eröffnet, gab es schon 2017 einen Michelin-Stern, der auch wieder 2023 bestätigt wurde.

Fichtestr. 24, Kreuzberg, T 030 41 95 66 87, www.tuluslotrek.de, U 7 Südstern, Fr–Di 19–24 (Küche bis 23) Uhr, Menü 205 €

9 **Tante Fichte Speiselokal:** Küchenchef Dominik Matokanovic ist in Mannheim in einer aus Kroatien stammenden Familie aufgewachsen. Kulinarisches Ergebnis: eine Küche aus regionalen Produkten mit kroatischen Einflüssen. Dazu eine Weinkarte mit 650 Positionen.

Fichtestr. 31, Kreuzberg, T 030 69 00 15 22, www.tantefichte.berlin, U 7 Südstern, Mi–Sa, ab 18 Uhr

Authentisch

10 **tangs kantine:** Die scharfe, pfefferige Sichuan- und die mildere, süßlichere Shanghai-Küche dienen als Orientierungspunkte für das Restaurant, das verspricht, genauso zuzubereiten wie in China. Weitgereiste bestätigen, dass dieser Anspruch eingelöst wird. Hier bekommen Sie auch, wenn Sie mindestens zu zweit sind, Feuertopf (16 €/Pers.): Dabei garen Sie verschiedene Zutaten selbst in milder oder scharfer Brühe. Kleine Gerichte um 11 €; große Gerichte: Huhn 13,80 €, Ente 14,90 €, Rind 14,90 €, Schwein 13,80 €. Auch vegane Speisen.

Dieffenbachstr. 18, Kreuzberg, T 030 69 81 46 58, www.tangs-kantine.de, U 8 Schönleinstr., tgl. 12–23 Uhr

In der Apotheke

11 **ORA:** Das große Plus von Bar und Restaurant ist das Ambiente. Die historischen Räume der ehemaligen Oranienapotheke, die 1860 eingerichtet wurden, haben sich nicht wesentlich verändert. Gekocht wird saisonal und regional.

Oranienplatz 14, Kreuzberg, T 030 54 86 10 70, www.ora-berlin.de, U 8 Moritzplatz, tgl. ab 17 €, Küche bis 22.30 Uhr, Menü 55 € (3 Gänge)

Alt-Berlin

12 **Max & Moritz:** 1902 eröffnet, hat das Wirtshaus einen großen Teil der Originalausstattung erhalten. Ein Alt-Berliner Wirtshaus, in dem es Hoppel Poppel (das berlinerische Bauernfrühstück; 15,80 €), Berliner Eisbein (18,50 €) und Königsberger Klopse (17,50 €) gibt. Vegetarisches wird auch geboten, oder Elsässer Flammkuchen (ab 9,80 €). Also dann, auf zum Schmaus mit Gästen aus aller Welt. Warum sind Japaner eigentlich so verrückt auf Eisbein?

Oranienstr. 162, Kreuzberg, T 030 69 51 59 11, www.maxundmoritzberlin.de, U 1, 3, 8 Kottbusser Tor, tgl. ab 17 Uhr

Der Klassiker

13 **Henne:** Wenn lange Schlangen ein Kriterium sind, dann sind Sie im Alt-Ber-

liner Wirtshaus Henne immer richtig. Immerhin hat das Lokal, das 1908 eröffnet wurde, dank der berühmten gebratenen Jungmasthähnchen (halbes Hähnchen 11,90 €) mit Kraut- oder Kartoffelsalat (je 4,90 €) sogar die Mauer überstanden, die nur 5 m entfernt fast 30 Jahre lang Berlin teilte. Ansonsten gibt es hier nur Würstchen und Buletten.

Leuschnerdamm 25, Kreuzberg, T 030 614 77 30, www.henne-berlin.de, U 1, 3, 8 Kottbusser Tor, Di–So ab 17 Uhr

Gediegen in Kreuzberg

⓱ **3 Schwestern:** Im ehemaligen Krankenhaus Bethanien wurde für das Restaurant der alte Speisesaal, ein Kreuzgewölbesaal, ausgebaut. Kredenzt werden saisonale deutsche Gerichte mit alpenländischen und mediterranen Einflüssen zwischen Schweinebraten und Vegetarischem. Begehrt bei schönem Wetter sind die Plätze im begrünten, ruhigen Innenhof. Um dorthin zu gelangen, müssen Sie einfach durch das Foyer des Bethanien gehen.

Mariannenplatz 2, Kreuzberg, T 030 600 31 86 00, www.3schwestern.com, U 1, 3, 8 Kottbusser Tor, Mo–Fr ab 17, Sa/So ab 11 Uhr, Frühstück um 12 €, Abendkarte 16–26 €

Neues Spiel

14 **Marktlokal:** Herr Lehmann und der Schweinebraten waren einmal – wie auch der Name »Weltrestaurant Markthalle«. Jetzt heißt die Restauration in der historischen Markthalle Neun »Marktlokal«, bietet immer noch frisch gebrautes Bier namens Heidenpeters aus dem Keller der Markthalle und einen endlos langen Tresen. Ansonsten gibt es saisonale, regionale Küche von einer alle zwei bis drei Wochen wechselnden Karte. Hauptgericht 15–23 €.

Pücklerstr. 34, Kreuzberg, T 030 28 66 51 21, www.marktlokal.berlin, U 1, 3 Schlesisches Tor, Di–Fr ab 18, Sa ab 12 Uhr

Im ehemaligen Diakonissen-Krankenhaus Bethanien verbirgt sich auch der Innenhof des 3 Schwestern.

Authentisch kantonesisch

15 **Long March Canteen:** Chinesisch-kantonesische Gerichte, Dumplings (Teigtaschen, 4 Stück/9 €) oder Dim Sum (um 10 €), als kleine Gerichte und oft in Dampfkörbchen serviert. So können Sie sich zu zweit oder in der Gruppe mehrere Gerichte bestellen, von denen jeder dann probieren kann.

Wrangelstr. 20, Kreuzberg, T 0178 884 95 99, www.longmarchcanteen.de, U 1, 3 Schlesisches Tor, tgl. 18–24 Uhr

Asiatisch inspiriert

16 **Restaurant Tim Raue:** Es hat seinen Preis, das einzigartige kulinarische Erlebnis: im puristisch eingerichteten Restaurant asiatisch inspirierte Küche des Spitzenkochs Tim Raue genießen. Ein Sieben-Gänge-Menü kostet 268 €, Fr/Sa können Sie auch lunchen (4 Gänge ab 122 €).

Rudi-Dutschke-Str. 26, Kreuzberg, T 030 25 93 79 30, www.tim-raue.com, U 6 Kochstr., Di–Sa 18.30–24 Uhr (Küche bis 21 Uhr), Fr/Sa auch Lunch (12–15, Küche bis 13 Uhr)

Dessert und Drinks

17 **Coda Dessert Dining:** 2016 eröffnete der Pâtissier René Frank in Neukölln ein Restaurant, das überraschende, experimentelle Desserts mit präzise abgestimmten Drinks kombiniert und so ein außergewöhnliches Geschmackserlebnis kreiert. Das Spiel mit dem Geschmack weitgehend ohne weißen Zucker und Fett ist mittlerweile mit zwei Michelin-Sternen ausgezeichnet. Um 18 Uhr können Sie ein Sieben-Gänge-Tasting-Menü mit begleitenden Getränken bestellen: Mi, Do 238 €, Fr, Sa 264 €, ohne Caviar Popsicle Mi, Do 198 €, Fr, Sa 224 €. Das Fünf-Gänge-Menü mit Pairing Drinks kostet Mi, Do 168 €, Fr, Sa 194 €, ohne Caviar Popsicle Mi, Do 128 €, Fr, Sa 154 €.

Friedelstr. 47, Neukölln, T 030 91 49 63 96, www.coda-berlin.com, U 7, 8 Hermannplatz, Di, Do–Sa 19–1 Uhr

Kuchen auf Amerikanisch

18 **Barcomi's:** 1994 fing Cynthia Barcomi mit einem Café mit Kaffeerösterei in der Bergmannstraße an. Mittlerweile gibt es etliche Bücher, eigenkreierte Kitchenware und diverse TV-Auftritte der Chefin. Während der Kaffee im Gastraum geröstet wird, hat man die Auswahl zwischen diversen Cheesecakes oder auch Walnut Pie, die alles eines sind: mächtig.

Bergmannstr. 21, Kreuzberg, T 030 61 20 37 32, www.barcomis.de, U 7 Gneisenaustr., Mo–Fr 8–21, Sa/So 9–21 Uhr

Kaffee auf dem Friedhof

19 **Café Strauss:** Ein Eingang führt unmittelbar von der Bergmannstraße zu dem wunderschön eingerichteten Café. Gute Kuchenauswahl, Plätze draußen. Eine Tür im Café führt ins Glashaus, in dem wechselnde Ausstellungen gezeigt werden.

Bergmannstr. 42, Kreuzberg, T 030 69 56 44 53, www.cafestraussberlin.de, U 7 Südstern, Di–So ab 9 Uhr, Mai–Aug. bis 20 Uhr

100 % vegan

20 **no milk today:** Eva Rechau, selbst Veganerin, hat den Schritt gewagt und das Café mit Vorgarten in der ruhigen Fichtestraße eröffnet. Das Angebot an Gerichten und Kuchen ist vegan und selbst hergestellt. Das schmeckt man.

Fichtestr. 3, Kreuzberg, T 030 81 79 77 97, www.no-milk-today-berlin.de, U 7 Südstern, Mi–So 10–18 Uhr

21 **Café Restaurant Villa Rixdorf:** Im eingeschossigen Wohnhaus (erbaut 1870) eines Landwirts gibt es ein breites Angebot von Berliner Spezialitäten wie Eisbein oder Kalbsleber, aber ebenso Steaks vom Lavagrill, Fisch, Pizza, Pasta bis zu Vegetarischem. Entsprechend ist die Bandbreite der Preise (ab 7,50 € für eine Pizza bis zu 19 € für ein 300-g-Rinderfilet ohne Beilagen). Im Innenhof und im Vorgarten lässt es sich gut sitzen.

Richardplatz 6, Neukölln, T 030 68 08 60 00, www.villa-rixdorf.com, U 7 Karl-Marx-Str., tgl. 11–1 Uhr

Einkaufen

Stöbern ohne Ende

1 **Checkpoint & Cinema:** Sehr großer Secondhandladen, der zum Teil auch Neuware vertreibt. Wer richtig stöbern möchte, ist hier absolut richtig.

Mehringdamm 41, Kreuzberg, T 030 70 07 16 69, U 6, 7 Mehringdamm, Mo–Mi 11–19, Fr 11–20, Sa 11–19 Uhr

Ausgesucht

2 **Hallesches Haus:** Ausgewählte Accessoires, die so kaum anderswo zu finden sind, dazu Café und Restaurant in

einem Postgebäude von 1902. Am Wochenende Brunch ab 10 Uhr (um 13 €).

Tempelhofer Ufer 1, Kreuzberg, www.hallescheshaus.com, U 1, 3, 6 Hallesches Tor, Mo–Fr 10–19, Sa 10–18, So 10–17 Uhr

Edler Schmuck

3 **Susanne Sous & Kamila Chrobok:** Schmuckwerkstatt und Galerie. Minimalismus trifft auf florale Formen. So beschreiben die beiden Betreiberinnen der Werkstatt ihre Kreationen. Der Ausstellungsraum und das Atelier gehen fließend ineinander über.

Kreuzbergstr. 26, Kreuzberg, www.sous.de, www.kamilachrobok.com, U 7 Yorckstr., Di–Fr 11–18, Sa 11–16 Uhr

Rund ums Kochen

4 **Cucinotto:** Alles, was man so braucht für die Küche, findet sich in diesem Laden. Ob Bräter, Entsafter, Küchengeschirr oder auch ausgefallene Gewürzvariationen. Es gibt immer etwas Neues zu entdecken.

Bergmannstr. 111, Kreuzberg, U 6, 7 Mehringdamm, Mo–Sa 11–18 Uhr

Geschenk für Ihn

5 **Herrlich Männergeschenke:** Männer werden hier ernst genommen und ihre Wünsche auch. Geschenke aus den Bereichen Accessoires, Wohlfühlen, Arbeiten, Zuhause, Küche und Outdoor.

Bergmannstr. 2, Kreuzberg, www.herrlich-berlin.de, U 6, 7 Mehringdamm, Mo–Fr 10.30–20, Sa 10–20 Uhr

Handarbeit

6 **Ölmühle an der Havel:** Handarbeit ist Trumpf in der Manufaktur, egal ob Schokolade mit außergewöhnlichen Geschmacksnoten oder Naturkosmetik produziert wird, ob regionale Bio-Öle gepresst oder Tee- und Gewürzmischungen kreiert werden. Samstags können Sie zwischen 12 und 16 Uhr beim Ölpressen zuschauen.

Bergmannstr. 104, Kreuzberg, www.oelgenuss.de, U 6, 7 Mehringdamm, Mo–Sa 10.15–19 Uhr

Auf die Ohren

7 **Logo-Records:** Außer Schlager und Klassik gibt es hier alles auf die Ohren. Und das neu oder secondhand, als Platte, CD oder DVD.

Nostitzstraße 32, Kreuzberg, T 030 693 19 98, U 6, 7 Mehringdamm, Mo–Fr 12–19, Sa 11–17 Uhr

Comics

8 **Grober Unfug:** Comics aus aller Welt, vom gängigen Superhelden-Comic bis zu Raritäten, teilweise in Originalsprache – für Comicfans der Himmel auf Erden. Dazu auch Merchandising-Produkte.

Für Technofans: Der Plattenladen Hard Wax (Paul-Lincke-Ufer 44a) ist fest in der Szene verankert.

Zossener Str. 33, Kreuzberg, www.groberunfug.de, U 7 Gneisenaustr., Mo–Fr 11–19, Sa 11–18 Uhr

Letzte Rettung

9 **Paul Knopf:** Nach der Übernahme des Sortiments eines aufgelösten Knopfladens und der Eröffnung eines eigenen Ladens seit Jahrzehnten der Spezialist in Sachen Knöpfe mit über 100 000 Sorten.

Zossener Str. 10, T 030 692 12 12, www.paulknopf.de, Di, Fr 14–18 Uhr

Total lokal

10 **dunkelblaufastschwarz:** Der Laden konzentriert sich auf den Verkauf der Damen- und Herrenmode der drei Berliner Label aspique, mysuro, velibor, die nur in kleinen Auflagen herstellen. Dazu Accessoires aus kleinen Berliner Manufakturen.

Graefestr. 7, Kreuzberg, www.dunkelblaufastschwarz.com, U 8 Schönleinstr., Mo–Fr 12–19, Sa 12–18 Uhr

Aus aller Welt

11 **BIOriental / Nowkoelln Flowmarkt:** s. Lieblingsort S. 211.

Exklusiv inklusiv

12 **DIM – Die Imaginäre Manufaktur:** Wo steht eigentlich geschrieben, dass Behinderte nur Bürsten oder Bodenmatten herstellen können? Für DIM entwickeln Designer neue, pfiffige Produkte, die von Behinderten und Nicht-Behinderten gemeinsam hergestellt werden. Sie können Sie online bestellen oder vor Ort im Ladencafé erwerben.

Oranienstr. 26, Kreuzberg, www.dim-berlin.de, U 1, 3, 8 Kottbusser Tor, Mo–Fr 8–18, Sa 10–17 Uhr

Organic, Fair Trade – ökofair

13 **Supermarché:** Ökofaire Mode und Fair-Trade-Wohnaccessoires in Kreuzberg, d. h. Klamotten, die zumindest unter Einhaltung der Mindeststandards in der Produktion gemäß der Richtlinien der Internationalen Arbeitsorganisation (ILO) hergestellt werden. Aber auch Klamotten von kleinen Firmen, die eigene Nähwerkstätten aufbauen, Frauen fördern und die Community stärken.

Wiener Str. 16, Kreuzberg, www.supermarche-berlin.de, U 1, 3 Görlitzer Bahnhof, Mo–Fr 11–19, Sa 11–18 Uhr

Mode der 1970er

14 **Let them eat cake:** Vintage-Kleidung sichten und kaufen, ohne in Kleiderbergen wühlen zu müssen. Die Inhaberin Karin Hannedahl hat alles vorsortiert und garantiert nicht gestapelt. Schwerpunkt Mode der 1970er-Jahre.

Weserstr. 164, Neukölln, auf Facebook, U 7 Rathaus Neukölln, Di–Sa 13–19 Uhr

Scharfe Soßen selbst gemacht

15 **Crazy Bastard Kitchen:** Angefangen hat Jonathan O'Reilly mit einem Stand am Maybachufer, an dem er zu Fajitas seine eigenkreierte Crazy Bastard Sauce aus frischen Zutaten anbot. Mittlerweile ist aus dem Stand ein Geschäft geworden. In der Crazy Bastard Kitchen wird authentisches Streetfood angeboten.

Weserstr. 168, Neukölln, www.crazybkitchen.com, U 7 Rathaus Neukölln, Di–So 17–22 Uhr

Bewegen

Frischluft tanken

1 **Tempelhofer Feld:** Joggen, Fahrrad fahren oder einfach nur ein Spaziergang auf dem mit über 300 ha größten Freiraum in der Stadt, s. S. 214.

Für Kletterfreunde

2 **Bouldergarten:** 2300 m² Kletterlandschaft über drei Ebenen mit Kletterwänden bis 12 m Höhe. Sauna (ab 15 Uhr).

Tor 4, 2. Hinterhof, Thiemannstr. 1, Neukölln, www.bouldergarten.de, U 7 Rathaus Neukölln, Termine müssen gebucht werden: Mo–Fr ab 16, Sa/So ganztägig, nähere Infos s. Website

Fast grenzenlose Weite in der Großstadt: Über 300 ha laden zum Skaten, Schlendern, Gärtnern, Picknicken, Radfahren und mehr ein. Wo früher Flugzeuge landeten, genießen die Berliner heute ihre Freiheit: das Tempelhofer Feld.

Ausgehen

Im Biergarten

1 Golgatha Biergarten am Kreuzberg: Wo möchten Sie sitzen? Gemütlich auf Bänken am Tisch, lieber im Liegestuhl oder vielleicht auf der Dachterrasse? Seit 1977 ist dieser Biergarten in Kreuzberg eine Institution. Ab 12 Uhr ist der Grill in Betrieb, vorher können Sie frühstücken (Rostbratwurst 4 €, Hummus-Teller 8,50 €, Frühstück ab 6 €). Und auch Fußballfans kommen hier zu ihrem Recht, denn samstags werden auf zwei Bildschirmen Spiele der Fußball-Bundesliga gezeigt: im Garten die Spiele der Hertha, drinnen die Konferenz. Ab 22 Uhr legt freitags und samstags ein DJ auf.

Katzbachstr., Kreuzberg, www.golgatha-berlin.de, U 6 Platz der Luftbrücke, Sommer tgl. ab 9 Uhr, Okt.–März wetterabhängig

Urig

2 Yorckschlösschen: Swing, Blues, Boogie – live in einer urigen Kneipe. Aktuell wird leider kein Brunch mehr angeboten.

Yorckstr. 15, www.yorckschloesschen.de, U 6, 7 Mehringdamm, tgl. 17–3 Uhr

Schwul-lesbisch

3 Rauschgold: Eine Schlagerbar, in der alle willkommen sind. Drag, Travestie und Karaoke sind hier angesagt. Dazu das Motto: »The bar where the night never ends.«

Mehringdamm 62, Kreuzberg, www.rauschgold.berlin, U 6, 7 Mehringdamm, tgl. 20–4 Uhr, bei Veranstaltungen u. U. Eintritt

Umstrittener Abendtreff

4 **Admiralbrücke:** Die Brücke über den Landwehrkanal ist im Sommer allabendlich Treffpunkt von jungen Leuten aus aller Welt – sehr zum Leidwesen der Anwohner, die über Lärmbelästigung klagen.

U 1, 3, 8 Kottbusser Tor, Kreuzberg, U 8 Schönleinstr.

Barfeeling

5 **Würgeengel:** Fachmännisch gemixte Drinks in einem Klassiker mit roten Wänden und Milchglasdecke etwas abseits der Touristenpfade. Für den Notfall gibt es auch kleine Gerichte und sonst gehen Sie nach nebenan in den **Gorgonzola Club** desselben Betreibers.

Würgeengel: Dresdner Str. 122, Kreuzberg, www.wuergeengel.de, U 1, 3, 8 Kottbusser Tor, Mo–Sa ab 19 Uhr; **Gorgonzola Club:** Dresdner Str. 121, tgl. ab 18, Pizza, Pasta und manchmal etwas mehr bis 24, Fr/Sa bis 2 Uhr, selten über 10 €

Techno pur

6 **Tresor:** Getanzt wird nicht mehr im Tresor des Kaufhauses Wertheim, sondern in der Halle eines ehemaligen Heizkraftwerks. Der Technosound ist geblieben.

Köpenicker Str. 70, Mitte, www.tresorberlin.com, U 8 Heinrich-Heine-Str., Mi–Mo ab 23.59 Uhr, genauere Infos zu den Öffnungstagen und zum Programm s. Website

Spreeblick

7 **Watergate:** Tanzen auf dem Waterfloor mit Blick auf die Spree. Hier legen international bekannte DJs auf. Die Musik? Elektro, House, Techno und Minimal.

Falckensteinstr. 49, Kreuzberg, www.watergate.de, U 1 Schlesisches Tor, Mi–Sa ab 23 Uhr

Auf dem Dach

8 **Klunkerkranich:** Man nehme den Eingang Bibliothek/Post der Neukölln Arcaden und fahre mit dem Fahrstuhl in den 5. Stock. Es tut sich auf: ein Parkdeck-Dachgarten mit herrlichem Blick über Berlin und mit Hütten für das wechselnde Kulturprogramm. Darunter liegen auf zwei Ebenen Dance Floors.

Karl-Marx-Str. 66, Neukölln, www.klunkerkranich.org, U 7 Rathaus Neukölln, März/April, Okt./Nov. Mi–Fr ab 16, Mai–Sept. tgl. 12–2 Uhr

Unprätentiös

9 **Schilling Bar:** Kneipe und Bar, freitags und samstags kommen wechselnde DJs, die Musik von Soul bis Reggae auflegen.

Weserstr. 9, Neukölln, www.schillingbar.de, U 7, 8 Hermannplatz, tgl. 18–2 Uhr

Queer

10 **Club SchwuZ:** 1977 gegründet als SchwulenZentrum, versteht sich das SchwuZ heute als offenes Haus für alle.

Rollbergstr. 26, Neukölln, www.schwuz.de, U 7 Rathaus Neukölln, Fr/Sa Party ab 23 Uhr

Die andere Oper

11 **Neuköllner Oper:** Freche, neue deutsche Musicals und dazu internationale Produktionen werden im alten Ballsaal gegeben. Große Oper, aber eben auf Neuköllnisch.

Karl-Marx-Str. 131–133, Neukölln, www.neukoellneroper.de, U7 Karl-Marx-Straße

Garantiert frech

12 **Heimathafen Neukölln:** Lesungen, Konzerte oder auch Neuköllner Volkstheater, regional und garantiert frech. Und das in einem wunderschönen alten Ballsaal im Saalbau. Nicht abschrecken lassen durch die moderne Fassade zur Straße.

Karl-Marx-Str. 141, Neukölln, www.heimathafen-neukoelln.de, U 7 Karl-Marx-Str.

Zugabe

Myfest statt Randale

Der 1. Mai in Kreuzberg

Der 1. Mai in Berlin: Seit Jahren ist neben der Demo friedliches Feiern angesagt.

Immer im April kommt die Angst auf in Berlin-Kreuzberg: Wie wird er dieses Jahr, der 1. Mai? Gibt es Randale, Straßenschlachten, demolierte und geplünderte Geschäfte? Zu tief sitzt der Schock des 1. Mai 1987.

Gegen 16 Uhr warfen in jenem Jahr Autonome einen ersten Polizeiwagen um, während nahebei auf einem Straßenfest friedlich gefeiert wurde. Als die Polizei, die nur mit 250 Beamten vor Ort war, das Straßenfest auflöste, begann die Straßenschlacht. Gegen 23 Uhr zog sich die Polizei bis in den frühen Morgen aus dem Gebiet um die Skalitzer Straße zurück. Die Bilanz der Nacht: Mehr als 30 Läden wurden geplündert, darunter auch kleine Einzelhändler. Ein Bolle-Supermarkt brannte vollständig aus. 77 Polizeiwagen und 16 Feuerwehrfahrzeuge wurden beschädigt, ein Löschzug brannte vollständig aus. Es gab 400 Verletzte. 53 Personen wurden festgenommen, von denen keiner der autonomen Szene angehörte. Zu den rund 300 Militanten hatten sich in dieser Nacht circa 800 Mitläufer gesellt. Der Bereich um die Skalitzer Straße sah aus wie ein Trümmerfeld.

Mehr als 30 Läden wurden geplündert.

In den Folgejahren organisierte die autonome Szene jeweils eigene Demonstrationen in Kreuzberg, die regelmäßig zu Auseinandersetzungen mit der Polizei führten.

Friedlicher wurde es erst wieder, seitdem ab 2003 mit Unterstützung des Bezirks das Myfest um das Kottbusser Tor, den Heinrichplatz und die Oranienstraße stattfindet. Ab 12 Uhr am 1. Mai werden nun die vielen Bühnen auf den Plätzen und Straßen von DJs, Bands oder auch lokalen Initiativen bespielt. Dazu kommen Stände der Anwohner, die gegen Entgelt für das leibliche Wohl sorgen. Viele Angebote richten sich an Kinder. So entsteht ein buntes, friedliches Treiben in Kreuzberg. Die autonome Szene versucht demgegenüber, die Tradition der ›Revolutionären 1.-Mai-Demonstration‹ aufrechtzuerhalten. ■

Weiter draußen

Jenseits des Großstadttrubels — zeigt Berlin ein anderes Gesicht. Wer das sucht, wird rund um die Berliner Innenstadt glücklich. Zwischen Fluss, Seen und Wald finden sich Schlösser, Gutsanlagen und zwei vormals eigenständige Städte.

Seite 227, 231

Jagdschloss Grunewald

Lucas Cranach in Berlins ältestem Schloss aus der Renaissancezeit.

Seite 227

Dahlem

Ein Gutshof als Museum und eine alte Dorfkirche gleich nebenan. Als Zugabe: Brücke-Maler neben dem Atelier eines NS-Bildhauers.

Seite 231

Wannsee

Villen, Wasser, Grün – Wannsee ist der Inbegriff vom schönen Leben. Doch es steht auch für die Planung der Shoah.

»Pack' die Badehose ein«, sang Cornelia Froboess 1951.

Eintauchen

Seite 232

Villen und Preußens Arkadien

Traumhafte Landschaft mit viel Wasser und Grün, aber auch ein Auf und Ab der Gefühle beschert diese Radtour: Villa Liebermann versus Haus der Wannsee-Konferenz, Pfaueninsel und Schloss Glienicke versus Glienicker Brücke.

Seite 237

Britz

Sozialen Wohnungsbau von Bruno Taut und Martin Wagner als Weltkulturerbe gibt es hier ebenso wie einen Gutshof mit Herrenhaus aus der Gründerzeit, das Schloss Britz.

Seite 238

Köpenick

Trickbetrug im Rathaus, Barock im Schloss – und der Große Müggelsee.

Seite 243

Gesundbrunnen

Erholung im Volkspark Humboldthain oder rund ums alte Luisenbad.

Seite 240

Marzahn

Marzahn ist besser als sein Ruf: ein Dorfanger in Alt-Marzahn, ein Skywalk mit Traumblick auf Berlin und viel Grün zwischen Hochhäusern.

Seite 244

Im Stasi-Knast

Ein Blick in Haftzellen und Verhörräume: die Gedenkstätte Hohenschönhausen. Ex-Häftlinge schildern die unmenschlichen Haftbedingungen.

Seite 247

Pankow

Stadt im Grünen mit SED-Siedlung und Schloss.

Seite 249

Spandau

Die Zitadelle Spandau – Renaissancefestung mit Denkmälern, die man in Berlin nicht mehr wollte.

Seite 250

Lange an der Panke lang …

… geht es in Mitte los. Geradelt wird durch Gesundbrunnen (Luisenbad) nach Pankow zum Schloss Schönhausen.

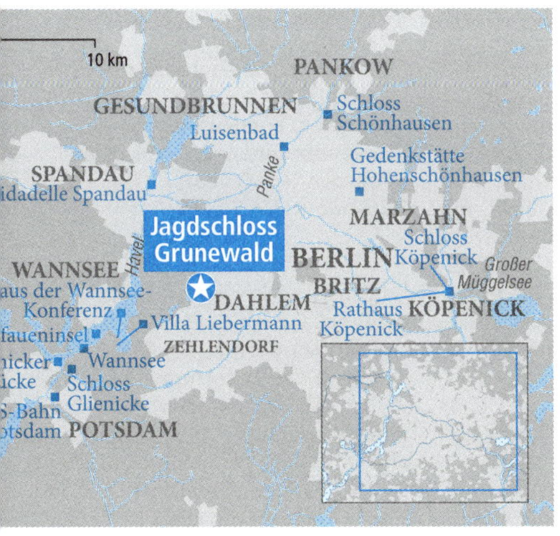

»Ich glaube, es gibt nichts auf der Welt, was du in Berlin nicht lernen kannst – außer der deutschen Sprache.« Mark Twain, nach seinem Aufenthalt in Berlin im Winter 1891/92

Stadt, Land, Fluss – Berlin mal grün

Vom Breitenbachplatz, an dem die hoch verdichtete Berliner Innenstadt endet, bis zum Wannsee sind es rund 12 km, die durch die bevorzugten Wohngebiete im Südwesten der Stadt führen. Grunewald, Dahlem und Zehlendorf – diese Wohnadressen muss man sich leisten können. Hier lebt es sich prima mit würziger Grunewaldluft und dem Grunewaldsee, der Krummen Lanke oder dem Schlachtensee vor der Haustür. Mit der Gründung der Kaiser-Wilhelm-Gesellschaft 1911 und dem Aufbau der Kaiser-Wilhelm-Institute (heute Max-Planck-Institute) wurde Dahlem Wissenschaftsstandort. 1948 wurde hier die Freie Universität gegründet. Nicht zu vergessen: Auch der Ortsteil Wannsee mit seinen Villen, dem größten Strandbad Europas und der Pfaueninsel liegt hier draußen.

Im Berliner Süden erstreckt sich der Bezirk Neukölln über die Ringbahn hinaus. Es gibt zwei gute Gründe, dort den Ortsteil Britz zu besuchen: die Hufeisensiedlung, die als Wohnsiedlung der Moderne zum Weltkulturerbe gehört, und das Schloss Britz mit Gutshof.

Der Berliner Südosten um die ehemals eigenständige Stadt Köpenick ist mit den Flüssen Spree und Dahme sowie dem Großen Müggelsee landschaftlich genauso reizvoll wie der Berliner Südwesten.

Nördlich der Innenstadt liegen Wedding und Gesundbrunnen sowie der Stadtbezirk Pankow, früher eine Landgemeinde vor den Toren der Stadt. Dort lebte am Majakowskiring von 1949 bis 1960 die Funktionärselite der DDR. Last but not least lohnt Spandau den Besuch. Besonders beeindruckend ist die Zitadelle der ehemals eigenständigen Stadt.

Dazu kommen einzelne Ziele, die einen Abstecher lohnen, ob Marzahn, Hohenschönhausen oder das Humboldt-Schloss in Tegel.

ORIENTIERUNG

Die Gebiete außerhalb der Berliner Innenstadt sind gut mit öffentlichen Verkehrsmitteln zu erreichen, die S- und U-Bahn-Linien finden Sie im Folgenden, zusätzliche Infos bei einzelnen Adressen.

Grunewald/Nikolassee: S 7
Wannsee: S 1, 7
Dahlem: U 3
Zehlendorf/Schlachtensee: S 1
Britz: U 7
Köpenick/Friedrichshagen: S 3
Gesundbrunnen: U 8, S 1, 2, 26
Pankow: U 2, S 2, 8
Spandau: U 7, S 3, 9

Berlins Südwesten

Grunewald und Dahlem

Karte 3, C/D 3/4

»Im Grunewald ist Holzauktion«, dieser Gassenhauer von 1892 nahm typisch berlinerisch frech ein Ereignis aufs Korn: Der preußische Staat hatte in den 1880er-Jahren 234 ha des Forstes Grunewald der Kurfürstendamm-Gesellschaft überlassen. Die holzte das Waldgebiet ab und lud zu Versteigerungen. Dann ließ sie beiderseits der Königsallee das exklusive, großbürgerliche Villenviertel anlegen. Den Grunewald gibt es aber immer noch – nur etwas kleiner.

»Zum grünen Walde«

1542 ließ der Hohenzollern-Kurfürst Joachim II. das **Jagdschloss Grunewald** ⓭ (s. S. 231) bauen und nannte es Zum grünen Walde. Daher der Name Grunewald. Erst 1705 erhielt das Schloss sein drittes Geschoss mit barockem Mansarddach und Gauben. Passend zum trotzdem vorherrschenden Renaissancecharakter des Gebäudes werden hier **Werke von Lucas Cranach** dem Älteren und dem Jüngeren präsentiert.

Wer am **Grunewaldsee** spazieren gehen möchte, muss hundeaffin sein. Das Waldgebiet inklusive Grunewaldsee ist als Hundeauslaufgebiet ausgewiesen.

Expressionist und NS-Bildhauer

Die Lage am Grunewald wusste auch der Maler Karl Schmidt-Rottluff zu schätzen. Als der 1964 vorschlug, in Berlin aus

Großbürgerliche Villen zeugen vom Lebensstandard um 1900. Heute sind sie oft unter mehreren Mietern aufgeteilt …

Berlins Südwesten

Ansehen

1 Domäne Dahlem
2 St.-Annen-Kirche
3 Fünf Morgen Dahlem Urban Village
4 The Metropolitan Gardens / Ex-US-Hauptquartier
5 U-Bahnhof Onkel Toms Hütte
6 Schlachtensee
7 Großer Wannsee
8 Bismarck-Denkmal
9 Borussia-Monument
10 Villa Wild
11 Pfaueninsel
12 Kleist-Denkmal
13 Jagdschloss Grunewald
14 Brücke-Museum
15 Kunsthaus Dahlem
16 AlliiertenMuseum
17 Haus am Waldsee
18 Villa Liebermann am Wannsee
19 Haus der Wannsee-Konferenz / Villa Marlier

Essen

1 Locanda 12 Apostoli
2 Alter Krug
3 Fischerhütte am Schlachtensee
4 Wannseeterrassen

Bewegen

1 Stand Up Paddling Schlachtensee
2 Strandbad Wannsee / Wassersportcenter Berlin Wannsee

Ausgehen

1 Eierschale Dahlem
2 Loretta am Wannsee

---

seiner Sammlung ein Museum für die Künstlergruppe Die Brücke aufzubauen, suchte er ein Grundstück am Rand des Waldgebiets aus. Werner Düttmann baute dann das **Brücke-Museum** 14 (s. S. 234), das eher an eine Villa der 1960er-Jahre erinnert als an ein Ausstellungshaus.

Schmidt-Rottluff amüsierte sich darüber, dass das Museum direkt neben dem Atelier Arno Brekers errichtet wurde. Breker war der Bildhauer der NS-Zeit, Schmidt-Rottluff und die anderen Brücke-Maler hingegen damals Verfemte. Der Atelierbau von 1942, in dem nach dem Krieg der Bildhauer Bernd Heiliger

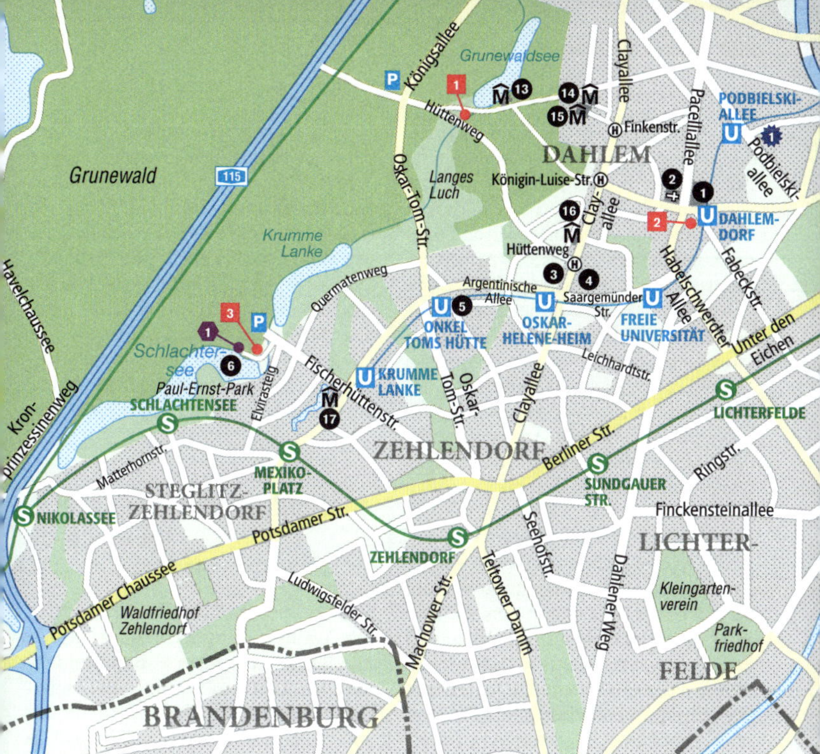

arbeitete, ist heute unter der Bezeichnung **Kunsthaus Dahlem** ⓯ (s. S. 234) Ausstellungshaus für die Nachkriegsmoderne.

Bauernhof mit U-Bahn-Anschluss

Die **Domäne Dahlem** ❶ mit Gutshaus und Stallungen ist bestens zu erreichen. Es sind nur wenige Meter von der U-Bahn-Station Dahlem-Dorf zu dem ehemaligen Gut. Es wird noch heute bewirtschaftet, aber als **Freilandmuseum für Agrar- und Ernährungskultur.** Kinder können hier nicht nur nach Herzenslust herumlaufen, sondern begegnen auch noch Tieren wie Kuh, Pferd und Geflügel. Viel besucht sind der **Ökomarkt** (Sa 8–13 Uhr) und der **Weihnachtsmarkt. Ausstellungen im Herrenhaus** (1920er-Jahre-Kaufmannsladen, historische Fleischerei etc.) und im **Pferdestall** (Culinarium: Esskultur, Schweinehaltung, Gemüsesaisons etc.) und nicht zuletzt echte, traditionell arbeitende **(Kunst-)Handwerksbetriebe** runden das Spektrum ab.

Vor dem Eingang zur Domäne erkennt man den alten **Dorfanger,** an dem sich die Königin-Luise-Straße teilt. Unter ihm liegt der alte **Eiskeller** des Gutes.

Königin-Luise-Str. 49, www.domaene-dahlem.de, **Gelände:** tgl. 7–22 Uhr, Eintritt frei (Spende erbeten), **Museum/Ausstellung:** Herrenhaus Mi–So 10–17, Culinarium Mi–Fr 14–17, Sa/So 10–17 Uhr, Kombiticket 5/3 €, bis 18 Jahre Eintritt frei; **Handwerksbetriebe:** unterschiedlich, s. Website

Kirche des Widerstands

Nur wenige Meter weiter, jenseits der Pacelliallee, steht die **St.-Annen-Kirche** ❷. Die alte Dorfkirche geht auf die Zeit um 1300 zurück. Deutlich erkennt man an den Außenmauern des Kirchenschiffs den weißen Putzfries, der die Bauhöhe der ersten Kirchenhalle anzeigt. Im Innern wurden 1893 an der Nord- und Südwand mittelalterliche Wandmalereien entdeckt. Während der NS-Zeit war St. Annen ein Zentrum der Bekennenden Kirche, die sich gegen die Vereinnahmung der Kirche durch die NS-Ideologie stellte. Daran erinnern am Gotteshaus die Namen Martin Niemöller und Helmut Gollwitzer. Gollwitzer ruht ebenso wie bedeutende Gelehrte auf dem **Friedhof.** An der Nordseite der Kirche wurde der Führer der Studentenrevolte 1968, Rudi Dutschke, beerdigt.

Edelwohnungen in Kasernen

Berlin wächst nicht nur in Mitte: An der Kreuzung Clayallee/Argentinische Allee ist ein neues Wohnviertel entstanden. **Fünf Morgen Dahlem Urban Village** ❸ heißt das Areal mit rund 100 Wohneinheiten um einen 6700 m² großen, künstlichen See. Einfamilienhäuser, Doppelhäuser oder Appartements, alles vom Feinsten.

A

DAHLEM UND ZEHLENDORF PER APP

Eine Führung zu ihren Instituten in Dahlem bietet die Max-Plank-Gesellschaft mit ihrer kostenlosen App **Dahlemtour Berlin Audioguide** (www.mpg.de/dahlemtour). Hier, im deutschen Oxford, wurde die Kernspaltung entdeckt und an der deutschen Atombombe gebaut. Eine 18 km lange Rundtour durch den Südwesten Berlins hat das Bezirksamt Steglitz-Zehlendorf erarbeiten lassen. Die **Dahlem Route** gibt es als Flyer zum Download (www.berlin.de/ba-steglitz-zehlendorf, Suchbegriff: Dahlem Route) oder als Navigation auf dem Smartphone unter www.komoot.e/tour/34908380.

Auf der gegenüberliegenden Straßenseite wurde das Luftgaukommando III von 1938 zur Wohnanlage **The Metropolitan Gardens** ❹ umgebaut. Im Zweiten Weltkrieg nur gering in Mitleidenschaft gezogen, wählte die US-Armee den Komplex 1945 als ihr Hauptquartier. Während der Blockade West-Berlins (1948/49) organisierte General Lucius D. Clay von hier aus die Berliner Luftbrücke, um die Versorgung der Bevölkerung sicherzustellen.

U 3 Oskar-Helene-Heim

Zehlendorf und Wannsee

Karte 3, B/C 4

Papageiensiedlung

Die **Waldsiedlung Zehlendorf** wurde bis 1931 rund um den **U-Bahnhof Onkel Toms Hütte** ❺ errichtet. Konzipiert hatten sie drei namhafte Vertreter des Neues Bauens: Bruno Taut, Hugo Häring und Otto Rudolf Salvisberg. Taut lieferte den städtebaulichen Entwurf für die Siedlung mit rund 900 Einfamilienhäusern und 1100 Geschosswohnungen. Auf ihn gehen u. a. die kräftigen Farben der Fassaden zurück, die der Anlage den Namen **Papageiensiedlung** einbrachten. Die Nachbarschaftsinitiative Papageiensiedlung betreibt in der sehenswerten Ladenstraße des U-Bahnhofs den **Bruno-Taut-Laden.** Hier können Sie sich einen Guide (Onkel-Tom-Tour) ausleihen, der durch die Siedlung führt.

Bruno-Taut-Laden: U-Bahnhof Onkel Toms Hütte, Di–Fr 14.30–18.30, Sa 10–14 Uhr; Infos s. auch www.onkeltomsladenstrasse.de

Laufen oder Badespaß

Von der S-Bahn-Station Schlachtensee führt der Weg durch den **Paul-Ernst-Park** mit seiner großen Liegewiese hinab zum Ufer des **Schlachtensees** ❻. Der ca. 5 km lange Seerundweg wird gern als Laufstre-

Ein Sommerabend an einem See, die Alternative zur stickigen Luft in der Innenstadt: hier der Garten der Wannseeterrassen

cke genutzt. Im Sommer kommen die Badewütigen. Die **Badestellen** dürfen von Hunden nur außerhalb der Badesaison (15. Mai–15. Sept.) genutzt werden.

Kunst, Kultur und Wasserspaß

An den **Großen Wannsee** ❼ gelangen Sie vom S-Bahnhof Wannsee durch die Grünanlage jenseits des Kronprinzessinnenwegs. Vorbei geht es dabei an Reinhold Begas' **Bismarck-Denkmal** ❽ von 1902. Von der kleinen Terrasse mit dem **Borussia-Monument** ❾ haben Sie einen guten Ausblick auf den Wannsee. Terrasse und Monument gehörten zum Garten der **Villa Wild** ❿ (Am Sandwerder 1), einer spätklassizistischen Turmvilla von 1875.

Vom **Anleger Wannsee** startet die Fähre F10 nach **Alt-Kladow** (20 Min., normales BVG-Ticket). Die Fahrt führt zwischen **Pfaueninsel** ⓫ (s. Tour S. 232) und Schwanenwerder hindurch.

Das Grab des Dichters

Der Schriftsteller Heinrich von Kleist, der an der Welt verzweifelt war, und die an Krebs erkrankte Henriette Vogel suchten am 21. November 1811 am Wannsee den Freitod. Das **Kleist-Denkmal** ⓬ wurde in den vergangenen Jahren wiederhergestellt. Ob Kleist genau hier begraben wurde, ist fraglich. Am Kiosk des Anlegers Wannsee können Sie sich einen Audioguide leihen, der zur Grabstätte führt.

Villen und Preußens Arkadien

s. Tour S. 232.

Museen

Cranach und mehr ✪

⓭ **Jagdschloss Grunewald:** Annähernd 30 Werke Lucas Cranachs des Älteren und des Jüngeren sowie Arbeiten aus der Werkstatt des Wittenberger Malers

TOUR
Villen und Preußens Arkadien

Radtour Wannsee–Schloss Glienicke–Potsdam mit Abstecher Pfaueninsel

Vom **S-Bahnhof Wannsee** geht es über die Brücke auf die **Wannseeinsel** und rechts in die Straße Am Großen Wannsee. Kurz vor der Einbiegung informiert eine **Stele** über die Geschichte der vornehmen, um die Wende zum 20. Jh. entstandenen Villensiedlung **Colonie Alsen.** Hier ließen sich etwa die Langenscheidts und Springers (Verleger) nieder, die Sauerbruchs (Arzt), Industriekapitäne – und Max Liebermann. Der Maler ließ sich hier sein »Schloss am Wannsee«, die **Villa Liebermann** ⓲ (Colomierstr. 3, s. S. 234) errichten. In ihrer Umgebung sind weitere Landhäuser erhalten, so der **Landsitz Carl Langenscheidt** (Colomierstr. 1/2) und die **Villa Hamspohn** (heute: Villa Thiede, Am Großen Wannsee 40). In die Abgründe deutscher Geschichte führt die Villa Marlier, das **Haus der Wannsee-Konferenz** ⓳ (Am Großen Wannsee 56–58, s. S. 234), in dem der Massenmord an den Juden Europas geplant wurde. Nach heutigem Kenntnisstand dauerte die Konferenz nicht sehr lange.

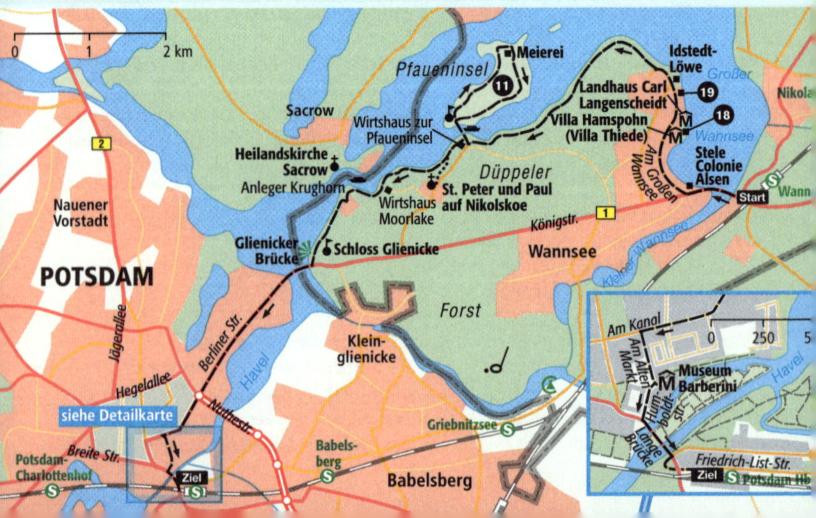

Infos

Start/Ziel: S Wannsee (S 1, 7), Karte 3, B4 / Bhf. Potsdam (S 7), Karte 3, A5

Länge: 13 km, Dauer je nach Besichtigungen (Pfaueninsel 1–3 Std.)

Fahrradverleih: S. 263

Fähre Pfaueninsel: tgl. April, Sept. 9–19, Mai–Aug. 9–20, Nov.–Febr. 10–16 Uhr 4/3 € inkl. Eintritt Pfaueninsel

Schloss Glienicke: Königsstr. 36, www.spsg.de, Bus 316, März, Nov./Dez Sa/So 10–18, April–Okt. Di–So 10–17.30 Uhr, 6/5 €

Wirtshaus zur Pfaueninsel: Pfaueninselchaussee 100, T 030 805 22 25, www.pfaueninsel.de, Sommer Di–So, Winter Mi–So ab 10 Uhr, ca. 12–20 €

Wirtshaus Moorlake: Moorlakeweg 6, T 030 805 58 09, www.moorlake.de, Mi–So ab 11 Uhr, ca. 13–20 €

Museum Barberini: Humboldtstr. 5/6, www.museum-barberini.com, Mi–Mo 10–19 Uhr, 16/10 €, Sa/So 18 €

Hinter der Villa Marlier führt ein breiterer Weg Richtung Wannsee. An der Plastik des **Idstedt-Löwen** biegt der Weg nach links ab und führt hinab zum Uferweg. Einige Hundert Meter ist der Weg sehr sandig und daher schwer zu befahren. Dann aber ist er gut verdichtet.

Am Wirtshaus zur Pfaueninsel können Sie, ohne Fahrrad, auf die **Pfaueninsel** ⓫ (www.spsg.de) übersetzen. König Friedrich Wilhelm II. (1744–97) ließ die ersten Pfauen auf die Insel bringen, im Westen das Schloss und im Norden die Meierei errichten. Während das **Schloss** an ein verfallendes römisches Landgut erinnert, wurde die **Meierei** (April–Okt. Sa/So 10–17.30 Uhr) im Stil eines mittelalterlichen Klosters errichtet. Die Insel war Friedrich Wilhelms II. Arkadien, sein Rückzugsort – auch für romantisch-erotische Stelldicheins mit Wilhelmine Encke. 1821–34 gestaltete Lenné die Insel zum englischen Landschaftspark um.

Zurück am Wirtshaus führt ein Fußweg den Havelhang hinauf zu **St. Peter und Paul auf Nikolskoe.** Mit ihrem Zwiebelturm erinnert die bis 1837 von August Stüler errichtete Kirche an russische Gotteshäuser.

Der asphaltierte Uferweg führt zum **Wirtshaus Moorlake,** das König Friedrich IV. 1840 zu Ehren seiner Ehefrau Elisabeth von Wittelsbach im bayerischen Stil errichten ließ. Der **Anleger Krughorn** gibt freien Blick auf die **Heilandskirche Sacrow** von 1844 am Ufer gegenüber.

Durch das **Hirschtor** radeln Sie dann in das **Parkareal** von **Schloss Glienicke.** 1825 ließ Prinz Carl von Preußen das ehemalige Gutshaus von Karl Friedrich Schinkel zu einem Landhaus ausbauen. Durch antike und mittelalterliche Stücke, die Prinz Carl in Italien erworben hatte, machte er das Schloss zum Museum.

An der **Glienicker Brücke** endet Berlin, und endete bis 1990 das freie West-Berlin. Hier tauschten die USA und die Sowjetunion mehrfach hochrangige Spione aus. Über Berliner Straße, Am Kanal, Am Alten Markt geht es in die Humboldtstraße. An deren Beginn zeigt das **Museum Barberini** vor allem Impressionisten und DDR-Kunst. Via Otto-Braun-Platz erreichen Sie die **Lange Brücke** über die Havel und dann den **Bahnhof Potsdam.**

sind zu sehen, dazu altdeutsche und altniederländische Gemälde des 15./16. Jh. sowie Kunstwerke zum Thema Jagd. Das **Jagdzeugmagazin** zeigt Trophäen, Gewehre und führt in die Jagdgepflogenheiten des Hofes ein. Präsentiert werden zudem Exponate zur Geschichte des Schlosses.

Hüttenweg 100, Grunewald, www.spsg.de, Bus 115, X10, X83 Königin-Luise-Str., dann ca. 15 Min. zu Fuß, April–Okt. Di–So 10–17.30, März, Nov./Dez. Sa/So 10–16 Uhr, 6/5 € einschließlich Jagdzeugmuseum

Wohnung der Bilder

⓮ **Brücke-Museum:** Die Einrichtung der Innenräume steht wie der gesamte Villenbau unter Denkmalschutz. Eine einmalige Atmosphäre, um die Werke der expressionistischen Maler der Künstlergruppe Die Brücke zu erleben.

Bussardsteig 9, Dahlem, www.bruecke-museum.de, Bus 115, X10 Finkenstr., Mi–Mo 11–17 Uhr, 6/4 €, Kombiticket mit Kunsthaus Dahlem 8/5 €, bis 18 Jahre Eintritt frei

Im Breker-Atelier

⓯ **Kunsthaus Dahlem:** Wechselnde Ausstellungen zur Kunst nach 1945 und im Skulpturengarten über 20 Werke des Bildhauers Bernhard Heiliger. Das Kunsthaus selbst ist ein Zeugnis der NS-Zeit.

Käuzchensteig 8, Dahlem, www.kunsthaus-dahlem.de, Bus 115, X10 Finkenstr., Mi–Mo 11–17 Uhr, Kombiticket mit Kunsthaus Dahlem 8/5 €, bis 18 Jahre Eintritt frei

Berliner Geschichte

⓰ **AlliiertenMuseum:** Im ehemaligen US-Soldatenkino Outpost und in der früheren Nicholson-Gedenkbibliothek erzählt das Museum anhand von originalen Ausstellungsstücken und Fotos die Geschichte der Besatzung West-Berlins durch die Westalliierten (USA, Großbritannien und Frankreich). Highlights sind ein Teil eines Spionagetunnels und ein Rosinenbomber.

Clayallee 135, Dahlem, www.alliiertenmuseum.de, U 3 Oskar-Helene-Heim, Bus 115, X10, X83 Königin-Luise-Str., Di–So 10–18 Uhr, Eintritt frei

Hochkarätig zeitgenössisch

⓱ **Haus am Waldsee:** In der 1923 erbauten Villa finden seit 1946 Ausstellungen internationaler zeitgenössischer Kunst statt. Zum Haus gehört auch ein Skulpturengarten. Außerdem werden hier Konzerte veranstaltet. Vor ein paar Jahren wurde das Haus grundsaniert.

Argentinische Allee 30, Zehlendorf, www.hausamwaldsee.de, U 1 Krumme Lanke, Di–So 11–18 Uhr, 8/5 €, bis 18 Jahre Eintritt frei

Kunst und Landschaft

⓲ **Villa Liebermann am Wannsee:** Im Besitz des Kunstmuseums befinden sich über 150 Arbeiten Max Liebermanns, von denen viele hier in der Villa entstanden sind. Malerei am Ort ihrer Entstehung zu sehen, ist ein seltenes Vergnügen. Auch der Garten verdient Beachtung, fügt er sich doch mit der Villa zum Gesamtkunstwerk.

Colomierstr. 3, www.liebermann-villa.de, Bus 114, April–Sept. Mi–Mo 10–18, Okt.–März 11–17 Uhr, 10/6 €

Planung eines Genozids

⓳ **Haus der Wannsee-Konferenz:** Die Villa Marlier steht für eines der grausigsten Kapitel der deutschen Geschichte. Hier wurde unter Leitung von Reinhard Heydrich am 20. Januar des Jahres 1942 besprochen, wie der Völkermord an den europäischen Juden, die ›Endlösung der Judenfrage‹, umzusetzen sei. Diverse Vertreter des NS-Regimes nahmen an der Wannsee-Konferenz teil. Am Ort dieses Geschehens informiert eine Ausstellung über die Geschichte des Rassismus und zeichnet den Weg des Antisemitismus bis hin zu den jüdischen Gettos und den Vernichtungslagern nach.

Am Großen Wannsee 56–58, www.ghwk.de, Bus 114, tgl. 10–18 Uhr, Eintritt frei

Den Bauerngarten vor seiner Villa legte der Maler Max Liebermann gemeinsam mit dem Hamburger Museumsdirektor Alfred Lichtwark an. Liebermann malte hier immer wieder die Blütenpracht.

Essen

Pizza im Forsthaus

1 **Locanda 12 Apostoli:** Italiener der besseren Art mit Pizza aus dem Steinofen (12 €). Unmittelbar am Grunewaldsee, mit Sommergarten.

Hüttenweg 90, Grunewald, T 030 818 19 10, www.12-apostoli.de, Bus 115 Hüttenweg, dann 30 Min. zu Fuß, tgl. 10–21 Uhr

Tradition mit Biergarten

2 **Alter Krug:** Am Standort des ehemaligen Hauses des Milchpächters der Domäne Dahlem steht dieses im Kern 1865 erbaute Gebäude. Pasta, Flammkuchen, aber auch Havelzander auf Spitzkohl in Rahm (22,50 €) oder gebratene Berliner Blutwurst mit Apfelmus, Sauerkraut und Kartoffelpüree (19,50 €). Hinter dem Haus gibt es einen Biergarten für 500 Gäste.

Königin-Luise-Str. 52, Dahlem, T 030 832 70 00, www.alter-krug-berlin.de, U 3 Dahlem-Dorf, tgl. 10–23 Uhr

Fast 300 Jahre alt

3 **Fischerhütte am Schlachtensee:** 2023 wird die Fischerhütte 300 Jahre alt. Sie besteht aus der Alten Fischerhütte, einem großzügigen Restaurant mit Sonnenterrasse (gehobenes Preissegment) und einem Biergarten. Ein fester Stopp auf einem Spaziergang um den Schlachtensee.

Fischerhüttenstr. 136, Zehlendorf, T 030 80 49 83 10, www.fischerhuette-berlin.de, S 1 Schlachtensee, Restaurant tgl. ab 10, Biergarten (saisonal) ab 9 Uhr

Ausblick

4 **Wannseeterrassen:** 500 Plätze auf einer Terrasse mit prima Ausblick auf den Großen Wannsee! Das Restaurant-Café wurde 2015 neu eröffnet, nachdem das

alte Gebäude abgebrannt war. Die Preise bewegen sich im gehobenen Segment.
Wannseebadweg 35, Wannsee, T 030 80 90 82 18, www.wannseeterrassen.berlin, Bus 218 Strandbad Wannsee, Mai–Sept. tgl., Okt.–April Di–So ab 12 Uhr

Bewegen

Stehpaddeln

1 Stand Up Paddling Schlachtensee: Hier können Sie SUPs ausleihen (ab 18 €); Einsteigerkurs ab 29 €.
Fischerhüttenstr. 136, Zehlendorf, T 030 21 47 11 09, www.steh-paddler.com, S 1 Schlachtensee

Pack die Badehose ein

2 Strandbad Wannsee / Wassersportcenter Berlin Wannsee: Mit einem über 1,2 km langen und 80 m breiten Sandstrand ist das 1907 eröffnete **Strandbad Wannsee** der Hit und Europas größtes Binnenseebad. 1930 bauten Martin Wagner und Richard Ermisch die heute unter Denkmalschutz stehende Anlage. Im **Wassersportcenter** können Sie Tret-, Paddel- und Ruderboote (Mo–Do/Fr–So jeweils 12/15 €/Std.) leihen. Schwimmwesten gibt es kostenlos dazu. Auch Windsurf-, SUP-Boards und Segelboote stehen zur Verfügung. Kurse gibt es auch.
Wannseebadweg 25, S 1, 7 Nikolassee, dann gut 1,3 km zu Fuß; **Strandbad:** www.berlinerbaeder.de, Sommer tgl. 9–19 Uhr, 5,50/3,50 €; **Wassersportcenter:** www.wassersportcenter-berlin.de, April–Sept. Mo–Fr 12–18, Sa/So 10–19 Uhr

Ausgehen

Rock 'n' Roll und Stuckdecke

1 Eierschale Dahlem: Biergarten, Restaurant und am Wochenende Live-

An vielen Badestellen, nicht nur im Strandbad Wannsee, tummeln sich die Berliner im Sommer und genießen den Tag am und im Wasser.

musik zwischen Rock 'n' Roll und Soul. Sonntags ab 9 Uhr Großer Brunch (17 €).
Podbielskiallee 50, T 030 83 22 83 87, www.berliner-eierschale.de, U 3 Podbielskiallee, tgl. ab 9 Uhr

Institution

2 **Loretta am Wannsee:** Biergarten für die Sonnenuntergänge am Wannsee. Eine Berliner Institution, die bayerische Speisen anbietet.
Kronprinzessinnenweg 260, T 030 80 10 53, www.loretta-wannsee.de, S 1, 7 Wannsee, tgl. ab 12 Uhr

Britz (Neukölln)

Karte 3, E4

Weltkulturerbe und Schloss

Es gibt zwei gute Gründe, die nur einen Kilometer auseinanderliegen, dem Neuköllner Ortsteil Britz einen Besuch abzustatten: die Hufeisensiedlung, die als Wohnsiedlung der Moderne zum Weltkulturerbe gehört, und das Schloss Britz mit Gutshof.

Siedlung der Berliner Moderne

1285 dreigeschossige Mietshäuser und 679 zweigeschossige Reihenhäuser mit Garten, das ist die **Hufeisensiedlung.** Erbaut wurde sie nach Plänen von Bruno Taut und Martin Wagner in den Jahren 1925 bis 1933. Typisch für Bruno Taut sind die kräftigen Farben der Hausfassaden.

Zentrum der Anlage ist das 350 m lange **Hauptgebäude,** das mit seiner Hufeisenform der Siedlung den Namen gab. Über eine Freitreppe gelangen Sie in die Grünanlage mit dem eiszeitlichen Pfuhl, um den das Hufeisenhaus errichtet wurde. Viel Licht, Grün und Sonne boten die Wohnungen, ganz anders als die dunklen Hinterhöfe des Berliner Mietshausgürtels. Für einfache Arbeiter aber waren die Wohnungen in der Hufeisensiedlung unerschwinglich. Und das, obwohl hier versucht wurde, durch typisierte Grundrisse und Ausstattung kostengünstiger zu bauen. In einer ehemaligen, heute original wieder hergerichteten Ladenwohnung befindet sich eine **Infostation** mit einer **Ausstellung** zur Geschichte der Hufeisensiedlung.
Lowise-Reuter-Ring, U 7 Blaschkoallee, von dort geradeaus durch die Fritz-Reuter-Allee; **Infostation:** Fritz-Reuter-Allee 44, www.hufeisensiedlung.info, April–Sept. Fr, So 14–18, Okt.–März Fr, So 13–17 Uhr

Gutshof à la Schinkel

Schloss Britz wurde um 1880 durch den Spirituosenfabrikanten Wilhelm A. Wrede zum schlossartigen Landhaus im Stil der Neorenaissance ausgebaut. Hier ist heute ein **Museum zur gründerzeitlichen Wohnkultur** eingerichtet. Interessant ist der **Gutshof** mit seinen Gebäuden aus der Zeit um 1850, eine der letzten vollständig erhaltenen Gutsanlagen im ehemaligen Berliner Umland.

Typisch für die Schinkelschule wurden die Gebäude mit gelbem Klinker in einem ländlichen Villenstil errichtet. Im ehemaligen **Pferdestall** hat das **Museum Neukölln** auf zwei Etagen eine Dauerausstellung zur Geschichte des Bezirks eingerichtet. Der ehemalige **Kuhstall** ist als Veranstaltungsort ausgebaut. Durch die **Haltung einiger historischer Nutztierrassen** auf dem Gutsgelände hat das Ensemble wieder etwas von einem Gutshof.

Vom Schloss sind es nur wenige Meter durch die Backbergstraße zur **Dorfkirche Britz,** die sich romantisch auf einer kleinen Anhöhe über dem Dorfteich erhebt. Im Kern geht die Feldsteinkirche auf die Zeit um 1300 zurück.
Schloss Britz: Alt-Britz 73, www.schloss-gutshof-britz.de, Di–So 11–18 Uhr, 3/2 €,

Führung Schloss So 14 Uhr, 3 €, Führung Schlosspark/Gutshof So 16 Uhr, 3 €; **Museum Neukölln,** Alt-Britz 81, www.museum-neukoelln.de, tgl. 10–18 Uhr, Eintritt frei

Essen

Traditionell regional

Buchholz Gutshaus Britz: Der (einstige) Sternekoch Matthias Buchholz verwirklicht sich hier selbst und bietet eine Speisekarte mit regionalen Produkten, anspruchsvoll, aber locker und bodenständig zubereitet. Buchholz bietet auch Kochkurse an.

Alt-Britz 81, T 030 60 03 46 07, www.matthias-buchholz.de, U 7 Parchimer Allee, Do–Mo ab 12 Uhr, Hauptgerichte ca. 11–29 €

Gehoben international

Restaurant Schloss Britz: Im Rahmen eines Auszubildendenprojekts des Hotels Estrel Berlin bieten das Lokal beste internationale Küche mit vorzüglichem Service. Alle, die hier arbeiten, sind hoch motiviert.

Alt-Britz 73, T 030 60 97 50 39, www.schloss-britz-berlin.de, U 7 Parchimer Allee, Mi–Sa 11.30–22, So 11.30–20 Uhr, Hauptgerichte 22–32 €, Drei-Gänge-Menü 42 €

Köpenick und Friedrichshagen

Karte 3, F/G 3/4

Von Wasser umgeben

Dahme, Müggelspree und Kietzer Graben umschließen die kleine Insel, auf der die Köpenicker Altstadt liegt. Vom Bahnhof aus erreichen Sie sie in ca. 15 Min. zu Fuß über die Bahnhofstraße, die Einkaufsstraße des Stadtteils und die Lindenstraße.

H

WAS AUS DEM HAUPTMANN WURDE

Nur zehn Tage nach seinem Coup wurde Wilhelm Voigt verhaftet und zu vier Jahren Gefängnis verurteilt. Allerdings musste er nur zwei davon absitzen, dann begnadigte ihn Kaiser Wilhelm II. Mit öffentlichen Auftritten verdiente sich Voigt nach der Entlassung ein kleines Vermögen.

Was da so Altstadt heißt

Köpenicks Altstadt ist nicht so alt, wie man erwarten könnte, erhielt Köpenick doch schon 1232 das Stadtrecht. Aber gegen Ende des Dreißigjährigen Krieges war die Stadt vollkommen zerstört und hatte nur noch zwölf Einwohner. So prägen heute nicht mittelalterliche, sondern vor allem Bauten aus dem 19. Jh. die Insel.

Die **St.-Laurentius-Stadtkirche** ❶ wurde 1838 anstelle des mittelalterlichen Gotteshauses errichtet. Noch aus dem 18. Jh. stammen das **Andersonsche Palais** ❷ (Alt-Köpenick 15) und die **Stadt-Apotheke** ❸ (Grünstr. 24).

Es grüßt der Trickbetrüger

Köpenick verdankt seinen Ruhm einem Trickbetrüger. Ganz Deutschland lachte über diese ›Köpenickiade‹. Der arbeitslose Schuster Wilhelm Voigt besorgte sich bei Trödlern eine Hauptmannsuniform und schlüpfte in die Rolle des Offiziers. Ihm gelang es, sich am 16. Oktober 1906 einen Trupp Soldaten zu unterstellen, mit denen er ins Rathaus marschierte, den Bürgermeister verhaftete, sich der Stadtkasse bemächtigte und dann verschwand … Am Haupteingang des **Rathauses** ❹ begrüßt das **Standbild des Hauptmanns von Köpenick** die Besucher. Das Rathaus (1901) selbst präsentiert sich in rotem

Köpenick

Ansehen

1. St.-Laurentius-Stadtkirche
2. Andersonsches Palais
3. Stadt-Apotheke
4. Rathaus
5. Schlosskirche
6. Kunstgewerbemuseum – Schloss Köpenick

Essen

1 Asteria

Ausgehen

1 freiheit fünfzehn

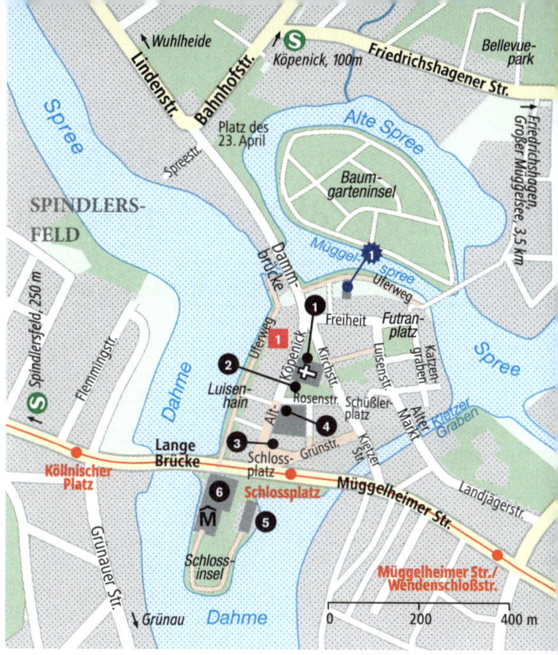

Backstein mit schönsten neogotischen Verzierungen. Eine kleine **Ausstellung** (Mo–Fr 8–20, Sa/So 9–17 Uhr, Eintritt frei) ist den Ereignissen um den falschen Hauptmann und den Raub der Stadtkasse gewidmet.

Niederländischer Barock

Über den Schlossgraben führt der Weg in den Innenhof von **Schloss Köpenick** 6 (s. auch unten rechts). An der Stelle einer alten slawischen Burg wurde hier bereits im 16. Jh. ein Jagdschloss errichtet. Das ließ Kronprinz Friedrich, der spätere König Friedrich I., ab 1677 von dem niederländischen Baumeister Rutger van Langerfeld zum Schloss im Stil des niederländischen Barock ausbauen. Sehenswert im Innern: der **Wappensaal.** Eine aufwendige Stuckdekoration zeigt die Wappen aller preußischen Lande. Damit meldete Kronprinz Friedrich unmissverständlich seinen Anspruch auf ein ungeteiltes Erbe an, während die zweite Ehefrau seines Vaters, Kurfürstin Dorothea, versuchte, einen Erbteil für ihre Kinder zu sichern.

Arnold Nehring baute ab 1684 den Wirtschaftsflügel der Schlossanlage zur reformierten **Schlosskirche** 5 um. Das Schloss wird heute als zweiter Standort des **Kunstgewerbemuseums** genutzt.

> **S**
>
> **SPAZIERGANG AM WASSER**
>
> Im Norden der Altstadtinsel wurde ein **Uferweg** entlang der Müggelspree angelegt. Er setzt sich jenseits der Dammbrücke an der Dahme fort und führt über den Anleger Luisenhain zum Schlossplatz. Ein schöner Spaziergang am Wasser.

Urlaub am Großen Müggelsee

Wer ein paar Stunden Urlaubsgefühl genießen möchte, sollte zwei S-Bahn-Stationen weiter in die ehemalige **Künst-**

TOUR
Marzahn – warum denn nicht?

Alter Dorfkern, Gärten der Welt und ein Skywalk

Infos

Start/Ziel: S 7 Springpfuhl / S 7 Marzahn, Karte 3, F 2,

Länge: ca. 5 km bis Gärten der Welt

degewo-Skywalk: Raoul-Wallenberg-Str. 42, www.degewo.de, kostenlose Führungen unter T 030 264 85 50 00 buchen, Eintritt frei

Bezirksmuseum: Alt-Marzahn 51 (Haus 1), Alt-Marzahn 55 (Haus 2), T 030 54 79 09 21, www.kultur-marzahn-hellersdorf.de, Mo–Fr 11–17 Uhr, anrufen, da nicht immer geöffnet, Eintritt frei

Bockwindmühle: Alt-Marzahn 63, www.marzahner-muehle.de, Besichtigung n. V. und s. Website ›Aktuelles‹

KulturGut: Alt-Marzahn 23, Website s. Museum, Mo–Fr 8–20 Uhr

Was erwartet man, fährt man nach Marzahn-Hellersdorf? Vielleich eine unverhoffte Begegnung mit Cindy von Marzahn, der Komikerin, die gar nicht Cindy heißt und auch nicht aus Marzahn kommt, sondern aus Luckenwalde. Egal, das Publikum hat der prolligen Kunstfigur abgenommen, dass sie in Marzahn lebt, und das sagt einiges über das Image dieses Berliner Bezirks. Marzahn-Hellersdorf – die berüchtigte Plattenbaustadt im Nordosten Berlins. Gut 100 000 Plattenbauwohnungen gibt es in Marzahn-Hellersdorf. 262 000 Einwohner leben hier. Tendenz steigend, denn gerade bei jungen Familien sind Wohnungen in Marzahn begehrt. Warum? Günstig ist es und: Hier gibt es sanierte Mietshäuser und gepflegte Grünanlagen. In Alt-Marzahn spazieren Sie sogar über eine Dorfstraße, die einen Dorfanger samt Kirche und Schulhaus einfasst.

Doch beginnen wir in den 1970er-Jahren. Mit dem Viertel um den **Helene-Weigel-Platz** begann Ende der 1970er-Jahre der Aufbau Marzahns. Um eine Platzanlage mit Geschäften für den alltäglichen Bedarf gruppieren sich Doppelhochhäuser mit 25 Stockwerken. Von montags bis samstags sorgt der **Wochenmarkt** auf dem »Heli«, wie die Anwohner ihren Helene-Weigel-Platz liebevoll nennen, für Betrieb. Zwischen den Wohnhäusern leiten breite, fließende Grünflächen über in den **Springpfuhlpark** mit den zwei kleinen Seen.

Sogenannter gesellschaftlicher Hauptbereich war die **Marzahner Promenade,** die 1,2 km lange Flaniermeile zwischen S-Bahnhof Marzahn und dem Freizeitforum Marzahn: kleine Stadtplätze, Geschäfte entlang der Promenade, veredelt durch Kunst wie die beiden Mosaiken **»Arbeit für das Glück des Menschen«** (Haus Nr. 40) und **»Frieden«** (Haus Nr. 45) von Walter Womacka (1925–2010).

Zeit, sich einen Überblick über die Plattenbaustadt zu verschaffen. Den besten gewinnen Sie auf dem **degewo-Skywalk** am Nordostende der Marzahner Promenade. Mit dem Fahrstuhl geht es ins 20. Stockwerk in 60 m Höhe. Die restlichen 10 m bedeuten: Treppensteigen, außen am Hochhaus. Trotz der hohen Geländer sollten Sie schwindelfrei sein. Der Lohn: Von einer 30 m² großen Plattform bietet sich ein sensationeller Ausblick auf Berlin. Nur aus dieser Höhe sehen Sie, wie grün Marzahn ist. Und das nicht nur am **Kienberg** mit den Gärten der Welt (s. links).

Jenseits der Landsberger Allee beginnt dann **Alt-Marzahn.** Das alte Angerdorf Marzahn wurde 1974, also vor Beginn der Bauarbeiten für die Plattenbaustadt, unter Denkmalschutz gestellt. Erhalten ist das alte Schulhaus (Haus 1) von 1912, in dem heute das **Bezirksmuseum Marzahn-Hellersdorf** untergekommen ist. Neben den Sonderausstellungen in Haus 1 wird in **Haus 2** die Geschichte des Bezirks und seiner Ortsteile präsentiert.

1994 wurde in der Nähe auf einem Hügel eine funktionstüchtige **Bockwindmühle** aufgebaut. Originalbestand ist dagegen das **KulturGut** (Alt-Marzahn 23), ein alter Dreiseithof, der heute als Veranstaltungsort dient. Zu dem Gut gehört ein liebevoll gepflegter **Bauerngarten.**

Wer noch Zeit, Lust und Ausdauer hat: Von der Bockwindmühle ist es nur 1 km bis zu den **Gärten der Welt.** Dort wird auf 21 ha internationale Gartenkunst gezeigt – vom Renaissance- bis zum Japanischen Garten. So grün ist Marzahn!

Variante: Sie entscheiden sich, nur **Skywalk** und **Alt-Marzahn** mit den **Gärten der Welt** zu kombinieren. Dann bietet es sich an, die Tour an der S-Bahn-Station Raoul-Wallenberg-Straße zu beginnen.

Gärten der Welt: Blumberger Damm 44, www.gruen-berlin.de, S 7 Marzahn, dann Bus X69 Blumberger Damm/Gärten der Welt oder Bus 195 Eisenacher Str. / Gärten der Welt, tgl. ab 9 Uhr bis Einbruch der Dunkelheit, Wintersaison nur teilweise zugänglich, 7/4 €

Schloss Köpenick, reizvoll auf einer Halbinsel im Fluss Dahme gelegen, ist das einzige erhaltene Beispiel des so einflussreichen niederländischen Barock in Berlin. Heute wird es als Kunstgewerbemuseum genutzt.

lerkolonie Friedrichshagen am Ufer des Großen Müggelsees fahren. Einmal entspannt die **Bölschestraße** mit ihren kleinen Geschäften und Cafés hinunterschlendern und dann auf der **Promenade am Großen Müggelsee,** dem größten See auf Berliner Gebiet, promenieren. Wer baden möchte, findet dazu Gelegenheit im **Strandbad Friedrichshagen** (Müggelseedamm 216, T 030 22 19 00 11, www.berlinerbäder.de).

Museen

Wertvolle Möbel

6 Kunstgewerbemuseum – Schloss Köpenick: Möbel, ganze Räume aus Renaissance, Barock und Rokoko bietet diese Dependance des Kunstgewerbemuseums. Dazu Kostbarkeiten aus der Königlichen Porzellanmanufaktur Berlin und das Große Silberbüfett aus dem Stadtschloss der Hohenzollern. In zwei Räumen Ausstellung zur Baugeschichte der Schlossinsel.

Schlossinsel 1, www.smb.museum, S 3 Köpenick, dann Tram 62 Schlossplatz Köpenick, April–Sept. Di–So 11–18, Okt.–März Do–So 11–17 Uhr, 6/3 €, bis 18 Jahre frei

Essen

Griechisch

1 Asteria: Griechische Küche mit Sitzplätzen an der Promenade an der Dahme-Spree-Mündung.

Alt-Köpenick 6, T 030 65 49 64 89, Mo–Fr 14–23, Sa/So 12–23 Uhr, Gyros 13,50 €, Souvlakia 13,50 €, Thunfischsalat 12,90 €

Am Wasser

Restauant Ehrlich: Berlinerisch-österreichische Küche entsteht, wenn ein Restaurant seine schönsten Plätze am Müggelsee hat und der Küchenchef aus Österreich kommt. So steht Berliner Kalbsleber (16,20 €) neben Steirischem Wurzelfleisch (13,70 €) auf der Karte.

Josef-Nawrocki-Str. 16, Friedrichhagen, T 0163 637 92 31, www.restaurant-ehrlich.de

Ausgehen

Am Ufer

1 **Freiheit Fünfzehn:** Nicht nur Biergarten mit Sitzplätzen unmittelbar an der Müggelspree (April–Sept.), sondern auch Bar und Veranstaltungsort mit Konzerten und Partys.

Freiheit 15, www.freiheit15.com, S 3 Köpenick, S 47 Spindlersfeld, Biergarten: Mo–Sa 14–22, So 11–22, Winter bei gutem Wetter So 14–20, Duke Bar: Di–Sa, Winter Do–Sa ab 20 Uhr

Strandbar

Hafenbar: Die Hafenbar hat das ganze Jahr über geöffnet, in der Sommersaison als Strandbar. Es gibt Getränke und kleine Snacks. Zur Bar gehört das Eventschiff Windflüchter, das hier fest vertäut liegt.

Josef-Nawrocki-Str. 25, www.strandhaus-berlin.de, S 3 Friedrichshagen, Mo–Fr ab 11, Sa/So ab 10 Uhr

Gesundbrunnen

K–M 1–5

Arbeiterbezirke in Mitte

Die alten Arbeiterbezirke Wedding und Gesundbrunnen sind seit 2001 Ortsteile des Bezirks Mitte. Eine etwas merkwürdige Ehe zwischen den beiden Schmuddelkindern nördlich der Berliner Innenstadt und der schicken Berliner City mit ihren 1a-Lagen.

Aussichtspunkt Humboldthain

Vom Bahnhof Berlin-Gesundbrunnen sind es nur einige Meter zum **Volkspark Humboldthain** mit den Resten des Hochbunkers, der heute ein gut gesicherter Aussichtspunkt ist. Aus gut 85 m Höhe lässt sich der gesamte Norden Berlins überschauen, besonders schön können hier die Sonnenuntergänge sein.

Der **Verein Berliner Unterwelten** (www.berliner-unterwelten.de) bietet im Sommer verschiedene **Führungen** zu den Bunkerresten im Humboldthain und dessen Umgebung an. Immer geht es unter die Erdoberfläche, denn die Bunkerbauten wurden überschüttet.

Industriegeschichte

Südlich des Humboldthains erinnert an der Brunnenstraße das **Beamtentor** im schönsten neogotischen Stil an die Werksanlagen des Elektrokonzerns AEG. Ab 1890 wurden die **AEG-Fabrikhallen** zwischen Gustav-Meyer-Allee und Voltastraße aufgebaut. Die Kleinmotorenfabrik und die Montagehalle für Großmaschinen von Peter Behrens entlang der Voltastraße waren Vorbild für viele Industriebauten. Wie in Oberschöneweide wurde Berlin auch hier zu Elektropolis (s. S. 270). Heute befindet sich auf dem ehemaligen AEG-Gelände der **Technologiepark Humboldthain Berlin** (www.tph-berlin.net). Auch hier bietet der Verein Berliner Unterwelten (s. links) Führungen an.

Zu Besuch im Bad

Der Weg vom Bahnhof Gesundbrunnen Richtung Norden führt durch die Hauptgeschäftsstraße des Ortsteils, die **Badstraße.** Ecke Pankstraße wartet die **St.-Pauls-Kirche,** eine einfache Saalkirche nach einem Entwurf von Karl Friedrich Schinkel, errichtet 1835. Das

TOUR
Im Stasi-Knast

Besuch in der Gedenkstätte Hohenschönhausen

Infos

Gedenkstätte: Karte 3, E 2, Genslerstr. 66, www.stiftung-hsh.de, Tram M 5 Freienwalder Straße, dann 600 m zu Fuß, M 6 16 Gensler Straße, dann 850 m zu Fuß, nur mit Führung (90–120 Min.), März–Okt. tgl. stdl. 10–16 (letzte Führung), Nov.–Febr. Mo–Fr 11, 13, 15, Sa/So 10–16 (letzte Führung), 8/4 €

Die ganze Brutalität des Ministeriums für Staatssicherheit (Stasi) wird erst deutlich, besucht man eines der Gefängnisse, in denen weggesperrt wurde, wer sich nicht anpasste in der DDR. Das **Stasi-Gefängnis Hohenschönhausen** war die zentrale Untersuchungshaftanstalt, in der vornehmlich politische Gefangene inhaftiert waren. Sie lag abgeschottet in einem Wohnbezirk.

Betreten wird das Areal heute durch den **Haupteingang** in der Genslerstraße. Die unverputzte hohe Mauer, bekrönt von Stacheldraht, der Wachturm Ecke Lichtenauer Straße – Bilder, die die Häftlinge nie zu Gesicht bekamen. In fensterlosen Kabinen wurden sie in einem getarnten Transporter in die Garage des Untersuchungsgefängnisses gebracht. Ab hier gab es nur noch Fenster, durch deren Glasbausteine trübes Licht fiel. Niemand sollte sehen, wo er war. Niemand sollte wissen, wo dieses zentrale Untersuchungsgefängnis der Stasi lag. Wurden Berliner verhaftet, wurden sie erst stundenlang durch die Stadt gefahren, um dann hier in Hohenschönhausen ausgeladen zu werden.

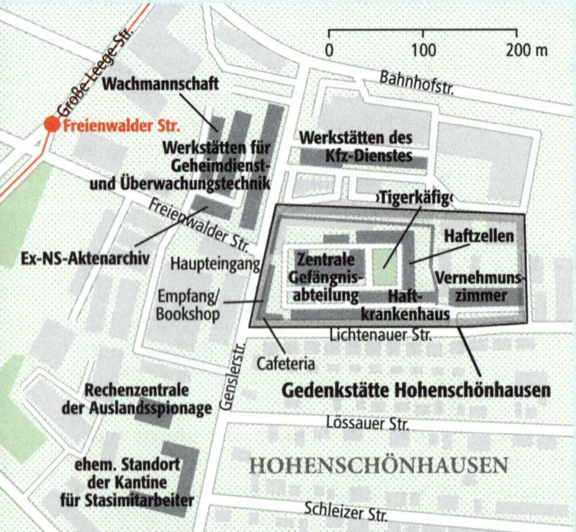

In der **Effektenkammer** mussten die Häftlinge ihre Kleidung und alles Persönliche abgeben und erhielten nach einer entwürdigenden Kontrolle ihre Häftlingsnummer. Hinfort hatten sie sich mit dieser Nummer zu melden und wurden mit dieser Nummer angesprochen – wurden zur Nummer.

Ehemalige Häftlinge führen Besuchergruppen durch die Ausstellung. Ihre Erlebnisberichte gehen unter die Haut.

Eingesperrt in Ein- bis Vier-Mann-Zellen, ohne Kontakt zu Verwandten und Freunden, der Willkür der Stasi ausgeliefert und immer wieder – auch nachts – zu stundenlangen Verhören geholt. Jeder erdenkliche Druck wurde ausgeübt, um alle Informationen abzuschöpfen und vor allem den Häftling dazu zu bringen, die Aussagen zu unterschreiben, mit denen er sich selbst belastete. Nur so war eine reibungslose Aburteilung in dem folgenden Strafprozess garantiert. Freikauf gegen Devisen durch die Bundesrepublik war dann der einzige Ausweg.

Eindrucksvoll ist die Führung durch die Gefängnisanlage, die wenn möglich von Personen gemacht wird, die selbst in Hohenschönhausen inhaftiert waren. Es geht vom sogenannten **U-Boot**, den lichtlosen Zellen im Keller, über die **Haftzellen** und **Vernehmungszimmer** bis zum **›Tigerkäfig‹**, dem kleinen Areal, in dem der halbstündige Freigang absolviert werden konnte. Hier galt: nicht sprechen, nicht stehen bleiben und bei Wind und Wetter seine Runden drehen, auch wenn man nicht für Regen oder Schnee angezogen war.

Neben der Führung durch das Gefängnis lohnt sich der Besuch der **Dauerausstellung** auf dem Gelände, auf dem viel mehr war als nur ein Gefängnis. Rund um die Haftanstalt waren Einrichtungen der Stasi untergebracht – von **Werkstätten für Geheimdienst- und Überwachungstechnik** bis zum früheren **NS-Akten-Archiv** in der **Villa Heike** (Freienwalder Str. 17, nicht zu besichtigen), die seit 2019 Atelier- und Bürohaus ist.

Lieblingsort

Die Welt Wilhelm von Humboldts

Es ist ein bisschen aus der Zeit gefallen, das **Humboldt-Schloss** in Tegel, und heute noch im Besitz der direkten Nachfahren des Gelehrten Wilhelm von Humboldt. Humboldt hatte das Schloss ab 1819 von Karl Friedrich Schinkel umbauen lassen. Original eingerichtet, präsentieren das Foyer, die Wohn- und Arbeitsräume Antiken, die Wilhelm von Humboldt gemeinsam mit seiner Gattin Caroline sammelte – ein Ausflug in die geistige Welt der Klassik. Am Ende des Parks unter der Säule mit der Statue der Spes (Hoffnung) von Bertel Thorvaldsen findet sich die Familiengrabstätte (Humboldt-Museum – Schloss Tegel, Karte 3, C1, Adelheidallee 19, www.museumsportal-berlin.de, U 6 Alt-Tegel, dann Bus 220 An der Mühle, 8. Mai–25. Sept. Besichtigung nur mit Führung, Mo 10, 11, 15, 16 Uhr, 12/10 €).

Mitte Museum (Pankstr. 47, www.mittemuseum.de) ist in die Gemeindeschule von 1866 eingezogen. Jenseits der Kreuzung Pankstraße stehen prächtige gründerzeitliche Geschäfts- und Wohnbauten wie das Haus Nr. 35 von 1905.

Mitte des 18. Jh. war hier nahe dem Flüsschen Panke eine mineralische Quelle entdeckt worden, der heilende Kräfte zugeschrieben wurden. So entstand das **Luisenbad** und mit ihm ein Kurort vor den Toren Berlins, der Gesundbrunnen. Doch schon 1862 war die Quelle weitgehend versiegt, das Luisenbad wurde zum Ausflugslokal. Auf dem Hof der **Badstraße 35** steht noch das Vestibül, das als Eingang zum Luisenbad diente. Heute ist es der Eingang zur Bibliothek.

Freier Tanz in Neuer Sachlichkeit

An der Uferstraße liegt die ehemalige **Werkstatthalle des Straßenbahnbetriebshofs Gesundbrunnen,** beste Backsteinarchitektur von 1928 im Stil der Neuen Sachlichkeit. Hier hat sich mit den **Uferstudios** (www.uferstudios.com) ein Zentrum der freien Tanzszene entwickelt. Das hochschulübergreifende Zentrum Tanz (HZT) und auch die Tanzfabrik Berlin unterhalten hier Studios. Die Ergebnisse der Arbeit werden in Abendveranstaltungen präsentiert.

Pankow

Karte 3, D/E2

Der alte-neue Florakiez

Als Landgemeinde lag Pankow lange vor den Toren Berlins. Heute aber gilt: Das erste Kind kommt im Prenzlauer Berg zur Welt, kündigt sich das zweite an, ziehen die Eltern weiter in den grünen Berliner Norden, nach Pankow mit seinen gerade noch bezahlbaren Wohnungen.

Die zentrale Achse dieses neuen Pankow ist die **Florastraße.** Als Verbindung zwischen dem S+U-Bahnhof Pankow und der Wollankstraße erinnert sie mit ihren viergeschossigen Wohnhäusern sowie den kleinen Geschäften und Cafés an die Einkaufsstraße einer mittelgroßen Stadt.

Das alte Zentrum der Landgemeinde Pankow lag an der **Breite Straße** mit dem **Rathaus** ❶ von 1903, dem ehemaligen Dorfanger und der **Alten Pfarrkirche Zu den Vier Evangelisten** ❷.

Was von Fabriken übrig blieb

Die über 5 m hohe Stahlprofilkonstruktion mit dem Schriftzug **GARBÁTY** gegenüber dem S-Bahnhof Pankow erinnert an die Zigarettenfabrik und die Familie Garbáty, die ab 1906 mit ihrem Unternehmen das Bild Pankows mitprägten. Erhalten ist an der nahen Berliner Straße die **Garbáty-Villa** ❸ (Nr. 127), in der heute die Libanesische Botschaft residiert. Gleich daneben liegt das ehemalige **Fabrikgebäude Garbáty** ❹, das zur Wohnanlage ausgebaut wurde. In den ehemaligen **Tabakspeicher** ❺ (Hadlichstr. 44) ist eine private Gemeinschaftsschule eingezogen. Der Firmengründer Josef Garbáty-Rosenthal unterstützte großzügig das **Jüdische Waisenhaus** ❻ (Berliner Str. / Ecke Hadlichstr.), das durch seinen hohen Segmentgiebel in der Gebäudemitte gar nicht zu übersehen ist

Ein weiteres Stück Pankower Fabrikgeschichte bewahrt die Heynstraße mit den **Heynhöfen** ❼ (Heynstr. 10–15, www.heynhoefe.de). In die Lebenswelt des Peddigrohr-Fabrikanten Fritz Heyn entführt direkt nebenan das **Museum Pankow** ❽ an seinem Standort im ehemaligen Wohnhaus Heyns.

Museum Pankow: Heynstr. 8, T 030 902 95 39 11 (Führungen), www.museumsportal-berlin.de, Di, Do, Sa/So 10–18 Uhr, Eintritt frei

Sonderzug nach Pankow

Panikrocker Udo Lindenberg wäre mit seinem Sonderzug nach Pankow wohl

Pankow

Ansehen

1 Rathaus
2 Alte Pfarrkirche Zu den Vier Evangelisten
3 Garbáty-Villa / Libanesische Botschaft
4 Gárbaty-Fabrikgebäude
5 ehem. Tabakspeicher
6 ehem. Jüdisches Waisenhaus
7 Heynhöfe
8 Museum Pankow
9 Majakowskiring 29
10 Majakowskiring 46–48
11 Majakowskiring 34
12 Rudolf-Ditzen-Weg 19
13 Torhäuser / Ausstellung »Die Pankower Machthaber«
14 Schloss Schönhausen

Essen

1 Milchmanns Kaffeehaus
2 Fritz Heyn

ein bisschen zu spät gekommen. Nur bis zum Umzug nach Wandlitz im Jahr 1960 lebte um den **Majakowskiring** die DDR-Elite. 1945 hatte die Sowjetische Militäradministration die Villen zwischen Grabbeallee und Schlosspark Schönhausen beschlagnahmt und das Areal einzäunen lassen, um Quartier zu nehmen. Ab 1949 waren hier dann die Spitzen der DDR-Nomenklatura untergebracht – gut be- und überwacht, wohl versorgt durch zwei HO-Läden, Friseur und Schneider. Im Haus **Nr. 29** 9 wohnte der erste und einzige Präsident der DDR, Wilhelm Pieck, in **Nr. 46–48** 10 Ministerpräsident Otto Grotewohl. Der Minister für Kultur, Johannes R. Becher, der im **Majakowskiring 34** 11 lebte, sorgte dafür, dass der Schriftsteller Hans Fallada (bürgerlicher Name Rudolf Ditzen) von 1945 bis zu seinem Tod 1947 im Haus **Rudolf-Ditzen-Weg 19** 12 unterkam. Das Haus von Walter Ulbricht wurde, obwohl noch gut in Schuss, nach dem Tod des SED-Chefs abgerissen.

Die Geschichte des Majakowskirings und der Pankower Machthaber präsentiert die **Ausstellung** »Die Pankower Machthaber« in den **Torhäusern** ⓭ der Schlossanlage Schönhausen. In **Schloss Schönhausen** ⓮ (s. Tour S. 250) verbrachte nicht nur Königin Elisabeth Christine ihre Sommermonate, sondern es war auch Amtssitz des Präsidenten der DDR, Wilhelm Pieck.

Tram M 1 Tschaikowskistr.; **Torhäuser:** Ossietzkystr. 44–45, tgl. 10–18 Uhr, Eintritt frei; **Schloss:** Tschaikowskistr. 1, www.spsg.de, April–Okt. Di–So 10–17.30, Nov.–März Sa/So 10–16 Uhr, 8/6 €

Essen

Guter Kaffee, gutes Eis

1 **Milchmanns Kaffeehaus:** Das Kaffeehaus bietet Frühstück, kleine Speisen, Kaffee und Kuchen an. Alles ist wohlschmeckend und wird in freundlicher Atmosphäre serviert.

Berliner Str. 119, T 030 91 42 32 82, www.milchmanns-berlin.de, U 2 Pankow, Mo–Fr 8–18, Sa/So 10–18 Uhr

Ehemalige Lagerhalle

2 **Fritz Heyn:** Bar, Café, Wirtschaft – so die Eigenbeschreibung – in einem ehemaligen Lagerraum mit stilsicher selbst gebautem Innenleben. Darüber hinaus ist das Fritz Heyn Showroom für die Firmen, die auf den Höfen arbeiten, und Auftrittsort für Kulturschaffende des Viertels.

Heynstr.15, T 030 45 30 47 23, www.fritzheyn.com, U 2 Pankow, Öffnungszeiten s. Website

Spandau

Karte 3, B/C 2/3

Älter als Berlin?

Spandau im Westen Berlins ist wie Köpenick aus einer slawischen Fluchtburg hervorgegangen. Gerne verweist das bis 1920 selbstständige Spandau darauf, dass es bereits 1197 in einer Urkunde genannt wurde, während Berlin erst 1237 erstmals Erwähnung fand. An der Havel hat sich, eingeschlossen von Wallanlage und Stadtgraben, nur ein kleiner Teil der Altstadt um die St.-Nikolai-Kirche erhalten. Der Zweite Weltkrieg, der U-Bahn-Bau und der Ausbau der Carl-Schulz-Straße zur Fußgängerzone ab 1978 zerstörten vieles.

Spurensuche

Die **St.-Nikolai-Kirche** ❶ (Reformationsplatz 1) entstand im Lauf des 14. Jh. anstelle eines Vorgängerbaus. Ihr Westturm stammt von 1467. Sehenswert ist in der gotischen Hallenkirche der 8 m hohe Altar im Renaissancestil, den 1582 Rochus Graf von Lynar und seine Frau Anna stifteten. Unter dem Altar befindet sich das Familiengrab der Lynars, in das Sie durch eine Pforte auf der Rückseite des Altars hineinschauen können. Vor der Kirche steht ein **Denkmal für Kurfürst Joachim II.**, der in St. Nikolai am 1. November 1539 zum protestantischen Glauben übergetreten sein soll.

An das untergegangene historische Zentrums Spandaus erinnern darüber hinaus nur noch das **Gotische Haus** ❷ (Breite Str. 32) aus der Zeit um 1500 und zwei Reste der **Stadtmauer** aus dem 14. Jh. am **Viktoria-Ufer** ❸ bzw. am **Hohen Steinweg** ❹. Im Gotischen Haus finden sich eine stadtgeschichtliche Ausstellung zum Wohnen in Spandau sowie Ausstellungsflächen der Kommunalen Galerie.

Gotisches Haus: Breite Str. 32, www.gotischeshaus.de, U 7 Altstadt Spandau, Di–Sa 10–18, So 12–18, April–Sept. auch Mo 10–18 Uhr, Eintritt frei

Renaissancefestung

Bedeutendstes Bauwerk in Spandau aber ist die sehenswerte **Zitadelle**

TOUR
Lange an der Panke lang

Per Rad durchs Panketal zum Schloss Schönhausen

Infos

Start/Ziel: U Schwartzkopffstr., U 6, K5 / S+U Pankow, U 2, S 2, S 8, S 85, 400 m nördlich O 2 bzw. Karte 3, E 2

Länge: 11 km, ca. 60–90 Min.

Essen: Das **Mirabelle** (Schulzestr. 21, Pankow, T 030 40 04 99 04, www.cafe-mirabelle.com, Di–So ab 12, Sa/So ab 10 Uhr, Winter nur Di–So, Gerichte ca. 11,50–23 €) ist ein Café-Restaurant mit Terrasse. Neben regionalen Gerichten gibt es hier auch Vegetarisches und Veganes.

Das Flüsschen Panke entspringt nördlich von Berlin bei der Kleinstadt Bernau. Nur 29 km lang fließt die Panke über 20 km durch den Berliner Norden, bevor sie in den Nordhafen bzw. in die Spree mündet. Auf dem Fahrradweg durch den Pankegrünzug entlang des Flusses kommt man durch so unterschiedliche Berliner Bezirke wie Mitte, Gesundbrunnen und Pankow.

200 m von der **U-Bahn-Station Schwartzkopffstraße** entfernt beginnt an der Chausseestraße Ecke Liesenstraße der **Pankegrünzug.** Sie müssen allerdings einige Meter radeln, um in Höhe der Schulzendorfer Straße auf die Panke zu treffen. Jenseits der Gerichtstraße verengt sich der Grünzug. Unmittelbar an der Panke liegt hier das ehemalige **Fabrikgebäude Gerichtstraße 23,** in dem u. a. ein veganes Café-Bistro eingerichtet ist.

Weiter geht es unter der Ringbahn hindurch an der Panke entlang. Im Bereich Gropiusstraße liegt jenseits der Panke die ehemalige Werkstatthalle des Straßenbahnbetriebshofs Gesundbrunnen, in der sich heute die **Uferstudios** (s. S. 247) befinden. Beim Queren der Badstraße lohnt sich ein Blick auf den Backsteinbau **Badstraße 40/41.** Hier befand sich bis zu ihrer Arisierung 1938 die **Tresorfabrik Arnheim.** Seit 1985 nutzt der Berufsverband Bildender Künstler Berlin deren dahinter liegende Sheddach-Halle als Atelier.

Vorbei am **Luisenbad** (s. S. 247) radeln wir bis zur Osloer Straße und durch den **Soldiner Kiez,** der noch vor zehn Jahren als ein Stück abgehängtes Berlin galt. Heute steigen selbst in diesem Kiez die Mieten rasant.

An der Nordbahnstraße verlassen wir für einen Moment die Panke und fahren auf der Wilhelm-Kuhr-Straße unter der Bahntrasse hindurch in den **Bürgerpark Pankow,**

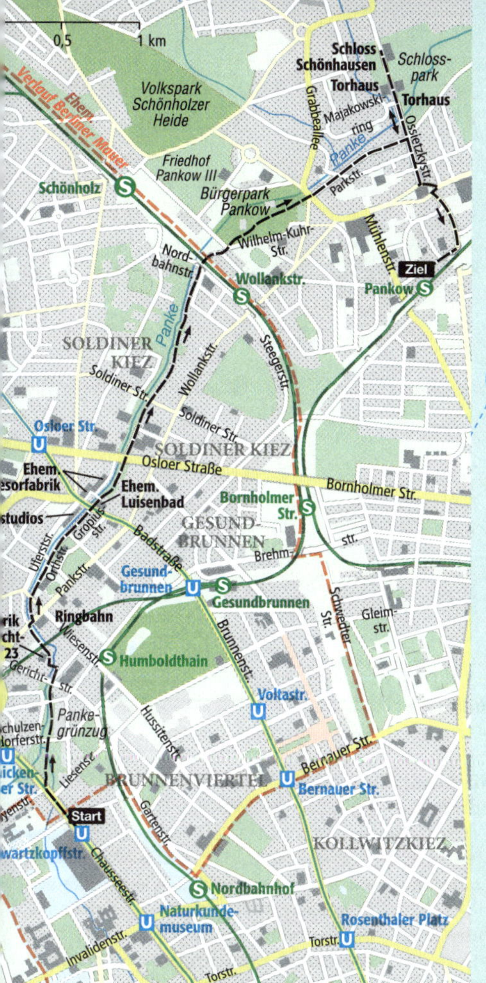

der von der Panke durchflossen wird. Typisch sind die ausgedehnten Wiesen.

Weiter führt der Weg jenseits der Schönholzer Straße durch die Parkstraße bis zu Park und **Schloss Schönhausen.** Die wunderbar geschwungene doppelläufige Treppenanlage mit dem geschnitzten Geländer im Innern des Schlosses lohnt schon den weiten Weg von Berlin-Mitte. Die Treppe leitet hinauf in das erste Obergeschoss. Hier beeindruckt der einzige in Berlin im Original erhaltene, reich geschmückte **Rokoko-Festsaal.** 1695 erbaut, verwandelte Königin Elisabeth Christine die Anlage 1763 in ein Juwel. Ihre **Wohnräume** im Erdgeschoss konnten in großen Teilen rekonstruiert werden. Erstaunlich, war das Schloss doch seit Mitte des 19. Jh. nicht mehr bewohnt. Als Amtssitz des Präsidenten der DDR, Wilhelm Pieck, und später als Gästehaus der DDR erlebte es zudem erhebliche Umbauten. Erhalten sind im Obergeschoss das **Amtszimmer Wilhelm Piecks** sowie **Schlaf- und Wohnräume für Staatsgäste.** Hier haben sie genächtigt: Fidel Castro, Indira Gandhi oder auch der Schah von Persien mit Gattin. Eindrucksvoll ist das violett gekachelte Bad. Ein Kontrastprogramm bietet die **Ausstellung »Die Pankower Machthaber«** in den **Torhäusern** der Schlossanlage.

Wer mag und Zeit hat, spaziert noch ein wenig durch **Garten** oder **Park,** dann geht es ab dem **S-Bahnhof Pankow** zurück nach Berlin-Mitte.

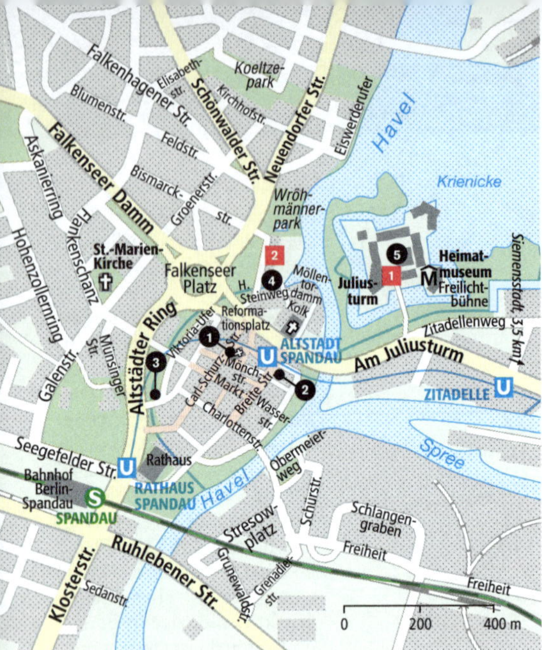

Spandau

Ansehen

1. St.-Nikolai-Kirche
2. Gotisches Haus
3. Stadtmauerrest Viktoria-Ufer
4. Stadtmauerrest Hoher Steinweg
5. Zitadelle Spandau

Essen

1 Café Mätresse
2 Brauhaus Spandau

Spandau ❺. Erbaut in den Jahren 1559 bis 1594, ist sie eine der besterhaltenen Festungsanlagen der Renaissance in Europa. Bekannt ist der **Juliusturm,** der wie der sich anschließende Palas im Kern noch aus dem 13. Jh. stammt. Im Juliusturm lagerte 1871–1919 der Reichsschatz. Im ehemaligen **Kommandantenhaus** der Zitadelle findet sich eine Ausstellung speziell zu Burg und Festung. Im **Zeughaus** präsentiert das **Museum Spandau** eine stadtgeschichtliche Ausstellung.

Eine Besonderheit ist die Ausstellung **Enthüllt. Berlin und seine Denkmäler** im ehemaligen **Proviantmagazin.** Hier werden Standbilder präsentiert, die aus unterschiedlichen Gründen aus dem Berliner Stadtbild verbannt wurden. So steht hier ein »Zehnkämpfer« der NS-Zeit von Arno Breker neben einem Leninkopf.

Am Juliusturm, www.zitadelle-berlin.de, U 7 Zitadelle, Fr–Mi 10–17, Do 13–20 Uhr, 4,50/2,50 €

Essen

Kuchen

1 **Café Mätresse:** Da die Zitadellen-Wirtschaft geschlossen wurde, ist das Café Mätresse die einzige Möglichkeit, sich bei einem Rundgang in der Zitatelle Spandau etwas auszuruhen, einen Kaffee oder etwas Kühles zu trinken und sich mit einem Stück Kuchen oder einer herzhaften Kleinigkeit zu stärken.

Am Juliusturm 64, T 030 354 94 40, U 7 Zitadelle

Selbstgebrautes

2 **Brauhaus Spandau:** 13 Biersorten aus der hauseigenen Brauerei. Dazu deftiges Essen zwischen Spandauer Lümmel (Fleischwurstring, 11,90 €) und Braumeister-Teller (17,90 €).

Neuendorfer Str. 1, T 030 353 90 70, www.brauhaus-spandau.de, U 7 Altstadt Spandau, April–Okt. tgl. ab 10, Winter tgl. ab 11 Uhr

Zugabe Gartenträume

Erholung und Inspiration in Dahlem

Die schön restaurierten Gewächshäuser der Königlichen Gärtnerlehranstalt geben den passenden Rahmen für ein Café und die Präsentation von Pflanzen.

Es braucht einen Traum und jemanden, der diesen Traum konsequent umsetzt, damit ein traumhafter Ort entsteht. Ein solcher Ort ist die Königliche Gartenakademie in Dahlem. Ursprünglich Königliche Gärtnerlehranstalt, wird das denkmalgeschützte Areal seit 2008 als private Firma unter dem Namen Königliche Gartenakademie geführt. Die vielfach ausgezeichnete und lange Jahre in England tätige Landschaftsarchitektin und Gartenkünstlerin Gabriella Pape hat hier gemeinsam mit der Gartenhistorikerin Dr. Isabelle van Groeningen, mit der sie schon in England intensiv zusammenarbeitete, ihren Traum verwirklicht.

Für Gabriella Pape gehören Gestaltungsideen, die Möglichkeit, Pflanzen zu kaufen, Kaffee zu trinken und zu entspannen zusammen – und einen Ort, an dem all dies möglich ist, hat sie hier geschaffen.

Die Besucher erleben nicht nur nach Farben und Pflanzenart (z. B. schatten- oder sonnenliebende Pflanzen) unterschiedene Beete, sondern sehen auch ausgesuchtes Garteninterieur und in unterschiedlichen Stilen gestaltete Gartenpassagen. So gibt es u. a. einen kleinen, als Senkgarten angelegten Japanischen Garten, der dem Zen-Gedanken Rechnung trägt.

... seit 2008 als private Firma ... geführt

Außerdem finden Sie auf dem Gelände der Königlichen Gartenakademie Inspirationen für Ihren Garten daheim, können Pflanzen, Blumenzwiebeln und vieles mehr erstehen – oder einfach nur bummeln und relaxen.

Das Beste: Inmitten der Pflanzenpracht bietet ein Café Frühstück, Mittagessen und natürlich Kaffee und Kuchen an. Sonntags sollten Sie reservieren, falls Sie brunchen möchten (Königliche Gartenakademie, Altensteinstr. 15a, Dahlem, T 030 83 22 09 00, www.königliche-gartenakademie.de, U 3 Dahlem-Dorf, dann 1 km zu Fuß, April–Sept. Di–Sa 10–18.30, So 10–16, Okt.–März 9–16, So 10–16 Uhr, Café: T 030 832 20 90 29). ■

Das Kleingedruckte

Über den Berliner Funkturm wurde 1932 die weltweit erste Fernsehsendung ausgestrahlt.

Anreise

… mit dem Flugzeug

Im Oktober 2020 wurde der Flughafen Berlin Brandenburg nach 14-jähriger Bauzeit endlich eröffnet. Der Flughafen Tegel ist endgültig geschlossen.

Flughafen Berlin Brandenburg (BER)
Willy-Brandt-Platz
12529 Schönefeld
T 030 60 91 60 91-0
www.berlin-airport.de

Transfer: Anders als der alte Flughafen Tegel ist der Flughafen Berlin Brandenburg vor allem per **Regionalbahn** (FEX, ab Berlin Hbf), RE8 (ab Ostkreuz), RB23 (ab Ostkreuz) zu erreichen. Dazu kommen die **S-Bahnen** (S 45, 9) sowie die **Expressbuslinien** X7 und X71 ab Haltestelle U Rudow und X71 ab Haltestelle U Alt-Mariendorf. Der Flughafen liegt im Tarifbereich C. In die Innenstadt ist ein Ticket ABC notwendig. Das Ticket kostet 3,80 €. Per **Taxi** kostet eine Fahrt vom Alexanderplatz zum Flughafen ca. 65 €.

… mit der Bahn

Die meisten **Fernverbindungen** von/nach Berlin starten bzw. enden am **Hauptbahnhof.** Fernzüge halten auch an den Bahnhöfen **Gesundbrunnen, Spandau, Südkreuz** oder **Ostbahnhof,** fahren aber immer auch den Hauptbahnhof an. Infos zu Zugverbindungen und Tickets auf **www.bahn.de,** zu Bahnhöfen auf **www.bahnhof.de.** Der Hauptbahnhof liegt zentral, von hier erschließen die **S-Bahn-Linien** S 3, 5, 7, 9, die **Tramlinien** M 5, 8, 10 sowie einige **Buslinien** das Berliner Stadtgebiet.

… mit dem Bus

Der **Zentrale Omnibusbahnhof** (ZOB) befindet sich in der Masurenallee 4–6 (U 2 Kaiserdamm, S 41, 42, 46 Messe / Nord ICC). Alle großen Fernbusanbieter fahren von/nach Berlin.

S

STECKBRIEF

Name: Der Name Berlin geht vermutlich auf das slawische *brl* zurück, ›am Sumpf‹ oder ›im Sumpf‹, und die für slawische Ortsnamen typische Endung *in.*
Lage: Berlin liegt im Spreetal dort, wo sich die Hochflächen des Teltow im Süden und des Barnim im Norden bis auf wenige Kilometer annähern. Die Spree fließt aus Richtung Südosten bei Köpenick in die Stadt ein. In Spandau fließt sie in die Havel, die den Westen des Stadtgebiets prägt.
Einwohner: Mit ca. 3,7 Mio. Einwohnern (2022), die mit Hauptwohnsitz in der Stadt gemeldet sind, ist Berlin die weitaus größte Stadt Deutschlands.
Stadt und Politik: Berlin ist eine Stadt und zugleich ein Bundesland der Bundesrepublik Deutschland. Der Regierende Bürgermeister ist Regierungschef des Landes und zugleich Stadtoberhaupt. Berlin ist in zwölf Bezirke mit jeweils ca. 300 000 Einwohnern unterteilt.
Vorwahl: 030
Tourismus: Berlin verzeichnete 2018 rund 13,5 Mio. Besucher. Dabei halten sich Gäste aus Deutschland und dem Ausland ungefähr die Waage.

… mit dem Auto

Berlin wird vom Autobahnring **A10,** auf den Autobahnen aus allen Himmelsrichtungen treffen, weiträumig umschlossen. Allerdings sollten Sie gut überlegen, ob Sie tatsächlich mit dem eigenen Pkw die Hauptstadt ansteuern (s. S. 263).

Bewegen und Entschleunigen

Berlin ist eine grüne Stadt. Nach einer Auswertung von Satellitenbildern durch die Berliner Morgenpost sind 59 % des Landes Berlin mit Pflanzen bewachsen. Damit liegt Berlin zwar weit hinter Hamburg (71,4 %), aber auch weit vor München (49,9 %). Genutzt werden von den Berlinern und ihren Gästen die Parkanlagen der Stadt wie der Große Tiergarten, der Volkspark Humboldthain und der Volkspark Friedrichshain. Hier wird gejoggt, Fahrrad gefahren oder mit dem Ball gespielt.

Freie Fahrt für Streetsurfer, Solo Wheeler und, und, und auf dem Tempelhofer Feld

Fitness

Wer sich einfach nur fit halten möchte, kann mit Fitfox (www.fitfox.de) mit einer Tageskarte in mehr als fünfzig Partnerstudios in Berlin trainieren.

Radfahren

s. Fahrrad, S. 263.

Wassersport

Wassersport wird auf Spree und Havel sowie auf dem Großen Müggelsee und dem Wannsee betrieben. Hier gibt es Bootsverleihe, die vom Tretboot über Kanus bis zum Sportboot alles verleihen. Dazu kommen Boards für Stand-up-Paddling.

Windsport

Streetkite Longboarding, Windskaten, Kitebuggy-Fahren sind neben Laufen und Radsport auf dem Tempelhofer Feld möglich. Mit 300 ha findet sich hier die größte Freifläche innerhalb der Stadt.

Feiertage

1. Jan.: Neujahr
8. März: Internationaler Frauentag
März/April: Karfreitag, Ostermontag
1. Mai: Tag der Arbeit
Mai/Juni: Christi Himmelfahrt
Mai/Juni: Pfingstmontag
3. Okt.: Tag der Deutschen Einheit
25./26. Dez.: Weihnachten

Informationsquellen

Touristeninformation

Die **Berlin Tourist Infos** (www.visitberlin.de, T 030 25 00 23 33) bietet Besuchern Informationen zur Stadt, Karten und Tickets für Sightseeing und Veranstaltungen.

Berlin Tourist Info vor Ort:
Brandenburger Tor: Pariser Platz, südliches Torhaus, tgl. April–Okt. 9.30–19, Nov.–März 9.30–18 Uhr
Europa-Center: Tauentzienstr. 9, Mo–Sa 10–20 Uhr
Hauptbahnhof: Erdgeschoss, Eingang Europaplatz, tgl. 8–21 Uhr
Park Inn am Alexanderplatz: Alexanderplatz 7, Mo–Sa 7–21, So 8–18 Uhr
Flughafen Berlin Brandenburg: Ankunft 1, Ebene E0, tgl. 9–21 Uhr

... im Internet
www.visitberlin.de: Website der Berlin Tourist Info. Online finden Sie hier vielfältige Informationen zu Sehenswürdigkeiten und Veranstaltungen, können Tickets für Sights, Veranstaltungen und Führungen buchen – auch Museumspass und Berlin WelcomeCard (s. Kasten S. 259).
www.berlin.de: offizielle Website der Stadt mit vielen Informationen zu Politik und Verwaltung, aber auch mit Tipps und Infos zu Sehenswürdigkeiten und Veranstaltungen.
www.museumsportal-berlin.de: Infos zu den Museen und zu Sonderausstellungen.
www.artberlin.de: Infos zu Kunstausstellungen.
Websites der Stadtmagazine: Die Websites www.tip-berlin.de, www.zitty.de und https://berlin030.de informieren über aktuelle Veranstaltungen, angesagte Locations und vieles mehr.

Internetzugang

An mehr als 250 Orten können Sie in Berlin kostenlos und zeitlich unbegrenzt per WLAN surfen. Eine Liste gibt es online unter **www.berlin.de/wlan.** Auch in vielen Cafés ist WLAN kostenfrei nutzbar. Wer mehr braucht, als nur einen Internetzugang, der sollte sich ein Tagesticket in einem der **Coworking Spaces** in Berlin kaufen, z. B. im schon legendären Café St. Oberholz, Rosenthaler Str. 72a. Im Café freies WLAN, in den oberen Etagen Coworking Spaces (https://sanktoberholz.de).

Kinder

In der Stadt bieten eine ganze Reihe von **Theatern, Kinos** und **Museen** Programme für Kinder und Jugendliche. Dazu kommen **Indoor-Spielplätze** für den Winter. Gute Ziele sind auch der **Zoologische Garten** (s. S. 147) und der **Tierpark Berlin** (www.tierpark-berlin.de). Genügend Auslauf gibt es auch in der **Domäne Dahlem** (s. S. 229).

Eine gute Zusammenfassung von Aktivitäten mit Kind – und vor allem Termine aktueller Veranstaltungen – liefert die Website **https://berlinmitkind.de,** die von den Macherinnen der Zeitschrift Himbeer. Magazin für Berlin mit Kind gemacht wird.

Klima und Reisezeit

Berlin liegt im Übergang von maritimem Klima zu kontinentalem Klima. Kommt der Wind aus Nordwesten, herrscht maritime Wetterlage, saubere Meeresluft strömt in die Stadt. Kommt der Wind aus Südosten oder Osten, herrscht kontinentale Hochdruckwetterlage vor. Der Luftaustausch in der Stadt hält sich in Grenzen. Je nach Jahreszeit wird es ziemlich heiß oder ziemlich kalt.

Sobald im **Frühling** die 15-Grad-Marke geknackt ist, beginnen sich Caféterrassen und Biergärten zu füllen. Der **Sommer** ist Berlins schönste Jahreszeit. Im Juli und August wird in den Straßen und auf den Plätzen gelebt. Ist es sehr heiß, flüchtet sich, wer kann, in die Grünanlagen, an die Spree oder an den Wannsee bzw. den Großen Müggelsee. Während der Berliner Sommerferien ist die Stadt nicht so voll, es lebt sich entspannter.

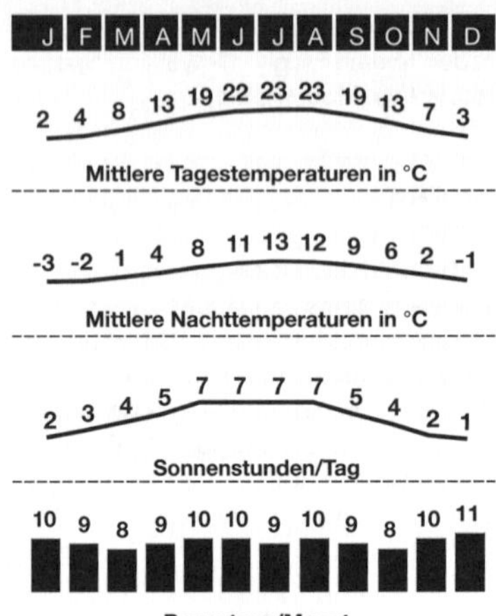

So ist das Wetter in Berlin.

Im **Herbst** gibt es Ende September, Anfang Oktober noch einige Sonnentage. Dann aber wird es nass und trüb. Dafür aber bringen die Theater ihre neuen Stücke, öffnen neue Ausstellungen in den Museen und Ausstellungshäusern. Konzert oder Kino laden zu einem Besuch ein.

Die **Winter** können knackig kalt werden und zeigen dann zumindest in den Randbereichen und im Umland ihre Schönheit. In der Innenstadt dagegen gibt es nur grauen Schneematsch zum frostig-blauen Himmel.

Lesetipps

Berlin. Schicksal einer Weltstadt, Walter Kiaulehn: obwohl schon 1958 erschienen, immer noch der Klassiker zur Weltstadt Berlin bis in die NS-Zeit. Kiaulehn, ab 1924 Reporter in Berlin, erzählt die Zeit der 1920er-Jahre aus eigener Anschauung.

Die Insel. Eine Geschichte West-Berlins, Wilfried Rott: liebevolle Erinnerung an diese verrückte Insel West-Berlin inmitten der realsozialistischen DDR.

Architekturführer Berlin-Mitte, Dorothee Dubrau: kenntnisreiches Buch einer Insiderin.

Kleine Geschichte Berlins, Eckart D. Stratenschulte: ein verlässlicher Überblick über die Berliner Geschichte.

Als Poesie gut. Schicksale aus Berlins Kunstepoche 1786 bis 1807, Günter de Bruyn: Das Buch führt in die Berliner Gesellschaft um 1800.

Herr Lehmann, Sven Regener. Erfolgsroman zum Lebensgefühl in Kreuzberg vor dem Mauerfall.

Brennholz für Kartoffelschalen. Roman eines Schlüsselkindes, Horst Bosetzky: In der Form einer Familiensaga geschriebenes Porträt des Berliner Alltagslebens zwischen 1946 und 1952. Insgesamt hat Bosetzky in acht Romanen das Leben in Berlin zwischen 1717 und 2000 porträtiert.

Kollwitz 66, Berliner Kindheit in den fünfziger Jahren, Dieter Krause: Roman über eine Kindheit am Kollwitzplatz, Prenzlauer Berg.

Junge Talente, André Kubiczek: Leben eines unangepassten Jugendlichen in den letzten Jahren der DDR.

Torstraße 1, Sybil Volks: Geschichte eines Hauses in der Torstraße, das jüdisches Kaufhaus war, der Hitlerjugend und als Institut der SED diente und heute den Club Soho House beherbergt.

Goodbye to Berlin, Christopher Isherwood: autobiografischer Roman über das Leben in der Berliner Schwulenszene zu Beginn der 1930er-Jahre.

Berlin: Biographie einer großen Stadt, Jens Bisky. Eine Geamtdarstellung der Stadt vom Dreißigjährigen Krieg bis zur Gegenwart.

Der nasse Fisch. Gereon Raths erster Fall, Volker Kutscher: Erster Teil der Krimireihe um Kommissar Rath, die als Vorbild für die TV-Serie »Babylon Berlin« diente. Mittlerweile ist mit Marlow der siebte Teil der Reihe erschienen.

Arabboy. Eine Jugend in Deutschland oder Das kurze Leben des Rashid A,

Güner Yasemin Balci: ein schockierendes Buch über die Lebenswelt arabischer Jugendlicher in Berlin. Die Autorin war viele Jahre in Neukölln als Sozialarbeiterin tätig.

Reisen mit Handicap

Bereits 2013 wurde Berlin von der EU zur »Barrierefreien Stadt« gekürt. Viele Bahnhöfe, Museen und Hotels sind barrierefrei.

Infos und praktische Hilfe

www.visitberlin.de/de/barrierefrei-berlin: Hier werden barrierefreien Routen durch die Stadt mit Sehenswürdigkeiten, Hotels, Restaurants, Läden, ja auch Toiletten und aktuelle Infos zu defekten Fahrstühlen und vieles mehr vorgestellt, ggf. mit Links. Der Flyer »Berlin barrierefrei« lässt sich als PDF downloaden.

Sehr praktisch ist die kostenfreie App der Stadt, **accessBerlin,** die Sie herunterladen können und die obige Informationen enthält.

Reiseplanung

Stippvisite – Berlin zum Kennenlernen

Wer nur einen Tag in Berlin hat, sollte zumindest die beiden Zentren der Stadt anschauen: **Unter den Linden** im ehemaligen Ost-Berlin und den **Kurfürstendamm** in West-Berlin.

Am besten gehen Sie vormittags vom **Pariser Platz** mit dem Brandenburger Tor und dem Reichstagsgebäude im Umfeld über die Prachtstraße **Unter den Linden** bis zum **Humboldt Forum** und dem **Lustgarten.** Vorbei geht es an so wichtigen Bauwerken wie der Staatsoper, der Neuen Wache und dem Berliner Zeughaus. Am Ende haben Sie die Museumsinsel im Blick. Auf diese Weise gewinnen Sie einen Eindruck von der preußischen Residenzstadt

W

BERLIN WELCOMECARD

Berlin bietet seinen Gästen die **Berlin WelcomeCard** (www.berlin-welcomecard.de) in mehreren Ausführungen und mit unterschiedlicher Gültigkeitsdauer. Sie gilt stets für einen Erwachsenen und maximal drei Kinder bis 14 Jahre. Immer inkludiert sind die freie Fahrt mit den öffentlichen Verkehrsmitteln sowie Preisnachlässe auf Eintrittskarten bei Sehenswürdigkeiten, bei manchen Restaurants, Läden etc. Die **WelcomeCard AB** gilt für die Berliner Innenstadt. Die **WelcomeCard ABC** schließt auch die Außenbezirke und Potsdam ein: 48 Std. AB 25 €/ABC 30 €, 72 Std. 35/40 €, 4 Tage 43/47 €, 5 Tage 48/52 €, 6 Tage 53/56 €. Die **Berlin WelcomeCard 72 Std. + Museumsinsel** gewährt zusätzlich freien Eintritt in die fünf Museen der Museumsinsel: AB 53 €, ABC 56 €. Die **Berlin WelcomeCard all inclusive** beinhaltet freie Fahrt mit öffentlichen Verkehrsmitteln in Berlin und Umgebung, 1 Tag Hop-on-Hop-off-Bus sowie freien Eintritt zu 30 Highlights der Stadt. Sie kostet für einen Erwachsenen z. B. für 48 Std. 89 €, für 6 Tage 169 €. Achtung: Hier sind Kinder nicht inkludiert!

Auf der Website **www.berlin-welcomecard.de** finden Sie weitere Infos und können sich Flyer zu WelcomeCard und Museumspass herunterladen, die u. a. die Rabattpartner bzw. inkludierten Sights aufführen, und die Karten ordern.

Museumspass Berlin: s. S. 22.

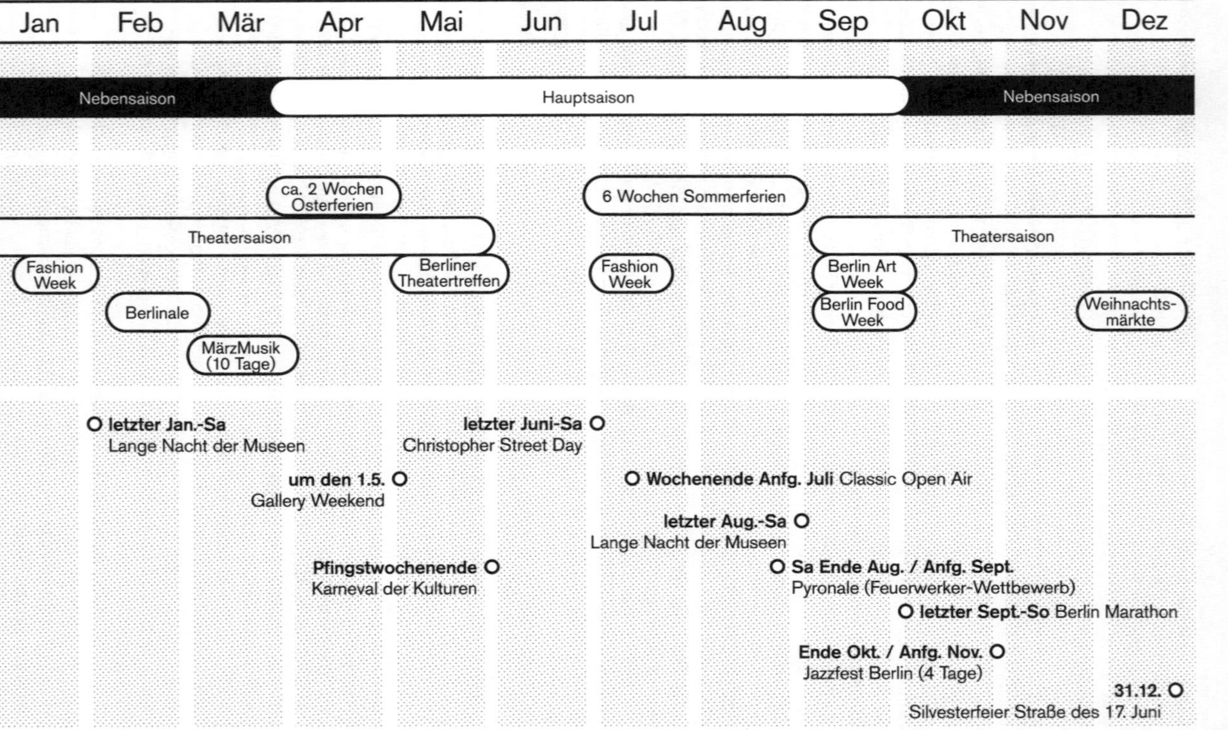
Jan
Feb
Mär
Apr
Mai
Jun
Jul
Aug
Sep
Okt
Nov
Dez
Nebensaison
Hauptsaison
Nebensaison
ca. 2 Wochen Osterferien
6 Wochen Sommerferien
Theatersaison
Theatersaison
Fashion Week
Berliner Theatertreffen
Fashion Week
Berlin Art Week
Berlinale
Berlin Food Week
Weihnachts-märkte
MärzMusik (10 Tage)
letzter Jan.-Sa
Lange Nacht der Museen
letzter Juni-Sa
Christopher Street Day
um den 1.5.
Gallery Weekend
Wochenende Anfg. Juli Classic Open Air
letzter Aug.-Sa
Lange Nacht der Museen
Pfingstwochenende
Karneval der Kulturen
Sa Ende Aug. / Anfg. Sept.
Pyronale (Feuerwerker-Wettbewerb)
letzter Sept.-So Berlin Marathon
Ende Okt. / Anfg. Nov.
Jazzfest Berlin (4 Tage)
31.12.
Silvesterfeier Straße des 17. Juni

Berlin samt den Highlights der Berliner Museumslandschaft.

Am Nachmittag bietet sich ein Weg vom **KaDeWe** (Kaufhaus des Westens) am Wittenbergplatz den **Kurfürstendamm** hinunter an. Hier steht **Shoppen** und Westberliner Leben im Mittelpunkt. Durch die Grolmannstraße oder die Knesebeckstraße erreichen Sie den **Savignyplatz** – und können entspannt draußen sitzen.

Länger in Berlin oder nicht zum ersten Mal?

Dann bietet es sich an, Schwerpunkte zu setzen. Wer die Stadt näher kennenlernen möchte, sollte eine Reihe von **Stadtplätzen und Straßen** erkunden: Der **Gendarmenmarkt** mit Konzerthaus, Deutschem und Französischem Dom ist heute Mittelpunkt der Berliner City, war aber auch schon im 19. Jh. das Zentrum des bürgerlichen Berlin. Der **Alexanderplatz,** an dem noch ein bisschen DDR-Feeling zu erleben ist, ist heute noch das Zentrum Ostberlins. Hier beginnt auch die **Karl-Marx-Allee** mit ihren Arbeiterpalästen. Der nach 1990 komplett neu errichtete **Potsdamer Platz** gibt einen Vorgeschmack auf die Stadt der Zukunft. Ein ganz anderes Berlin zeigt sich in den bevorzugten Wohngebieten im **Grunewald,** an **Schlachtensee** und **Wannsee.** Mit der S 1 gelangen Sie in 35 Min. vom Bahnhof Friedrichstraße zum Bahnhof Wannsee. Dort können Sie spazieren gehen oder eine Radtour über die Wannseeinsel nach Potsdam starten. Nicht von ungefähr haben die Hohenzollern-Könige hier ihr preußisches Arkadien erbaut, eine Schlösserlandschaft, die zum UNESCO-Weltkulturerbe gehört.

Welche Museen sollten Sie unbedingt besuchen?

Kunstbegeisterte können Tage auf der **Museumsinsel** zubringen: Neues Museum, Altes Museum, Bode-Museum, Alte Nationalgalerie, »Pergamonmuseum. Das Panorama« – vom alten Ägypten über das klassische Griechenland, byzantinische Kunst und Kunst des deutschen Mittelalters bis zum Telephos-Fries des Pergamonaltars. Je nach Interessenschwerpunkt gilt das auch für die Museen am **Kulturforum** (Gemäldesammlung, Neue Nationalgalerie) und die Häuser des **Museumsstandorts Charlottenburg:** Werke der Moderne in den Museen Berggruen, Scharf-Gerstenberg und Bröhan unmittelbar gegenüber dem Schloss Charlottenburg.

An Politik und Geschichte Interessierte müssen sich ebenfalls entscheiden: Im Berliner Zeughaus präsentiert das Deutsche Historische Museum 1500 Jahre deutsche Geschichte. Rund um das Reichstagsgebäude erwartet das neue **Parlamentsviertel** der Bundesrepublik einschließlich der Gedenklandschaft mit dem **Denkmal für die ermordeten Juden Europas** (Holocaust-Denkmal) Besucher. Mit dem Nationalsozialismus setzt sich die Ausstellung **Topographie des Terrors** auseinander. Eine Reihe von historisch bedeutsamen Gebäuden wurde zu Ausstellungsorten entwickelt. So wurden etwa Teile der ehemaligen US-Garnison zum **AlliiertenMuseum**. Die dunkle Geschichte der Stasi zeigen die **Gedenkstätte Hohenschönhausen** im ehemaligen Untersuchungsgefängnis und das **Stasimuseum** in der ehemaligen Zentrale des Ministeriums für Staatssicherheit.

Ausflug nach Potsdam

Bei einem längeren Aufenthalt sollten Sie einen Tag für Potsdam reservieren. Hier ist nicht nur die barocke Altstadt erhalten, sondern zeigt sich mit dem Schloss Sanssouci, dem Neuen Palais, Schloss Charlottenhof und dem Marmorpalais auch eine einzigartige Park- und Schlösserlandschaft. Die Fahrt nach Potsdam mit der S-Bahn dauert knapp 50 Min. und kostet gerade mal 3,80 €. Vom Potsdamer Hauptbahnhof ist Schloss Sanssouci mit einem kurzen Spaziergang durch die barocke Innenstadt zu erreichen.

Sicherheit und Notfälle

Im Grunde können Sie sich in Berlin überall ungefährdet bewegen. Wenig ratsam sind Orte wie Kottbusser Tor und der Görlitzer Park, an denen Drogenabhängige und Dealer sich treffen. Hier kommt es immer wieder zu Gewaltdelikten, die aber zumeist im Milieu passieren. Am Alexanderplatz ist durch die ständig besetzte Mobile Wache mehr Ruhe eingekehrt. Grundsätzlich gilt die Warnung vor Taschendieben.

Notruf

Feuerwehr, Rettungsdienst: 112
Polizei: 110
Arzt-Notruf: 116 117
Bank-/Kreditkarten-/Handy-Sperrung: 116 116
Österreichische Botschaft: T 030 20 287-0, Konsularangelegenheiten: T 030 26 93 42 80, www.bmeia.gv.at/oeb-berlin
Schweizerische Botschaft: T 030 390 40 00, www.eda.admin.ch/berlin

Der Umwelt zuliebe – nachhaltig reisen

Die Umwelt schützen, die lokale Wirtschaft fördern, jeder kann dazu beitragen, einen nachhaltigen Tourismus zu unterstützen. Reisen Sie per Bahn oder Bus nach Berlin, stressen Sie sich nicht damit, Berlin per Pkw zu erkunden (knapper und teurer Parkraum; s. hierzu auch S. 263), nutzen Sie vor Ort öffentliche Verkehrsmittel oder steigen Sie aufs Fahrrad (s. S. 263) um.

In Berlin wird versucht, Wohnquartiere, die durch Kernindikatoren wie Lärmbelästigung, Luftschadstoffe, aber auch soziale Problematik mehrfach belastet sind, zu identifizieren und hier Abhilfe zu schaffen. So wurden einige innerstädtische Hauptverkehrsachsen zu Tempo-30-Zonen. Insgesamt gilt Tempo 30 auf 325 Kilometern Hauptverkehrsstraße in Berlin, auf 161 Kilometern davon gilt Tempo 30 nur nachts aus Lärmschutzgründen.

Verkehrsmittel

Bus, U-Bahn, S-Bahn und Tram

Die **Berliner Verkehrsbetriebe** (www.bvg.de) betreiben ein Netz aus Bus, U-Bahn, S-Bahn und Straßenbahn (Tram). Auch einige Fähren gehören zur BVG. BVG-Tickets gelten für all diese Verkehrsmittel, Umsteigen ist möglich. Die BVG ist Teil des **Verkehrsverbunds Berlin-Brandenburg** (VBB, www.vbb.de).

BVG Callcenter: T 030 194 49, Mo–So 7–23 Uhr; **S-Bahn Callcenter:** T 030 29 74 33 33, tgl. 24 Std.

Ticketzonen: Berlin ist in die Zonen **A** (innerhalb des S-Bahn-Rings), **B** (bis zur Stadtgrenze) und **C** (Umland) eingeteilt. Mit dem **Ticket AB** fahren sie in der Stadt Berlin. Die **Tickets BC** und **ABC** führen ins Umland, mit ihnen können Sie auch in Potsdam die öffentlichen Verkehrsmittel nutzen. Das **Kurzstreckenticket** gilt in Berlin für drei Stationen mit U-/S-Bahn oder sechs Stationen mit Bus/Tram – ohne Umsteigen! Auf den Bahnsteigen finden Sie Karten mit der Zoneneinteilung.

Ticketpreise Erwachsene/Kinder (und größere Hunde): **Kurzstrecke** 2/1,50 €, **Einzelfahrschein AB** 3/1,90 €, **BC** 3,50/2,40 €, **ABC** 3,80/2,70 €. Die **Fahrradmitnahme** kostet: **Kurzstrecke** 1,40 €, **AB** 2,10 €, **BC** 2,40 €, **ABC** 2,70 €.

Neben dem **Deutschlandticket,** das ja auch im Nahverkehr gilt, sind interessant: **Tageskarte** (AB 8,80/5,60 €, BC 9,20/5,90 €, ABC 10/6,10 €), **CityTourCard** (z. B. 48 Std. AB 20 €, ABC 25 €) und **Kleingruppen-Tageskarte** (max. 5 Pers., AB 25,50 €, BC 26 €, ABC 26,50 €). Auch fürs Rad gibt's Tageskarten. Eine weitere Option ist die **Berlin WelcomeCard** (s. Kasten S. 259).

Taxi

Wichtig: das Fahrziel genau angeben, Straßennamen und Stadtteil nennen. Ansonsten landen Sie eventuell in einer gleichnamigen Straße in einem anderen Stadtteil.

Der Grundpreis beträgt 4,30 €, bis 7 km kostet jeder weitere Kilometer 2,60 €, ab 7 km 2,10 €. Eine Kurzstrecke (max. 2 km) kostet 6 €.

Fahrrad

Mittlerweile sind viele Berliner auf das Fahrrad umgestiegen. Der Ausbau von Fahrradstraßen im Stadtgebiet konnte nicht verhindern, dass sich gerade während der Stoßzeiten die Fahrräder auf den Radwegen drängen und eine ungute Atmosphäre entsteht. Dennoch: Gerade für Touren außerhalb des engeren Stadtzentrums ist ein Fahrrad eine gute Sache.

Leihfahrräder stehen im gesamten Stadtgebiet zur Verfügung. Laut dem Berliner Senat gab es 2022 rund 5500 Leihfahrräder. Zum Öffnen der Fahrradschlösser benötigen Sie die **App des jeweiligen Anbieters.** Viele **Hotels** halten mittlerweile für ihre Gäste Leihfahrräder vor. Darüber hinaus können Sie bei **›klassischen‹ Fahrradverleihern** ein Rad mieten:

Fahrradstation Trek Pro: Der Fahrradverleih unterhält eine Flotte von über 700 Fahrrädern. 15 €/Tag, Trekking-Rad 19 €/Tag, Mountainbike ab 24 €/Tag, Tandem 35 €/Tag, E-Bike 25 €/Tag.

Karte 2, M 7, Dorotheenstr. 30, T 030 20 07 43 66, www.fahrradstation.com, U 6, S 1, 2, 3, 5, 7, 9, 25, 26, 75 Friedrichstr., Mo–Fr 10–19.30, Sa 10–16 Uhr

Fat Tire Bike Rentals: gepflegte City-Fahrräder mit 3-Gang-Schaltung, ab 15 €/Tag. Auch geführte Touren und Segway-Touren.

Karte 2, O 7, Panoramastr. 1a, T 030 24 04 79 91, www.fattiretours.com, U 2, 5, 8, S 3, 5, 7, 9 Alexanderplatz, März/April, Okt./Nov. tgl. 9.30–18, Mai–Sept. tgl. 9.30–20 Uhr

Meist ist deutlich mehr Verkehr, am besten fahren Sie mit einem öffentlichen Verkehrsmittel.

Autofahren

Es wird zunehmend unattraktiver, in Berlin Auto zu fahren, zumal in der Innenstadt Parkraumbewirtschaftung gilt, kaum noch kostenfreie Parkplätze zu finden sind und hohe Parkgebühren fällig werden. Vielerorts dürfen Sie außerdem nur 2 Std. parken.

Stadtführungen

In Berlin gibt es ein vielfältiges Angebot an Stadtführungen und -rundfahrten. Praktisch sind die **Hop-on-Hop-off-Bustouren,** die ein Zu- und Aussteigen an vielen Punkten an der jeweiligen Strecke ermöglichen. Verschiedene Angebote finden Sie auf **www.visitberlin.de.** Auch **Themenführungen** zu Fuß, per Rad oder Segway sowie **Schiffstouren** auf Spree und Landwehrkanal können Sie über diese Website buchen.

Das

Magazin

Berliner Sommer: Straßenmusiker sorgen für Atmosphäre.

Die Karawane zieht weg!

Eine Clubkultur von Weltruf — kommt nicht von ungefähr. Wichtige Voraussetzungen sind Räumlichkeiten in der Innenstadt wie das ehemalige Fernheizwerk, das heutige Berghain. Doch diese Orte werden rar in Berlin.

Die Clubcommission Berlin, laut Selbstdarstellung der Verband Berliner Club-, Festival-, Open-Air-, Party- und Kulturereignis-Veranstalter, weiß, wie es geht. Im Februar 2019 wurde der erste Teil einer neuen Studie zur Berliner Clubkultur vorgestellt. Und schon schrieb die Berliner Morgenpost: »Berliner Club-Szene erwirtschaftet 1,48 Milliarden Euro«. Der Tagesspiegel berichtete: »Berlin zog 2018 drei Millionen ›Club-Touristen‹ an«. Und die Berliner Zeitung nahm gleich ein Zitat von Lutz Leichsenring, Sprecher der Berliner Clubcommission, auf: »Die Schwerindustrie Berlins ist die Kreativszene und die Clubs sind eines der wichtigsten Zahnräder.«

Geht eine solche Berichterstattung in den Medien spurlos an den politischen Entscheidern vorbei? Vermutlich nicht! Es lohnt sich also, ein namhaftes Marktforschungsinstitut wie Goldmedia mit einer Studie zur Berliner Clubkultur zu beauftragen und sie der Öffentlichkeit zu präsentieren.

Ortstermin …

… in den Büroräumen des Verbandes in der Brückenstraße, Ecke Köpenicker Straße in Berlin-Mitte. »Die Clubcommission wurde 2001 tatsächlich hier in diesem Gebäude gegründet. Und zwar unten im Sage Club!«, erzählt Lutz Leichsenring. Die Idee dazu kam aber nicht etwa aus der Szene, sondern vom damaligen Senator für Wirtschaft, Wolfgang Branoner (CDU). Da die Clubbetreiber Unternehmer seien und berechtigte Interessen hätten, müssten sie diese über einen Verband artikulieren, beschied er die Clubbetreiber, die sich nach zehn rasanten Jahren (1990–2000) zunehmend vor Probleme gestellt sahen.

Nach der Coronapandemie sind etliche Clubs wieder annähernd auf dem Niveau wie davor. Den Technoclub Tresor gibt es bereits seit 1991, seit 2006 wird im Heizkraftwerk Mitte aufgelegt.

oben: Clubs wie YAAM sind wichtige (Jugend-)Kulturtreffpunkte. Für die Interessen der Berliner Clubs setzt sich die Clubcommission ein. unten: Lutz Leichsenring, Sprecher der Clubcommission Berlin

Raus aus der Nische

Nach dem Fall der Mauer 1989 war alles ganz einfach gewesen. Überall in Berlin-Mitte gab es Industrieruinen, Freiräume. So wartete etwa am Leipziger Platz im ehemaligen Todesstreifen der Tresorkeller des zerstörten Kaufhauses Wertheim nur darauf, entdeckt zu werden. Hier eröffnete Dimitri Hegemann 1991 mit anderen den Club Tresor, der schnell zum Tempel des Techno wurde. DJs in Detroit hatten den Sound entwickelt, der seinen Platz in der Geschichte der elektronischen Musik fand. Dort war er purer Underground. In Berlin aber fand Techno schnell unzählige Fans. So wurde die Stadt zu einem der Orte, von dem der Techno seinen Siegeszug antrat und weiterentwickelt wurde.

Berlin – Mekka der Clubszene

Loveparade, die Clubs E-Werk, Bunker, WMF und, und, und. Berlin wurde zum Mekka der internationalen Clubszene, die Clubs zum Treffpunkt der Kreativen. Um die Clubs entwickelten sich Plattenlabel und Aufnahmestudios. Die DJs wurden zu Künstlern und Musikproduzenten. Bands formierten sich. »Es gibt natürlich immer verschiedene Qualitäten. Aber das, was sich hier in Berlin entwickelt hat, hat eindeutig nicht nur einen wirtschaftlichen Aspekt, sondern ist eine eigenständige Kultur«, so Lutz Leichsenring. »Das macht Berlin so besonders. Wir reden hier von Clubkultur. Wenn du in andere Städte gehst, dann sind dort gerade die Innenstädte dominiert von Diskotheken, in denen die Charts hoch und runter gespielt werden und die Getränke richtig kosten. Da geht es um den Umsatz. Ein Club aber, der maximal 15 € Eintritt nimmt, den Bierpreis bei 4 bis 5 € zu halten versucht und dann auch noch ein ganzes Line-up an Künstlern zu bezahlen hat, steht vor ganz anderen Herausforderungen.«

C

WICHTIGE CLUBS

Berghain: s. S. 100
Tresor: s. S. 222
Watergate: s. S. 222
Salon zur wilden Renate: Alt-Stralau 70, Friedrichshain, www.renate.cc
Golden Gate: Dircksenstr. 7, Mitte, www.goldengate-berlin.de
Ritter Butzke: Ritterstr. 24, Kreuzberg, www.ritterbutzke.de
Suicide Circus: Warschauer Str. 47, Friedrichshain, www.suicide-berlin.com

Wider die Verdrängung der Clubkultur

Genau hier setzt die Arbeit der Berliner Clubcommission an. Der Weg: Bewusstsein schaffen für die Clubkultur (Awareness), Zugang zu den politischen Entscheidern herstellen (Access) und Weiterbildung der Clubbetreiber (Education). Rund 140 Clubs gab es vor Corona in Berlin. Was davon geblieben ist und was langfristig bleiben wird, ist angesichts von rasant steigenden Kosten noch unklar. Es geht darum, Räume für Clubs in der Innenstadt zu erhalten. Investoren wollen überzeugt werden, dass der Club nicht nur eine Belastung, sondern auch eine Chance ist. Die Politik soll verstehen, dass Clubs Knoten im Netzwerk einer neuen Kultur sind. Und sie soll erkennen, dass man nicht in der Innenstadt Clubs schließen kann in der Hoffnung, dass in den Außenbezirken schon neue Clubs entstehen. Es gilt in Sachen Verdrängung der Clubs aus der City der Spruch von Tresor-Gründer Dimitri Hegemann: »Die Karawane zieht nicht weiter! Die Karawane zieht weg!« ■

Industriekultur

Berlin ist nicht nur Shopping und Schinkel — sprich Kudamm und Unter den Linden. Berlin ist auch Elektropolis! Hier an der Spree startete Ende des 19. Jh. die elektrische Energie ihren Siegeszug in Industrie und Alltagsleben der Menschen.

Nach Berlin-Oberschöneweide kamen ab 1900 Ingenieure aus aller Welt, um das erste Drehstromkraftwerk Europas und das Kabelwerk Oberspree (KWO) der AEG zu besichtigen. Heute kommen wieder Gäste von weit her in diesen Berliner Ortsteil. Die Fabrikgebäude der AEG sind mittlerweile Denkmäler der Industriekultur, wie es sie in dieser Dichte kaum an einem anderen Ort gibt. Der Industriesalon Schöneweide (Reinbeckstr. 9, T 030 53 00 70 42, www.industriesalon.de, Mi–So 14–18 Uhr) kümmert sich heute darum, entwickelt Ausstellungen, bietet Führungen und Vorträge über das Areal an.

R

RATHENAU UND LIEBERMANN

Emil Rathenau (1838–1915) war wie der Maler Max Liebermann ein Enkel des Textilunternehmers Josef Liebermann. Rathenau gründete 1883 zunächst die Deutsche Edison-Gesellschaft für angewandte Elektricität, die 1888 dann zur AEG (Allgemeine Elektricitäts-Gesellschaft) wurde. Ab 1912 fungierte sein Sohn Walther als Aufsichtsratschef der AEG. Walther Rathenau war ab 1918 Mitglied der neu gegründeten Deutschen Volkspartei (DDP) und 1922 bis zu seiner Ermordung am 24. Juni Außenminister des Deutschen Reiches.

Dorf wird Industriestandort

Ich lasse mich von Martin Bröcker über das Gelände führen. 1890 hatte Oberschöneweide gerade mal 159 Einwohner. Der Gutshof Wilhelminenhof war um 1860 zu einem beliebten Ausflugslokal an der Spree ausgebaut worden. Aber das war's dann auch. Von Industrie noch keine Spur. Doch nur 20 Jahre später hatte Oberschöneweide bereits 20 000 Einwohner und war einer der wichtigsten Industriestandorte Europas.

Die Firma AEG hatte hier nicht nur ein Kraftwerk errichtet. Mit dem KWO und den dazugehörigen Anlagen Kupfer- und Messingwalzwerk, Gummiwerk und Drahtzieherei bot die AEG vor Ort Komplettlösungen für die Elektrifizierung an. Emil Rathenau, der Gründer der AEG, machte seine Firma innerhalb weniger Jahrzehnte weltweit zur Nummer drei der Elektrowirtschaft hinter den US-Firmen General Electric und Westinghouse Electric Corporation. Oberschöneweide war der Hauptstandort der AEG.

Autos und Fernseher

Martin Bröcker stellt nicht nur die Architektur des gut 2 km langen Bandes der AEG-Bauten aus gelbem Klinker vor. Er erzählt auch die Geschichte der NAG, der

Neuen Automobil-Gesellschaft (ab 1915: Nationale Automobil-Gesellschaft), mit der die AEG ab 1901 Kraftwagen aller Art herstellte. Sogar mit Elektroautos wurde experimentiert.

Nach dem Zweiten Weltkrieg zog in die Fabrikgebäude (bis 1917 von Peter Behrens errichtet) das Werk für Fernsehelektronik ein. 9000 Mitarbeiter fertigten bis 1989 Farbbildröhren für den gesamten Ostblock. Nach der Wiedervereinigung 1990 waren es nur noch 1400 – 2005 wurde das Werk geschlossen – das Zeitalter der LCD-Bildschirme hatte begonnen.

Nach einem kurzen Fußmarsch, bei dem die Villa der Familie Rathenau passiert wird, führt Martin Bröcker seine Gäste auf das alte Werksgelände der NAG und hier auf den 70 m hohen Turm, der sich stolz über dem Verwaltungsgebäude erhebt. Einen besseren Blick über den Industriestandort Oberschöneweide kann es nicht geben. Hier wird klar, wie groß die Fläche mit Bauten der AEG ist. Was soll mit diesen Zeugnissen der Industriekultur geschehen?

Thema Nachnutzung

2006 zog in Teile des früheren AEG-Kabelwerks die Hochschule für Technik und Wirtschaft Berlin ein. Damit kamen die Studierenden, die heute den Ortsteil beleben. Künstler zogen in ehemalige Fabrikhallen und die Reinbeckhallen wurden zu einem (Ausstellungs-)Zentrum für Kunst und Kultur ausgebaut.

Brennpunkt ist aktuell die Revitalisierung der Rathenau-Hallen, der ehemaligen Transformatorenfabrik der AEG. Der Investor BaseCamp hat angekündigt, die Industriebauten denkmalgerecht zu sanieren und Büros, Gastronomie und Ateliers zu bauen. Ein zweiter Teil soll Hostel- und Beherbergungsangebote mit mit rund 490 Zimmern umfassen. Mal sehen, was tatsächlich gebaut wird. ■

Oben: Martin Bröcker präsentiert den Stadtteil im Aufbruch.
Unten: Alte Industriebauten erzählen die Geschichte der Berliner Elektroindustrie.

Mythos der 1920er-Jahre

Der Stummfilmstar Brigitte Helm spielte die Hauptrolle in Fritz Langs »Metropolis«. Der Film kam 1927 in die Kinos.

Babylon Berlin — Spätestens seit der Ausstrahlung der gleichnamigen ARD-Fernsehserie ab 2018 ist das sündige Berlin vom Ende der 1920er-Jahre wieder in aller Munde, inklusive Drogenmissbrauch und Elend.

Als Zeitzeuge beschrieb Erich Kästner schon 1931 in seinem Roman »Fabian« die Stadt Berlin kurz und knapp so: »Im Osten residiert das Verbrechen, im Zentrum die Gaunerei, im Norden das Elend, im Westen die Unzucht und in allen Himmelsrichtungen wohnt der Untergang.«

Berlin 1929

Anfang 1929 hungern 300 000 Arbeitslose in Berlin. Die Verbrecherorganisationen (Ringvereine) regieren die Unterwelt. Die Gebrüder Sass machen Ende Januar 1929 Schlagzeilen mit einem spektakulären Bankraub am Wittenbergplatz. 31 Tote gibt es bei den Demos am 1. Mai. Mit dem Rücktritt des Oberbürgermeisters Gustav Böß erreicht die Bestechungsaffäre um die Brüder Sklarek, in die Politiker aller Parteien verwickelt sind, im Herbst einen neuen Höhepunkt. Und das alles ist nur der Anfang. Am 25. Oktober 1929 bricht die New Yorker Börse zusammen. Die Weltwirtschaftskrise beginnt.

Die Goldenen Zwanzigerjahre

Dabei hatte sich 1923 doch alles zum Guten gewendet. Wie durch ein Wunder hatte die Rentenmark die Hyperinflation beendet, die den Preis für ein Brot auf 5,6 Mrd. Mark ansteigen ließ. Dann gab es die Rentenmark und die Goldenen Zwanzigerjahre konnten beginnen. Berlin ist Weltstadt – vielleicht sogar die interessanteste Stadt der Welt. Künstler ziehen in Scharen von Budapest, Wien, Prag oder München an die Spree. Russische Immigranten, die vor Revolution und Bürgerkrieg aus ihrer Heimat geflohen sind, finden in Berlin ebenso eine neue Heimat wie amerikanische Autoren und Journalisten. In Berlin lebt es sich billig und vor allem hat sich die Stadt in ein Laboratorium der Moderne verwandelt. Für wenige Jahre gibt die Avantgarde in der Kultur den Ton an.

Bühnenwelten und Großstadtalltag

Wilhelm Furtwängler dirigiert ab Oktober 1922 die Berliner Philharmoniker und macht sie schnell zu einem der führenden Orchester der Welt. Leopold Jessner übernimmt das Staatliche Schauspielhaus am Gendarmenmarkt, entstaubt die Klassiker und inszeniert weltweit beachtete Aufführungen. Erwin Piscator formt an der Volksbühne das politische Theater. Währenddessen unterhält Max Reinhardt das breite Publikum mit aufwendigen Inszenierungen im Großen Schauspielhaus an der Friedrichstraße und später auch am Kudamm.

Allabendlich gilt es, Karten für die 35 000 Plätze in den Berliner Theatern und Varietébühnen unters Volk zu bringen. Die »Dreigroschenoper« von Bertolt Brecht, 1928 im Theater am Schiffbauerdamm uraufgeführt, kommt da gerade recht. Das Stück um den ›Geschäftsmann‹ Mackie Messer mit der Musik von Kurt Weill trifft den Nerv der Zeit – Unterhaltung mit Tiefgang ist angesagt. Beste Bedingungen für eine Blüte des Kabaretts.

Genauso beliebt sind die leichten Revuen von Erik Charell. Beschwingter Jazz erklingt und die Tiller-Girls tanzen im Großen Schauspielhaus. Im September 1928 bringt Charell die Comedian Harmonists auf die Bühne – Veronika, der Lenz ist da.

Tempo und Betrieb sind angesagt in der Großstadt Berlin. 40 Tageszeitungen erscheinen, einige in bis zu vier Ausgaben täglich. Autos rasen durch die Straßen. U- und S-Bahn transportieren einen neuen Typ Frau zur Arbeit – die Angestellte mit Bubikopf, die ihr eigenes Geld verdient und des Abends wieder ausgibt. Lichtreklamen machen die Nacht zum Tag.

Kinowelten

Licht und Dunkel – das Kino tritt seinen Siegeszug an. 1921 gab es in Berlin bereits über 400 Lichtspielhäuser. Zumeist waren das muffige ›Theater für kleine Leute‹ in den Vorstädten. Ganz anders dagegen die Filmpaläste, die jetzt um den Kurfürstendamm entstehen. Der UFA-Palast am Zoo hat 2165 Plätze, das Capitol kann 1284 Zuschauer aufnehmen. Platzanweiser in Livree empfangen die Gäste. Orchester sorgen für die Begleitung der Filme, die noch stumm über die Leinwand flimmern. Große Bühne für die neuen Stars Emil Jannings, Harry Liedtke oder Henny Porten. Berlin ist Filmstadt, die UFA Deutschlands größte Filmproduktionsfirma.

Die Bildsprache der Filme ist grell überzeichnend, expressionistisch. »Metropolis« (Regie Fritz Lang) wird am 10. Januar 1927 im UFA-Palast uraufgeführt. Der Film markiert den Höhe- und zugleich den Endpunkt des expressionistischen Films. Im September desselben Jahres erlebt der Dokumentarfilm »Berlin – die Sinfonie der Großstadt« (Regie Walther Ruttmann) seine Uraufführung. Das Berliner Alltagsleben rückt ins Bild.

Bild- und Buchwelten

Ob Architektur, Malerei, Literatur oder Film – die Neue Sachlichkeit löst die Bewegung des DADA und vor allem den Expressionismus ab. Kunst soll jetzt die Wirklichkeit wiedergeben. Themen wie Arm und Reich in der Gesellschaft, der neue Frauentyp und/oder das Leben in der Großstadt beschäftigen die Kunstschaffenden. Maler wie Otto Dix, Max Beckmann, George Grosz und John Heartfield porträtieren und karikieren die Berliner Gesellschaft. »Im Westen nichts Neues«, der Roman des Schriftstellers Erich Maria Remarque, der 1928 als Vorabdruck in der Vossischen Zeitung erscheint, ist 1929 der Sensationserfolg. Erich Kästner, Hans Fallada und Vicki Baum sind viel gelesene Autoren. Und Alfred Döblin erzählt in seinem Roman »Berlin Alexanderplatz« von Elend und Armut im Berliner Osten.

Tanz in den Untergang

Die Goldenen Zwanzigerjahre werden am großstädtischen Potsdamer Platz und im schicken Berliner Westen, im Viertel um den Kudamm, zelebriert. Im Romanischen Café trifft sich eine einmalige Mischung aus Künstlern, Intellektuellen und Geschäftsleuten. Die einen haben die Ideen, die anderen das Kapital für die oftmals riskanten Projekte im Film- oder Bühnengeschäft. In den Bars und Lokalen in den Seitenstraßen des Kudamms wird getanzt und nicht nur das. Bis am Freitag, 25. Oktober 1929, in New York die Aktienkurse einbrechen. Der Schwarze Freitag ist Auftakt einer Wirtschaftskrise, wie sie die Welt noch nicht erlebt hat. Die Krise trifft Berlin mit seinen exportorientierten Industrien mit voller Wucht. Der Rest ist bekannt. ■

Oben: Boris Bilinskys Plakat (Ausschnitt) zur französischen Uraufführung von Fritz Langs expressionistischem Film »Metropolis«. Unten: Tanz in den Untergang, auch am Wannsee (1925)

Das zählt

Zahlen sind schnell überlesen — aber sie können die Augen öffnen. Nehmen Sie sich Zeit für ein paar überraschende Einblicke. Und lesen Sie, was in Berlin zählt:

5

Minuten nur braucht die Hälfte aller Berliner, um ein Krankenhaus mit allen Fachabteilungen zu erreichen. Die maximale Fahrzeit beträgt 15 Minuten. In Brandenburg dagegen muss man mit 40 Minuten rechnen.

38,3

Prozent aller Bewerberinnen und Bewerber für den Führerschein fielen im Jahr 2022 in Berlin durch die praktische Prüfung (Auto). Das hat nicht nur mit dem Großstadtverkehr zu tun. In Brandenburg waren es immerhin 36,5 Prozent.

203.869

Studierende waren im Wintersemester 2021/22 an Berlins Hochschulen eingeschrieben.

180

Nationen bereichern das Multikulti-Leben in Berlin.

987.000

Ein-Personen-Haushalte gibt es in Berlin. Dem stehen nur 996.000 Mehr-Personen-Haushalte gegenüber. Davon besteht über die Hälfte aus nur 2 Personen. Die deutsche Hauptstadt ist eine Stadt der Singles.

237

Kilogramm Abfall sammelt die Berliner Stadtreinigung pro Einwohner im Jahr ein (2015).

5.437

Straßenkilometer verteilen sich in Berlin auf 9.950 Straßen und Plätzen (2015). München bringt es nur auf 2.330 Kilometer, Hamburg auf 4.000 Kilometer.

2.014.562

Wohnungen gibt es in Berlin und trotzdem ist es fast unmöglich, eine bezahlbare zu finden.

142

Fälle von Wilderei gab es 2015 in der Stadt. 131 konnten aufgeklärt werden.

1.409.000

Kraftfahrzeuge sind in Berlin zugelassen, darunter über 1.195.000 Pkw.

100.000

Hunde (etwa) gibt es in Berlin. Die hinterlassen täglich 55 Tonnen Kot auf den Straßen.

368

Meter hoch ist der Berliner Fernsehturm. Damit ist er das höchste Gebäude der Stadt und sogar das höchste Bauwerk Deutschlands.

492.226

Einsätze fuhr die Berliner Feuerwehr im Jahr 2017. 6.909 waren davon Brandeinsätze, 22.426 technische Hilfeleistungen. Das Gros machten die Rettungsdienstfahrten aus: 338.822 an der Zahl. Insgesamt gibt es bei der Berliner Berufsfeuerwehr 4.091 Stellen. Dazu kommen 1.451 Frauen und Männer der Freiwilligen Feuerwehr.

17,7

Prozent der Flächen in Berlin sind von Wald bedeckt. 6,6 Prozent sind Wasserflächen. Immerhin 4,2 Prozent der Fläche des Landes werden landwirtschaftlich genutzt.

960

Brücken, das sind mehr als in Venedig, führen über 180 km Wasserwege.

16

Menschen mehr als normalerweise fuhren im Juni 2022 mit dem 9-Euro-Ticket U- oder S-Bahn sowie Bus. Knapp 7 Prozent von ihnen gaben an, davor nur mit dem Auto gefahren zu sein. Als Nachfolgeticket gab es von Oktober 2022 bis April 2023 ein nur in Berlin gültiges 29-Euro-Ticket.

19.402

gastronomische Betriebe gab es 2020 in Berlin – ob Restaurant, Imbissbude, Café oder Eisdiele. Vom Aussterben bedroht ist nur die Berliner Eckkneipe, in der vornehmlich getrunken wird. 1905 kam auf 157 Einwohner eine Kneipe, jetzt nur noch auf 4.000 Einwohner.

432.404

Straßenbäume gibt es in Berlin.

Little Hanoi – das Dong Xuan Center

›Frühlingswiese‹ oder ›blühende Wiese‹ — der Name passt. Das Center blüht. Anmeldungen von Großhändlern, die hier ein Geschäft eröffnen möchten, gibt es genug. Die Warteliste ist gut gefüllt. Asien in Berlin!

Läden für Klamotten, Taschen oder allerlei elektronischen Schnickschnack. Daneben ein Lebensmittelladen mit exotischen Produkten oder auch ein Geschäft mit wunderschönen Blumen, die leider nicht riechen, weil sie aus Plastik oder Stoff sind. In Friseursalons wird fleißig geschnitten, in Nagelstudios manikürt. Vietnamesische Kleinhändler, aber auch viele Deutsche auf der Jagd nach Schnäppchen, einem günstigen Haarschnitt oder Tattoo drängen sich in den Mittelgängen der Hallen.

Vietnamesischer Selfmademan
Die Rede ist vom Dong Xuan Center (www.dongxuan-berlin.de, Mi–Mo 10–20 Uhr) in Berlin-Lichtenberg. In der Herzbergstraße, in einem ehemaligen Industriegebiet, liegt es, auf halbem Weg zwischen Mitte und Marzahn. Acht fast 200 m lange Leichtbauhallen, nach und nach aufgebaut von Nguyen Van Hien, einem ehemaligen DDR-Vertragsarbeiter. 2003 kaufte er das riesige Gelände des VEB Berliner Elektrokohle Lichtenberg. 2006 eröffnete er das Handels-, Geschäfts- und Einkaufszentrum, das er nach dem Dong Xuan Market in Hanoi benannte.

Handel, Dienstleistung, Kultur
Rund 400 Großhändler, hauptsächlich Vietnamesen, aber auch einige Inder,

L

DER DEUTSCHEN LIEBLINGSEINWANDERER

Über 50 % der Kinder vietnamesischer Migranten besuchen Gymnasien. Meldungen wie diese machen die Migranten aus Vietnam zu den Lieblingseinwanderern der Deutschen. In der Bundesrepublik Deutschland leben rund 176 000 Personen mit vietnamesischem Migrationshintergrund, allein in Berlin über 26 000. Die vietnamesische Gemeinde in Deutschland besteht aus zwei Gruppen. In den 1970er-Jahren wurden rund 40 000 Flüchtlinge aus Südvietnam (Boatpeople) in Westdeutschland aufgenommen. Gleichzeitig holte die DDR rund 70 000 Vertragsarbeiter aus Vietnam ins Land. Nach der Wiedervereinigung blieben davon rund die Hälfte. Da diese Arbeiter zu DDR-Zeiten keinen Sprachunterricht erhalten und in Heimen getrennt von der deutschen Bevölkerung gelebt hatten, stand ihnen ein schwerer Weg in Sachen Integration bevor. Ein Weg, den sie bestens gemeistert haben.

Essen gehen im Dong Xuan Center ist wie ein Kurztripp nach Vietnam. Wo, wenn nicht hier, gibt es original vietnamesische Küche? Den vielen Vietnamesen, die im Center einkaufen, schmeckt es auf jeden Fall.

Pakistani und Chinesen, bieten im Dong Xuan Center ihre Waren an. Alles, was man auf Märkten oder in den kleinen Läden im gesamten Berliner Stadtgebiet und Umland kaufen kann, wird hier eingekauft. Dazu kommen in diversen Gebäuden auf dem Gelände Steuerberater, Rechtsanwälte, Fahrschulen und Reisebüros. Ein Kulturzentrum mit Sälen für Veranstaltungen und Hochzeiten ist im ehemaligen Kulturhaus des VEB Elektrokohle in Bau. Die Spuren des Großbrandes am 4. Juli 2019, dessen Ursache nicht ermittelt werden konnte, sind beseitigt.

Heimat der Lieblingseinwanderer

Im Dong Xuan Center gibt es alles, was die vietnamesische Community benötigt. Und darüber hinaus trifft man sich hier und erlebt ein bisschen Heimat. So wurde das Dong Xuan Center zum Mittelpunkt im Leben vieler Vietnamesen in Berlin – in persönlich-privater und kultureller Hinsicht. Minh Nguyen ist einer von ihnen. Sein Vater kam 1988 als Vertragsarbeiter in die DDR. Nach der Wiedervereinigung holte er die Familie nach Berlin. Zeigt Minh Nguyen Freunden das Center, geht es um mehr als die Tipps, welche Speisen in den Restaurants auf dem Gelände typisch vietnamesisch sind. Auch wenn das wichtig ist, denn die vietnamesische Nationalsuppe Phò schmeckt hier so wie zu Hause. Phò, das ist eine Suppe mit Hühnerfleischeinlage, mit Haut und Knorpeln, wie es sich gehört. Dazu ein bisschen Schärfe durch das Zerreiben einer Chilischote und ein paar Scheiben von eingelegtem Knoblauch. Dazu Stücke von gebackenem Mehlteig, die in die Suppe getunkt werden. Nirgendwo kann man in Berlin authentischer vietnamesisch essen. Aber Minh Nguyen bietet seinen Gästen mehr. Er erzählt die Geschichte der vietnamesischen Gemeinde in Deutschland. ■

Das Baumhaus an der Mauer

Weltruhm für einen anatolischen Bauernsohn — wer hätte das gedacht. Osman Kalin selbst gewiss nicht, als er irgendwann Anfang der 1980er-Jahre begann, ein ca. 350 m² großes Dreieck unmittelbar an der Mauer von Müll zu befreien.

Ein Kreuz und das Datum 16.04.2018 erzählen die traurige Wahrheit: Osman Kalin, geboren am 27. September 1925 in Yozgat/Türkei, ist im Alter von 92 Jahren gestorben. Der Mann, der unmittelbar an der Mauer einen Gemüsegarten anlegte und ein Baumhaus baute, ist tot. Sein Sohn Mehmet Kalin hat ihm mit einer Tafel an dem aus Sperrholz und Bauholzresten zusammengezimmerten Baumhaus ein Denkmal gesetzt.

Osman Kalin und sein Sohn Mehmet im Baumhaus, das sich Mehmet, nun, nach dem Tod des Vaters, als Museum vorstellen könnte.

Osman Kalin hatte gegenüber gewohnt und bemerkt, dass niemand sich um diesen Flecken Kreuzberg kümmerte. Also pflanzte der Bauernsohn aus Mittelanatolien Zwiebeln, Knoblauch und andere Gemüse.

Mit dem Segen der DDR

Ein Garten auf einem Stück Niemandsland, dachte Osman Kalin, bis zu dem Tag, als DDR-Grenzer durch eine Eisentür in der Mauer traten. Beobachtet hatten die ihn schon länger. Jetzt wollten sie nach dem Rechten sehen. Denn tatsächlich hatten die DDR-Soldaten in Osmans Garten das Sagen. Die 350 m² Grund gehörten zur DDR. Der Flecken war nur scheinbar auf die Westseite geraten, weil es zu aufwendig gewesen wäre, hier die Mauer auf dem exakten Verlauf der Grenze zu bauen.

Zwei Wochen später kehrten die Grenzer zurück und gaben Osman Kalin offiziell die Erlaubnis, das kleine Dreieck als Garten zu nutzen. Allerdings dürfe sein Unterstand im Garten nicht so hoch

Das Baumhaus an der Mauer – genau genommen ein Haus um einem Baum – hat Osman Kalin berühmt gemacht. Wird es Denkmal?

sein wie die Mauer. Das war die einzige Auflage. Also baute Osman Kalin, mittlerweile Rentner, hier weiter Gemüse an. Das Wasser für seinen Garten erhielt er von seinem Freund, Pastor Müller von der St.-Thomas-Kirche.

Kampf um den Garten

Müller war dann auch ein wichtiger Verbündeter, als nach der Wiedervereinigung 1990 der Bezirk Mitte das Grundstück beanspruchte. Er hatte das Land aus dem Besitz der DDR übernommen. Eine kleine Grünfläche mit zwei, drei Bäumen sollte hier entstehen. Osman Kalins zweiter Verbündeter bei dem anstehenden Gartenkampf war der Kreuzberger Bezirksbürgermeister Frank Schulz. Der argumentierte gegenüber dem Bezirk Mitte, dass der kleine Zipfel zwischen St.-Thomas-Kirche und Bethaniendamm mentalitätsmäßig schon lange zu Kreuzberg gehöre, exakter Grenzverlauf hin oder her. Tatsächlich wurden die $350\ m^2$ Kreuzberg zugeschlagen. Womit alles beim Alten blieb im Gemüsegarten von Osman Kalin. Bis auf die Bäume, die in die Höhe wuchsen, und bis auf das zweigeschossige Baumhaus, das Kalin nach dem Ende der DDR bauen konnte. Die Mauer war da schon lange verschwunden.

Baracke mit Denkmalqualität

Mittlerweile ist das Baumhaus an der Mauer und damit die Familie Kalin weltbekannt. TV-Teams aus vielen Ländern waren zu Besuch. Täglich stehen hier Touristen und hören von ihren Guides die Geschichte Osman Kalins. Die Berliner Tageszeitung Der Tagesspiegel spricht dem Baumhaus an der Mauer Denkmalqualitäten zu. Osmans Sohn Mehmet, der als Straßenbauer sein Geld verdient, stünde als Museumsleiter bereit. ■

»Wir fluten …«

9. November 1989 — Es gibt Momente im Leben einer Stadt und eines ganzen Landes, in denen entscheiden Handlungen Einzelner über den Gang der Geschichte. Auf einen solchen Moment lief der Abend dieses Tages zu.

Wo? Am Grenzübergang Bornholmer Straße. Hauptakteur? Oberstleutnant Harald Jäger, an diesem Abend diensthabender Chef am Grenzübergang.

18.50 Uhr, Pressezentrum Mohrenstraße
Günter Schabowski, Mitglied des Politbüros der SED, liest bei einer internationalen Pressekonferenz einen Beschluss des Ministerrats der DDR vor: »Privatreisen nach dem Ausland können ohne Vorliegen von Voraussetzungen … beantragt werden.« Auf Nachfrage eines Journalisten bestätigt er, dass diese Regelung auch für West-Berlin gelte. Und dann sagt er den berühmten Satz: »Das tritt … nach meiner Kenntnis … ist das sofort, unverzüglich.«

19.30 Uhr, die Aktuelle Kamera meldet die neue Reiseregelung.
Major Manfred Sens, diensthabender Offizier der Grenztruppen am Grenzübergang Bornholmer Straße, denkt: »Schabowski, kannst du überhaupt verantworten, was du jetzt angerichtet hast?« Oberstleutnant Harald Jäger sagt zu seinen Mitarbeitern: »Das ist doch absoluter geistiger Dünnschiss!«

Harald Jäger ruft seinen Vorgesetzten Oberst Rudi Ziegenhorn im Ministerium für Staatssicherheit an. Der meint, als Jäger ihm von den ersten DDR-Bürgern berichtet, die sich am Grenzübergang einfinden, lapidar: »Lass die mal stehen und schick sie dann zurück!«

Manfred Sens bekommt ebenfalls einen guten Rat von seinem Vorgesetzten: »Pass auf, dass sie euch nicht die Waffen klauen!« Sens ist klar: »Wenn die Masse ins Rennen kommt und wir schießen, dann hängen wir da vorne am Fahnenmast!«

Sens und Jäger eilen an den Schlagbaum, um ihre Männer zu beruhigen.

20.00 Uhr, die Tagesschau meldet: »DDR öffnet Grenzen.«

20.30 Uhr, Grenzübergang Bornholmer Straße
Immer mehr DDR-Bürger sammeln sich am Grenzübergang. Sie fordern vehement ihre Ausreise. Ein Funkstreifenwagen der Volkspolizei mit zwei Mann Besatzung trifft am Grenzübergang ein.

21.00 Uhr, Grenzübergang Bornholmer Straße
Harald Jäger gibt stillen Alarm, um die bis zu 60 Männer der Passkontrolleinheit an die Grenze zu holen. Mit 14 Männern seiner Einheit, fünf Grenzsoldaten und 18 Zollkontrolleuren kann er den Grenzübergang nicht halten.

Der Rückstau der Autos mit DDR-Bürgern, die nach West-Berlin wollen, reicht mittlerweile bis an die Schönhauser Allee. Sämtliche Nebenstraßen sind verstopft.

21.20 Uhr, Grenzübergang Bornholmer Straße
Oberst Rudi Ziegenhorn weist Harald Jäger telefonisch an, die DDR-Bürger, die am aufsässigsten sind, hinüberzulassen. Der Ausreisestempel sei halb auf das Bild des Ausweises zu setzen. Damit ist der Ausweis ungültig. Eine Wiedereinreise ist ausgeschlossen. Aber das wird den DDR-Bürgern verschwiegen. Erste DDR-Bürger rennen jubelnd über die Bornholmer Brücke Richtung Westen.

22.30 Uhr, Grenzübergang Bornholmer Straße
Das Chaos am Grenzübergang ist perfekt. Immer mehr DDR-Bürger drängen an den Grenzübergang und fordern immer energischer »Tor auf! Tor auf!« Erste DDR-Bürger kehren nach einem Kurztrip aus West-Berlin zurück und fordern ihre Wiedereinreise.

23.30 Uhr, Grenzübergang Bornholmer Straße
Harald Jäger entscheidet, den Grenzübergang zu öffnen. Er fürchtet um das Leben seiner Mitarbeiter. Sein Stellvertreter Edwin Görlitz ruft den Grenzsoldaten zu: »Wir fluten! Wir machen alles auf!«

24.00 Uhr
Alle Grenzübergänge zwischen Ost- und West-Berlin sind geöffnet. Die Mauer und damit die DDR sind Geschichte, auch wenn sie noch ein paar Tage existieren. ■

Es sind Bilder, die um die Welt gingen: Ab dem 9. November 1989 wurde gefeiert, besonders in Berlin – an, vor und hinter der Mauer, der Beginn der Wiedervereinigung Deutschlands.

Am 20. Jahrestags des Mauerfalls knallte es in Berlin: Es waren Feuerwerkskörper und Korken. Am 25. markierten weiße Luftballons einen Teil des Mauerverlaufes …

Reise durch Zeit & Raum

Wann Berlin gegründet wurde — ist nicht belegt. Berlin war bürgerliche Handelsstadt, Hohenzollern-Residenz, Kaiserstadt und Ort der kulturellen Avantgarde. Es war Industriestadt und Frontstadt im Kalten Krieg. Es war und ist wieder Hauptstadt. Ein Stadtschicksal wie kein anderes.

Handelsstadt ohne Geburtsurkunde

1180–1411

Die Doppelstadt Berlin-Cölln wurde im Zuge der Besiedlung des ostelbischen Raumes durch deutsche Siedler angelegt. An dieser Stelle war das tückisch-sumpfige Spreetal nur 4–5 km breit und konnte problemlos durchschritten werden.

Aber wer hier siedelte und wann genau die Doppelstadt an der Spree angelegt wurde, bleibt im Dunkeln. Berlin ist eine Stadt ohne Geburtsurkunde. Archäologen haben eine Holzbohle entdeckt, die auf die Zeit um 1180 datiert wird. Die ältesten Gräber, die gefunden wurden, sind von deutschstämmigen Siedlern.

In Berlin-Cölln wurden die Überschüsse der Land-, Wald- und Forstwirtschaft der Region gesammelt und über Spree, Havel und Elbe nach Hamburg verschifft. Die wichtigsten Exportgüter waren Holz und Weizen. Zurück brachten die Händler aus der Elbestadt die begehrten Waren des Fernhandels, z. B. feine Tuche.

Zum Anschauen:
Stadtmauerrest, S. 51; Nikolaikirche, S. 53; St.-Marien-Kirche mit Totentanz, S. 83

Residenzstadt der Hohenzollern-Kurfürsten

1411–1648

Der deutsche König gab 1415 die Mark Brandenburg als erbliches Lehen an Friedrich, Burggraf von Nürnberg, aus dem Haus Hohenzollern. In kurzer Zeit befriedete Friedrich die seit dem Tod des letzten Askaniers 1319 im Chaos versunkene Mark. Bis 1451 ließen sich die Hohenzollern ihr erstes Schloss in Berlin errichten. Die Spreestadt war damit Residenzstadt und Mittelpunkt des weitgehend agrarisch geprägten Kurfürstentums Brandenburg. Im Vergleich zu ihren reichen Vettern in Süddeutschland waren die brandenburgischen Hohenzollern arme Schlucker in einem unterentwickelten Land. Nur langsam wuchs die Residenzstadt Berlin. Zu Beginn des Dreißigjährigen Krieges 1618 lebten rund 12 000 Menschen an der Spree.

Ohne stehendes Heer war Brandenburg und damit auch Berlin der Soldateska des Dreißigjährigen Krieges (1618-48) hilflos ausgeliefert. Mal plünderten und brandschatzten die kaiserlich-katholischen, dann wieder die schwedisch-protestantischen Truppen. Weite Landstriche Brandenburgs wurden fast völlig entvölkert. In Berlin waren am Ende des Krieges von 845 Häusern 300, in Cölln von 364 Häuser 150 zerstört. Die Einwohnerzahl hatte sich auf 6000 halbiert. Das war das Erbe, das Kurfürst Friedrich Wilhelm 1640 antrat, als er erst zwanzigjährig von seinem Vater die Herrschaft übernahm.

Zum Anschauen:
Ribbeck-Haus, S. 50; Ruine der Franziskaner-Klosterkirche, S. 51; Märkisches Museum, S. 55; Zitadelle Spandau, S. 249

Der Wiederaufstieg

1648–1713

Der junge Kurfürst Friedrich Wilhelm war in den Niederlanden, dem seinerzeit modernsten Staat Europas, ausgebildet worden. Er brachte nicht nur Henriette von Oranien als Gattin mit an die Spree, sondern begann auch, das Kurfürstentum Brandenburg nach niederländischem Vorbild zu organisieren. Der Konsum wurde besteuert, ein stehendes Heer geschaffen und auf die Bürger prasselte eine große Zahl von Gesetzen und Verordnungen nieder, die nicht nur die Straßenreinigung oder die Beleuchtung der Stadt betrafen. Seine Aufbauleistung trug ihm den Beinamen der Große Kurfürst ein. 1685 lud Friedrich Wilhelm mit dem Edikt von Potsdam verfolgte Protestanten aus Frankreich (Hugenotten) nach Brandenburg ein. 15 000 kamen, viele siedelten sich in Berlin an. Die Hugenotten brachten neue Handwerkstechniken und landwirtschaftliche Methoden mit. Bisher an der Spree unbekannte Gemüse wie den Spargel machten sie in der Region heimisch. 1700 hatte Berlin 28 000 Einwohner, jeder fünfte davon sprach französisch.

Friedrich Wilhelm von Brandenburg, der Große Kurfürst, auf einem Gemälde von Govaert Flinck um 1652

Der Sohn des Großen Kurfürsten, Friedrich, krönte sich 1701 in Königsberg selbst zum König: Friedrich I. in Preußen. Die Anerkennung dieses Titels hatte er sich beim Kaiser erkauft, indem er dem Wiener Herrscher Soldaten stellte. Eine noch junge Dynastie musste repräsentieren. Friedrich I. ließ nicht nur das Stadtschloss (heute Humboldt Forum) bauen, sondern auch das Zeughaus Unter den Linden. Um den Gendarmenmarkt ließ er die Friedrichstadt anlegen und vergrößerte so seine Residenz. Mit dem Bildhauer und Architekten Andreas Schlüter holte er den wohl bedeutendsten Künstler des Barock nördlich der Alpen nach Berlin.

Zum Anschauen:
Zeughaus, S. 44; Humboldt Forum, S. 49; Französische Friedrichstadtkirche, S. 73; Schloss Charlottenburg, S. 154; Schloss Köpenick, S. 239

Soldatenkönig, Alter Fritz und Wirtschaftsförderung

1713–1786

Mit dieser kurzen Blüte der Kunst an der Spree war 1713 Schluss. Friedrich Wilhelm I. von Preußen, der Soldatenkönig, bestieg den Thron. Mit eiserner Sparsamkeit trug er die 20 Mio. Taler

Staatschulden ab, die sein Vater angehäuft hatte. Durch Importverbote versuchte er, die heimische Produktion anzukurbeln. Mit der Oberrechnungskammer kontrollierte er die Staatsausgaben. So hatte er das Geld, das Heer von 40 000 auf 80 000 Mann zu vergrößern. Doch setzte dieser Soldatenkönig seine Truppen niemals ein, sondern wollte nur abschrecken.

Sein Sohn Friedrich der Große aber ließ nur wenige Monate nach seiner Thronbesteigung im Dezember 1740 preußische Soldaten in Schlesien einmarschieren. In drei Kriegen in einem Zeitraum von nur 23 Jahren musste er seine Eroberung verteidigen. Erst dann akzeptierte Österreich den Verlust seiner steuerträchtigsten Provinz. Preußen wurde so zur kleinsten der europäischen Großmächte.

Berlin verdankt Friedrich dem Großen, dem Alten Fritz, nicht nur die Staatsoper Unter den Linden, sondern auch die Kuppeltürme auf dem Gendarmenmarkt, mit deren Bau er nach dem Siebenjährigen Krieg (1756–63) beweisen wollte, dass er noch immer gut bei Kasse war. Vor allem aber verdanken wir ihm Schloss und Park Sanssouci in Potsdam.

Friedrich der Große ließ nicht nur den Oderbruch trockenlegen, um fruchtbares Ackerland zu gewinnen, sondern förderte durch die Ansiedlung neuer Gewerbebetriebe auch die Wirtschaft. Berlin war das Zentrum dieser frühen staatlichen Wirtschaftspolitik, die vornehmlich der Textilindustrie zugutekam. Zehn von 34 Betrieben in Preußen mit mehr als 100 Arbeitskräften waren in Berlin ansässig. Die Einwohnerzahl Berlins stieg von 90 000 (1740) auf rund 147 000 im Todesjahr Friedrichs des Großen, 1786.

Zum Anschauen:
Staatsoper Unter den Linden, S. 42; Französischer Dom und Deutscher Dom, S. 74; Schloss Charlottenburg, Neuer Flügel, S. 155; Sophienkirche, S. 170; Schloss Schönhausen, S. 251

Dampfmaschinen und Kaiserstadt
1806–1871

Nach der Katastrophe der Niederlage gegen Napoleon (1806) und angesichts der niederdrückenden französischen Fremdherrschaft versuchte Preußen, durch ein radikales Reformprogramm wieder auf die Beine zu kommen. Der Zunftzwang wurde aufgehoben, Gewerbefreiheit gewährt, die Bauern befreit. In Berlin wurde die Friedrich-Wilhelm-Universität gegründet und nach Humboldt'schen Prinzipien zum Ort von Forschung und Lehre gestaltet. Die Stadt erlebte in dieser Zeit, in der Karl Friedrich Schinkel als Architekt und Designer wirkte, eine kulturelle Blüte. Christian Daniel Rauch begründete die Berliner Bildhauerschule. 1871 wurde durch die Krönung Wilhelms I. zum deutschen Kaiser Berlin die Hauptstadt des Deutschen Reiches. Der Ausbau der Museen auf der Museumsinsel zu Institutionen nationaler Repräsentation begann.

Zum Anschauen:
Humboldt-Universität, S. 42; Neue Wache, S. 43; Museumsinsel, S. 46, 54; Humboldt-Schloss (Schloss Tegel), S. 226

Industriemetropole Berlin
1831–1933

Die Produkte der Berliner Fabriken waren auf den Weltmärkten den britischen Erzeugnissen hoffnungslos unterlegen. Aber es wurde schnell gelernt und in Zukunftstechnologien investiert. Mit Methoden, die wir heute als Industriespionage bezeichnen würden, wurden die ersten Dampfmaschinen aus England importiert, kopiert und dann auch verbessert. In die neuen Fabriken in Berlin und Umgebung drängten die Arbeitskräfte, die in der Landwirtschaft freigesetzt wurden. Eine Firma wie Borsig stand nicht nur für die Fertigung von Dampfmaschinen, sondern baute 1841 auch eine erste Dampflokomotive. Borsig war führend beteiligt am Aufbau eines

Eisenbahnnetzes, in dessen Zentrum Berlin zu der Industriestadt in Deutschland wurde.

Hinkte man in Sachen Maschinenbau England hinterher, war man in Sachen Elektroindustrie und chemische Industrie bereits weltweit Vorreiter. Siemens, AEG, Schering – sie alle wurden in Berlin gegründet und machten die Stadt an der Spree endgültig zur weltweit beachteten Industriemetropole und mit ca. 3,9 Mio. Einwohnern (1920) zur drittgrößten Stadt der Welt hinter London und New York.

Trotz der Wirren nach der Revolution 1918/19, trotz Hyperinflation 1923 und trotz ständiger Wohnungsnot – die modernen Berliner Industriebetriebe lockten auch in den 1920er-Jahren Arbeitsuchende in die Stadt. Während am Kudamm der Tanz auf dem Vulkan begann, herrschte in den Arbeitervierteln des Berliner Ostens und Nordens Elend. Anfang 1929 wurden 300 000 Arbeitslose in der Stadt gezählt. Da es kaum Arbeitslosenunterstützung gab und die meisten Arbeitslosen eine (meist ebenfalls arbeitslose) Frau und ein, zwei oder mehr Kinder hatten, regierten Hunger und Verzweiflung die Stadt. 1932 waren 630 000 Berlinerinnen und Berliner arbeitslos. Der Stimmenanteil der NSDAP stieg von 5,8 % (1929) auf 37,4 % (Juli 1932). Der Weg in die Katastrophe war beschritten.

Zum Anschauen:
Dorotheenstädtischer Friedhof, S. 61; Brecht-Weigel-Museum, S. 76; Kurfürstendamm, S. 142; AEG-Fabrikhallen, S. 243; Industriesalon Schöneweide/ Oberschöneweide, S. 270

Armut und Hunger in den Berliner Arbeiterbezirken

Hauptstadt des NS-Reichs

1933–1945

Hitler mochte Berlin nicht. Eine Arbeiterstadt, regiert von den Roten, ob KPD oder SPD. München, Nürnberg und vor allem der Obersalzberg waren dem gebürtigen Österreicher näher als preußische Kargheit. Aber hier in Berlin entstand die Zentrale des Terrors von Gestapo und SS sowie das SS-Wirtschafts- und Verwaltungshauptamt, das die Ausbeutung im KZ-System und in der Wirtschaft organisierte.

Berlin war die im Zweiten Weltkrieg am stärksten bombardierte Stadt. Im Stadtgebiet wurde eine der härtesten Schlachten des Zweiten Weltkriegs geschlagen. Eine Trümmerwüste, in der nach gerade mal zwölf Jahren das 1000-jährige Reich sich verabschiedete, nachdem Hitler feige im Bunker Selbstmord begangen hatte.

Von rund 160 000 eingeschriebenen Mitgliedern der jüdischen Gemeinden in Berlin wurden 55 000 ermordet. 7000 begingen Selbstmord, 90 000 emigrierten. Als Folge des Krieges wurde Deutschland und wurde Berlin in Ost und West geteilt.

Zum Anschauen:
Denkmal für die ermordeten Juden Europas, S. 107; Topographie des Terrors, S. 113; Centrum Judaicum –Stiftung Neue Synagoge, S. 168

Die geteilte Stadt

1945–1990

Die Siegermächte des Zweiten Weltkriegs wollten alle Berlin. In der Alliierten Kommandantura sollten alle Berlin betreffenden Themen besprochen werden, im Alliierten Kontrollrat alle Gesamt-Deutschland betreffenden Themen. Aber schon bald nach Kriegsende zeichneten sich die Fronten des Ost-West-Konflikts ab. Die wirtschaftliche, dann auch die politische Teilung gipfelte 1949 in der Gründung von DDR und Bundesrepublik. Ab 1952 wurde die Zonengrenze verstärkt abgeriegelt. Berlin war das letzte Schlupfloch im Eisernen Vorhang, bis im August 1961 auch dieser Fluchtweg durch den Mauerbau verschwand. Immer wieder testete die DDR mit Unterstützung aus Moskau, ob der Westen die Halbstadt West-Berlin mit ihren 1,6 Mio. Einwohnern am Leben erhalten würde. So blockierte die Sowjetische Besatzungsmacht vom 24. Juni 1948 bis zum 12. Mai 1949 alle West-Berlin-Zugänge auf der Straße, den Schienen und dem Wasser. Die Millionenstadt West-Berlin wurde von den Amerikanern und den Briten aus der Luft versorgt, bis die Sowjets klein beigaben. Ost-Berlin wurde zur Hauptstadt der DDR ausgebaut. West-Berlin versuchte als Schaufenster des freien Westens eine Rolle zu finden, die sein Bestehen sicherte.

Zum Anschauen:
Tränenpalast, S. 63, 74; Spuren der deutschen Teilung, Tour S. 68; Stasimuseum S. 96; Ausstellung Alltag in der DDR, S. 188; AlliiertenMuseum, S. 234; Gedenkstätte Hohenschönhausen, Tour S. 244

Hauptstadt der Bundesrepublik Deutschland

seit 1990

Erst mit den Reformen in der UdSSR erhielt die Opposition in DDR den Auftrieb, so dass sie den völlig bankrotten SED-Staat in die Selbstauflösung treiben konnte. Am 3. Oktober 1990 wurde nicht nur die Bundesrepublik Deutschland, sondern auch Berlin wiedervereinigt. Zwei Stadthälften, die sich völlig unterschiedlich entwickelt hatten, mussten wieder zusammenwachsen. Am 20. Juni 1991 beschloss der Deutsche Bundestag mit nur 18 Stimmen Mehrheit bei 658 Abgeordneten, dass Berlin nicht nur, wie im Grundgesetz geregelt, die Hauptstadt der Bundesrepublik, sondern auch Sitz von Parlament und Regierung sein soll.

Berlin wurde wieder zum politischen Zentrum der Bundesrepublik. An die Rolle als Industriestadt von Weltgeltung bis 1945 konnte die Stadt allerdings nicht mehr anknüpfen. Stattdessen prägen heute Dienstleistungen, innovative Produkte, Bildung und Kultur neben dem Tourismus die Wirtschaft des Landes Berlin.

Zum Anschauen:
Parlamentsviertel, S. 105; Reichstagsgebäude –Sitz des Deutschen Bundestags, S. 106; Botschaftsviertel, S. 116

An einem Sonntag begann der Bau der Mauer zwischen Ost- und West-Berlin. Dabei – und auch später für Reparaturen – im Einsatz: Pioniere der Volkspolizei.

Urban Gardening

Urbanes Gärtnern ist immer auch Entwicklung von Kiezkultur. Beim gemeinsamen Arbeiten kommt man in Kontakt mit der Natur, lernt aber auch andere Anwohner kennen.

Prinzessinnengarten — Der Gemeingutgarten in Kreuzberg ist mittlerweile nicht nur in Berlin ein Begriff.

2009 riefen Robert Shaw und Marco Clausen Anwohner auf, die 6000 m^2 große, vermüllte Brache am Moritzplatz zu entrümpeln und dort einen urbanen Garten anzulegen. Gut 150 Helferinnen und Helfer fanden sich schon am ersten Arbeitstag ein.

Robert Shaw, seinerzeit noch als Dokumentarfilmer unterwegs, hatte urbane Gärten auf Kuba gesehen. Dort lieferten sie dringend benötigte Lebensmittel. Aber hier in Berlin? Wie, unter welchen Bedingungen und mit welchem Ziel kann urbanes Gärtnern in einer Großstadt wie Berlin gelingen? Das war seine Ausgangsfrage. Marco Clausen studierte zu der Zeit noch Geschichte und Philosophie … und machte mit.

Mobil und für alle

Das Prinzip des Prinzessinnengartens war einfach: In recycelten Bäckerkisten, Reissäcken und gebrauchten Tetra Paks wurden in teilweise selbst kompostierter Erde diverse Gemüsesorten angebaut. Der Garten war mobil, konnte jederzeit umziehen. An zwei Tagen in der Woche erhielten Interessierte eine Einführung in den mobilen Garten und die Gartenarbeit. Wer sich sicher fühlte, konnte dann mitgärtnern, ernten und das hochwertige Biogemüse zu einem sehr günstigen Preis mit nach Hause nehmen. Der Garten war Gemeingut. Niemandem gehörte ein Beet exklusiv.

So die Idee, die so erfolgreich war, dass die Prinzessinnengärten am Moritzplatz schon bald auch für viele Besucher Berlins zu einer spannenden Adresse wurden. Und zugleich weckte die Fläche mitten in Kreuzberg immer wieder die Begehrlichkeiten von Stadt und Investoren. Als dann 2018 mal wieder die Existenz der Prinzessinnengärten in Frage gestellt war, schaffte es die gemeinnützige Betreibergesellschaft Nomadisch Grün, in Neukölln auf einer Teilfläche des Neuen St. Jacobi-Friedhofs eine über 7 Hektar große Fläche für die Weiterführung des Gartenprojekts zu bekommen.

»Wir Ziehen Um!«

… war 2019 auf der Website www.prinzessinnengarten.net zu lesen und der Umzug nach Neukölln damit öffentlich angekündigt. In letzter Minute gelang es jedoch, auch die Fläche am Moritzplatz zu sichern. So konnte hier der Traum weiterleben, das Grundstück mitten in Kreuzberg als Gemeingut zu erhalten. Und es gab plötzlich einen zweiten Prinzessinnengarten in Neukölln.

Der Garten Moritzplatz versteht sich heute als offener Garten, als freier Raum für Begegnungen im Kiez. Sonntags findet ein Gartenplenum statt, in dem jeder seine Ideen einbringen kann. Und ebenfalls am Sonntag gibt es darüber hinaus eine Einführung ins Gemüsegärtnern. In Ordnung gehalten wird der Garten durch freiwillige und unentgeltliche Arbeit von engagierten Menschen. Auf dem Gelände darf nichts verkauft und nichts gekauft werden.

Anders im Prinzessinnengarten auf dem St. Jacobi-Friedhof, Neukölln. Hier steht noch eher die Gründungsidee der Prinzessinnengärten im Vordergrund. Großstädter lernen hier etwas über Natur, über Pflanzen, die sie essen (ökologisches Bewusstsein). Dabei arbeiten sie zusammen, schaffen so einen Treffpunkt im Kiez (Community-Building).

Robert Shaw, einer der Initiatoren des Prinzessinnengartens, engagiert sich heute vor allem für den neuen Gemeinschaftsgarten in Neukölln.

Im Gespräch mit Robert Shaw

Robert Shaw ist mit Nomadisch Grün und den mobilen Bestandteilen des Gartens auf den Neuen Friedhof St. Jacobi in Neukölln umgezogen. In einem Interview erläutert er seine Gründe.

Warum seid ihr nach Neukölln umgezogen?

Robert: Wir können hier in Neukölln sicher zehn Jahre arbeiten, haben dazu eine klare Perspektive auf weitere 20 Jahre. Der Friedhof bietet eine Fläche von 75 000 m². Das gibt uns völlig neue Möglichkeiten. Und was das Beste ist: Das Friedhofsareal ist schon seit Jahrhunderten Grünfläche. Hier ist tatsächlich Natur. Hier können wir in den Boden gärtnern. So etwas wie urbane Landwirtschaft, hier auf St. Jacobi ist das möglich.

Grüne Insel statt vermüllter Brachfläche – die Prinzessinnengärten wurden zu einem wichtigen Treffpunkt im Kiez und zur Touristenattraktion.

Was erhofft ihr euch von dem Umzug?

Robert: Dass es hier wieder so wird, wie es in den ersten fünf, sechs Jahren im Prinzessinnengarten war …, persönlicher.

Ihr wollt weniger Gäste haben?

Robert: Wir haben überhaupt nichts gegen Besucher, auch nichts gegen Touristen. Wenn aber täglich 600 bis 700 Gäste kommen, dann bleiben die, die gärtnern wollen, weg. Wir hoffen, dass hier wieder Community-Building möglich ist. Menschen aus dem Kiez kommen vorbei, machen etwas zusammen, lernen sich dabei gegenseitig kennen und etwas über die Natur.

Ist ein Friedhof dafür nicht ein etwas merkwürdiger Ort?

Robert: Auf diesem Friedhof wird nicht mehr beerdigt. Und ich habe in den vergangenen Monaten mit geschätzt 99 % der Leute gesprochen, die hier noch die Gräber von Angehörigen pflegen. Die Resonanz auf unser Engagement war durchweg positiv. Wir respektieren die Grabstätten, pflegen den Friedhof und entwickeln auf den freien Flächen urbanes Gärtnern.

Das Engagement auf einer Friedhofsfläche ist aber eine Ausnahme?

Robert: Bisher ja. Aber man muss wissen: Durch die Veränderungen in der Bestattungskultur werden allein innerhalb des Berliner S-Bahn-Rings längerfristig von 2000 ha Friedhofsflächen 75 % nicht mehr benötigt. Aber nur 10 % können einer anderen Nutzung als Grünfläche oder Park zugeführt werden, da nach der Beseitigung der Gräber eine Pietätsfrist von 30 Jahren gilt. Was geschieht mit diesen Flächen, allein in Berlin immerhin 1300 ha? Darauf könnte unser Projekt eine Antwort geben. ■

»Ich würde die Menschen nicht entmündigen …«

Ob man will oder nicht — sie gehören zum Berliner Straßenbild. Obdachlose. Menschen aus rund 80 Ländern, die alles verloren haben. Oftmals auch sich selbst. Wie soll man mit diesen Menschen, die bettelnd am Straßenrand sitzen, umgehen?

»Ich würde den Obdachlosen, der am Straßenrand bettelt, nicht entmündigen!«, sagt Dieter Puhl, zehn Jahre lang Leiter der Bahnhofsmission am Bahnhof Zoo und heute für die Berliner Stadtmission als Lobbyist in Sachen Armut und Obdachlosigkeit unterwegs. Er gibt dem Bittenden ein, zwei Euro. Dafür hat er immer etwas Kleingeld in der Tasche. Auch wenn sie sich davon Alkohol kaufen. »Ein Bier kann Leben retten!«, sagt er. Viele Obdachlose sind schwerst alkoholkrank. Ein kalter Entzug ohne ärztliche Überwachung kann da tödlich sein.

Unbekannte Zahl der Unbekannten

Niemand weiß, wie viele Menschen in Berlin ohne ein Dach über dem Kopf leben müssen, draußen schlafen, auch wenn die Stadt bei minus 10 °C einfriert. Anfang 2022 waren 26 000 Wohnungslose, darunter Familien und alleinerziehende Frauen mit Kindern, auf Kosten der Berliner Bezirke in Wohnungen und Heimen untergebracht. Die Zahl der Obdachlosen aber kennt niemand. So zwischen 6000 und 10 000 schätzt Dieter Puhl, für die im gesamten Stadtgebiet ganze 1200 Notübernachtungsplätze zur Verfügung stehen.

»Wir sehen die Obdachlosen, die betteln. Wir sehen die psychisch Kranken, die Süchtigen, die ganz unten angekommen sind. Aber die große Mehrheit der Obdachlosen erkennen wir nicht. Die drei älteren Herren auf der Parkbank, auch die könnten obdachlos sein! Das sind die Unsichtbaren!«

Menschliche Wärme in einer kalten Stadt

Für all diese Obdachlosen ist die Bahnhofsmission eine wichtige Anlaufstelle. »Die Gäste«, so nennt Dieter Puhl sie, erhalten zwischen 6 und 7 Uhr Frühstück, zwischen 14 und 18 Uhr Mittagessen und zwischen 22 und 24 Uhr Abendessen. Lebensmittel, die von der Tafel und vielen Spendern angeliefert werden. »Und es gibt guten Kaffee, und zwar kostenfrei. Wer will schon tagaus, tagein Früchtetee trinken?«. Das Ganze ergibt einen geregelten Tagesablauf, auf den sich Obdachlose beziehen können, wenn sie denn möchten.

Und das ist noch lange nicht alles. In der Bahnhofsmission erhält, wer sie braucht, 24 Stunden am Tag Kleidung aus der Kleiderkammer und vor allem Schlafsäcke, Schlafsäcke, Schlafsäcke. »So um die 9000 geben wir jährlich raus. Alle durch Spenden finanziert!«, freut

Immer mehr Obdachlose nächtigen in Parks. Dieter Puhl schuf als Leiter der Bahnhofsmission (Bhf. Zoo) eine vorbildliche Anlaufstelle. Hier mit einer Mitarbeiterin vor dem Sanitärbereich.

sich Dieter Puhl: »Für die, die draußen schlafen müssen, ist das überlebenswichtig!«

Ziemlich einzigartig dürfte die Hygienestation am Bahnhof Zoo sein. Duschen, Toiletten, sogar ein Behinderten-WC, Waschmaschinen und Trockner gibt es hier. Von 10 bis 18 Uhr ist geöffnet. Kosten für die Obdachlosen: null Euro. Die Deutsche Bahn hat nicht nur die Räumlichkeit mietfrei zur Verfügung gestellt, sondern auch noch 350 000 Euro für den Ausbau spendiert. Der Senat von Berlin ist mit 250 000 Euro dabei, sodass Festangestellte den Ablauf koordinieren sowie Duschen und Toiletten kontinuierlich reinigen können. Hier ist viel entstanden in den vergangenen zehn Jahren und trotzdem ist es nur ein bisschen (menschliche) Wärme in einer kalten Stadt.

Die Boulevardzeitung BZ taufte Dieter Puhl dafür »Mr. Obdachlos«. Der Regierende Bürgermeister Michael Müller heftete ihm 2017 das Bundesverdienstkreuz an und im Jahr 2018 wählte ihn die Berliner Morgenpost zum Berliner des Jahres.

Ohne Freiwillige und Spenden geht nichts

Dieter Puhl selbst lässt lieber freiwillige Helfer von ihrer Arbeit erzählen. Solche wie Ed, der erst Fachinformatiker wurde, um dann Theologie zu studieren, und in seiner Freizeit hier hilft. Oder Gabriele, die Mutter von drei Kindern, die mit ihrem Mann eine Apotheke betreibt und hier in der Bahnhofsmission Brötchen schmiert, Essen ausgibt und macht, was sonst noch so anfällt. »Man bekommt viel zurück!«, sind sie sich alle einig.

104 Bahnhofsmissionen gibt es in Deutschland. Jede ist auf Hilfe angewiesen. ■

Die aufmüpfigen Alten

Mieterprotest in Berlin — »Die aufmüpfigen Alten fingen an mit dem Protest. Leute, die nie mit dem Gesetz zu tun hatten, gingen plötzlich bei Gericht ein und aus!« Das erzählt schmunzelnd Barbara von Boroviczeny.

Es rumort in Berlin. Rund 85 % der Einwohner der Stadt wohnen zur Miete und die steigt und steigt. Die Kaltmieten haben sich in vielen Bezirken in den vergangenen zehn Jahren verdoppelt. In Mitte und im Südwesten sind die Neuvermietungspreise schon deutlich über 10 €/m² gestiegen und nehmen damit das Preisniveau von Hamburg oder München in den Blick. Gleichzeitig steht Berlin aber in Sachen verfügbares Pro-Kopf-Einkommen mit 21 745 € im Jahr 2020 zwischen Essen mit 21 636 € und Hannover mit 22 427 €, Hamburg lag bei 25 285 € und München brachte es auf stolze 31 859 €. Viele Berliner fragen sich, wie lange sie die rasant steigenden Mieten noch zahlen können.

Vor Gericht gezogen

Wer aber hätte vermutet, dass aufmüpfige Rentner*innen aus dem bürgerlichen Bezirk Zehlendorf als erste heftigen Widerstand gegen preistreibende und kaum Nutzen bringende Modernisierungen ihres neuen börsennotierten Vermieters Deutsche Wohnen AG leisten würden. Von 170 Prozessen berichtete die Deutsche Wohnen im Jahr 2006. »Wir hatten uns verklagen lassen, weil wir damals noch nicht glauben konnten, wie wenig Schutz uns das gegenwärtige Mietrecht bietet«, berichtet Barbara von Boroviczeny, aktuell immer noch Sprecherin der Initiative MieterInnen Südwest, als Fazit dessen, was sie ab 2005 in der denkmalgeschützten Bruno-Taut-Siedlung erlebt hat. Zuvor war sie bis vor den Bundesgerichtshof gezogen, um ein Präzedenzurteil gegen die wirkungslose Modernisierung zu erreichen. Sie hatte sich dort nicht durchsetzen können. Nur hat sie jetzt schriftlich, dass sie mit den im Namen der Energieeinsparung zu duldenden Maßnahmen keine Endenergie einspart und höhere Heizkosten hat.

GEHAG und Deutsche Wohnen

Die nach dem farbenfrohen Anstrich auch Papageiensiedlung genannten Reihen- und Mehrfamilienhäuser wurden zwischen 1926 und 1931 von Bruno Taut für die gemeinnützige Wohnungsbaugesellschaft GEHAG (Gemeinnützige Heimstätten-, Spar- und Bau-Aktiengesellschaft) gebaut. 1998 verkaufte das Land Berlin die 32 000 Wohnungen dieser ehemaligen Gewerkschaftsgründung. Nach mehreren Besitzerwechseln kam sie, wie so viele andere, unter das Dach der Deutsche Wohnen.

Verdrängung der Altmieter

Jetzt steigen nicht nur die Mieten kontinuierlich. Nach der Modernisierung der Bruno-Taut-Siedlung waren rund 60 % der Altmieter weg und eine langjährige Nachbarschaft zerstört. Jede Neuvermietung bietet der Deutschen Wohnen nun die Möglichkeit, die Miete deutlich zu erhöhen. Das wirkt sich auf den nächsten Mietspiegel aus und betrifft dann alle.

Mittlerweile werden bei Neuvermietungen über 13 € für den Quadratmeter verlangt. »Rund 25 % der Mieter im Bezirk sind im Seniorenalter. Besonders die Witwen mit gebrochenen Arbeitsbiografien können jetzt die Mieten kaum noch zahlen!«, beschreibt Barbara von Boroviczeny die aktuelle Situation.

Mieterinitiativen

»Unsere Initiative MieterInnen Südwest hat sich jetzt dem berlinweiten Netzwerk Mieter*innen Protest Deutsche Wohnen angeschlossen. 2005 kamen wir zu früh mit unserer Mieterbewegung. Auch wenn die Zeitungen und TV-Magazine berichteten, so richtig hat sich niemand für uns interessiert! Heute ist das anders. Gemeinsam unterstützen wir das Bürgerbegehren einer Vergesellschaftung börsennotierter Wohnungsgesellschaften. Diese Forderung hat nach Jahren endlich etwas in Bewegung gebracht!«

Trauriger Konzeptwechsel

Für an der Architektur des Neuen Bauens und insbesondere an Bruno Taut interessierte Besucher*innen der Siedlung möchte Barbara von Boroviczeny noch anmerken: »Tauts bewährtes architektonisches Konzept, in dem der Mensch im Mittelpunkt stand, hat leider nichts mehr mit dem Konzept des heutigen Eigentümers zu tun, der sich zu Unrecht in seinem Firmenprofil auf diese Tradition beruft. Neben der Bewahrung einer oberflächlichen Ästhetik steht jetzt nur der Börsenwert des Unternehmens im Zentrum der Immobilienbewirtschaftung. Menschliche Bedürfnisse der Bewohner*innen spielen keine Rolle mehr.« ■

Berlins Südwesten gilt als Stadtteil der Wohlhabenden. Dass auch hier rund 70 % der Einwohner zur Miete wohnen und viele Rentnerinnen und Rentner diese kaum noch zahlen können, wird leicht übersehen.

Urban Art

Street-Art in Berlin — ob künstlerisch gestalteter Schriftzug (Style Writing) oder aufwendiges Wandbild (Mural). Die U 1 führt zu vielen sehenswerten Wandbildern. Am Haus Wilhelmstr. 7 (U Hallesches Tor) findet sich die farbenfrohe Arbeit »!« von Jadore Tong: ein Elefant, der mit dem Rüssel die Welt als Luftballon festhält.

Oben: Murals haben sich von subversiven Botschaften zur Kunst entwickelt. Manchmal schützen sie auch nur ein Haus vor Verunstaltungen. Unten: Bülowstraße 94

Unten: Provozieren soll das Mural »Nature Morte« – eine Arbeit des belgischen Street-Art-Künstlers ROA. Zu finden ist es in der Oranienstraße 2 (U 1 Görlitzer Bahnhof).

Quo vadis Street-Art? Ob der eindringliche Blick des Mädchens diese Frage stellt?

Oben: Wandbild an der Wilhelmstraße 6 (U 1 Mehringplatz)
Unten: Murals sind flüchtige Kunst. Die Murals des Italieners Blu an der Cuvrybrache, Kreuzberg, auf der ein Zelt- und Hüttendorf entstanden war, wurden nach Räumung des Geländes im Einvernehmen mit ihm aus Protest übermalt.

»Unter der Hand«, eine Arbeit des Berliner Street-Art-Künstlers CASE Maclaim (Andreas von Chrzanowski). Er ist mit seinen fotorealistischen Wandbildern in zwanzig Ländern vertreten. »Unter der Hand« findet sich an der Brückenstraße/Köpenicker Straße (U 8 Heinrich-Heine-Str.).

Oben: Das Duo Herakut versieht seine Murals mit Text: »As long as you are standig, give an hand to those who have fallen.« (Stromstr. 36, U 9 Birkenstr.) Unten: Mehringplatz (U 1 Hall. Tor)

Unten: Das RAW-Gelände ist eine Freiluftausstellung von Graffiti und Wandbildern, die noch subversive Kraft ausstrahlen.

Nicht gefeit vor Verunstaltung: die »Hoodie Birds« des Dänen Don John

Abbildungsnachweis
Barbara von Boroviczeny, Berlin: S. 297 **Enno Wiese,** Berlin: S. 176, 268 u., 271 o., 292, 295 u., 298/299, 300 li. o., 300 re., 300 li. u., 301 o., 302, 303 re., 303 li. u. **Huber-Images,** Garmisch-Partenkirchen: S. 75 (Anna Serrano) **iStock.com,** Calgary (CA): S. 34 M., 35 re. u. (lesart777); 181 re. u. (Nellmac) **laif,** Köln: S. 18, 23, 25, 28, 85, 97, 157, 180 li., 219, 253 (Amin Akhtar); 163 re. u. (Andreas Pein); 136 re., 145 (Anita Back); 264/265 (Archivolatino/Lorenzo Moscia); 289 (Camera Press/John Bulmer); 14 (Christian Kerber);

Enno Wiese zog nach einem Studium der Germanistik und Politik sowie einem Volontariat beim Schleswig-Holsteinischen Zeitungsverlag 1992 nach Berlin. Hatte er 1978 und 1985 jeweils gut ein Jahr in der Mauerstadt gelebt, blieb er jetzt im wiedervereinigten Berlin – und das für immer, erst mal. Warum sollte man auch gehen, wenn man in einer der spannendsten Städte der Welt lebt?

---

275 o. (Contrasto/Archivio GBB); 272 (Contrasto/Archivio GBB/E. O. Hoppé); 290/291 (Contrasto/Lorenzo Maccotta); 6, 8, 16 u., 21 re., 24, 26, 34 li., 37, 93, 100, 105, 125, 136 li., 163 re. o., 180 re., 183, 189, 192, 203, 217, 225 li., 224 li., 231, 242, 256, 267, 279, 293 (Dagmar Schwelle); 139 (Dominik Butzmann); 175, 263 (Georg Knoll); 32/33, 58 li., 59 re. o., 79, 81 re. o., 99, 214, 224 re., 225 re. (Gerhard Westrich); 22, 39, 51, 81 M., 103 re. o., 102 li., 107, 135, 149, 245 (Gordon Welters); 19 li., 29 (Gunnar Knechtel); 15, 19 M. (Hannes Jung); 58 re. (hemis.fr/Franck Guiziou); 55 (hemis.fr/Jean-Daniel Sudres); 34 re. (hemis.fr/René Mattes); 201 (Hollandse Hoogte); 67, 130, 283, 284 (Jan-Peter Böning); 16 o., 20, 181 M. (Katja Hoffmann); 133 (Le Figaro Magazine/Franck Prignet); 83 (Loop Images/Anna Stowe); 227, 236 (Malte Jäger); 111 (Obie Oberholzer); 174, 181 re. o., 197 (Peter Rigaud); 7 re., 21 M., 199 re. o., 221 (Pierre Adenis); 137 M., 155 (robertharding/Yadid Levy); 61 (Samuel Zuder); 31 (SZ Photo/Jochen Eckel); 71, 303 li. o. (SZ Photo/José Giribás); 295 o. (Thomas Grabka); 186 (Thomas Linkel); 129 (Wolfgang Stahr); 27 (Xinhua News Agency/eyevine/Attila Volgyi); 120, 163 M., 173 (Zenit/David Baltzer); 271 u. (Zenit/Dominik Butzmann); 48 (Zenit/Jan-Peter Böning); 7 li.o., 47, 103 M., 114, 159, 211 (Zenit/Paul Langrock) **Look,** München: S. 281 (Karl Johaentges); 80 re., 102 re. (age fotostock); 301 u. (H. & D. Zielske); 235 (Jalag/Lukas Spörl); 44, 162 re., 191, 254, 280 (Karl Johaentges); 2/3 (Rainer Martini); 268 o. (travelstock44); 162 li., 165 (Ulf Böttcher) **MATO,** Hamburg: S. 80 li. (Schapowalow/Antonino Bartuccio); 59 li. o., 73 (Schapowalow/Giuseppe Dall'Arche); 143 (Schapowalow/René Menges); 76 (Schapowalow/Stefano Scatà) **Mauritius Images,** Mittenwald: S. 246 (Alamy/AA World Travel Library); 179 (Alamy/ColsTravel); 95, 161, 195, 199 M. (Alamy/Eden Breitz); 223 (Alamy/ES Germany); 198 li. (Alamy/Jens Benninghofen); 146 (Alamy/Jo Chambers); 119 (Alamy/Pierre Dubois); 81 re. u. (Alamy/Zvonimir Atletić); 35 M. (hemis.fr/Bertrand Gardel); 117, 198 re. (imagebroker); 137 re. o. (Novarc/Christian Reister) **picture-alliance,** Frankfurt a. M.: S. 275 u., 288 (akg-images); 62 (imagebroker/Karl F. Schöfmann) **plainpicture,** Hamburg: Titelbild (Mathew Bauer) **Shutterstock.com,** Amsterdam (NL): S. 137 re. u. (Duda Vasilii); 171 (Mo Photography Berlin); 58 M. (U-Design); 198 M. (Victorija Reuta), Umschlagklappe vorn (yotily) **SPSG,** Berlin: S. 206 (Flinck, Govaert: Kurfürst Friedrich Wilhelm, 1652, GK I 997/Fotograf: Jörg P. Anders); 152 (Schlossgarten Charlottenburg, Mausoleum, Blick auf den Sarkophag der Königin Luise/Fotograf: Leo Seidel) **Thomas Ernst,** Berlin: S. 311 **Wikimedia Commons:** S. 35 re. o., 57 (CC BY-SA 3.0/James Steakley); 7 li. u. (CC BY-SA 3.0/Kombigator); 59 re. u. (CC BY-SA 4.0/Marek Śliwecki); 101, 103 re. u. (CC-PD); 199 re. u. (CC-PD/Floridi)

Umschlagfotos: Zeitung lesen auf einem Dach in Berlin Mitte (Titelbild), Oberbaumbrücke zwischen Neukölln und Friedrichshain (Umschlagklappe vorn)

Kartografie
© KOMPASS-Karten GmbH, A-6020 Innsbruck; DuMont Reiseverlag, D-73751 Ostfildern

Autor: Enno Wiese **Redaktion/Lektorat:** Britta Rath; Erika E. Schmitz **Bildredaktion:** Susanne Troll, Titelbild: Carmen Brunner **Grafisches Konzept und Umschlaggestaltung:** zmyk, Oliver Griep und Jan Spading, Hamburg

Hinweis: Autor und Verlag haben alle Informationen mit größtmöglicher Sorgfalt geprüft. Gleichwohl erfolgen alle Angaben ohne Gewähr. Bitte schreiben Sie uns! Über Ihre Rückmeldung und Ihre Verbesserungsvorschläge freuen wir uns: DuMont Reiseverlag, Postfach 3151, 73751 Ostfildern, info@dumontreise.de, www.dumontreise.de

2., aktualisierte Auflage 2024

Printed in Poland

Offene Fragen*

Wie kommt ein Schlossportal an ein DDR-Staatsratsgebäude?

Seite 49

Liegt Feuerland in Berlin?

Seite 79

Kann man in Berlin auch in Hütten wohnen?

Seite 31

Kann eine Kugel von 58 cm Durchmesser die Welt in Angst und Schrecken versetzen?

Seite 89

Hat Berlin ein, zwei oder viele Zentren?

Seite 12

Wer hat die Wurst in der scharfen Soße und das Fleisch im Brot erfunden?

Seite 16

Wie lange erträgt der Senat eine Freifläche wie das Tempelhofer Feld mitten in der Stadt, ohne sie zu überplanen?

Kann man Parfüm auch in Gramm kaufen?

Seite 158

Was, wenn die Spree aufgrund der trockenen Sommer wieder rückwärts fließt, wie schon 2018?

Kann ein Irrtum Weltgeschichte schreiben?

Seite 74

Wenn kein Berliner sich mehr eine Wohnung in der Innenstadt leisten kann, wird die Stadt dann umbenannt?

* *Fragen über Fragen – aber Ihre ist nicht dabei? Dann schreiben Sie an info@dumontreise.de. Über Anregungen für die nächste Ausgabe freuen wir uns.*